**ACCESO GRATIS** *a la Lectura en la Nube*

Para visualizar el libro electrónico en la nube de lectura envíe junto a su nombre y apellidos una fotografía del código de barras situado en la contraportada del libro y otra del ticket de compra a la dirección:

**ebooktirant@tirant.com**

En un máximo de 72 horas laborables le enviaremos el código de acceso con sus instrucciones.

La visualización del libro en **NUBE DE LECTURA** excluye los usos bibliotecarios y públicos que puedan poner el archivo electrónico a disposición de una comunidad de lectores. Se permite tan solo un uso individual y privado.

# EL ESTADO DE LOS DERECHOS EN LA COMUNITAT VALENCIANA

## Derechos lingüísticos, derechos políticos, derechos sociales

Procedimiento de selección de originales, ver página web:
www.tirant.net/index.php/editorial/procedimiento-de-seleccion-de-originales

# EL ESTADO DE LOS DERECHOS EN LA COMUNITAT VALENCIANA

## Derechos lingüísticos, derechos políticos, derechos sociales

VICENTE GARRIDO MAYOL
*Director*

Càtedra de Dret Autonòmic Valencià
VNIVERSITAT DE VALÈNCIA

tirant lo blanch
Valencia, 2026

© TIRANT LO BLANCH
EDITA: TIRANT LO BLANCH
C/ Artes Gráficas, 14 - 46010 - Valencia
TELFS.: 96/361 00 48 - 50
FAX: 96/369 41 51
Email:tlb@tirant.com
www.tirant.com
Librería virtual: www.tirant.es
DEPÓSITO LEGAL: V-321-2026
ISBN: 979-13-7021-783-9
MAQUETA: Tink Factoría de Color

Si tiene alguna queja o sugerencia, envíenos un mail a: *atencioncliente@tirant.com*. En caso de no ser atendida su sugerencia, por favor, lea en *www.tirant.net/index.php/empresa/politicas-de-empresa* nuestro procedimiento de quejas.

Responsabilidad Social Corporativa: http://www.tirant.net/Docs/RSCTirant.pdf

*Autores*

**Jorge Castellanos Claramunt**
**Alexandre Catalá i Bas**
**Félix Crespo Hellín**
**Pilar Estellés**
**Enrique Fliquete Lliso**
**Vicente Garrido Mayol**
**Luis Manent Alonso**
**Rafael Ripoll Navarro**
**Remedios Sánchez Ferriz**
**Mariano Vivancos Comes**

# Índice

# *Prólogo*
# *"El estado de los derechos en la Comunitat Valenciana"*[1]

En el seno de la actividad de fomento de la Generalitat en su idea de profundizar en el autogobierno del pueblo valenciano y tras el Congreso dedicago a la conmemoración del XL aniversario de la aprobación del Estatuto de autonomía para la Comunitat Valenciana, se ha tratado de incidir, reflexionar y debatir en relación con el desarrollo y aplicación de los derechos de los ciudadanos.

Con la norma estatutaria se procedió al diseño de la arquitectura institucional y de la estructura competencial de la Generalitat, así como a la regulación de la cooficialidad de los idiomas valenciano y castellano y al reconocimiento de un catálogo de derechos de carácter político y social.

El nuevo Congreso fue desarrollado por profesionales de reconocido prestigio y expertos en los distintos temas abordados sobre el estado de los derechos reconocidos en la Constitución y en el Estatuto, en la Comunitat Valenciana, que ha propiciado un interesante debate y reflexión en torno a cuestiones latentes y retos de futuro del autogobierno.

Con la presente publicación pretendemos conocer de primera mano las reflexiones sobre el cumplimiento, eficacia y garantías de los derechos de los ciudadanos y una interactuación de la comunidad académica con el mundo político y académico. Aspira a transmitir al alumnado de la Universidad una perspectiva más próxima y directa sin las distorsiones que provoca el fragor político. Las reflexiones expresadas de forma pausada y racional de las distintas propuestas sirven para que el lector de las páginas que siguen tenga la ocasión

---

1 Resolución de 27 de febrero de 2023, CONSELLERIA DE PARTICIPACIÓN, TRANSPARENCIA, COOPERACIÓN Y CALIDAD DEMOCRÁTICA. TSPUNI/2023/46/5

de conocer los principales problemas que existen en el ámbito de los derechos de los ciudadanos.

Y es que el mundo académico tiene la obligación de aportar su visión a los problemas de la sociedad desde una perspectiva científica y totalmente apolítica. El alumnado tuvo ocasión de observar qué propuestas se hacen desde la academia y cómo desde ésta se intentan aportar soluciones a los problemas planteados desde el ámbito político e institucional.

Se abordan cuestiones relativas a la cooficialidad lingüística en el ámbito educativo y los vaivenes que ha experimentado la normativa reguladora al respecto, así como la política de conciertos educativos y el interés por reforzar la libertad educativa consagrada en la Constitución y en el Estatuto de autonomía.

Se reflexiona sobre el derecho de representación política, la consiguiente evolución del sistema de partidos y la posible distorsión de la representación. También, sobre el derecho de los diputados de acceso a información y documentación para que puedan ejercer debidamente su función de control político al gobierno, esencial en todo estado de derecho.

No se puede obviar el problema que se planeta en torno a la competencia en materia de derecho civil valenciano, y las posibles soluciones.

En el ámbito de los derechos sociales, es internaste el estudio y propuesta sobre la renta de inclusión y dependencia, y en el de la administración electrónica, sobre los derechos de los ciudadanos en relación con esta nueva forma de organización administrativa.

Por último, se aborda la cuestión relativa al cumplimiento del derecho europeo en la Comunitat Valenciana, de enorme importancia e influencia desde nuestra pertenencia a la Unión Europea.

# *LAS LENGUAS DE LA ENSEÑANZA Y LA ENSEÑANZA DE LAS LENGUAS: EL CASO DE LA COMUNITAT VALENCIANA*

**VICENTE GARRIDO MAYOL**
*Catedrático de Derecho Constitucional*
*Universitat de Valencia*



## I. EL RECONOCIMIENTO CONSTITUCIONAL DE LA DIVERSIDAD LINGÜÍSTICA

La existencia de diversas lenguas en España justificó su reconocimiento constitucional al proclamarse en el Preámbulo de la Carta Magna —cuya autoría se atribuye al Prof. Tierno Galván— que "*La Nación Española...proclama su voluntad de: Proteger a todos los españoles y pueblos de España en...sus culturas y tradiciones, lenguas e instituciones...*".

Y ya en el articulado, al disponer su art. 3, tras expresar que el castellano es la lengua española oficial del Estado, que "*Las demás lenguas españolas serán también oficiales en sus respectivas Comunidades Autónomas de acuerdo con sus Estatutos"*[1].

Tal previsión no fue una novedad en la historia constitucional española pues ya en la Constitución de 1931 se reguló la cuestión en términos parecidos a los de la vigente Constitución, al proclamar su art. 4 que "*El castellano es el idioma oficial de la República. Todo español tiene obligación de saberlo y derecho de usarlo, sin perjuicio de los derechos que las leyes del Estado reconozcan a las lenguas de las provincias o regiones. Salvo lo que se disponga en leyes especiales, a nadie se le podrá exigir el conocimiento ni el uso de ninguna lengua regional*".

En línea con lo dispuesto en la Constitución, los Estatutos de autonomía de Comunidades con idioma propio diferente del castellano proclamaron, su cooficialidad en su ámbito territorial[2]. A partir

---

1 Curiosamente el Anteproyecto de Constitución de 1978 incluía el texto finalmente aprobado con la salvedad de que no calificaba el castellano como lengua española (simplemente decía que era la lengua oficial del Estado). La inclusión de esa calificación fue realizada al final de la tramitación por la Comisión Mixta, como transacción, frente al texto aprobado por el Senado, que incorporaba parcialmente una enmienda de Camilo José Cela —senador de designación real— que iniciaba el apartado indicando que "el castellano o español es la lengua oficial del Estado...". Consideraba Cela que castellano y español eran adjetivos que, referidos a la lengua, eran sinónimos. El Senado aprobó por amplia mayoría esa redacción, después modificada por la Comisión Mixta.

2 Hay que recordar, con el Tribunal Constitucional —STC 82/1986— que "es oficial una lengua, independientemente de su realidad y peso como fenómeno social, cuando es reconocida por los poderes públicos como medio normal de comunicación en y entre ellos y en su relación con los sujetos privados con plena validez y efectos jurídicos".
Los Estatutos de Autonomía han establecido las siguientes lenguas oficiales en sus respectivos territorios:
– El euskera o vascuence, en el País Vasco (art. 6.1 EAPV), y en las zonas vascoparlantes de Navarra, conforme se regule en una Ley foral (art. 9 LRARFN).
– El catalán en Cataluña (art. 6.1 EAC), y la lengua catalana propia de las Islas Baleares en éstas (art. 4.1 EAIB).
– El gallego en Galicia (art. 5.1 EAG).
– El valenciano en la Comunidad Valenciana (art. 6.1 EACV).
En todos los estatutos citados se declaran oficiales junto al castellano y se reconoce el derecho a usarlos. Además, se establece una especial protección de las siguientes hablas:
– El habla aranesa en Cataluña (art. 6.5 EAC).

de entonces, diversas leyes y normas reglamentarias autonómicas se ocuparon de perfilar el régimen de cooficialidad lingüística y su incidencia, especialmente, en el ámbito de la educación y de la función pública. Se trataba de normalizar el uso de las lenguas locales, es decir, del estudio, enseñanza, promoción, difusión y progresiva implantación y extensión de la correspondiente lengua propia distinta del castellano[3].

Bien es verdad que la evolución de tal actividad política y normativa en las distintas Comunidades Autónomas ha sido desigual, en consonancia, en cierto modo, con la previa implantación del uso de la lengua propia. Además, los partidos de corte nacionalista han intensificado su tendencia al uso frecuente y casi exclusivo, al menos en ámbitos oficiales, de la lengua propia, lo que hatenido su consecuencia cuando han asumido funciones de gobierno, bien en exclusiva, bien formando parte de gobiernos de coalición.

En el fondo subyacen, sin duda alguna, distintas concepciones de lo que debe entenderse por España y del concepto de Nación, que algunos postulan, en contra de la proclamación constitucional, de algunos territorios, especialmente en los que cuentan con lengua propia.

Además, se pretende aflorar el viejo debate de la obligatoriedad o no del conocimiento de la lengua cooficial con el castellano, cuestión que ya fue objeto de debate en el proceso constituyente de la II República con el resultado, ya visto, de expresar su norma fundamental que "*Salvo lo que se disponga en leyes especiales, a nadie se le podrá exigir el conocimiento ni el uso de ninguna lengua regional*".

---

- El bable en Asturias (art. 4 EAAs).
- Las diversas modalidades lingüísticas de Aragón en ésta Comunidad (art. 7.1 EAAr).

3 Las principales leyes autonómicas sobre bilingüismo son:
- En el País Vasco, la Ley 10/1982, de normalización del uso del euskera.
- En Navarra, la Ley Foral 18/1986, de regulación del vascuence.
- En Cataluña, la Ley 1/1998, de política lingüística y la Ley 1/2015, del régimen especial del Valle de Arán (que incluye la protección del aranés).
- En Galicia, la Ley 3/1983, de normalización lingüística y la Ley 5/1988, de uso de la lengua oficial por las entidades locales.
- En la Comunidad Valenciana, la Ley 4/1983, de uso y enseñanza de la lengua valenciana.
- En Asturias, la Ley 1/1998, de uso y promoción del bable-asturiano.

Y en términos similares nuestra vigente Constitución, aunque guarda silencio al respecto, establece, respecto del castellano, como lengua española oficial del Estado, que "*Todos los españoles tienen el deber de conocerla y el derecho a usarla*"[4]. Y que no hay obligación de conocer las lenguas cooficiales con el castellano es tema ya reiteradamente resuelto por nuestros Tribunales Supremo (STS 16 diciembre de 1985) y Constitucional (STC 82/1986, sobre la Ley 10/1982 del Parlamento vasco, básica de normalización del uso del euskera y 84/1986, sobre la Ley 3/1983, del Parlamento gallego, de normalización lingüística)[5].

Pero aparte la posición del máximo garante de la Constitución sobre el carácter cooficial de una lengua y sobre la no obligatoriedad de conocimiento de las lenguas regionales, el alto Tribunal Constitucional ha fijado posición en relación con otros aspectos al respecto, que cabe sintetizar en los siguientes pronunciamientos[6]:

---

4 En efecto, el debate en relación con el reconocimiento de constitucional de las lenguas regionales se centró en la obligatoriedad del conocimiento de dichas lenguas, debate promovido por los grupos nacionalistas. Así la Minoría Catalana del Congreso, defendió que, además de establecer que todas las lenguas nacionales serán oficiales en sus respectivos territorios, la Constitución debía expresar que el castellano será la lengua oficial de los órganos del Estado, sin perjuicio de que los Estatutos puedan establecer el carácter oficial exclusivo, en un territorio autonómico, de una lengua distinta del castellano; y, además, el deber de conocer estas otras lenguas en los territorios respectivos. La enmienda fue apoyada por los demás grupos nacionalistas, así como los diputados del PSC y del PSUC.

Por su parte, el Grupo del PNV se limitó a solicitar la supresión del deber de conocer ninguna de las lenguas. Todas estas enmiendas fueron rechazadas por amplia mayoría.

5 En esta última se expresa que *"tal deber no viene impuesto por la Constitución y no es inherente a la cooficialidad de la lengua gallega. El art. 3.1 de la Constitución establece un deber general de conocimiento del castellano como lengua oficial del Estado; deber que resulta concordante con otras disposiciones constitucionales que reconocen la existencia de un idioma común a todos los españoles, y cuyo conocimiento puede presumirse en cualquier caso, independientemente de factores de residencia o vecindad. No ocurre, sin embargo, lo mismo con las otras lenguas españolas cooficiales en los ámbitos de las respectivas Comunidades Autónomas, pues el citado artículo no establece para ellas ese deber, sin que ello pueda considerarse discriminatorio, al no darse respecto de las lenguas cooficiales los supuestos antes señalados que dan su fundamento a la obligatoriedad del conocimiento del castellano"*.

6 Vid. más ampliamente en Delgado-Iribarren García-Campero, M. "Sinopsis art. 3 de la Constitución". *Portal web del Congreso de los diputados.* Junio, 2005.

- "El castellano es medio de comunicación normal de los poderes públicos y ante ellos en el conjunto del Estado español" (SSTC 82/1986 y 46/1991)
- "Sólo del castellano se establece constitucionalmente un deber individualizado de conocimiento, y con él la presunción de que todos los españoles lo conocen" (SSTC 82/86 y 84/86).
- "La cooficialidad de las demás lenguas españolas lo es con respecto a todos los poderes públicos radicados en el territorio autonómico, sin exclusión de los órganos dependientes de la Administración Central y de otras instituciones estatales en sentido estricto".
- "La instauración por el art. 3.2 de la Constitución de la cooficialidad de las respectivas lenguas españolas en determinadas Comunidades Autónomas tiene consecuencias para todos los poderes públicos en dichas Comunidades, y en primer término el derecho de los ciudadanos a usar cualquiera de las dos lenguas ante cualquier administración en la Comunidad respectiva con plena eficacia jurídica" (STC 82/1986).
- "Nada se opone a que los poderes públicos prescriban, en el ámbito de sus respectivas competencias, el conocimiento de ambas lenguas para acceder a determinadas plazas de funcionario o que, en general, se considere como un mérito entre otros el nivel de conocimiento de las mismas" (STC 82/86).
- "La exigencia del bilingüismo ha de llevarse a cabo con un criterio de racionalidad y proporcionalidad, desde la perspectiva de lo dispuesto en los artículos 23.1, 139.1 y 149.1.1° de la Constitución" (STC 82/86).

Por último, hay que indicar que uno de los matices que han introducido los Estatutos de Comunidades autónomas bilingües reformados durante la VIII Legislatura al abordar el régimen lingüístico es la caracterización de la lengua cooficial como "lengua propia"[7].

---

7 Por ejemplo, el Estatuto de Cataluña (art. 6.1), el de las Illes Balears (art. 4.1) y el Estatuto de la Comunitat Valenciana (art. 6.1), en sus redacciones aprobadas en 2006.

Pero el Tribunal Constitucional —STC 31/2010— considera que esta adjetivación "*no puede suponer un desequilibrio del régimen constitucional de la cooficialidad de ambas lenguas en perjuicio del castellano*" y reafirmó su antigua doctrina de que el régimen de cooficialidad no puede comportar que las Administraciones Públicas en la Comunidad Autónoma puedan "*tener preferencia por ninguna de las dos lenguas oficiales*". En este sentido, como apunta Xiol Ríos, la consideración estatutaria como "propia" de una lengua puede tener efectos más allá del sistema jurídico-constitucional, especialmente en el ámbito del Carta Europea de Lenguas Regionales o Minoritarias. Sin embargo, el Tribunal Constitucional rehúsa tener en cuenta estos elementos extrasistémicos; en consecuencia, según quien fue magistrado del Alto Tribunal, "*sería inconstitucional la declaración como oficial de una lengua que no fuera propia de la Comunidad y de ahí que el EAC haga esta proclamación*"[8].

## II. EL PLURILINGÜISMO EN EL SISTEMA EDUCATIVO

La preocupación por la conservación —y, por tanto, por el aprendizaje— de las lenguas minoritarias es especialmente perceptible en el ámbito educativo, en el que se observa una mayor sensibilidad en el tratamiento de la cooficialidad lingüística. Se considera que la escuela es pilar fundamental para el aprendizaje y conservación de las distintas lenguas que se hablan en un determinado territorio.

Pero, en todo caso, se percibe también una preocupación porque la enseñanza y aprendizaje de las lenguas locales no perjudique el necesario conocimiento de la lengua del conjunto del Estado[9].

---

[8] Xiol Ríos, J.A., "La STC sobre el Estatuto de autonomía de Cataluña. Los derechos lingüísticos" en *Estudios sobre la Sentencia 31/2010, de 28 de junio, del Tribunal Constitucional sobre el Estatuto de Autonomía de Cataluña*. VVAA. Instituto de Derecho Público de la URJC, 2011, pp. 161-196.
Vid. más ampliamente en Garrido Mayol, V. "La discriminación por razón de idioma", en E*studios Interdisciplinares sobre Igualdad"*, VVAA., Iustel, 2011, segunda edición, pp. 209 y ss.

[9] Puede verse en Deop Madinabeitia, X, "Los derechos lingüísticos en el ámbito internacional", en *Revista de Llengua i Dret,* nº 33 (2000). Escola d´Administració Pública de Catalunya, pp. 25 a 29.

En el ámbito internacional cabe citar, en relación con la enseñanza pública, el Convenio nº 160 de la OIT sobre los pueblos indígenas, que en su art. 28.1 establece que

> *"Siempre que sea viable deberá enseñarse a los niños de los pueblos interesados a leer y a escribir en su propia lengua indígena o en la lengua que más comúnmente se hable en el grupo a que pertenezcan. Cuando ello no sea posible, las autoridades competentes deberán celebrar consultas con esos pueblos con miras a la adopción de medidas que permitan alcanzar este objetivo".*

Ahora bien, en el apartado dos de este mismo artículo se establece la obligación de los Estado de adoptar medidas para que estos pueblos tengan la oportunidad de llegar a dominar la lengua nacional o una de las lenguas oficiales del país.

Y en el ámbito de la enseñanza privada es de mención la Convención relativa a la lucha contra las discriminaciones en la esfera de la enseñanza, abierta a la firma de os Estados por la UNESCO en 14 de diciembre de 1960, que en su art. 5.1.c establece que

> *"Debe reconocerse a los miembros de las minorías nacionales el derecho de ejercer las actividades docentes que les sean propias, entre ellas las de establecer y mantener escuelas y, según la política de cada Estado en materia de educación, emplear y estudiar su propio idioma, siempre y cuando:*
> *– Este derecho no se ejerza de manera que impida a los miembros de las minorías comprender la cultura y el idioma del conjunto de la colectividad y tomar parte en sus actividades, y no comprometa la soberanía nacional.*
> *– El nivel de enseñanza en estas escuelas no sea inferior al nivel general prescrito o aprobado por las autoridades competentes*
> *– La asistencia a tales escuelas sea facultativa.*

En nuestro país, la Ley Orgánica 2/2006, de 3 de mayo, de Educación, contiene una Disposición adicional trigésima octava, intitulada "Lengua castellana, lenguas cooficiales y lenguas que gocen de protección legal", del siguiente tenor:

> 1. Las Administraciones educativas garantizarán el derecho de los alumnos y las alumnas a recibir enseñanzas en castellano y en las demás lenguas cooficiales en sus respectivos territorios, de conformidad con la Constitución Española, los Estatutos de Autonomía y la normativa aplicable.

> 2. Al finalizar la educación básica, todos los alumnos y alumnas deberán alcanzar el dominio pleno y equivalente en la lengua castellana y, en su caso, en la lengua cooficial correspondiente.
> 3. Las Administraciones educativas aplicarán los instrumentos de control, evaluación y mejora propios del sistema educativo y promoverán la realización de análisis por parte de los centros, de modo que se garantice que todo el alumnado alcance la competencia en comunicación lingüística, en lengua castellana y en su caso en las lenguas cooficiales, en el grado requerido. Asimismo, impulsarán la adopción por parte de los centros de las medidas necesarias para compensar las carencias que pudieran existir en cualquiera de las lenguas.
> 4. Tanto la materia Lengua Castellana y Literatura como la Lengua Cooficial y Literatura deberán impartirse en las lenguas correspondientes.
> 5. Aquellas Comunidades Autónomas en las que existan lenguas cooficiales que no tienen ese carácter en todo su territorio o lenguas no oficiales que gocen de protección legal podrán ofrecerlas en los términos que determine su normativa reguladora.

Hay que reseñar que el sistema educativo español está ampliamente descentralizado: en lo que respecta a la enseñanza no universitaria, todas las Comunidades Autónomas han asumido competencias exclusivas.

- al Estado corresponde exclusivamente la regulación del derecho a la educación, en tanto que derecho fundamental y la regulación de las condiciones de obtención, expedición y homologación de títulos académicos y profesionales y normas básicas en el desarrollo del artículo 27 CE, a fin de garantizar el cumplimiento de las obligaciones de los poderes públicos en esta materia (art. 149.1.30 CE). Las competencias estatales se han desarrollado especialmente por medio de la LOE y sus Decretos de desarrollo, en los que, entre otras cuestiones, se regulan las enseñanzas mínimas, quedando el desarrollo global de las enseñanzas en manos de los distintos gobiernos autonómicos.

  Y la inspección. Al respecto debe recordarse que el 17-12-2021 el Grupo Parlamentario Popular presentó en el Congreso de los Diputados una proposición de ley, relativa a la creación del Cuerpo de Alta Inspección Educativa y de su regulación, que fue rechazada en el trámite de toma en consideración el 18 de mayo de 2022[10].

---

[10] Por 154 votos a favor, 189 en contra y sin abstenciones. Ver en BOCG, Congreso de los Diputados, nº B-212-1, de 27-12-2021 y Diario de Sesiones nº 186 y 187 de 18-5-2022.

- a las CCAA les corresponde el desarrollo del sistema educativo en cada caso.

## *1. Clarificación terminológica*

A efectos de clarificar los distintos conceptos que se manejan en el ámbito de la cooficialidad lingüística educativa, es interesante distinguir entre lengua curricular, lengua vehicular, lengua de expresión social y lengua institucional[11]. Esta distinción es relevante a los efectos de discernir los eventuales problemas, incluso la eventual discriminación, de los usuarios de una lengua.

* Una lengua es curricular cuando su enseñanza, en tanto que idioma, se introduce en el plan educativo, en el currículo docente, como una asignatura más.
* La lengua vehicular o docente, es aquella en la que se desarrolla la función educativa, esto es, la lengua que sirve de canal de transmisión de los conocimientos establecidos en el itinerario curricular al margen de las asignaturas estrictamente lingüísticas. Es la lengua en la que se enseñan las matemáticas, las ciencias o la educación física.

De acuerdo con la STC 337/1994, tal posibilidad no resulta inconstitucional si ello no comporta la exclusión de una de las dos lenguas oficiales en los niveles posteriores a la primera enseñanza como lengua docente, es decir, como lengua vehicular.

* Por su parte la lengua de expresión social sería "*aquella cuyo conocimiento suficiente permite a la persona manifestar sus propios pensamientos y deseos en la sociedad en que vive*".

La STC 337/1994 señala que los poderes públicos tienen como finalidad garantizar el conocimiento suficiente y efectivo, así como el

---

11 Véase, al respecto, lo que en su voto particular al dictamen 294, de 10 de junio de 2009, del Consejo Consultivo de Cataluña, sobre el proyecto de Ley de Educación de dicha Comunidad, señaló mi buen amigo el entonces consejero Joaquín Borrell Mestre.

uso correcto, de las dos lenguas oficiales y, por tanto, su utilización como vehículo de comunicación entre profesores y estudiantes.

* Finalmente, la lengua institucional es aquélla en la que se expresa la administración educativa.

Como se ha dicho, el tratamiento de la lengua según cada uno de estos enfoques es distinto.

El Tribunal Constitucional ha fijado posición al respecto:

- El español es lengua curricular, lo que es consecuencia directa del deber constitucional de conocimiento de la lengua.
- Las lenguas cooficiales, también son lenguas curriculares —en sus respectivas Comunidades— consecuencia de su reconocimiento estatutario.

Y junto a ello, también ha señalado, en un intento de ir delimitando paulatinamente el marco normativo, que:

- "Corresponde a los poderes públicos competentes, en atención a los objetivos de la normalización lingüística y a los propios objetivos de la educación, organizar la enseñanza que debe recibirse en una y otra lengua en relación con las distintas áreas de conocimiento obligatorio en los diferentes niveles educativos para alcanzar un resultado proporcionado con estas finalidades" (STC 337/1994)
- "El derecho a elegir centros de educación obligatoria en que ésta se imparta en una determinada lengua es un derecho de configuración legal" (STC 19/1990).
- "Es constitucionalmente posible que en las enseñanzas que se desarrollen hasta el inicio de los estudios universitarios sea obligatoria la enseñanza de la lengua oficial que no haya sido elegida por el padre, madre o tutor, o, en su caso, el alumno, parar recibir sus enseñanzas (STC 82/1986)[12].

---

12 Manuel Delgado-Iribarren García-Campero, "Sinopsis art. 3 de la Constitución". *Portal web del Congreso de los diputados*. Junio, 2005.

Pero, en las CCAA con lengua cooficial con el castellano, aparte de enseñar la lengua propia, ¿en qué lengua se debe enseñar a los discentes? ¿En qué proporción de una y otra lengua deben desarrollarse las enseñanzas?

Ninguna ley educativa estatal aprobada hasta el momento ha establecido una garantía precisa en relación con el castellano en las escuelas. Por ejemplo, fijando un mínimo de horas o un porcentaje mínimo de enseñanza en castellano.

* La Ley Orgánica de Mejora de la Calidad Educativa (Lomce), de 2013, conocida popularmente como *ley Wert*) añadió el adjetivo *vehicular* a la lengua castellana, lo cual no aportaba ninguna garantía específica a la enseñanza en castellano.

* La Ley Orgánica de Modificación de la LOE (Lomloe), de 2020 y conocida popularmente como *ley Celaá, ha eliminado ese adjetivo,* pero su eliminación en nada reduce la falta de garantía preexistente. Juegos de artificios entre el PP y el PSOE que se enmarcan en esta era *posmoderna* y vacua.

Ante el silencio de la Ley, algunas CCAA han procedido como han tenido por convenientes de acuerdo con sus intereses que suelen ser especialmente conflictivos cuando son los partidos nacionalistas quienes gobiernan o condicionan el gobierno. Y han tenido que ser los Tribunales de justicia quienes, impropiamente, han tenido que fijar un porcentaje mínimo de enseñanza en castellana ante la intención de borrar el castellano como lengua vehicular en las escuelas. Esto ha ocurrido en Cataluña, como más adelante veremos.

Y así, ante el silencio del legislador, fue el Tribunal Supremo el que en Sentencia de 28 de abril de 2015[13], señaló la proporción razo-

[13] Sentencia dictada en ejecución de la dictada por la misma Sala el 16 de diciembre de 2010, indebidamente ejecutada por la Generalitat de Cataluña. Traía causa de una resolución del Conseller de Educación, de 13 de junio de 2006, en la medida que rechazó la petición contenida en la solicitud presentada por la madre de un alumno el 16 de febrero de 2006, relativa a que "le sea facilitado el correspondiente impreso oficial de solicitud de preinscripción que incluya la pregunta por la lengua habitual de su hijo". Y lo que hace es fijar el mínimo de presencia del castellano para garantizar su obligada presencia en el sistema educativo como lengua vehicular, supliendo de este modo la inactividad de la Administración al respecto.

nable de presencia del castellano en, al menos, un 25% de las horas lectivas, lo que significa que, además de la enseñanza del castellano y de la literatura castellana en dicha lengua, se ha de impartir "*cuanto menos, otra área, materia o asignatura no lingüística curricular de carácter troncal o análoga*".

Este criterio jurisprudencial, como era previsible, se ha reiterado y consolidado para resolver los numerosos pleitos a cuenta de los modelos educativos en las distintas Comunidades con lengua cooficial. Lo curioso del caso es que dio satisfacción a una reclamación formulada por la madre de un alumno en 2006, esto es doce años antes de la sentencia que comentamos.

Es loable el proceder del TS pero ocurre que en un Estado de derecho los jueces no pueden sustituir al legislador, y resulta cuanto menos anómala la fijación concreta de un porcentaje que no aparece en ley ninguna.

La Generalitat de Cataluña, conocedora de esta circunstancia, aprobó el 30 de mayo de 2022 un Decreto-ley en el que, expresamente, impide aplicar parámetros numéricos, proporciones o porcentajes en la enseñanza y el uso de las lenguas. Es decir, impide el establecimiento de garantías. Y lo puede hacer porque la ley estatal no las fija.

Decía Montesquieu que los jueces no son "sino la boca de la ley" y, en este caso, más valdría una ley educativa estatal menos decorativa y más precisa en este aspecto.

## 2. *Sistemas de cooficialidad*

En cuanto al perfil de las lenguas cooficiales como lenguas vehiculares, el panorama es muy amplio, si bien se pueden distinguir dos grandes modelos:

- el de segregación
- el de conjunción o de bilingüismo integral

El criterio que distingue ambos modelos es la existencia o no de separación entre los alumnos en función de la lengua vehicular. Ninguno de los dos modelos ha recibido tacha de inconstitucionalidad.

No obstante, parece que esta diferenciación de modelos ha quedado obsoleta y hoy en día puede ser más útil distinguir entre modelos monolingües y multilingües, según aplique un aprendizaje integrado de contenido y lenguas o no. La adquisición de un nivel de competencia lingüística alto pasa por transmitir la enseñanza en los idiomas cooficiales y, al menos, en una lengua extranjera[14].

Pero veamos los modelos vigentes[15].

### A) Modelo de conjunción lingüística o de bilingüismo integral: Cataluña, Baleares y Galicia

El modelo de "conjunción lingüística" fue avalado expresamente por el Tribunal Constitucional en su Sentencia 337/1994, al afirmar, por una parte, que no existe un derecho constitucional de los padres a elegir solo una lengua docente de sus hijos, pues

> *"... desde la perspectiva del art. 27 CE...no se desprende el derecho a recibir la enseñanza en sólo una de las dos lenguas cooficiales en la Comunidad Autónoma, a elección de los interesados. ...Y por ello los poderes públicos —el Estado y la Comunidad Autónoma— están facultados para determinar el empleo de las dos lenguas que son cooficiales en una Comunidad Autónoma como lenguas de comunicación en la enseñanza, de conformidad con el reparto competencial en materia de educación"* (FJ 9).

Y por otra parte, que el modelo de conjunción "*en cuanto responde a un propósito de integración y cohesión social en la Comunidad Autónoma*" es legítimo con independencia de la lengua del ciudadano, ya que el fin perseguido que es la normalización y la efectiva cooficialidad de

---

14 Manent Alonso, L. y Guardia Hernández, J.J., "El régimen jurídico del plurilingüismo en la enseñanza no universitaria en España", en *Revista de Derecho Político*, nº 96 (2016), p. 228.

15 Vid. en Garrido Mayol, V. "La discriminación por razón de idioma", en *Estudios Interdisciplinares sobre Igualdad*", cit., pp. 209 y ss.

ambas lenguas justifica que la lengua cooficial sea el "*centro de gravedad de este modelo de bilingüismo*".

No obstante, a continuación, el Alto Tribunal destaca que esta circunstancia no debe determinar "*la exclusión del castellano como lengua docente de forma que quede garantizado su conocimiento y uso en el territorio de la Comunidad Autónoma*".

De esta manera, con este sistema se pretende "... *asegurar el respeto y fomentar el uso de la lengua propia de la Comunidad Autónoma y cooficial en ésta y, a este fin, corregir positivamente una situación histórica de desigualdad respecto al castellano, permitiendo alcanzar, de forma progresiva y dentro de las exigencias que la Constitución impone, el más amplio conocimiento y utilización de dicha lengua en su territorio*" y abunda en este argumento al afirmar en el fundamento jurídico décimo que "*al ser el catalán materia curricular y lengua de comunicación en la enseñanza, ello asegura que su cooficialidad se traduzca en una realidad social efectiva; lo que permitirá corregir situaciones de desequilibrio heredadas históricamente y excluir que dicha lengua ocupe una posición marginal o secundaria*".

De lo expuesto se siguen con claridad algunos puntos sobre los que trazar las líneas rojas infranqueables para el legislador autonómico a la hora de regular el uso de las lenguas, y especialmente la determinación de la lengua vehicular, en el sistema educativo, y en tal sentido:

a) no existe un derecho a recibir la enseñanza en una determinada lengua oficial, con exclusión de la otra, si bien los poderes públicos podrán reconocerlo en el ámbito de sus competencias.
b) en todo caso, y aunque una de las lenguas oficiales tenga carácter preponderante en tanto que lengua vehicular del sistema educativo, no puede reducirse el uso de la otra a una simple lengua curricular.
c) las personas que se incorporan al sistema educativo y no tengan los conocimientos suficientes de la lengua cooficial en la que se desarrolla el sistema educativo deberán contar con medidas de apoyo en la otra lengua cooficial para, progresivamente, incorporarse al curso normal del sistema educativo.

Sin duda alguna el modelo de **Cataluña** y su aplicación ha sido el que ha generado mayor conflictividad. El modelo de conjunción lingüística catalán se caracteriza por el uso del catalán como lengua vehicular *normalmente* de la enseñanza (art. 6.1 EAC[16]) —de hecho, el artículo 35 del EAC reconoce el derecho a recibir la enseñanza *solo en* catalán— y por la prohibición de separación de los alumnos en función de su lengua habitual (art. 35.3 EAC). Es, por tanto, un sistema de inmersión, que deriva de la Ley 12/2009, de 10 de julio, de Educación.

Además, se establece que los alumnos tienen también el derecho y el *deber* de conocer con suficiencia oral y escrita el catalán y el castellano al finalizar la enseñanza obligatoria, sea cual sea su lengua habitual al incorporarse a la enseñanza.

El Tribunal Constitucional, en su Sentencia 31/2010, avaló este modelo, pero con una notable salvedad: no es posible "*que el castellano no sea objeto de idéntico trato ni disfrute, con la catalana, de la condición de lengua vehicular de enseñanza*".

Esta doctrina fue aplicada por la Sala de lo Contencioso del Tribunal Supremo en una serie de sentencias, a finales de 2010, que resolvían recursos de casación contra resoluciones de TSJ de Cataluña de 2009 (entre otras, la STSJC 149/2009, de 9 de febrero) que habían dado por buenas una serie de decisiones de la Administración educativa catalana que, en la práctica, reducían la enseñanza de y en castellano a las horas previstas para lengua y literaturas españolas.

Estas sentencias, dictadas por la Sección 7ª de la Sala III del Tribunal Supremo en fechas de 9, 13 y 16 de diciembre de 2010 cuestionaron, por primera vez, la legitimidad del sistema educativo catalán de conjunción lingüística. Y ello, fundamentalmente por dos razones:

> – la primera es que tal modelo supone "*una exclusión de hecho del castellano como lengua vehicular* [que] *pervierte el modelo lingüístico establecido en la Constitución de conjunción lingüística o de bilingüismo integral de modo que se implanta un modelo de inmersión*

---

16 Recuerdes que en este artículo se indicada que el catalán, además de ser la lengua de uso normal, lo era también de carácter ***preferente*** en las Administraciones públicas y en los medios de comunicación públicos de Cataluña, inciso que expresión que fue declarada inconstitucional por la STC 31/2010. Tambien en dicho artículo se indica que es la lengua normalmente utilizada como vehicular y de aprendizaje en la enseñanza.

*lingüística contrario al espíritu y a la letra de la Constitución"* (STS 6.632/2010).

– la segunda, es que *"esa política lingüística tendente a la normalización de la lengua propia de Cataluña en todos los ámbitos de la sociedad catalana sin duda ha dado sus frutos y conseguido sus objetivos legítimos. Pero no puede ir más allá hasta el punto de negar la realidad de la convivencia armónica de ambas lenguas cooficiales en Cataluña intentando ignorar el deber constitucional de todos los españoles de conocer el castellano y el correlativo derecho a usarlo. Reducir el castellano a una materia docente más del currículo de las diferentes etapas educativas obligatorias y privarle de su condición de lengua vehicular junto con el catalán en el territorio de Cataluña como ha declarado el Tribunal Constitucional daría lugar a la inconstitucionalidad del Estatuto y de sus normas de desarrollo en materia de enseñanza"* (STS 6.632/2010).

Y a partir de estos razonamientos declaró "*el derecho de la recurrente a que el castellano se utilice también como lengua vehicular en el sistema educativo de la Comunidad Autónoma de Cataluña, y en consecuencia y para ello la Generalidad deberá adoptar cuantas medidas sean necesarias para adaptar su sistema de enseñanza a la nueva situación creada por la declaración de la sentencia 31/2010 del Tribunal ..., incluyendo el derecho de los niños en educación infantil a recibir la enseñanza en la lengua peticionada por los padres y de igual modo declaramos que el modelo oficial de preinscripción en educación infantil ha de preguntar por la lengua habitual a los padres o tutores de los niños preinscritos en los cursos escolares en centros sostenidos con fondos públicos*".

El derecho de opción en la lengua habitual en la enseñanza primaria fue objeto de protesta hasta que el Tribunal Supremo, en su Sentencia de 19 de noviembre de 2013 señaló que la Administración educativa catalana debe preguntar a los padres o tutores de los menores, la lengua en que desean escolarizar a sus hijos. Pese a ello, tal ofrecimiento no se lleva a efecto[17].

17 Curiosamente, el Gobierno de la Nación, en funciones de Gobierno de Cataluña por aplicación del art. 155 de la Constitución durante el último trimestre de 2017, no estimó procedente disponer que en los impresos de preinscripción escolar se incluyera una casilla para conocer la opción de los padres o tutores al respecto.

Años después, **el Tribunal Supremo, en Sentencia de 28 de abril de 2015**[18]**, señaló la proporción razonable de presencia del castellano en, al menos, un 25% de las horas lectivas,** lo que significa que, además de la enseñanza del castellano y de la literatura castellana en dicha lengua, se ha de impartir "*cuanto menos, otra área, materia o asignatura no lingüística curricular de carácter troncal o análoga*".

Este criterio jurisprudencial, como era previsible, se ha reiterado y consolidado para resolver los numerosos pleitos a cuenta de los modelos educativos en las distintas Comunidades con lengua cooficial. Lo curioso del caso es que da satisfacción a una reclamación formulada por la madre de un alumno en 2006, esto es doce años antes de la sentencia que comentamos.

La justicia hubo de intervenir, también, en relación con la carga lectiva de tres horas semanales en la educación primaria para la lengua y literaturas castellana —establecidas en la legislación básica estatal— pese a lo cual un 95% de los 1427 centros no alcanzan el mínimo de horas de enseñanza del castellano o en lengua castellana. Por ATSJC 231/2008, de 4 de julio, se requirió a la Generalitat, como medida cautelar preventiva, el estricto cumplimiento del cómputo global de 665 horas, "identificando las materias que se impartan en lengua castellana". Pero la STSJ 273/2015, de 20 de abril, desestimó, finalmente, el recurso que había interpuesto Convivencia Cívica de Cataluña por falta de legitimación activa[19].

Dos **sentencias del Tribunal Superior de Justicia de Catalunya** (TSJC) —Sección Quinta, de la Sala de lo contencioso-administrativo— de **23 de enero de 2021** estimaron parcialmente los recursos

---

18 Sentencia dictada en ejecución de la dictada por la misma Sala el 16 de diciembre de 2010, indebidamente ejecutada por la Generalitat de Cataluña. Traía causa de una resolución del Conseller de Educación, de 13 de junio de 2006, en la medida que rechazó la petición contenida en la solicitud presentada por la madre de un alumno el 16 de febrero de 2006, relativa a que "le sea facilitado el correspondiente impreso oficial de solicitud de preinscripción que incluya la pregunta por la lengua habitual de su hijo". Y lo que hace es fijar el mínimo de presencia del castellano para garantizar su obligada presencia en el sistema educativo como lengua vehicular, supliendo de este modo la inactividad de la Administración al respecto.

19 Manent Alonso, L. y Guardia Hernández, J.J., *op. cit.*, p. 237.

presentados contra la Generalitat y reconocieron a los demandantes "*el derecho de sus hijos menores a recibir, durante su enseñanza obligatoria, junto con sus condiscípulos, en el centro y en el curso que sigan sus estudios, una enseñanza que incluya el castellano como lengua vehicular, en proporción razonable*".

Para ello anularon los proyectos lingüísticos de dos escuelas públicas catalanas —una de Barcelona y otra de Abrera (Barcelona)— por no ser conforme a derecho "*en la medida que no contemplan el carácter vehicular del castellano como lengua oficial, junto con el catalán*", y fijaron una presencia mínima del castellano en un 25% de las clases, debiendo impartirse en castellano, además del área, materia o asignatura lingüística correspondiente a su aprendizaje, cuanto menos otra de carácter troncal o análoga.

Ahora bien, el TSJC desestimó el derecho de las familias demandantes a que sus hijos fueran escolarizados durante la enseñanza obligatoria en lengua castellana y catalana en proporción equivalente, una vez restadas las horas lectivas que se efectúen en lengua extranjera, pues se debe recibir la enseñanza en castellano "*pero partiendo de la consideración del catalán como centro de gravedad del sistema educativo*", fijando la presencia mínima en el 25% del castellano.

El TSJC también señaló que, en congruencia con la pretensión de los demandantes, que se limitaba al periodo de enseñanza obligatoria de los menores, "*una vez concluida esa educación obligatoria, no cabrá, en ejecución de sentencia ninguna actuación jurisdiccional adicional en defensa de ese derecho*".

Pero la conflictividad no cesa y se van produciendo resoluciones en un clima de hostilidad por parte de las autoridades educativas catalanas que se resisten a cumplir con lo dispuesto en las resoluciones judiciales que han ido delimitando el campo de actuación en esta materia.

A finales de **junio de 2021, la Sala de lo Contencioso-Administrativo —Sección Quinta— del Tribunal Superior de Justicia de Cataluña**, en cinco autos de medidas cautelares estableció que la Generalitat de Cataluña debía aplicar el 25 por ciento de las asignaturas no lingüísticas en español en tres colegios a partir de septiembre.

Los magistrados recordaron que de lo que se trata es que "*sin perjuicio del mantenimiento del catalán como centro de gravedad del sistema, se haga efectiva la presencia vehicular del castellano, en una proporción razonable, que 'no haga ilusoria o simplemente constituya un artificio de mera apariencia de la obligada utilización del castellano como lengua vehicular*'". En este sentido, en línea con lo que habían solicitado los padres, es decir, que se aplique el bilingüismo en las aulas y convivan el uso del español y del catalán con normalidad, el TSJC recuerda la doctrina constitucional (sobre todo las sentencias de referencia 337/94 y 31/2010), que indican que "*resulta perfectamente 'legítimo que el catalán, en atención al objetivo de la normalización lingüística en Cataluña, sea el centro de gravedad de este modelo de bilingüismo', aunque siempre con el límite de que 'ello no determine la exclusión del castellano como lengua docente de forma que quede garantizado su conocimiento y uso*'".

Por ello, corresponde a la Generalitat, en tanto que es administración competente en la materia, aplicar las directrices constitucionales correspondientes para que se apliquen los derechos de los recurrentes.

Así lo recuerda una vez el TSJC, tomando como referencia una sentencia del Tribunal Supremo: "*El derecho del recurrente a que el castellano se utilice también como lengua vehicular en el sistema educativo de la Comunidad Autónoma de Cataluña, y en consecuencia y para ello la Generalidad deberá adoptar cuantas medidas sean precisas para adaptar su sistema de enseñanza a la nueva situación creada por la declaración de la Sentencia 31/2010 del Tribunal Constitucional que considera también al castellano como lengua vehicular de la enseñanza en Cataluña junto con el catalán*".

Así y teniendo en cuenta que la llamada "atención particularizada", sistema polémico que llegó a implementar la Generalitat, no es aceptado por los tribunales, como tampoco por los padres, y haciendo caso a la normativa educativa actual, incluyendo la 'ley Celáa', el TSJC reiteró a los tres colegios afectados que debían transformar su sistema lingüístico (proyecto lingüístico) de modo que los niños "junto con sus condiscípulos" utilicen en la proporción de un 25 por ciento el español como lengua vehicular, que debe concretarse en que se imparta en español, además de la asignatura de Lengua española, "*cuanto menos otra área, materia o asignatura no lingüística curricular de carácter troncal o análoga*".

De la misma manera, se advirtió a los directores de los centros de estudios y la Consejería de Educación que deben adoptar “las medidas necesarias para preservar la identidad y la intimidad” de la familia recurrente y el alumno en concreto.

En **julio de 2023** se dictaron por el **Tribunal Superior de Justicia de Cataluña** las correspondientes sentencias en las que tachó de “inconstitucional” la nueva normativa del Gobierno catalán sobre uso de lenguas oficiales en la enseñanza con las que confirmó la aplicación del 25% de castellano en aulas de tres escuelas catalanas[20] y ordenó impartir una asignatura troncal en castellano al estimar parcialmente los recursos de familiares de alumnos sobre la proporción de castellano en el grupo del centro donde estudia su hijo.

En las tres, el TSJC tiene en cuenta la nueva normativa que el Govern aprobó en 2022 sobre el uso de lenguas oficiales en la enseñanza, y de la que el mismo tribunal planteó una cuestión de inconstitucionalidad al TC —pendiente de resolver— tras constatar la “imposibilidad legal” de aplicar la sentencia del 25% con esta nueva sentencia.

Los magistrados reconocen, en los tres casos, el derecho de los familiares “a que su hijo reciba, en el colegio y curso en el que sigue sus estudios, una enseñanza efectiva y equilibrada en lengua castellana”.

El tribunal detalla que esta enseñanza deberá comprender “aparte de la asignatura o materia correspondiente al aprendizaje de dicha lengua, al menos otra área, materia o asignatura no lingüística curricular que, por su importancia en el conjunto del currículo y su carga lectiva, pueda ser considerada como principal”.

Una última referencia merecen las **sentencias del Tribunal Constitucional 14/2018 y 30/2018.** La primera declaró inconstitucionales y nulos, tanto la Disposición Adicional trigésima octava, apartado cuarto c), párrafos 3, 4 y 5, como el apartado tercero de la Disposición Adicional octava de la Ley Orgánica 8/1980, de 22 de septiembre, de financiación de las Comunidades Autónomas (LOFCA), añadidos por la Disposición Final tercera de la LOMCE.

---

[20] Europa Press, 19/07/2023.

El recurso de inconstitucionalidad resuelto por la STC 14/2018 y el conflicto positivo de competencia objeto de la STC 30/2018 suscitan la misma controversia, por lo que la doctrina establecida en aquella, así como el resultado de la misma —la declaración de inconstitucionalidad y nulidad del procedimiento **relativo al reconocimiento de la compensación de los costes de escolarización—** determinan la estimación del conflicto y la declaración de inconstitucionalidad y nulidad del Real Decreto 591/2014, de 11 de julio —por el que se regulan los procedimientos relativos al reconocimiento de la compensación de los costes de escolarización previstos en el apartado cuarto de la disposición adicional trigésima octava de la Ley Orgánica 2/2006, de 3 de mayo, de educación— por remisión a las argumentaciones realizadas en aquellos fundamentos jurídicos y a las que, de modo expreso, se remite el TC en la última de las sentencias citadas.

Recuerda el Alto Tribunal que, en las Comunidades Autónomas con régimen de cooficialidad lingüística, la garantía del derecho a recibir enseñanza en ambas lenguas oficiales ha quedado regulada en la disposición adicional trigésima octava LOE, incorporada por el artículo único.99 de la LOMCE.

A tal efecto proclama que el castellano es lengua vehicular de la enseñanza en todo el Estado y las lenguas cooficiales lo son también en las respectivas Comunidades Autónomas, de acuerdo con sus Estatutos y normativa aplicable. Recuerda el TC el mandato normativo dirigido a las Administraciones educativas dirigido a impedir que la utilización en la enseñanza de la lengua castellana o de las lenguas cooficiales sea fuente de discriminación en el ejercicio del derecho a la educación y la posibilidad de que las Administraciones educativas puedan establecer los sistemas conocidos como de "inmersión lingüística", en los que "las asignaturas no lingüísticas se impartan exclusivamente en lengua castellana, en lengua cooficial o en alguna lengua extranjera, siempre que exista oferta alternativa de enseñanza sostenida con fondos públicos en la que se utilice como lengua vehicular cada una de las lenguas cooficiales"

Ahora bien, el TC analiza los criterios que se han de tener en cuenta en base a un sistema caracterizado por lo siguiente:

- si la programación anual de la Administración educativa competente no garantizase oferta docente razonable sostenida con fondos públicos en la que el castellano sea utilizado como lengua vehicular, el Ministerio de Educación, Cultura y Deporte asumirá íntegramente, por cuenta de la Administración educativa correspondiente, los gastos efectivos de escolarización en centros privados, que repercutirá a dicha Administración educativa
- la comprobación del supuesto de hecho que determina el nacimiento de esta obligación financiera corresponde al Ministerio de Educación, Cultura y Deporte, a través de un procedimiento iniciado a instancia del interesado, instruido por la Alta Inspección de Educación, y en el que deberá darse audiencia a la Administración educativa afectada
- la obligación financiera tendrá carácter excepcional y se extinguirá con la adopción por la Administración educativa competente de medidas adecuadas para garantizar los derechos lingüísticos individuales, sin que se consideren adecuadas a este propósito las medidas que supongan la atención individualizada en castellano o la separación en grupos por razón de la lengua habitual.

En el recurso también se impugnó el apartado tercero de la disposición adicional octava de la Ley Orgánica 8/1980, de 22 de septiembre, de financiación de las Comunidades Autónomas (LOFCA), añadido por la disposición final tercera de la LOMCE, que regula la repercusión de esta obligación financiera mediante la deducción o retención de los gastos de escolarización derivados del procedimiento establecido en la disposición adicional trigésima octava.4 de la LOE en los importes satisfechos por todos los recursos de los regímenes de financiación de las Comunidades Autónomas.

Pues bien, como ya he advertido todo ello ha sido declarado inconstitucional en la primera de las sentencias citadas —la STC 14/2018— con evidente repercusión en la resolución del conflicto positivo de competencia que da la razón a la Generalitat de Cataluña.

El Tribunal Constitucional avaló de nuevo el modelo de conjunción lingüística en **STC 51/2019**, al resolver el recurso de inconstitucionalidad interpuesto por más de cincuenta diputados del Grupo Parlamentario Popular en el Congreso en relación con diversos preceptos de la Ley del Parlamento de Cataluña 12/2009, de 10 de julio, de educación. Sin hacer ningún reproche a que la Ley de enseñanza de Cataluña facultara la Generalitat para determinar "el currículo de la enseñanza de las lenguas, que comprende los objetivos, los contenidos, los criterios de evaluación y la regulación del marco horario" (art. 9.2), por entender que esta norma iba referida a las enseñanzas del catalán, del aranés y de la literatura en estas lenguas, consideradas "asignaturas de libre configuración autonómica".

El Tribunal, aunque declaró la inconstitucionalidad de diversos preceptos de la citada Ley de Educación, no formuló reproches de inconstitucionalidad a las regulaciones siguientes: obligación de que los alumnos que se incorporen al sistema educativo sin conocer el catalán reciban una atención lingüística que les permita iniciar el aprendizaje de esta lengua oficial (art. 10.2); obligación del Gobierno de garantizar una oferta suficiente de enseñanza del catalán, a fin de facilitar a la población no escolar el ejercicio de este derecho y el cumplimiento del deber de conocer el catalán (art. 10.4); atribución al aranés de la condición de lengua vehicular y del aprendizaje habitual en los centros educativos del Arán (art. 17.1); obligación que las disposiciones relativas a programas de inmersión lingüística, a la atención lingüística individualizada y a la lengua de la administración educativa se adapten en el Arán a la condición de lengua propia del Arán y oficial en Cataluña que el Estatuto atribuye al occitano (art. 17.5)[21].

Cuando el art. 10.2 de la Ley 12/2009 afirma que los alumnos que se incorporen al sistema educativo sin conocer el catalán recibirán una atención lingüística que les permita iniciar el aprendizaje de esa lengua oficial, debe entenderse que ello no excluye, pues no podría hacerlo sin incurrir en inconstitucionalidad, que los que no conozcan el castellano reciban también una atención lingüística personalizada de carácter similar. En el contexto del precepto examinado,

---

21 Gerard Martín i Alonso, G, "Tribunal Constitucional y tensiones territoriales: la doctrina constitucional durante el año 2019", en *Revista d'Estudis Autonòmics i Federals-Journal of Self-Government*, n.º 31, DOI: 10.2436/20.8080.01.48

que asegura el pleno dominio del castellano al final de la enseñanza obligatoria y la obligación de los centros de mejorar su aprendizaje progresivo, las medidas de apoyo personalizado al conocimiento del catalán a los alumnos que lo necesiten no pueden suponer una negación de medidas semejantes respecto de la lengua oficial del Estado (art. 3.1 CE). Por lo que entendemos que el art. 10.2 de la ley controvertida no es inconstitucional.

El artículo 11, que regula el catalán como lengua vehicular y de aprendizaje, no fue impugnado.

Por último, cabe hacer referencia a la visita que en diciembre de 2023 una docena de **eurodiputados** realizaron a Cataluña para examinar la inmersión lingüística en las escuelas de la comunidad. De ahí nació un **Informe** que la **Comisión de Peticiones del Parlamento Europeo** aprobó el **19 de marzo de 2024** sobre el uso del castellano en las escuelas catalanas. Un informe duro, elaborado por la liberal estonia Yana Toom, en el que se reprocha a la Generalitat de Cataluña el desprecio hacia los derechos de los alumnos que tienen el castellano como lengua materna y exige el mismo trato al castellano y catalán "en las horas de enseñanza y curriculares". El informe, duramente criticado por los partidos independentistas, concluye reclamando que a ningún niño se le discrimine por ser hispanoparlante.

Además, entre otras advertencias, expresa su preocupación por que el régimen lingüístico catalán limite en la práctica la libertad de circulación europea[22].

En julio de 2024 el Govern en funciones aprobó el **Decreto 91/2024, del régimen lingüístico del sistema educativo no universitario de Cataluña**, en desarrollo de la Ley 12/2009, del 10 de julio, sobre el régimen lingüístico del sistema educativo de Cataluña, así como de las disposiciones legales promulgadas con posterioridad.

Con él se pretendía que se liberaba a las direcciones de los centros educativos de cualquier responsabilidad si incumplían el 25% de

---

[22] Vid. en *El Independiente*, 19-3-2024.
https://www.elindependiente.com/espana/cataluna/2024/03/19/el-parlamento-europeo-exigerespetar-el-25-de-castellano-en-las-escuelas-catalanas/[23] Vid. *El Mundo*, 28-7-2020, p. 10.

enseñanza en castellano. del Govern. Fue recurrido por la Asamblea por una Escuela Bilingüe al considerar que el catalán como única lengua vehicular es contraria a la jurisprudencia del propio TSJC y del TC al no garantizar adecuadamente la enseñanza en castellano. El TSJC lo suspendió cautelarmente —por infracción de derechos fundamentales y por situar el castellano en una posición marginal en la enseñanza.

Según su art. 4 el catalán es la lengua normalmente utilizada como vehicular y de aprendizaje del sistema educativo y en la acogida del alumnado recién llegado. También lo es en las actividades educativas, incluidas las complementarias, las extraescolares y los servicios educativos, las comunicaciones internas del centro y en las de proyección externa y de relación con el resto de la comunidad educativa.

Y el aranés es, en los centros educativos de Aran, la lengua normalmente utilizada como vehicular y de aprendizaje del sistema educativo, en los mismos términos que lo es el catalán en el resto de Cataluña.

Por el contrario, el castellano es la lengua utilizada de acuerdo con lo que establece el artículo 7 y en los términos que fijen los proyectos lingüísticos de centro, que garantizan la enseñanza y uso curriculares y educativos. Y este artículo 7, de sorprendente prescripción, dispone que ¡¡¡las clases de castellano en la educación primaria y de lengua castellana y literatura en la educación secundaria y en el bachillerato deben impartirse en esta lengua!!!

Las **Islas Baleares** y **Galicia** también han desarrollado modelos de conjunción lingüística, si bien en ambos casos no se ha llegado a establecer que las respectivas lenguas cooficiales con el castellano serán las lenguas vehiculares de la enseñanza o de la actividad administrativa de los centros, sino que se han establecido pautas para que, con cierta progresividad, el catalán y el gallego, respectivamente, alcancen una situación de equilibrio entre las cargas docentes que se imparten en las distintas lenguas cooficiales, si bien dejando abierta la puerta para que los centros decidan ampliar la oferta en la lengua propia de la Comunidad.

En **Baleares**, el modelo lingüístico escolar está establecido en la Ley 1/2022, de 8 de marzo, de educación de las Illes Balears cuyo art.

135, 1, a) proclama que es un objetivo la adquisición de la competencia comunicativa en lengua catalana, propia de las Illes Balears, y en lengua castellana, de forma que al final del periodo de la enseñanza obligatoria todos los alumnos sean competentes para emplear con fluidez las dos lenguas, tanto oralmente como por escrito.

Y en el mismo artículo advierte que la lengua catalana será la lengua de enseñanza y aprendizaje empleada como mínimo en la mitad del horario escolar, para garantizar el logro de los objetivos de la normalización lingüística. Previamente, como principio general establece *La construcción de un sistema plurilingüe que tenga como eje vertebrador la lengua catalana, propia de las Illes Balears.*

Pero se ha observado un conflicto al negarse la inspección educativa del Estado a instar al gobierno balear, a petición de una constituida plataforma de profesores, a que el castellano sea lengua vehicular en las islas o, a que los niños puedan recibir clases, al menos, en un 25% en castellano[23]. (Los profesores denunciantes aportaron las SSTS de 23 de abril de 2015 y de 28 de abril de 2015, ya citadas). Según un informe realizado por la indicada plataforma que abarcó parte de 2019 y 2020, la inmensa mayoría de los centros ignora la normativa estatal y autonómica, y el hecho de que al menos el 25% de las asignaturas y al menos una troncal, se impartan en castellano. El 73% de los proyectos educativos analizados no recogen la libertad de elección de lengua de primera enseñanza, mientras el resto sí lo menciona, aunque sin detallar a los padres cómo solicitarla. EL 93% de los centros de infantil y el 80% de los de primaria obvian la obligación de impartir al menos el 25%de las clases en español y el uso del castellano es residual en las actividades extraescolares.

El Defensor del Pueblo ha intervenido y quejado de la tardanza en la respuesta de la Consellería de Educación balear[23]

El Tribunal Superior de Justicia de las Islas Baleares confirmó en mayo de 2024 la decisión del Govern de rechazar la petición de un padre de Mallorca que solicitó que su hijo recibiera, al menos, el 25% de las asignaturas troncales en castellano[24]. El TSJ, en polémica

---

23 Vid. *El Mundo*, 13-X-2020, p. 10. [25] Vid. *El Mundo*, 27-1-2024, p. 12.

24 Vid. *Confilegal*, 23-5-2024

resolución no advirtió motivos para cuestionar la posible inconstitucionalidad de la Ley 1/2022, de 8 de marzo, como tampoco para equiparar el sistema educativo balear con aquel otro que había motivado las sentencias invocadas por el reclamante, referidas a la Comunidad autónoma de Cataluña, considerando que la legislación balear y la catalana son distintas y que, por tanto, la jurisprudencia del Alto Tribunal recaída en relación con ésta última no resultaba aplicable[25].

Para el TSJ el sistema educativo balear no impide un modelo binario. Por tanto, la pretendida imposición de que el 25 % de las asignaturas troncales se impartan utilizando el español o castellano como lengua vehicular, ya no tiene el soporte de ser el único medio de respetar lo indicado por el Tribunal Constitucional y Tribunal Supremo.

Sobre el TS pende la resolución del recurso de casación formulado por el afectado.

Pero el cambio de gobierno en Baleares, tras las elecciones autonómicas de 2024 propició que, aún sin reformar la normativa vigente, se estableciera un plan piloto que facilite la libre elección de lengua en la enseñanza.

En **Galicia**, la normativa reguladora estaba constituida por el Decreto 124/2007, de 28 de junio, por el que se regula el uso y la promoción del gallego en el sistema educativo, que vino a sustituir al Decreto 247/1995, de 14 de septiembre, por el que se desarrolló la Ley 3/1983, de normalización lingüística, para su aplicación a la docencia en lengua gallega a aquellas enseñanzas de régimen general impartidas en los diferentes niveles no universitarios. Según Blanco Valdés[25], supuso la sustitución del principio de cooficialidad por el de inmersión, basándose en el establecimiento de un mínimo —ampliable— del 50% de la carga docente que será impartida necesariamente en gallego y que afectará, en todo caso, a las asignaturas fundamentales (matemáticas, ciencias, historia...).

Sin embargo, este modelo fue posteriormente reformado en el sentido de establecer pautas de equilibrio entre las dos lenguas cooficiales; dar entrada a una tercera lengua de enseñanza, el inglés; y

---

[25] Blanco Valdés, R. "La Constitución y las lenguas: ¿qué fue de la cooficialidad lingüística?", en *Claves de Razón Práctica*, nº 188, 2008, p. 20-28.

atender las preferencias lingüísticas de los padres (Decreto 79/2010, de 20 de mayo, para el plurilingüismo en la enseñanza no universitaria de Galicia).

El Tribunal Supremo, en sentencia de 20 de noviembre de 2023, resolvió el frecuro de un profesor al que el Inspector Jefe comunicó que la regla general era la utilización del gallego, mientras que la del castellano era excepcional. En consecuencia, debía atender a las indicaciones que se le habían hecho, las cuales se fundaban en el artículo 3 del Decreto 79/2010, de 20 de mayo, para el plurilingüismo en la enseñanza no universitaria de Galicia.

El profesor afectado recurrió y el asunto llegó al TS que en Auto de la Sección primera admitió el recurso de casación por apreciar interés casacional objetivo para la formación de jurisprudencia en resolver la siguiente cuestión:

"si existe quiebra del principio de cooficialidad de lenguas previsto en el artículo 3 de la Constitución y en el artículo 5 del Estatuto de Autonomía de Galicia, si se interpreta por un órgano de la administración gallega que el uso general de la lengua autonómica para la redacción de todo tipo de documentos relacionados con el ejercicio de la función docente, debe ser el gallego de forma exclusiva, o esa previsión de uso general del gallego no impide la utilización indistinta del castellano y de la lengua cooficial autonómica"

Considera el TS que del art. 3 del Decreto 79/2010 se deduce que "…la regla establecida es el uso del gallego, pero no es absoluta ya que permite excepciones. No sólo las que expresamente salva el apartado 3 sino también las que implícitamente admite la formulación del precepto "se usará, con carácter general, la lengua gallega". Cabe, pues, que con carácter particular se use el castellano". Y este régimen fue considerado conforme al ordenamiento jurídico por el TSJ de La Coruña.

"Estamos, en efecto, ante el desempeño de su cometido por un funcionario con capacidad para desenvolverse en las dos lenguas y que pretende imponer su criterio sobre el de la Administración, la cual a partir de las previsiones de la Ley gallega 3/1983 quiere contribuir a la normalización del uso del gallego con las pautas sentadas por el artículo 3 del Decreto 79/2010".

El TS concluye indicando que "no se ha quebrado el principio de cooficialidad previsto en los artículos 3 de la Constitución y 5 del Estatuto de Autonomía de Galicia".

## B) Modelo de separación o segregación: País Vasco y Navarra

Los modelos de separación o segregación lingüística han sido adoptados en los sistemas educativos vasco, navarro y valenciano.

El sistema educativo en el **País Vasco** contempla tres modelos, que son objeto de elección por los padres:

- el A: todas las asignaturas en castellano salvo el euskera.
- el B: que utiliza como lenguas vehiculares tanto el castellano como el euskera, a criterio del centro.
- el C: que utiliza como lengua vehicular el vascuence, salvo para las asignaturas lingüísticas.

En 2007, el Decreto 175/2007, de 16 de octubre, por el que se modificó el currículo de la educación básica, disponía que el euskera "*será la principal lengua vehicular en el ámbito escolar*" (art. 13.2). De esta manera *de facto* se procedía a la supresión del modelo A.

Con posterioridad, y tras el cambio político en el Gobierno Vasco, se dictó el Decreto 97/2010, de 30 de marzo, que recuperó la idea de "bilingüismo integrador" y afirmó la voluntad de respeto a la libertad de elección de las familias, sin perjuicio del necesario aprendizaje de las dos lenguas oficiales. Este nuevo marco establece una relación de equilibrio entre las dos lenguas oficiales, si bien, mantiene el principio de mayor protección del euskera por ser la "*lengua oficial cuyo conocimiento es más deficitario*".

Pero el sistema prevé que el modelo lingüístico de cada centro sea definido en el "proyecto lingüístico" que elabore, en uso de su autonomía y en función de las circunstancias ambientales, cada centro educativo. De esta manera, pueden darse disfunciones en la oferta de determinados modelos, toda vez que, en realidad, no es la demanda de las familias la que determina la oferta de un modelo u otro, sino a la inversa.

Según datos de 2018[26], de los 374.848 alumnos matriculados al inicio del curso 2017-2018 en infantil, primaria y secundaria, el 66% optaron por estudiar todas las asignaturas en euskera. No llega al 10% los que han preferido hacerlo con el castellano como lengua vehicular (modelo A), y un 23% se decantó por el bilingüe (modelo B). Los tres modelos incluyen la enseñanza del inglés desde los cuatro años, aunque la Administración vasca pretende que para 2020 el 75% de los centros enseñen en los tres idiomas.

El vigente Decreto 236/2015, de 22 de diciembre, por el que se establece el currículo de Educación Básica y se implanta en la Comunidad Autónoma del País Vasco derogó la norma de 2007, debido a la nueva redacción de la Ley Orgánica 2/2006, de 3 de mayo, de Educación, dada por la Ley Orgánica 8/2013, de 9 de diciembre, para la Mejora de la Calidad Educativa, al haber introducido cambios sobre el concepto de currículo y una nueva distribución de competencias entre el Estado y las Comunidades Autónomas.

En él se establece que siendo uno de los objetivos del sistema educativo contribuir de la manera más eficaz posible a una situación de equilibrio e igualdad efectiva y real en el uso de las dos lenguas oficiales y teniendo en cuenta la situación de desequilibrio y de inferioridad en el uso social del euskera con respecto al castellano, el departamento competente en materia educativa impulsará y asegurará el uso del euskera como vehículo de expresión habitual en todas las actividades de la comunidad educativa.

A tal fin prescribe que los centros educativos incorporarán el euskera y el castellano en la Educación Básica para conseguir la competencia real del alumnado en el uso de las destrezas de comprensión y expresión, oral y escrita, en las dos lenguas oficiales, de manera que ambas puedan utilizarse en las distintas situaciones del ámbito personal, del social o del académico.

Aunque no establece un modelo de plurilingüismo, si parece posibilitarlo e incluso fomentarlo, al indicar que los centros educativos que opten por impartir alguna materia o materias en lengua extran-

---

[26] El Pais, "Cuatro modelos educativos para la España plurilingüe", 18 febrero 2018,

jera, deberán incluir en la planificación de su Proyecto Lingüístico la referencia de la materia o materias a impartir en la primera lengua extranjera en los diferentes cursos, así como la previsión de los recursos humanos, materiales y funcionales. En este caso, conforme dispone el art. 24, el Proyecto Lingüístico de Centro deberá reflejar el número de horas de impartición de lengua extranjera y en lengua extranjera, asegurando la consecución de la competencia lingüística en euskera, castellano y en la primera lengua extranjera, para lo que el órgano competente modificará las relaciones de puestos de trabajo de los centros públicos de manera que se garantice el cumplimiento de los requisitos específicos de competencia en lenguas extranjeras que se establezcan.

En **Navarra**, el modelo lingüístico se basa en el sistema del País Vasco, si bien añade un modelo, el G (docencia íntegramente en castellano y sin asignatura de euskera), específico de la zona no vascófona —Navarra tiene tres zonas lingüísticas, la vascófona, la mixta y la no vascófona—.

## C) Modelo plurilingüe

Ya he indicado que hoy en día puede ser más útil distinguir entre modelos monolingües y multilingües, según apliquen un aprendizaje integrado de contenido y lenguas (AICLE) o no. Hoy, la adquisición de un nivel de competencia lingüística alto pasa por transmitir la enseñanza en los idiomas cooficiales y, al menos, en una lengua extranjera.

Por ello ahora se pretende que los jóvenes alcancen un pleno dominio de las lenguas estatal y regional y un nivel aceptable de una lengua extranjera, normalmente el inglés. Hoy parece que la mayoría de las familias prefieren este sistema habida cuenta que han tomado conciencia de la imperiosa necesidad de conocer una lengua extranjera, fundamentalmente el inglés, de cara a facilitar un futuro laboral a los jóvenes tras su etapa formativa.

Por ello también aquí se han apreciado las bondades del sistema de plurilingüismo. Y así, por Decreto 127/2012, de 3 de agosto, se estableció el plurilingüismo en la Comunidad Valenciana, de tal suerte que los alumnos tenían que recibir enseñanzas del y en valenciano, castellano e inglés. Este sistema ha sido calificado de "conjunción flexible" porque, aunque se impone la transmisión de conocimientos en tres idiomas, se reconoce a los padres la facultad de intervenir en la elección de la lengua autóctona predominante en el proceso educativo[27]. Su conformidad a derecho fue declarada por la STSJCV, de 7 de mayo de 2014.

El sistema se basa en los proyectos lingüísticos de centro (PLC). Estos deberán optar, para cada línea, por un programa plurilingüe de enseñanza en valenciano (PPEV) o programa plurilingüe de enseñanza en castellano (PPEC), según la lengua base en la que se impartirán la mayoría de las materias, sea el castellano o el valenciano.

Además, el sistema se completa con la previsión de que en la educación infantil se reconoce el derecho a la escolarización en la lengua materna de elección, siempre que esta sea autóctona, y con la obligación de que desde la educación primaria el área de conocimiento del medio debe estudiarse en la lengua contraria a la de predominio lingüístico de la zona.

## III. EL PLURILINGÜISMO EN LA ENSEÑANZA EN LA COMUNITAT VALENCIANA

### 1. *La normalización lingüística: la Ley 4/1983, de Uso y Enseñanza del valenciano*

En la Comunidad Valenciana, una de las primeras leyes que aprobaron las Cortes Valencianas fue, en el año 1983, la Ley de Uso y Enseñanza del Valenciano, la cuarta ley desde la aprobación del Estatuto de autonomía, una ley que ha representado la herramienta más importante de recuperación de nuestra lengua a través de la escuela y de la comunidad educativa de manera destacada. Se estableció así, hace 35 años, que y que, en los territorios de predominio lingüístico castellano, la incorporación del valenciano se haría de manera progresiva.

---

27 Manent Alonso, L. y Guardia Hernández, J.J., *op. cit.* P. 238.

En el Estatuto de autonomía de 1982 se indicaba que "*Mediante Ley se determinarán los territorios en los que predomine el uso de una y otra lengua, así como los que puedan exceptuarse de la enseñanza y del uso de la lengua propia de la Comunidad*". Lo que se reitera en el Estatuto de 2006.

El sistema educativo, sobre la base de las previsiones de la Ley 4/1983, de normalización lingüística, estaba organizado en tres programas:

- PIL (programa de inmersión lingüística): todas las asignaturas en valenciano salvo las lingüísticas.
- PIP (programa de implantación progresiva): según se avanza en niveles de enseñanza, se incorpora más carga docente en valenciano.
- PEV (programa de enseñanza en valenciano): según se avanza en niveles de enseñanza, se incorpora más carga docente en castellano.

La normativa valenciana ha previsto, no obstante, y atendiendo a las particulares circunstancias lingüísticas de la Comunidad Valenciana, la posibilidad de que en determinadas circunstancias se pueda obtener la exención de la obligatoriedad de cursar la asignatura de lengua valenciana.

Diversos Decretos del Consell han venido regulando la enseñanza del y en valenciano en las distintas etapas educativas.

Así, cabe citar:

- Decreto 79/1984, sobre aplicación de las previsiones de la Ley 4/1983, de uso y enseñanza del valenciano en el ámbito educativo.
- Decretos 233 y 232 de 1997, sobre programas educativos bilingües.
- Los anteriores Decretos fueron derogados por el Decreto 127/2012, de 3 de agosto, impulsado por la Consellera Catalá que introduce el plurilingüismo en la enseñanza.

- Este último fue derogado por Decreto 9/2017, de 27 de enero, parcialmente anulado por STSJCV de 23 de julio de 2017 y que expresamente derogó el Decreto 219/2017, de 29 de diciembre, aunque, previamente, el Consell dictó el Decreto-Ley 3/2017, de 1 de septiembre, por el que se aprobaron medidas urgentes para la aplicación, durante el curso 2017-2018, de los proyectos lingüísticos de centro.

Se puede afirmar que la polémica actual arranca, como veremos más adelante, del Decreto 9/2017 citado, que propició la aprobación, por las Cortes Valenciana, de la Ley 4/2018, de 21 de febrero, por la que se regula y promueve el plurilingüismo en el sistema educativo valenciano.

Podemos observar, por tanto, que la enseñanza del y/o en valenciano no había generado polémica hasta época reciente, pues con anterioridad la discrepancia en materia lingüística se constreñía a la naturaleza del idioma propio —valenciano o catalán— que la creación de la Academia Valenciana de la Lengua por Ley 7/1998, de 16 de septiembre, trató de solventar (aunque no recibiera el beneplácito unánime de la sociedad valenciana).

## 2. *Una rápida sucesión de normas en 2017-2018: Decreto, Decreto-Ley, Ley… ¿un camino sin fin?*

El Gobierno del "Botánic"[28] implantó un nuevo modelo plurilingüe que se concretó, inicialmente, en el **Decreto 9/2017, de 27 de enero**[29], del Consell, por el que se estableció el modelo lingüístico educativo valenciano y se reguló su aplicación en las enseñanzas no

---

[28] Integrado por el PSOE y Compromís, y así conocido por firmarse el Pacto que ambos partidos suscribieron en el Jardín Botánico, propiedad de la Universitat de Valencia.

[29] Derogado por Decreto 219/2017, de 29 de diciembre, del Consell, al "objeto de incrementar la seguridad jurídica y mejorar la regulación de la actividad del sector educativo", según se indica en su Preámbulo. Todo ello pese a que el Decreto estaba parcialmente anulado y dejado sin efecto, por Sentencia del Tribunal Superior de Justicia de la Comun¡tat Valenciana, Sala de lo contencioso-administrativo, Sección Cuarta, de 26 de julio de 2017.

universitarias de la Comunidad Valenciana a partir de seis niveles. Vino a suponer el cambio más importante en el modelo educativo valenciano desde la aprobación en la LOE.

El objetivo, según se afirmó, era que los alumnos acabasen la educación obligatoria conociendo de forma efectiva las dos lenguas oficiales de la comunidad y una extranjera. Y así, en su art. 3.1, aunque carecía de apartado 2, se expresaba que

> *"El sistema escolar valenciano se define como un sistema educativo plurilingüe que tiene como lenguas curriculares el valenciano, como lengua propia de la Comunitat Valenciana; el castellano, como lengua oficial del Estado; el inglés, como una lengua de comunicación internacional, y otras lenguas extranjeras que, de acuerdo con su Proyecto lingüístico de centro, podrán ofrecer los centros educativos".*

El plan se estructuraba en seis niveles en función del número de horas de clase en valenciano, castellano e inglés impartidas durante la semana. Los centros elegían su programa con el acuerdo de dos tercios del consejo escolar o la titularidad del centro en los centros privados concertados, oído el Consejo Escolar.

El Decreto establecía dos programas lingüísticos progresivos de aplicación en los centros de la Comunitat Valenciana:

- un programa plurilingüe en valenciano
- un programa plurilingüe en castellano.

Ambos se debían implantar y concretar en los centros a través de sus respectivos Proyectos Lingüísticos de Centro (PLC) que, conforme disponía su art. 17.1, constituía "*el conjunto de decisiones consensuadas que toma el equipo docente para organizar la enseñanza y el uso de las lenguas desde una perspectiva plurilingüe, y la promoción del uso social e institucional del valenciano en el centro*".

Cada centro debía establecer en su PLC la lengua base, valenciano o castellano, en la que impartir la mayoría de las áreas, materias o módulos de su programa. Regulación similar a la del Decreto 127/2012 antes citado.

Pero correspondía a la *Conselleria* de Educación definir el programa plurilingüe (PPEV o PPEC) que debía adoptar un centro. Para ello se basaría en una serie de evaluaciones —que el Decreto no concretaba— y en una consulta a los padres.

El texto sí aclaraba que la lengua vehicular base del centro debía estar definida antes del inicio de la matrícula ordinaria del alumnado, ya que estipulaba que debía informarse sobre este aspecto a los padres a la hora de realizar la matrícula. Se sospechó que, aunque el Decreto permitía que ambos programas pudieran coexistir en un centro, solo se autorizaría uno, el de elección mayoritaria los padres.

El gran cambio consistió en vincular el aumento de horas en inglés a un incremento de horas en valenciano, para potenciar esta última lengua.

Entre los aspectos más criticados destaca el hecho de que los alumnos de los llamados "programas avanzados de plurilingüismo", con más horas de valenciano y de inglés, obtuvieran automáticamente los títulos de inglés y valenciano B1 y C1 respectivamente al acabar Bachillerato. Y los que cursaban más horas de castellano, y por tanto menos de inglés, no.

Es evidente la intención de primar el uso del valenciano, como lo pone de manifiesto el tenor de su art. 4.1:

> *"En la Administración educativa de la Comunitat Valenciana se utilizará, de manera general, el valenciano. También se utilizará el valenciano en las relaciones de esta con el resto de la Administración autonómica y con la Administración local, y en las relaciones con las entidades públicas y privadas de la Comunitat Valenciana, sin perjuicio del derecho de opción lingüística ante la administración de la ciudadanía...",* de acuerdo con la legislación vigente.

E igualmente, el art. 5.2, en el que se disponía que

> "Los centros educativos tienen que promover un uso normal del valenciano de acuerdo con lo que dispone la Ley 4/1983, de 23 de noviembre, de la Generalitat, de uso y enseñanza del valenciano. Por lo tanto, se potenciará su uso habitual en todos los ámbitos descritos en el Plan de normalización lingüística".

La regulación despertó cierto rechazo social, focalizado en la Diputación de Alicante y en los principales agentes sociales de la comunidad educativa.

* La Diputación Provincial de Alicante impugnó ante el TSJCV el Decreto 9/2017, al considerarlo discriminatorio con el nivel de inglés que se impartiría según el nivel de valenciano escogido por cada centro escolar, a partir de su diferencia como zona predominantemente castellana. El Consell planteó dudas sobre el interés de la institución provincial para personarse.

* También lo impugnó CSI-F, por la vía del recurso contencioso-administrativo especial de derechos fundamentales, por vulnerar derecho a la igualdad. El sindicato consideró que discriminaba a los alumnos de los centros de línea Castellana, que no obtendrían certificación en inglés.

* El TSJ desestimó el recurso de USO-CV, que mantenía que la lengua castellana estaba infravalorada respecto de la valenciana en cuanto a horas de impartición y que el Decreto discriminaba a aquellos profesores que no tienen un conocimiento pleno de la lengua valenciana e inglesa. Según el Alto Tribunal Valenciano, esta demanda así planteada, no vulneraba ningún derecho fundamental, según declaró en sentencia de 26 de julio de 2017.Pero este Sindicato también planteo su recurso ordinario contra el mentado Decreto, por razones de legalidad ordinaria.

* El sindicato docente ANPE también solicitó medidas cautelares para suspender su aplicación al considerar que la norma vulneraba gravemente el derecho a la educación y a la igualdad, estableciendo agravios comparativos en función de la modalidad de nivel lingüístico escogida por los centros.

Ciertamente, la nueva regulación suponía, y supone, un agravio por el hecho de que solo los alumnos que cursaran el programa mayoritariamente en valenciano obtendrían de manera automática al terminar sus estudios de Bachillerato el certificado de B1 en inglés, de tal suerte que los alumnos que prefirieran ser educados en castellano se veían penalizados.

Ante la polémica, el Ejecutivo autonómico aseguró que permitiría a los alumnos de programas con preferencia de castellano recibir más horas de clase en inglés sin aumentar las de valenciano y obtener los títulos de idiomas correspondientes.

El anuncio no llegó a concretarse porque la Sala Contencioso-Administrativo del Tribunal Superior de Justicia de la Comunitat Valenciana por Auto de 23 de mayo de 2107, a instancias de la Diputación de Alicante, suspendió el Decreto —aún contra el criterio de la fiscalía que defendió su legalidad— mientras se desarrollaba el proceso de matrícula para el curso 2016-2017, al entender que "*de no suspenderse hasta que recaiga sentencia un gran número de alumnos podrían (sic) ver sus derechos disminuidos en relación a la acreditación de idiomas*".

El Gobierno de España también amagó con ir a los tribunales si el Consell no rectificaba el plurilingüismo y se llegó a anunciar un recurso contencioso-administrativo si persistían los "diferentes requisitos" para lograr el certificado de inglés, tras haber llamado a consultas en varias ocasiones al equipo de la Conselleria.

El TSJ falló, en el recurso formulado por CSI-F, en favor de los argumentos que consideraban discriminatoria la norma, en Sentencia 1329 de 26 de julio de 2017, que anuló y dejó sin efecto la D.A. 5ª del Decreto 9/2017[30]reguladora de la certificación de lenguas al alumnado.

> EL TSJ consideró acreditado el déficit del valenciano, y que el Gobierno valenciano podía promover acciones positivas para favorecerlo, pero consideró que éstas han de ser proporcionadas y no debían ir en detrimento del castellano, pudiendo otorgar al valenciano un trato diferenciado sobre el castellano en una proporción razonable.
> Sin embargo, señaló, esta disposición *"no supera el canon de constitucionalidad, puesto que, la certificación diferenciada de los niveles de inglés se articula paralelamente y en función de la mayor incorporación del valenciano como medida no justificada, que implica un desequilibrio para el castellano"*.
> De ahí que subrayara en su sentencia que *"resulta injustificada la certificación automática de los niveles de competencia lingüística en valenciano y en inglés para el alumnado acogido a la mayor dinamización o normalización del valenciano (prevista en los apartados 1 a 3 de la Disposición adicional 5ª...), en claro agravio comparativo para el alumnado que opte por mayor presencia del castellano"*[31].

---

30 Comparecieron como codemandados de la Generalitat y opusieron causas de inadmisibilidad la Fundació Escola Valenciana de la Comunitat Valenciana y el Sindicat de treballadors i treballadores del ensenyament del País Valencia-Intersindical valenciana, sobre inadecuación del procedimiento.

31 Meses después, el TSJ, por sentencias nº 162 y 165, de 25 abril 2018, resolvió anular los artículos 9.4, 17, 18, 19, 20 y 21, disposición adicional octava y los anexos XI y XII del Decreto 9/2017.

La reacción de la Generalitat no se hizo esperar, y el Consell aprobó el 1 de septiembre, el **Decreto-Ley 3/2017, de 1 de septiembre** —específico solo para 3 años (el curso de Infantil por donde iba a empezar a aplicarse el plurilingüismo suspendido)— por el que se adoptaron medidas urgentes para la aplicación, durante el curso 2017-2018, de los proyectos lingüísticos en los centros educativos, y volver en el resto de las etapas a la normativa de 2012, que mantenía el sistema de la doble línea. Decreto-Ley que fue convalidado por el Pleno de Les Corts en la sesión del 8 de septiembre de 2017.

Argucia legal —algunos la calificaron como "decretazo"— ya que sólo podría ser recurrida ante el Tribunal Constitucional, lo que permitía al Consell esquivar la suspensión cautelar de su Decreto inicial, logrando también saltarse al Tribunal Superior de Justicia de la Comunidad Valenciana, cuyos pronunciamientos han rechazado reiteradamente los argumentos y recursos de la Abogacía de la Generalitat. Y parecía improbable su impugnación por parte del Gobierno de España mientras se negociaba el Pacto Educativo.

Fue derogado en febrero de 2018, por la Ley 4/2018, pero antes el TSJ decidió plantear una **cuestión de inconstitucionalidad**[32] frente al mismo al entender que la Conselleria de Educación no cumplió la orden de suspensión del Decreto[33].

El TSJ consideró que el Decreto-ley vulneraba el artículo 86.1 de la Constitución en relación con el art. 44.4 del Estatuto de Autonomía de la Comunidad Valenciana y el artículo. 9.3 de la Constitución por arbitrariedad al no existir extraordinaria y urgente necesidad para su dictado. Además, solicitó del TC que declarara la inconstitucionalidad del Decreto— ley por vulneración del artículo 24.1 de la Constitución en relación con el artículo 117.3 ya que se aprobó con la finalidad de impedir la ejecución de las resoluciones

---

[32] Por Providencia de 19 de diciembre de 2017 la Sala acordó oír a las partes sobre el posible planteamiento de la cuestión de inconstitucionalidad.

[33] La Abogacía de la Generalitat alegó la pérdida de objeto al haberse derogado el Decreto 9/2017 por el Decreto 219/2017, de 29 de diciembre. La Sala, por Auto de 23 de febrero de 2018 consideró que "el Decreto derogado mantiene íntegra su vigencia, por tanto, sigue desplegando sus efectos —ultraactividad— y hace necesario un pronunciamiento de este Tribunal".

judiciales dictadas por la Sección Cuarta de la Sala de lo Contencioso Administrativo que acordaban la suspensión del Decreto de plurilingüismo y establecían, además, la forma en que tal suspensión debía ejecutarse.

La Sala señaló que el propio Decreto-Ley cuya constitucionalidad se cuestionaba, en su exposición de motivos "pone de relieve que pretende poner en marcha el sistema establecido en el Decreto del Consell 9/2017 que estaba suspendido por el Tribunal (Auto 23 de mayo de 2017, confirmado por de 20 de junio de 2017) y evitar la aplicación de la disposición transitoria primera punto 4 del propio Decreto que mantenía el sistema anterior en tanto se implantaba el nuevo sistema (Auto de 27 de julio 2017, luego confirmado por auto 22 de septiembre de 2017)". Añadió que "las disposiciones específicas puestas en cuestión ponen en funcionamiento el sistema durante el curso 2017-2018 en el primer curso del segundo ciclo de educación Infantil y los centros sostenidos con fondos públicos para Infantil de 2 años del 1er ciclo de Educación Infantil".

En sendas resoluciones, el TSJ explicó que "no se cuestiona la constitucionalidad intrínseca ni del Decreto 9/2017 ni del Decreto Ley 3/2017" sino que lo que se trata de determinar es si el Decreto-Ley (norma con rango de ley) "impide o limita la ejecución de la suspensión del Decreto 9/2017" acordada en varias resoluciones de la Sala.

Ante todos estos avatares el Consell cambió de estrategia y fomentó la presentación de una **proposición de ley** suscrita por los tres Grupos Parlamentarios que daban soporte al *Govern del Botànic* —PSPV-PSOE, Compromís y Podemos— para blindar el modelo, que elimina los elementos más críticos del Decreto parcialmente anulado (y posteriormente derogado[34]).

---

[34] El Decreto 9/2017, de 27 de enero fue derogado por Decreto 219/2017, de 29 de diciembre. En su preámbulo se hacia referencia a que las Cortes ya habían iniciado la tramitación de la proposición de ley por la que se regula y promueve el plurilingüismo en el sistema educativo, y además, que para el curso entonces vigente —2017-2018— ya se habían aplicado las medidas contenidas en el Decreto-Ley 3/2017 en relación con los proyectos lingüísticos de centro.

Dicha proposición de ley cristalizó en la **Ley 4/2018, de 21 de febrero, de la Generalitat, por la que se regula y promueve el plurilingüismo en el sistema educativo valenciano**, aprobada en Les Corts con el rechazo de los grupos PP y Ciudadanos.

Tiene por objeto regular la enseñanza y el uso vehicular de las lenguas curriculares, y asegurar el dominio de las competencias plurilingües e interculturales del alumnado valenciano. Asimismo, promover la presencia en el itinerario educativo de lenguas no curriculares existentes en los centros educativos.

> Su art. 3.1 reitera el mismo del Decreto 9/2017: "*El sistema escolar valenciano es un sistema educativo plurilingüe e intercultural que tiene como lenguas curriculares el valenciano, el castellano, el inglés y otras lenguas extranjeras".*
> Y en el art. 4.1.a) se expresa, como objetivo, garantizar "*El dominio oral y escrito de las dos lenguas oficiales, el dominio funcional de una o más lenguas extranjeras y el contacto enriquecedor con lenguas y culturas no curriculares pero propias de una parte del alumnado".*

También se pretende asegurar, como dispone su art. 5, "*que el alumnado, al acabar las diferentes etapas educativas, haya alcanzado las competencias orales y escritas del Marco europeo común de referencia que se determinan a continuación:*

*a) Al acabar las enseñanzas obligatorias, como mínimo, el nivel de valenciano y castellano equivalente al B1 y el equivalente al A1 de la primera lengua extranjera.*

*b) Al acabar las enseñanzas postobligatorias no universitarias, como mínimo, el nivel de valenciano y castellano equivalente al B2 y el equivalente al A2 de la primera lengua extranjera*".

Implica que los alumnos tendrán que vehiculizar como mínimo un 25% de asignaturas en castellano, otro 25% de asignaturas en valenciano y se establece una horquilla de entre un 15% y un 25% en la lengua extranjera escogida, todo ello basándose en las recomendaciones de la jurisprudencia consolidada del TS según sentencias a las que ya he hecho referencia. El 25% restante será a elección del centro, si bien la Conselleria de Educación promoverá que los centros educativos sostenidos con fondos públicos vehiculen el 50% del tiempo curricular en valenciano (art. 11, a), con carácter general para todo el territorio de la Comunitat Valenciana, y por tanto sin tener en cuenta el contexto socioeducativo y demolingüístico de cada centro, lo que fue criticado de incoherente con lo dispuesto en el artículo 6.2 de la propia ley.

La preferencia por el valenciano es evidente y se manifiesta también en la organización de las enseñanzas de las lenguas en los diferentes niveles educativos. Así tanto en la educación primaria como en el segundo ciclo de educación infantil el porcentaje de valenciano puede elevarse hasta un 60 o un 65% respectivamente. Y lo mismo ocurre en la educación secundaria y el bachillerato conforme se desprende de lo dispuesto en el art. 7, 1,2 y3.

Durante la tramitación de la ley se abrió un trámite de participación pública en el que entidades representativas de las familias y del alumnado presentaron propuestas e ideas que los partidos podían valorar y asumir en forma de enmiendas al articulado. Sin embargo, en el texto que llegó al pleno de la cámara apenas se tuvieron en cuenta tales alegaciones.

La gran patronal de la enseñanza concertada exigió “igualdad” de recursos para aplicar el plurilingüismo, reclamando para sus centros auxiliares de conversación en inglés y cursos de formación para la actualización de los docentes.

Pocos fueron los cambios introducidos en la proposición de ley presentada inicialmente. El que más afecta a los centros es el que recoge el plazo máximo para elaborar el proyecto lingüístico para las etapas infantil y primaria a la nueva distribución de las lenguas: ¡tan sólo hasta el 16 de marzo de 2018![35]

En los centros públicos será la dirección la que eleve la propuesta a la *conselleria* para que la autorice, aunque deberá someterse al criterio del consejo escolar, que la validará con una mayoría de dos tercios. No queda muy claro —art. 16— quién lo diseñará, más allá de que será un proceso participativo basado en principios pedagógicos. En los centros concertados la responsabilidad la asumirán sus titulares. Pero si el consejo escolar o el consejo social, en su caso,

---

[35] Disposición Transitoria Tercera

no consensua la propuesta de proyecto lingüístico de centro por la cualificada mayoría de dos tercios, será la administración educativa la que decida al respecto.

Otro cambio que llama la atención fue solicitado en la sesión de participación por el STEPV, que también presentó una batería de medidas, la mayoría rechazadas. En el texto definitivo ha desaparecido la referencia a las dos sentencias del Tribunal Supremo que fijan en un 25% del tiempo lectivo la proporción razonable de castellano. En ambos casos se refieren al modelo catalán, y la argumentación se basaba en que los fallos hacían referencia a otra comunidad autónoma.

Además, el nuevo texto deja claro que el 25% de horas en castellano se conseguirá con la asignatura de Lengua y con otra "troncal o análoga" no lingüística. Lo mismo sucederá para el valenciano.

Sus consecuencias no tardaron en dejarse notar. Por ejemplo, la acusada reducción de los colegios que ofrecerán sus clases mayoritariamente en castellano para el curso 2018-2019 con una reducción del 50% de la enseñanza vehiculizada mayoritariamente en castellano, pues la Disposición Adicional Quinta exige que los centros de educación infantil y primaria que al tiempo de la entrada en vigor de la Ley tengan autorizado un programa plurilingüe de enseñanza en valenciano tendrán que establecer un porcentaje vehicular en valenciano igualo superior al que tienen autorizado...Según información difundida, de los 1385 centros públicos y concertados 476 ofrecen solo en valenciano (34% del total), 674 en castellano solo y 235 en ambas opciones (doble línea)[36].

Y es que la ley no permite que un centro aplique dos programas lingüísticos distintos de manera simultánea por lo que todos los alumnos cursarán con el mismo programa con modelo único. Ahora se reducirán los de línea castellano porque los que opten por valenciano tendrán prioridad en el acceso a recursos adicionales de diferentes tipos[37].

---

[36] Las Provincias, 5 marzo 2018, p. 4.

[37] Las Provincias, 21 mayo 2018, p. 3.

### *3. ¿Es inconstitucional el modelo?*

Al poco de la aprobación de la Ley 4/2018 el PP anunció que estudiaba acciones para propiciar la intervención del Tribunal Constitucional, esencialmente mediante la excitación al Gobierno de la Nación para que el Presidente interpusiera **recurso de inconstitucionalidad**. El Gobierno así lo estimó, ante la duda que suscita el tenor del art. 11 de la Ley, y al amparo de lo dispuesto en el art. 33.2 de la LOTC solicitó la convocatoria de la **Comisión Bilateral Cooperación Estado-Comunitat Valenciana** a fin de forzar una negociación sobre los puntos de la Ley que podrían ser inconstitucionales

Sin embargo, el cambio de gobierno como consecuencia de la moción de censura presentada en mayo de 2018 por el PSOE —y que comportó la sustitución de Rajoy por Sánchez en la presidencia del Gobierno— supuso la finalización de la discrepancia y la conclusión de la tarea de la citada Comisión bilateral.

Se ha apuntado, aparte otros preceptos menos relevantes, que el tenor del art. 11 no se acomoda bien a la Constitución. En él se expresa que la *consellería* competente en materia de educación, promoverá que los centros educativos sostenidos con fondos públicos vehiculen el 50 % del tiempo curricular en valenciano, con lo que el castellano puede quedar reducido a un 25%. Lo curioso es que para ello se invoca, entre otras normas, el artículo 6 del Estatuto de autonomía de la Comunitat Valenciana (?) y el punto 2 de la Disposición adicional 38 de la Ley Orgánica 2/2006, de 3 de mayo, de Educación, que dispone que las Administraciones educativas determinarán la proporción razonable de la lengua castellana y la lengua cooficial en estos sistemas, pudiendo hacerlo de forma heterogénea en su territorio, atendiendo a las circunstancias concurrentes. Pero en este caso no se había justificado la aplicación de tal criterio heterogéneo...

De la jurisprudencia constitucional se puede deducir que es criterio del máximo intérprete de la Constitución que se respeten las dos lenguas cooficiales en un determinado territorio y que se sitúen en un plano de igualdad, siempre teniendo en cuenta que el castellano es la lengua oficial del estado y que existe un deber constitucional de conocerlo, lo que no cabe predicar del valenciano. Ahora bien, de acuerdo con la doctrina del Tribunal Constitucional y del

Tribunal Supremo (SSTC 337/1994 y 31/2010 y SSTS de 9, 13 y 16 de diciembre de 2010 y 109 y 19 de mayo de 2011), el modelo de conjunción lingüística o bilingüismo integral —y lo propio cabe postular del modelo de plurilingüismo— es conforme con el bloque de constitucionalidad, como es constitucionalmente legítimo que el valenciano, en atención al objetivo de normalización lingüística en la Comunitat Valenciana (las citadas sentencias se refieren a Cataluña) sea el centro de gravedad del modelo lingüístico de bilingüismo o de plurilingüismo.

Ahora bien esta declaración (que impone el carácter vehicular de ambas lenguas en el sistema educativo) "abre un interrogante acerca de cuál deba ser la proporción en la que se incorpore el castellano como lengua vehicular al sistema de enseñanza...", correspondiendo a la correspondiente Comunidad autónoma —como proclama el Tribunal Supremo en su sentencia de 28 de abril de 2015— "la determinación de la misma y su puesta en práctica (...), de modo que si el Gobierno de la misma creyese que el objetivo de normalización lingüística estuviera ya conseguido, ambas lenguas cooficiales deberían ser vehiculares en la misma proporción y si, por el contrario, se estimase la existencia aún de un déficit en ese proceso de normalización en detrimento de la lengua propia..., se debería otorgar al 'valenciano' un trato diferenciado sobre el castellano en una proporción razonable, que, sin embargo, no haga ilusoria o simplemente constituya un artificio de mera apariencia en la obligada utilización del castellano como lengua vehicular".

O sea, lo que nos dice el Tribunal Supremo es que, en todo caso, si se observa un déficit en el proceso de normalización de la lengua cooficial con el castellano, se tiene que alegar y justificar a la hora de tomar medidas normativas que procuren una mayor presencia de la lengua propia.

Por tanto, la eventual preferencia del valenciano se ha de condicionar absolutamente al objetivo de la normalización lingüística, pues en caso de alcanzarse el mismo sería obligado que "ambas lenguas cooficiales sean vehiculares en la misma proporción", siendo así que ha de reputarse efectivamente conseguida la plena normalización.

Nuevamente, nos encontramos ante un planteamiento que nos obliga a analizar la situación desde una perspectiva casuística y con un perfil claramente finalista. Sin duda, la efectividad de las medidas que se implementen en los modelos de conjunción para enervar estas disfunciones constituye uno de los cánones para determinar si existe una discriminación por razón de lengua en el sistema educativo.

Ahí está, por tanto, el *quid* de la cuestión para determinar si la regulación que contenía la Ley 4/2018 es o no inconstitucional.

De cualquier forma, esta Ley 4/2018 ha sido derogada, con efectos de 28 de junio de 2024, por la disposición derogatoria única.1.a) de la **Ley 1/2024**, de 27 de junio, por la que se regula la libertad educativa.

## *4. La "Ley de Acompañamiento" de 2023*

Una reforma a la regulación sobre el plurilingüismo en la enseñanza se produjo en la **Ley 7/2023, de 26 de diciembre,** de medidas fiscales, de gestión administrativa y financiera, y de organización de la Generalitat, popularmente conocida como "**Ley de Acompañamiento**" —impulsada por el Gobierno del PP y Vox— cuyo art. 108 **suspendió determinados preceptos de la Ley 4/2018**, en los términos municipales de predominio lingüístico castellano que se relacionan en el artículo 36 de la Ley 4/1983, de 23 de noviembre, de uso y enseñanza del valenciano, en los cuales se impartan enseñanzas no universitarias reguladas por la Ley orgánica 2/2006, de 3 de mayo, de educación y aplicable todos los centros, docentes, públicos y privados.

Así, se dispuso que hasta el inicio del curso escolar 2025/2026, quedaba suspendida la aplicación de los siguientes artículos de la Ley 4/2018:

> – El artículo 6.3.a, en los extremos relativos al tiempo mínimo de un 25% de las horas efectivamente lectivas destinadas a los contenidos curriculares en valenciano; así como la obligatoriedad de impartir en valenciano como mínimo, otra área, materia o asignatura no lingüística curricular de carácter troncal o análogo.

Asimismo quedaron suspendidos varios apartados del art. 7 respecto al tiempo destinado a contenidos curriculares en valenciano en Educación Infantil.
en Educación Primaria, en Educación Secundaria Obligatoria y Bachillerato,
en la formación de personas adultas. y en formación profesional.
– También quedó suspendido el polémico art. 11.a), así como la disposición adicional quinta.
– Además, y de acuerdo con lo dispuesto en el artículo 19.2 de la Ley 4/1983, al alumnado que se acoja a las excepciones establecidas por el artículo 24 de la citada Ley no le será aplicable lo dispuesto en los siguientes artículos de la mencionada Ley 4/2018:
a) El artículo 4.1.a, en cuanto al dominio oral y escrito del valenciano.
b) El artículo 5, en lo referente al nivel de valenciano y a las competencias orales y escritas del Marco Europeo Común de Referencia a alcanzar, como mínimo, tanto al acabar las enseñanzas obligatorias, como al acabar las enseñanzas postobligatorias no universitarias.
c) El artículo 14.a, en lo referente a los objetivos y niveles básicos de referencia del valenciano.

Y como consecuencia de la suspensión de los artículos de la Ley 4/2018, de 21 de febrero, los centros ubicados en municipios de predominio lingüístico castellano podrán optar entre mantener la aplicación de sus proyectos lingüísticos de centro vigentes en los mismos términos en que fueron aprobados, o proponer la modificación de la aplicación de sus proyectos lingüísticos de centro, de manera que, en su plan de enseñanza y uso vehicular de las lenguas, una o varias de las áreas, materias, ámbitos o módulos que se debían impartir en valenciano puedan impartirse en castellano, a propuesta del consejo escolar.

En todo caso, el alumnado deberá cursar, como mínimo indispensable, la asignatura de valenciano.

Por lo demás, se establecen una serie de pautas a observar por los centros públicos, por los concertados y por los privados sin concierto, en relación con sus respectivos proyectos lingüísticos.

## *5. La proposición de ley de iniciativa legislativa popular de 2019*

Referencia obligada merece la proposición de ley de iniciativa legislativa popular, presentada en diciembre de 2019 en las Cortes

Valencianas, cuyo objeto era regular la libertad de elección de lengua en la Administración, así como el derecho de elección lingüística de la lengua vehicular en la enseñanza.

La Mesa de las Corts Valencianes, la admitió a trámite en su reunión de 12 de abril de 2022, vista la certificación de la Junta Electoral de la Comunitat Valenciana que acreditaba que se han superado las 10.000 firmas válidas recogidas por la comisión promotora de la propuesta de iniciativa legislativa popular sobre Proposición de ley de libertad de elección de lengua, de acuerdo con lo previsto en los artículos 14 y 15 de la Ley 10/2017, de 11 de mayo, reguladora de la iniciativa legislativa popular.

La justificación, según consta en la Exposición de motivos, es que un sistema en el que dos lenguas son simultáneamente oficiales debe girar sobre el principio de libertad de elección; es decir, sobre el derecho de opción lingüística de los ciudadanos, lo que supone una correlativa obligación de los poderes públicos de uso de la lengua de elección del ciudadano, sea esta el castellano o la otra lengua oficial en la comunidad autónoma. En ese sentido se expresa el artículo 9.2 del Estatuto de Autonomía, al disponer que

> "Todos los ciudadanos tienen derecho a que las administraciones públicas de la Generalitat traten sus asuntos de modo equitativo e imparcial y en un plazo razonable y a gozar de servicios públicos de calidad.
> Asimismo, los ciudadanos valencianos tendrán derecho a dirigirse a la administración de la Comunitat Valenciana en cualquiera de sus dos lenguas oficiales y a recibir respuesta en la misma lengua utilizada".
> Su Capítulo I se intitula "De la declaración de oficialidad de las lenguas", innecesario porque dicha cooficialidad ya está declarada en el Estatuto de autonomía y en la Ley 4/1983, de Uso y Enseñanza del valenciano. El Capítulo II se refiere a los derechos lingüísticos en la Administración. Y el Capítulo III es el que se dedica a regular los derechos lingüísticos en la enseñanza, y en su art. 5, sobre la elección de lengua vehicular, dispone que en los diferentes niveles educativos, los padres de los alumnos menores de edad tendrán derecho a elegir la lengua oficial en la que sus hijos reciban la enseñanza y los alumnos mayores de edad ejercerán por sí mismos el derecho de elección de lengua vehicular.

Y también se indica que los poderes públicos competentes podrán ofrecer modelos en los que sean vehiculares ambas lenguas oficiales, sin que tal oferta pueda restringir, en ningún caso, el derecho reconocido a padres de menores y a alumnos mayores de edad.

Además se propone que cuando un alumno se incorpore al sistema educativo de la Comunitat Valenciana en un territorio en el que sea obligatoria la enseñanza del valenciano como materia, procedente de otra parte del territorio nacional o del extranjero, y se matricule en alguno de los cursos de bachillerato, tenga derecho a la exención en la calificación en valenciano durante todo el bachillerato, aunque se establece la obligación de dichos alumnos de asistir regularmente a las clases de valenciano con la consecuencia que de no cumplir con tal deber, perderán el derecho a la exención.

Lo que no parece razonable es el derecho a la exención de cursar la materia de valenciano, previa solicitud al efecto, en los municipios declarados como de predominio de uso del castellano.

Se dispone que en las pruebas de acceso a la universidad, los exámenes estarán a disposición de los alumnos en las dos lenguas oficiales, y en su realización los alumnos podrán utilizar libremente la lengua oficial de su elección

La proposición de ley también contiene previsiones en relación con la **enseñanza universitaria**, al disponer que, en los centros sostenidos con fondos públicos, el derecho de opción lingüística será ejercido por los propios alumnos, y la organización del ejercicio de este derecho se desarrollará en sus estatutos y en las normas que los desarrollen respetando, en lo que sean aplicables, los principios y criterios generales establecidos en esta ley para la enseñanza no universitaria. Las universidades privadas no sostenidas con fondos públicos gozarán de libertad para establecer su modelo lingüístico.

En las universidades sostenidas con fondos públicos, cuando un alumno no pueda ejercer su opción por él elegida, tendrá derecho a emplear material pedagógico y a dirigirse en la lengua oficial de su preferencia a los profesores, así como a realizar las pruebas de evaluación en ella. Todo ello siempre que el profesor tenga suficiente conocimiento de esta lengua.

Como en toda proposición de ley, se dio traslado al Consell para que expresar su criterio al respecto, que fue desfavorable[38] a la toma en consideración de la proposición de ley por cuanto, de una parte, el derecho de opción lingüística que pretende regular ya se halla reconocido en la legislación básica del Estado —art. 15 de la Ley 39/2015, de 1 de octubre, de procedimiento administrativo— y en la Ley 4/1983, de Uso y Enseñanza del valenciano; en segundo lugar, porque carece de medidas orientadas a proteger, restaurar y recuperar la lengua propia; y por último, en relación con el ámbito de la enseñanza, porque contraviene la jurisprudencia del Tribunal Constitucional, que ha señalado que del art. 27 de la Constitución no forma parte el derecho de los padres a que sus hijos reciban la enseñanza en la lengua de su preferencia, y del deber de conocer el castellano no deriva el derecho a que la enseñanza se imparta exclusivamente en dicha lengua (SSTC 337/1994 y 31/2010).

El 29 febrero de 2024 se reformó el Reglamento de las Cortes Valencianas a fin de que sus promotores pudieran defender su proposición de ley en el Pleno de toma en consideración, que la rechazó en sesión de 20 de marzo de 2024.

## 6. *La nueva Ley 1/2024, de 27 de junio, por la que se regula la libertad educativa*

Pero justo al día siguiente, los Grupos parlamentarios del PP y Vox presentaron, junto a otras, una proposición de ley de libertad educativa que germinó en la Ley 1/2024, que cuyo objeto es regular la libertad de elección de lengua y el uso de las lenguas cooficiales en los centros docentes no universitarios de la Comunitat Valenciana. a fin de garantizar la libertad educativa en cuanto a la elección de lengua, derogando, para ello, la Ley 4/2018, de 21 de febrero.

Claramente se proclama que los representantes legales del alumnado tendrán segundo ciclo de Educación Infantil, de Educación Primaria, de Educación Secundaria Obligatoria y de Bachillerato y que en los territorios castellanoparlantes la incorporación del valen-

---

38 Acuerdo del Consell de 13 de mayo 2022 (BOCV nº 253, de 27-05-2022)

ciano se llevará a cabo de forma progresiva, atendiendo a su particular situación sociolingüística

Durante las primeras enseñanzas, la presencia de la lengua base será la máxima posible, entendiendo como tales enseñanzas las que comprenden desde la incorporación del alumnado a un puesto escolar en Educación Infantil hasta el segundo curso de Educación Primaria, incluyendo, por tanto, el proceso lectoescritor. Y a partir de la adquisición de la lectoescritura, se establece un modelo con una determinada proporción de las lenguas vehiculares. En la zona castellanoparlante, dicho modelo se basa en una mayor presencia de la lengua predominante en dicha zona.

La norma es aplicable en los centros docentes públicos y privados concertados de la Comunitat Valenciana que impartan enseñanzas no universitarias reguladas por la Ley orgánica 2/2006, de 3 de mayo, de Educación, pudiendo los centros privados no concertados acogerse a lo en ella dispuesto, en virtud de la autonomía que les confiere el artículo 25 de la Ley orgánica 8/1985, de 3 de julio, reguladora del derecho a la educación.

La Ley 1/2024, de 27 de junio, entró en vigor el 28 de junio de 2024, el mismo día de su publicación en el Diari Oficial de la Generalitat Valenciana.

No obstante, lo establecido en su título I había de aplicarse en el curso escolar 2025-2026 en Educación Infantil, en Educación Primaria, en Educación Secundaria Obligatoria y en Bachillerato, mientras que lo dispuesto en el artículo 14 se tenia que aplicar al inicio del curso escolar 2024-2025.

Los programas experimentales que hubiesen sido autorizados en virtud del artículo 8 de la Ley 4/2018 quedaban sin efecto desde el inicio del curso escolar 2024-2025. Los centros docentes que tuvieran un programa experimental autorizado hasta la finalización del curso escolar 2023-2024 debían garantizar, a partir del curso 2024-2025, la impartición de un mínimo del 25 % del tiempo lectivo en cada una de las dos lenguas cooficiales en la Comunitat Valenciana.

La nueva ley se refiere a las zonas de predominio lingüístico de cada lengua cooficial (valenciano y castellano).

- En las zonas de predominio lingüístico castellano, los representantes legales del alumnado tendrán derecho a elegir la lengua base, valenciano o castellano, en las enseñanzas de segundo ciclo de Educación Infantil, de Educación Primaria, de Educación Secundaria Obligatoria y de Bachillerato, derecho que se hará extensivo al tercer curso del primer ciclo de Educación Infantil en el caso de las escuelas infantiles y colegios de Educación Infantil y Primaria que oferten también dicho nivel.

  A estos efectos se determinan los criterios de aplicación del valenciano y del inglés en Educación Infantil, Primaria, Secundaria Obligatoria y Bachillerato, fijando los porcentajes de dedicación del tiempo lectivo. Cuando exista una demanda de alumnado suficiente para constituir una unidad, cuyos representantes hayan elegido el valenciano como lengua base, y no exista oferta suficiente de puestos escolares en dicha lengua base en el procedimiento de admisión de alumnado, la administración educativa adoptará las medidas oportunas para satisfacer dicha demanda.

- En las zonas de predominio lingüístico valenciano, se determinan las enseñanzas en las que los representantes legales del alumnado tendrán derecho a elegir la lengua base, valenciano o castellano. Así, la lengua base se determinará en cada centro y para cada unidad de las enseñanzas de segundo ciclo de educación infantil, de educación primaria y de educación secundaria obligatoria, en base a la libertad educativa y el derecho de elección de los representantes legales del alumnado, en base a los criterios que recoge la norma. En los colegios rurales agrupados, la determinación de la lengua base se efectuará en cada aulario y para cada unidad de las enseñanzas citadas. En el caso de escuelas infantiles y colegios de educación infantil y primaria que oferten también el tercer curso del primer ciclo de educación infantil, también se determinará la lengua base para las unidades correspondientes a dicho nivel. La determinación de la lengua base se actualizará anualmente al inicio de la escolarización en Educación Infantil, en primer curso de Educación Secundaria Obligatoria y en primer curso de Bachillerato.

  Asimismo, se concretan los porcentajes del tiempo lectivo que ha de destinarse a la lengua base determinada para cada unidad, a la otra lengua cooficial que no sea la lengua base determinada para dicha unidad y al inglés en Educación Infantil, Primaria, Secundaria Obligatoria y Bachillerato

Igualmente, cuando exista una demanda de alumnado suficiente para constituir una unidad, cuyos representantes hayan elegido una determinada lengua cooficial, valenciano o castellano, como lengua base, y no exista oferta suficiente de puestos escolares en la misma en el procedimiento de admisión de alumnado, la administración educativa adoptará las medidas oportunas para satisfacer dicha demanda.

Por su parte, las escuelas infantiles que impartan segundo ciclo de Educación Infantil y los centros de educación infantil y primaria que tengan autorizadas unidades del último curso del primer ciclo de Educación Infantil, aplicarán en dichas unidades de primer ciclo lo determinado para el primer curso del segundo ciclo de Educación Infantil en su respectivo centro.

Esta nueva Ley fue objeto de recurso contencioso-administrativo formulado por Escola Valenciana con petición de medida cautelar de suspensión. Sorprendió tal recurso habida cuenta que las leyes, como es sabido, no pueden ser recurridas ante la jurisdicción contencioso-administrativa, pero se formuló contra los actos administrativos de aplicación de la Ley. Dicha entidad anunció movilizaciones en contra de la Ley.

Pero el Tribunal Suprior de Justicia ha reconocido en una sentencia de 23 de enero 2025 el derecho de los alumnos a examinarse en cualquiera de las dos lenguas cooficiales en el territorio autonómico, valenciano y castellano.

Los magistrados han estimado así, parcialmente, el recurso interpuesto por un estudiante que cursaba un módulo de FP de técnico en emergencias sanitarias en un instituto de Valencia y que había pedido usar tanto oralmente como por escrito el castellano en unas pruebas de evaluación.

La Sala aplicó a este caso concreto la doctrina establecida por el Tribunal Constitucional en diferentes sentencias en materia de cooficialidad lingüística y su traslación al ámbito educativo, y anuló por tanto la resolución dictada por la Dirección General de Innovación Educativa y Ordenación de la Conselleria de Educación el 25 de mayo de 2022.

"El recurrente goza de la posibilidad de utilizar el castellano en los exámenes de evaluación, en virtud de la cooficialidad que rige en nuestro Estatuto (de Autonomía)", dictamina el Tribunal.

"Es más, cabe afirmar que igual se habría reconocido si en lugar del castellano se hubiera elegido la lengua valenciana, la opción como tal seguiría siendo libre, neutra y bidireccional", añade a continuación.

La Sala destacó, además, que en el caso analizado la evaluación en castellano se refería a dos materias no lingüísticas, como dotación sanitaria y asistencia, y esas pruebas "pueden tener efectos externos al centro donde se cursan, así como futuros", por lo que es lógico que "deban ser efectuadas en la lengua con la que mayor comodidad tenga al objeto de expresar sus conocimientos".

Sobre la Ley 1/2024 pende recurso de inconstitucionalidad promovido ante el TC por cincuenta diputados y diputadas de distintos grupos parlamentarios del Congreso de los Diputados por lo que habrá que esperar al criterio del alto Tribunal[39].

## IV. RECAPITULACIÓN

No hemos podido conocer el criterio del Tribunal Constitucional sobre la conformidad de la Ley 4/2018 con la Constitución. No obstante, el aspecto más negativo de la regulación del plurilingüismo

---

[39] El Pleno del Tribunal Constitucional, por providencia de 19 de noviembre de 2024, acordó admitir a trámite el recurso de inconstitucionalidad número 7174-2024, promovido por cincuenta diputados y diputadas de distintos grupos parlamentarios del Congreso de los Diputados, contra el artículo 3, apartados 5 y 8; artículo 4, apartado 1; artículo 5, apartados 1, 3 y 4; artículo 6, apartados 1 y 5; artículo 7, apartado 5; artículo 8; artículo 9; artículo 10; artículo 11, apartado 5; artículo 12, apartados 3 y 4; artículo 13; artículo 17; artículo 18; artículo 19, apartado 2.c); artículo 20, apartado 1, y disposición adicional cuarta de la Ley 1/2024, de 27 de junio, de la Generalitat Valenciana, por la que se regula la libertad educativa.
Vid. al respecto, Vivancos Comes, Mariano, ¿Es inconstitucional la nueva Ley de Libertad Educativa valenciana? *El País, 5-XII-2024.*

en el sistema educativo valenciano es la ausencia de consenso en su tramitación y aprobación. Tratándose una materia de tanta importancia y sobre la que hay una manifiesta sensibilidad en la sociedad, y que siempre ha estado sumida en cierta polémica, se debió hacer un esfuerzo para lograr un acuerdo que evitara la judicialización de la norma y que propiciara su estabilidad en el tiempo. De ahí que su vigencia haya sido limitada pues quedó derogada, como hemos visto, por la Ley 1/2024, que nació igualmente, sin consenso.

En la Comunitat Valenciana hay zonas perfectamente delimitadas en el que el predominio del uso de una de las dos lenguas cooficiales es evidente. Véase al respecto los artículos 35 y 36 de la Ley 4/1983, de Uso y Enseñanza del Valenciano, en los que, atendiendo a criterios históricos, se reseñan los municipios de predominio lingüístico valenciano y castellano. En algunas zonas, se prefiere que la escolarización de los niños sea esencialmente en valenciano. En otras —incluso en las de predominio del valenciano— se prefiere que sea en castellano. En todo caso, los alumnos han de estar capacitados para utilizar, oralmente y por escrito, el valenciano en igualdad con el castellano (art. 19 de la Ley 4/1983 citada) y al finalizar la educación básica, todos los alumnos y alumnas deberán comprender y expresarse, de forma oral y por escrito, en la lengua castellana y, en su caso, en la lengua cooficial correspondiente (Disposición Adicional trigésimo octava de la Ley Orgánica 2/2006, de 3 de mayo, de Educación)

Es esencial que por parte de los padres y madres y de las personas que tutorizan a menores exista una afección al aprendizaje del valenciano como lengua propia, histórica y de uso frecuente en muchas partes del territorio de la Comunitat Valenciana. Pero ello no justifica la pretensión de querer imponer su uso más allá de lo razonable, a todo individuo y en todo lugar. Téngase en cuenta que, conforme previsión de la Ley de Uso y Enseñanza del Valenciano, su obligatoriedad puede quedar sin efecto de manera individual cuando los padres o tutores que lo soliciten acrediten fehacientemente su residencia temporal en dichos territorios y expresen, al formalizar la inscripción, el deseo de que a sus hijos o tutelados se les exima de la enseñanza del valenciano.

El acuerdo, el consenso, hubiera facilitado la afección al estudio del y en valenciano, y evitado la conflictividad que su ausencia puede comportar.

Aunque no llegó a presentarse un recurso de inconstitucionalidad contra la Ley, ello no hubiera impedido su examen por el Tribunal Constitucional por la vía de la cuestión de inconstitucionalidad. Es posible que quien se sintiera en desacuerdo con los efectos de su aplicación hubiera recurrido en vía contenciosa y pedido el planteamiento de la cuestión para que interviniera el Tribunal Constitucional.

# *DESIGUALDAD Y EDUCACIÓN CONCERTADA: UN DEBATE JURÍDICO PENDIENTE*

**MARIANO VIVANCOS**
*Profesor Titular de Derecho Constitucional*
*Universitat de València*

**Sumario**: I. Introducción: contrareforma educativa y enseñanza concertada. II. El (nuevo) derecho a una oferta pública suficiente y la falacia de la "subsidiariedad" de la red concertada educativa. III. Cuando la equidad acaba imponiéndose a la libertad: el último capítulo sobre el debate acerca de la escuela más inclusiva. IV. Desarrollo autonómico del régimen de conciertos: novedades más significativas en el caso valenciano. V. Conclusión. Bibliografía.

## I. INTRODUCCIÓN: CONTRAREFORMA EDUCATIVA Y ENSEÑANZA CONCERTADA

Partiendo de una premisa falsa, como es que la escuela privada concertada contribuye a ahondar en la segregación escolar, la reciente reforma educativa, sustanciada a través de la Ley Orgánica 3/2020, de 29 de diciembre, por la que se modifica la Ley Orgánica 2/2006, de 3 de mayo, de Educación[1] incorpora un nuevo Título II ("*Equidad en la educación*") que constituye toda una declaración de intenciones respecto de la concertada, ya que, como expresa la Exposición de Motivos de la Ley, subraya que la educación pública "constituye el eje vertebrador del sistema educativo"; con dicho propósito, se regula la admisión del alumnado haciendo prevalecer un derecho a una oferta suficiente de plazas públicas, que margina la complementariedad de la escuela concertada situándola en una clara subordinación; haciendo desaparecer

---

1 BOE núm. 340, de 30 de diciembre de 2020, pp. 122868 a 12295.

la demanda social en la programación educativa y dirigiendo a los poderes públicos un mandato dirigido a potenciar, progresivamente, el incremento paulatino de plazas escolares públicas, con el objetivo de sobredimensionar la red estatal frente a la de iniciativa social.

Igualmente, en la regulación del derecho al acceso en condiciones de igualdad, el legislador estatal ha querido restringir la libertad de elección de las familias negando la gratuidad de legítimos proyectos educativos en aras a la consecución de una educación no segregadora y más inclusiva.

El presente capítulo desea profundizar en tales aspectos, especialmente en el abandono del "principio de complementariedad de la oferta (educativa) estatal y la concertada, intentando promover uno de subsidiaridad"[2] y en la fractura del "consenso educativo" edificado por el Constituyente[3] y que se ha consolidado a partir de las cuatro décadas precedentes. Y ello a pesar de haber salvado el Tribunal Constitucional la constitucionalidad (SSTC 34 y 49/2023, de 18 de abril[4] y 10 de mayo[5]) de estas nuevas premisas, a costa de incurrir en importantes y evidentes contradicciones respecto de su jurisprudencia más reciente —en concreto, en clara contradicción con la fundamentación jurídica concretada en la STC 31/2018, de 10 de abril de 2018[6], caso "principal" que inspira otras muchas SSTC[7]—.

---

2 Vidal Pardo, C. "Educación y valores superiores del ordenamiento: igualdad y libertad", *IgualdadES*, 3-4, (2021), pp. 255-285.

3 Simón Yarza, F. "Los conciertos en la LOMLOE: Ruptura de un consenso constitucional", *Revista General de Derecho Constitucional*, 35, (2021), 1-32.

4 Pleno. Sentencia 34/2023, de 18 de abril de 2023. Recurso de inconstitucionalidad 1760-2021. Interpuesto por más de cincuenta diputados del Grupo Parlamentario Vox del Congreso en relación con la Ley Orgánica 3/2020, de 29 de diciembre, por la que se modifica la Ley Orgánica 2/2006, de 3 de mayo, de educación (BOE núm. 121, de 22 de mayo de 2023, pp. 70644 a 70711).

5 Pleno. Sentencia 49/2023, de 10 de mayo de 2023. Recurso de inconstitucionalidad 1828-2021. Interpuesto por más de cincuenta diputados del Grupo Parlamentario Popular del Congreso en relación con diversos preceptos de la Ley Orgánica 3/2020, de 29 de diciembre, por la que se modifica la Ley Orgánica 2/2006, de 3 de mayo, de educación (BOE núm. 139, de 12 de junio de 2023, pp. 83865 a 83889).

6 Pleno. Sentencia 31/2018, de 10 de abril de 2018. Recurso de inconstitucionalidad 1406-2014. Interpuesto por más de cincuenta diputados del Grupo Parlamentario Socialista en el Congreso en relación con diversos preceptos de la

Junto a las cuestiones aludidas, existen otros temas polémicos que exceden la pretensión de este análisis y que han sido abordados parcialmente, por este mismo autor, en otros trabajos previos[8]. Como

---

Ley Orgánica 8/2013, de 9 de diciembre, para la mejora de la calidad educativa (BOE núm. 124, de 22 de mayo de 2018, páginas 53548 a 53638).
Sobre tan trascendental fallo puede consultarse Ramos Hernández, P., "Sentencia Tribunal Constitucional 31/2018, de 10 de abril [BOE núm. 124, de 22-V-2018]. La educación segregada por sexo en el caso de la Ley Orgánica para la Mejora de la Calidad Educativa (LOMCE)", *Ars Iuris Salmanticensis*, 6 (2018), pp. 290-293; y Navas Sánchez, Mª. M., "¿Diferenciar o segregar por razón de sexo? A propósito de la constitucionalidad de la educación diferenciada por sexo y su financiación pública. Comentario a la STC 31/2018 y conexas", *Teoría y Realidad Constitucional*, 43 (2019), 473-498; y Gonzalvo Cirac, E., "La LOMLOE y la educación diferenciada (breve estudio a la luz de la STC 31/2018, de 10 de abril)", *Revista General de Derecho Constitucional*, 34 (2021), pp. 1-39, entre otros trabajos doctrinales de relevancia.

7 SSTC 49/2018, de 10 de mayo de 2018. Recurso de inconstitucionalidad 1385-2014. Interpuesto por el Parlamento de Cataluña respecto de diversos preceptos de la Ley Orgánica 8/2013, de 9 de diciembre, para la mejora de la calidad educativa (BOE núm. 141, de 11 de junio de 2018, pp. 60086 a 60109); 53/2018, de 24 de mayo de 2018. Recurso de inconstitucionalidad 1433-2014. Interpuesto por el Consejo de Gobierno del Principado de Asturias en relación con diversos preceptos de la Ley Orgánica 8/2013, de 9 de diciembre, para la mejora de la calidad educativa. (BOE núm. 151, de 22 de junio de 2018, pp. 63856 a 63887); 66/2018, de 21 de junio de 2018. Recurso de inconstitucionalidad 1435-2014. Interpuesto por el Gobierno de Canarias en relación con diversos preceptos de la Ley Orgánica 8/2013, de 9 de diciembre, para la mejora de la calidad educativa (BOE núm. 179, de 25 de julio de 2018, pp. 74519 a 74559); 74/2018, de 5 de julio de 2018. Recurso de amparo 210-2013. Promovido por la asociación de padres de alumnos Torrevelo del colegio homónimo, en relación con las resoluciones de la administración autonómica de Cantabria que denegaron el acceso y renovación del régimen de concierto, así como con la sentencia del Tribunal Superior de Justicia de Cantabria y el auto del Tribunal Supremo que desestimaron su recurso contencioso-administrativo. (BOE núm. 189, de 6 de agosto de 2018, pp. 79290 a 79325); y 74/2018, de 5 de julio de 2018. Recurso de amparo 210-2013. Promovido por la asociación de padres de alumnos Torrevelo del colegio homónimo, en relación con las resoluciones de la administración autonómica de Cantabria que denegaron el acceso y renovación del régimen de concierto, así como con la sentencia del Tribunal Superior de Justicia de Cantabria y el auto del Tribunal Supremo que desestimaron su recurso contencioso-administrativo (BOE núm. 189, de 6 de agosto de 2018, pp. 79290 a 79325), respectivamente.

8 Vivancos Comes, M. "Contrareforma educativa. La Llei Celaá (LOMLOE), als antípodes del consens constitucional", *Temes d, Avui*, 69 (2024), pp. 36-42; "Edu-

la recuperación de la educación para la ciudadanía en el currículo escolar[9] —"una oportunidad perdida" para el profesor Vidal[10]— en sintonía con la promoción de los valores fundamentales del Consejo de Europa[11]; la preferencia por el régimen "más inclusivo", sirviendo de falaz alternativa integradora de la escuela especial en el sistema ordinario; o, incluso, la perspectiva de igualdad de género[12], *mainstream* vehiculizado en la nueva ley educativa[13] a través del paradigma

---

cación inclusiva y separación del alumnado por razón de sexo. ¿Un debate constitucional concluido tras las SSTC 34 y 49/2023?", *Anuario de Derecho Eclesiástico del Estado*, 40 (2024), pp. 415-443; "Límites a la libertad de enseñanza y Ley Orgánica de Educación (LOMLOE). Un debate constitucional en permanente definición", *Revista de Derecho Político*, 114 (2022), pp. 89-117.

9 Celador Angón, O., "La educación diferenciada. Entrevista a Óscar Celador Anón", *Diálogos sobre la LOMLOE*. Madrid, Dykinson, 2023, p. 58.

10 Vidal Prado, C., "La educación cívica en la última reforma educativa: una (nueva) oportunidad perdida", *Anuario de Derecho Eclesiástico del Estado*, 39, (2023), pp. 499-523.

11 Recomendación CM/Rec (2010)7 del Comité de Ministros del Consejo de Europa (CdE).

12 Sobre esta cuestión incide la reciente STC 89/2024, de 5 de junio de 2024. Recurso de inconstitucionalidad 6706-2022. Interpuesto por más de cincuenta diputados del grupo parlamentario Vox en el Congreso, en relación con diversos preceptos de la Ley 15/2022, de 12 de julio, integral para la igualdad de trato y la no discriminación (BOE núm. núm. 164, de 8 de julio de 2024, pp. 85529 a 85549), que avala tanto la integración de la perspectiva de género en el ordenamiento interno español [FJ 2º e)] como la exclusión del régimen de ayudas públicas a la educación diferenciada por sexos, apoyándose en una "concepción del sistema educativo (…) inspirada en valores constitucionales" [FJ 4º d)], como la promoción real y efectiva de la igualdad (arts. 1 y 9.2 CE), a partir de la llamada "cláusula de progreso".

13 Ley Orgánica 3/2020, de 29 de diciembre, por la que se modifica la Ley Orgánica 2/2006, de 3 de mayo, de Educación (BOE núm. 340, de 30 de diciembre de 2020, 122868 a 122953). Su Exposición de Motivos, expresa lo siguiente: "Adopta un enfoque de igualdad de género a través de la coeducación y fomenta en todas las etapas el aprendizaje de la igualdad efectiva de mujeres y hombres, la prevención de la violencia de género y el respeto a la diversidad afectivo-sexual, introduciendo en educación secundaria la orientación educativa y profesional del alumnado con perspectiva inclusiva y no sexista", expresado también en su articulado [artículo 1, que introduce un nuevo inciso en el art. 1 l) LOE]. También se ha señalado que "La LOMLOE explicita que se debe adoptar en el sistema educativo un enfoque de igualdad de género a través de la coeducación y, en todo su articulado, desarrolla actuaciones concretas sobre la igualdad efectiva, sobre la prevención de la violencia de género, la orientación educativa y profe-

coeducativo[14] que ha servido de coartada para negar cualquier viabilidad al modelo pedagógico de la escuela diferenciada.

Por último, el presente capítulo no podía dejar de abordar el impacto de la nueva regulación orgánica estatal educativa en el desarrollo del régimen valenciano de conciertos, aprobada con anterioridad a la entrada en vigor de la Ley 1/2024, de 27 de junio, de la Generalitat, por la que se regula la libertad educativa[15], destacando sus principales novedades y desafíos de futuro.

---

sional no sexista, la educación sexual, la educación emocional, la deconstrucción de estereotipos sexistas, el análisis de las desigualdades y discriminaciones por razón de sexo, la corresponsabilidad, la visibilización de las aportaciones de las mujeres y, finalmente, también la inspección del cumplimiento de todos estos aspectos", Moreno Llaneza, M., "Análisis de la LOMLOE con perspectiva coeducadora: pros, contras y propuestas", *Revista Qurriculum*, 36, (2023), p. 142. Conectando tales aspectos con el más reciente pronunciamiento del TC (STC 34/2023, de 18 de abril) el profesor García Roca concluye que "la perspectiva de género se menciona como un principio pedagógico dirigido a las Administraciones públicas y centros educativos y no, por el contrario, a los alumnos a quiénes el legislador no impone, por tanto, ninguna perspectiva o adhesión ideológica", *Lecciones de Derecho Constitucional*, Civitas, Madrid (2023), p. 601. Para un aspecto crítico sobre la regulación contenida en la LOMLOE puede consultarse Vidal Prado, C., "Una ley que rompe consensos: la LOMLOE escoge el camino equivocado", *Revista General de Derecho Constitucional*, 35 (2021), pp. 1-23; Simón Yarza, F., *op. cit.;* Martínez-Candado, Mª J., "La educación diferenciada tras la aprobación de la Ley Orgánica 3/2020, de 29 de diciembre", *Revista General de Derecho Constitucional*, 36 (2022), 1-23; y Beneyto Berenguer, R., "¿Puede ser inconstitucional la LOMLOE?", *Revista CEF Legal*, 255 (2022), pp. 81-110, entre otros.

14 Según la RAE, el significado de la denominada coeducación (o acción de coeducar) consiste en "enseñar en una misma aula o con un mismo sistema educativo a alumnos de uno u otro Sexo". Como puede evidenciarse tal definición no habla, en ningún momento, de una educación "no sexista", sino de un modelo de educación mixta. Aunque, del recurso gubernamental en contestación a la demanda, aquella no es una simple agrupación de niños y niñas ("educación mixta") sino una "acción educativa intencional" para hacer una sociedad española más justa e igualitaria, libre de estereotipos sexistas, libre de violencia de género y dónde se eduque en la corresponsabilidad entre mujeres y hombres" y, en fin, para erradicar la desigualdad de género", objetivos que considera inalcanzables a partir de la educación diferenciada. Aunque termina calificando a la educación mixta o coeducativa de condición "necesaria pero no suficiente" a los fines señalados.

15 DOCV núm. 9880, de 28 de junio de 2024, pp. 32691 a 32714. El referido instrumento legislativo, si lo comparamos con la Ley 1/2022, de 10 de febrero, Maes-

## II. EL (NUEVO) DERECHO A UNA OFERTA PÚBLICA SUFICIENTE Y LA FALACIA DE LA "SUBSIDIARIEDAD" DE LA RED CONCERTADA EDUCATIVA

En la contrareforma educativa más reciente se atisba un decisivo cambio de paradigma que no sólo resulta preocupante por el previsible impacto en la educación sostenida total o parcialmente con fondos públicos sino porque amenaza con alterar la delicada arquitectura constitucional de nuestras libertades educativas, "sustituyendo el derecho a la educación constitucional, por un inventado "derecho a la educación pública"[16]. El tenor literal de la reforma aprobada concerniente a la programación de las enseñanzas, señala que esta deberá a partir de ahora contemplar tanto la oferta pública existente como, también, la "autorizada" en la red concertada; lo que supone un paso firme hacia la unicidad de la escuela pública, desligándose del pluralismo educativo implícito en la regulación constitucional.

Hasta la fecha, los centros privados se sometían a un régimen de autorización previa[17] para prestar el servicio educativo, sin referencia alguna a la autorización de las propias plazas. Esta nueva conceptualización de las plazas "autorizadas" implica que los centros concertados solo van a poder ofertar las plazas previamente autorizadas, al margen de su disponibilidad real, lo que limitará sobremanera su oferta educativa impidiendo que esta se acompase con la mayor demanda ciudadana.

---

tra de Libertad de Elección Educativa de la Comunidad de Madrid (BOCM núm. 38, de 15 de febrero de 2022; BOE núm. 100, de 27 de abril de 2022), es de alcance más limitado, al no centrarse en asegurar la elección real entre "proyectos educativos diversos, (...) con diferentes principios orientadores, metas y prioridades" sino en la lengua vehicular en la que se quiere recibir la enseñanza.

16 Muñoz de Priego Alvear, J. "Se trata de la libertad, se trata de la democracia". *Blog de Escuelas Católicas*, de 4 de noviembre de 2020. Disponible en la siguiente dirección web: https://www.blogec.es/se-trata-de-la-libertad-se-trata-de-la-democracia/

17 Para una visión global del marco definidor de la enseñanza concertada, puede consultarse Guardia Hernández, J.J. "Marco constitucional de la enseñanza privada española sostenida con fondos públicos: recorrido histórico y perspectivas de futuro", *Estudios Constitucionales*, 1, (2019), pp. 321-362.

En segundo lugar, los criterios para la programación de la enseñanza incluían hasta 2021 —año de la entrada en vigor de la LOMLOE— el derecho a la educación, la participación efectiva de los sectores afectados, la adecuada escolarización del alumnado con necesidad de apoyo, la equidad y la calidad, y también la "demanda social", que ha quedado suprimida en el nuevo texto legal. El concepto de "participación efectiva de los sectores", resulta de contornos más difusos e inciertos que la desaparecida "demanda social". Algunos autores, sin embargo, abonan la tesis de que la no incursión en la legislación estatal no condiciona tal posibilidad a nivel autonómico, como demuestra el ejemplo andaluz[18].

El texto introduce además un mandato a los poderes públicos para garantizar no solo la "suficiencia" de plazas públicas sino, también, la promoción de "un incremento progresivo de puestos escolares en la red de centros de titularidad pública". Este cambio sobredimensiona la red pública frente a la privada, como ya se había intentado anteriormente poner en práctica por parte de algunas Administraciones educativas autonómicas, como Andalucía o Cataluña. Esta programación educativa, más acorde con la existencia de plazas públicas, no solo implicará un incremento progresivo de estas sino un achicamiento progresivo de la oferta concertada al verse sometida a una doble autorización (previa y operativa), al margen del criterio efectivo com o hasta ahora. Su efecto inmediato, regresar a la configuración de la red privada-concertada como subsidiaria de la pública; limitando o congelando a corto su expansión, en una suerte de contención forzada que, con el paso de los años buscará revertir su peso en el equilibrio entre ambas y de forma muy singular en algunos territorios. Para ello, la planificación educativa se servirá de herramientas ya conocidas, como los cierres selectivos de unidades; nuevos instrumentos legales (Ley 17/2023, de 21 de diciembre, de

---

18 La Comunidad Autónoma de Andalucía modificó el Decreto 21/2020, de 17 de febrero, por el que se regulan los criterios y el procedimiento de admisión del alumnado en los centros docentes públicos y privados concertados para cursar las enseñanzas de segundo ciclo de educación infantil, educación primaria, educación especial, educación secundaria obligatoria y bachillerato (DOCA núm. 34, de 19 de febrero de 2020, pp. 10-38) para adaptarse a la LOMLOE sin eliminar la demanda social como criterio de planificación del texto original (artículo 4).

Educación de la Comunidad Autónoma del País Vasco[19]); e, incluso, otros nuevos como la "nacionalización" encubierta que algunos territorios han puesto en marcha en ciertos núcleos urbanos[20].

La nueva regulación nos encamina hacia un indeseado "monopolio" estatal docente[21], vaciando de contenido el derecho de elección de los padres[22] a elegir la educación según el ideario propio de muchos centros privados concertados; ignorando a su vez la garantía institucional que, respecto de las empresas educativas, concreta el art. 27.9 CE. Como indica la anteriormente citada STC 31/2018, "el legislador (...) deberá configurar el régimen de ayudas en el respeto al principio de igualdad y la gratuidad garantizada constitucionalmente no puede referirse exclusivamente a la escuela pública", afirmación

---

19 BOE núm. 16, de 18 de enero de 2024, pp. 6410 a 6476.

20 Esta posibilidad ha sido apuntada por Guardia Hernández, J.J. "*Financiamiento compartido y núcleo en la enseñanza concertada*". Comunicación presentada en el XXI Con-greso Católicos y Vida Pública "Libertad para educar, libertad para elegir", celebrado los días 15-17 de noviembre de 2019. Disponible en la siguiente dirección web: https://repositorioinstitucional.ceu.es/bitstream/10637/10913/1/Financiamien-to_JJ_Guardia_21Cong_Cat%26VidaPubl_2019.pdf
Una síntesis de la misma puede consultarse en AAVV. *Libro de Actas del XXI Congreso Católicos y Vida Pública "Libertad para educar, libertad para elegir"*, Madrid, Asociación Católica de Propagandistas, Universidad San Pablo CEU, 2020, 223.

21 Véase, Vidal Prado, C., *op. cit.*, pp. 4-5.

22 Una publicación reciente, sobre este principio Martínez candado, Mª J., "El complicado equilibrio entre programación de enseñanza y el derecho de los padres a escoger la forma-ción moral y religiosa de sus hijos: Aspectos polémicos de la LOMLOE", *Revista Boliviana de Derecho*, 32, (2021), pp. 996-1019. Su vinculación implícita bien al derecho de educación [Martínez López-Muñiz, J.L. "La educación en la Constitución Española (Derechos Fundamentales y Libertades Públicas en materia de enseñanza)", *Persona y Derecho*, 6, (1979), pp. 215-296] o sus garantías [De los Mozos Touya, A. Educación en libertad y concierto. Madrid, Montecorvo, 1995] bien a la libertad de enseñanza en un sentido amplio [Fernández-Miranda, A. De la libertad de enseñanza al derecho a la educación. Los derechos educativos en la Constitución Española. Madrid, Centro de Estudios Ramón Areces, 1988; Rodríguez-Zapata, J. Teoría y Práctica del Derecho Constitucional. Madrid, Tecnos, 1996; Rodríguez Coarasa, C., La libertad de enseñanza en España. Madrid, Tecnos, 1998] ha dividido tradicionalmente a la doctrina; aunque tampoco faltan opiniones que niegan cualquier exclusividad respecto de ambos [Embid Irujo, A., "El contenido del derecho a la educación", *Revista española de Derecho Administrativo*, 31, (1991), pp. 653-682].

que ya no se sostiene con la nueva interpretación constitucional que avalará en 2023 el Alto Tribunal.

En el ámbito de la justicia ordinaria, el Tribunal Supremo[23] ha argumentado que una programación que prescinda de la demanda social permitiría a la administración educativa incrementar plazas en los centros públicos y suprimir unidades en los centros privados concertados, eliminando así la necesidad de escolarización en estos últimos y derogando *de facto* el sistema de conciertos previsto legalmente. El legislador orgánico estatal, al sobredimensionar una de las dos redes del modelo dual del sistema educativo español, manifiesta una preferencia por la red pública, ligando los recursos públicos a la planificación de los centros públicos. Tal preferencia abona la tesis de la subsidiariedad de la red concertada y su instrumentalidad forzada por la extensión de la escolarización obligatoria[24]; otorgándose a la nueva red privada "subsidiada" un carácter provisional y subsidiario que la evo-lución actual habría ido desdibujando, no sólo a favor de una complementariedad efectiva entre ambas redes sino, también, a partir de una preferencia de selección escolar que ahora se quiere limitar por el efecto colateral, segregador e inequitativo[25]. Esta pretensión nos retrotrae a planteamientos que parecían ya superados; recuperando no sólo la proclama de la escuela pública única

---

[23] Tribunal Supremo. Sala de lo Contencioso Administrativo. Sección Cuarta. SSTS 2285/2016, de 17 de mayo de 2016; 2195/2016, de 18 de mayo de 2016; y 2286/2016, de 25 de mayo de 2016, entre otras.

[24] Sobre el particular existe una amplia y extensa bibliografía. Sin ánimo de exhaustividad, cabe citar a Díaz Lema, J.M., *Los conciertos educativos en el contexto de nuestro derecho nacional y en el derecho europeo*. Madrid, Marcial Pons, 1992; De los Mozos Touya, A. (1995), *op. cit.*; Villarrolla Planas, A., *La financiación de los centros concertados*. Madrid, CIDE, 2000; Romea Sebastián, A., *Régimen jurídico de los centros concertados*. Pamplona, Aranzadi, 2003.

[25] Contra este planteamiento se ha manifestado Carega Gutièrrez, M., "La libertad de elección de centro en la LOMLOE: una batalla ideológica (3/4)", *Blog Hay Derecho*, de 5 de mayo de 2022. Disponible en la dirección web: https://www.hayderecho.com/2022/05/05/la-libertad-de-eleccion-de-centro-en-la-lomloe-una-falacia-ideologica/. El autor sostiene que "la redacción de la LOMCE sobre cómo planificar la oferta educativa respetando la libertad de las familias no (ha supuesto) en todo caso un descenso de la equidad ni un aumento de la concertada" y pone el ejemplo de Andalucía donde el reparto entre plazas públicas y concertada se ha mantenido inalterable la última década a partir de un 80-20.

(y laica), en una clara agresión al pacto constitucional[26] que cristaliza en el precepto constitucional, sino reafirmándose en un compromiso de firmeza respecto de la educación pública[27].

La LOMLOE intenta transitar de un derecho a la educación (reconocido con unas notas características y singulares), a un pretendido derecho a la educación "pública"; sin tener en cuenta que, al hacerlo, restringe el contenido "esencial" del derecho fundamental[28] constitucionalmente protegido, limitando pues su alcance. Algo que es por todos conocido y que queda fuera del alcance del legislador por orgánico que este sea. Una interpretación posible a los efectos de sortear una eventual inconstituciona-lidad del precepto sería el deseo del legislador estatal de quererlo vincular con el ser-vicio público a la educación, a pesar de ser éste otro debate respecto del que ahora se plantea. Además, este intento de restringir el alcance mismo del derecho, se concreta a través del llamamiento genérico a garantizar la suficiencia de plazas por parte de la Administración educativa (art. 109.2 LOE); eso sí, limitándola y circunscribiéndola (también en régimen de exclusividad) a la red pública ("existencia de plazas públicas suficientes", tal y como señala el tenor legal).

Consideramos que, a través de dicha regulación, la LOMLOE subvierte el sistema vigente hasta la fecha; vulnerando a su vez el derecho constitucional a la libertad de enseñanza. Al dejar de valorar en su planificación educativa la demanda "social", que deja por tanto de ser tenida también en cuenta como criterio de programación, la

---

26 He sostenido esta posición en diversos lugares.Véase, por todos, Vivancos Comes, M., "Pacto educativo y consenso constitucional", *Constitución, política y administración: re-pensando la Constitución. Más de cuatro décadas después*. Valencia, Tirant lo Blanch, 2020, pp. 349-362.

27 PSOE (2019): *Programa Electoral. Elecciones Generales*, 58. Disponible en la siguiente dirección web: http://www.psoe.es/media-content/2019/04/PSOE-programa-electoral-elecciones-generales-28-de-abril-de-2019.pdf.

28 Sobre los conceptos que integran el contenido esencial del derecho a la educación desde una perspectiva jurídico-constitucional pueden consultarse, con una década de diferencia entre ambos, los trabajos de Embid Irujo, A., *op. cit.;* Cruz Miñambres, J.F., *El derecho fundamental a la educación (estudio multidisciplinar). Estudios alrededor de un núcleo de derecho constitucional.* Madrid, Universidad Complutense de Madrid, 1988, 232-235; y Díaz Revorio, F.J., "El derecho a la educación", *Parlamento y Constitución. Anuario,* 2, (1988), pp. 267-305.

Administración ve ensancharse los márgenes de su discrecionalidad a la hora de proyectar los recursos públicos en materia educativa; convirtiendo en irrelevantes las preferencias de familias, así como las iniciativas y proyectos educativos privados, que verán condicionada su supervivencia al grado de discriminación negativa que se aplique al caso específico. Un hecho que, además, refuerza la intervención pública y el control político sobre la educación empobreciendo la pluralidad de la oferta educativa.

De lo expuesto hasta ahora podemos concluir que, si bien existe un derecho universal a la educación, constitucionalmente reconocido, este no puede verse limitado injustificadamente a la oferta pública; ni siquiera pretender que, a través de futuras actuaciones la oferta estatal, pueda esta sobredimensionarse en paralelo y acorde al achicamiento de la que proviene de la iniciativa social; incluso, hasta el punto de justificar privarle de su sostén público. Cabe recordar que sobre los poderes públicos pesa el deber positivo de garantizar la efectividad del derecho fundamental a la educación y que esta medida podría llegar a afectar a la misma esencia de la pluralidad educativa, un hecho insoslayable a estas alturas que conviene preservar y defender. El legislador no sólo parece desconocer a los efectos de la regulación constitucional (art. 27.4 CE), que la "enseñanza básica obligatoria y gratuita" viene prestándose por ambas redes, garantizando la referida oferta educativa plural, sino que la programación educativa toma en consideración la oferta realmente existente, con independencia de su naturaleza (pública o privada sostenida con fondos públicos).

Entendemos que la solución planteada por parte del legislador estatal busca dar cobertura legal a la política educativa desarrollada por algunos territorios[29] pretendiendo acotar la normativa normativa

---

29 Es el caso de la última reforma valenciana, parcialmente anulada a través de una pluralidad de sentencias de la Sección 4ª de la Sala de lo Contencioso Administrativo del Tribunal Superior de Justicia [por todas, la STSJCV núm 2706/2019, de 10 de mayo (recurso 496/2017)], en las cuales se reconoce expresamente que la Administración educativa valenciana no estaba inicialmente obligada a concertar etapas no obligatorias pero que, al hacerlo, el sometimiento a la normativa básica estatal impide extinguir a través de una norma de rango reglamentario autonómico los conciertos singulares vigentes (en su inmensa

básica estatal (concretada, entre otros, en el Reglamento de Conciertos[30]) referida a la materia. El fin pretendido no es otro que terminar reduciendo progresivamente el peso porcentual de la educación concertada. Este desarrollo autonómico de la normativa básica estatal, organizada "*contra libertate*", ha ido ensanchando con el paso de los años sus ámbitos de actuación[31]: elevación de las ratios mínimas y limitación de las máximas, restando viabilidad a los centros de cierto tamaño; convocatorias públicas manifiestamente discriminatorias[32], que dejan fuera a una de las dos redes del sistema; etc.

El resultado es bien conocido: arreglos escolares "conjuntos", que pese a implicar a ambas redes educativas, sólo tienen un coste negativo para sólo una de ellas; llegando a cerrar unidades concertadas con amplia demanda por mantener una oferta pública que resulta inviable respecto de los criterios más básicos de la planificación educativa. Con un efecto perverso que retroalimenta la estrategia discriminatoria, ya que al habilitarse plazas públicas en unidades que finalmente no terminan llenándose, se fuerza el cierre de unidades

---

mayoría estas decisiones se concentraron en las enseñanzas post obligatorias de Bachillerato y Formación Profesional); obligando a su renovación en caso de darse los requisitos exigidos para su concesión.

30 Real Decreto 2377/1985, de 18 de diciembre, por el que se aprueba el Reglamento de Normas Básicas sobre Conciertos Educativos (BOE núm. 310, de 27 de diciembre de 1985, pp. 40552-40556).

31 Sobre esta cuestión, aplicada al caso valenciano puede consultarse Vivancos Comes, M., "Modelo educativo y autogobierno valenciano. 40 años de políticas educativas en la Generalitat", *Lex Social*, 12, (2021), pp. 1-17.

32 Tribunal Constitucional (Pleno). STC 191/2020, de 17 de diciembre de 2020 (BOE núm. 22, de 26 de enero de 2021, pp. 7800 a 7830. Aunque referida al ámbito de la educación superior, contiene importantes referencias a la doctrina constitucional sobre igualdad de trato en el ámbito de la enseñanza. En este punto me parece interesante hacer notar el criterio que apunta en su voto particular el magistrado Conde-Pumpido al identificar el supuesto de cuando una disposición autonómica controvertida se opusiese a la normativa educativa del Estado por no distinguir esta última entre los alumnos matriculados en centros educativos de distinta naturaleza a la hora de configurar las diferentes ayudas. Para el magistrado el poder público autonómico no puede tratar de manera desigual aquello que el legislador competente, el estatal, habría querido que fuese tratado indistintamente; una realidad que frecuentemente se ignora en la asignación de las ayudas de fondos estatales territorializados en el ámbito de la enseñanza.

concertadas con amplia demanda social. Lo que devuelve a la concertada el carácter o consideración de subsidiaria, algo que la justicia ordinaria[33] ha venido rechazando reiteradamente. La cobertura ofrecida por el legislador estatal es de una estrategia sibilina; negada públicamente a través de diversos pronunciamientos públicos de los titulares ministeriales, pero tozuda a través del alcance de los hechos. Con la supresión de la demanda social como uno de los criterios que deben guiar según el espíritu de la ley la planificación educativa, no se busca otra cosa que favorecer y alentar una programación unilateral y discrecional (con el riesgo, en muchos casos, de devenir en arbitraria) por parte de la Administración educativa. Algo que el marco legal vigente anterior a la LOMLOE dificultaba, al impedirse dicha actuación sin fundamentación jurídica; condicionado aquella a la participación efectiva de todos los sectores afectados (titulares, familias, profesorado y alumnado).

El legislador orgánico, pues, pretende restringir el derecho a la educación a una oferta pública, limitando el contenido esencial del derecho fundamental algo que desde luego no está en sus manos pero que tampoco puede ser habilitado por una errónea jurisprudencia constitucional. Esta interpretación infringe las reglas del juego consignadas por el Constituyente, que exigió quórums reforzados para modificar o reformar el que es sin duda el equilibrio más delicado de cuantos se concretan en nuestro catálogo de derechos. La nueva regulación ignora e impide la posibilidad de elección de las familias por los centros concertados existentes, que en muchos casos, con y sin ideario, reflejan con mayor fidelidad las convicciones religiosas y morales de los padres.

En conclusión, aunque existe un derecho universal a la educación, este no puede verse limitado a la oferta pública, ni tampoco justificar la restricción de la iniciativa social y el sostenimiento público de la educación privada, como veremos a continuación cuando

---

33 Véanse, entre otras, las SSTSJCV núms. 287/2020 (Sala Contenciosa, 4ª) de 23 de junio (recurso 394/2017); 352/2020 (Sala Con-tenciosa, 4ª) de 15 de julio (recurso 395/2018); 473/2020 (sala Contenciosa, 4ª) de 17 de junio (recurso 337/2017); y 519/2020 (Sala Contenciosa, 4ª) de 18 de junio (recurso 707/2016), respectivamente.

abordemos el caso particular de la educación diferenciada. Las modificaciones introducidas afectan muy directamente a la pluralidad educativa, violentando el deber de los poderes públicos de garantizar las libertades educativas desde su posición neutral.

## III. CUANDO LA EQUIDAD ACABA IMPONIÉNDOSE A LA LIBERTAD: EL ÚLTIMO CAPÍTULO SOBRE EL DEBATE ACERCA DE LA ESCUELA MÁS INCLUSIVA

El último panorama jurídico relevante en relación con la educación inclusiva y diferenciada se presenta a través de las recientes SSTT 34 y 45/2023, ya citadas con anterioridad, y que abordan los recursos de inconstitucionalidad interpuestos respecto a la LOMLOE.

La resolución adoptada por la mayoría y los resultados derivados de sus principales argumentos resultan sorprendentes por dos razones fundamentales. En primer lugar, porque respalda de manera detallada uno de los votos particulares que coincidía con la posición mayoritaria en la Sentencia del Tribunal Constitucional 31/2018. Este voto[34], expresado por la exmagistrada Encarnación Roca Trías, donde manifestaba su desacuerdo con el FJ 4.º b) de dicha sentencia, en el cual se negaba la existencia de "una obligación constitucional derivada del artículo 27.9 de la Constitución Española, de la cual se derivará un derecho al concierto"[35] para los centros de educación diferenciada. Pese a que el argumento resulta sustancialmente idéntico, las conclusiones respaldadas por la actual mayoría inciden precisamente en lo que ese voto intentó evitar: condicionar opciones legítimas de política legislativa en dicho ámbito. Es más, con la solución el legislador estaría incumpliendo uno de los límites que la jurisprudencia constitucional habría proyectado sobre su acción: "no contrariar los derechos y libertades educativos presentes en el

34 Voto particular concurrente que formula la vicepresidenta del Tribunal Encarnación Roca Trías a la sentencia dictada en el recurso de inconstitucionalidad núm. 1406-2014, pp. 56-58.

35 Como bien es sabido la jurisprudencia constitucional ha negado en numerosas ocasiones el derecho al concierto de los centros, por todas la STC STC 77/1985, de 27 de junio, FJ 12.º

artículo 27 CE y (...) configurar el régimen de ayudas en el respeto del principio de igualdad" (STC 86/1985, de 10 de julio, FJ 3.º)[36], por cuanto impide la financiación de una modalidad pedagógica que formaría parte del ideario y, por otro lado, introduce un tratamiento desigualitario de las ayudas a partir de una concepción ideológicamente no neutra del sistema educativo. En segundo lugar, porque alguno de los magistrados que en su día formularon o se adhirieron a votos particulares radicalmente contrarios a la fundamentación jurídica de la STC 31/2018, comprueban ahora como alguno de los planteamientos formulados entonces no eran sostenibles en el tiempo, como el que señalaba que "la Sentencia de mi discrepancia resulta especialmente perturbadora cuando, de forma insólita, extiende su juicio al legislador futuro (e igualmente al legislador de la LOE 2006), al que veta la adopción de una política de financiación pública de centros educativos privados que excluya a los que imparten educación diferenciada"[37]. Debemos reconocer, sin embargo, la coherencia de fondo en el voto particular concurrente de la magistrada María Luisa Balaguer Callejón a la sentencia dictada en el recurso de inconstitucionalidad núm. 1760-2021, donde se discrepa del tratamiento que hace el FJ 5.º de la STC 34/2023 al no posibilitar el avance de un "modelo educativo con sustento constitucional" y le increpa al tribunal sobre el motivo por el cual se ha ceñido, en exclusiva, a la dimensión financiera del problema, dejando algunos otros temas de interés en el aire que hubiesen presentado un interesante debate. Lo que forzará una remisión *in toto* al contenido de su voto particular formulado en 201841, junto a alguna consideración más de interés; poniendo en evidencialos planteamientos a los que se adhirió el actual presidente del órgano constitucional que han brillado por su ausencia el planteamiento efectuado en 2023.

---

36 Sala Segunda. Recurso de amparo número 193/1985. Sentencia número 86/1985, de 10 de julio (BOE núm. 194, de 14 de agosto de 1985, pp. 2-7). Interpuesto por el Ministerio Fiscal contra Sentencia de la Sala Tercera del Tribunal Supremo de 24 de enero de 1985, que estimó en parte los recursos contencioso-administrativos interpuestos contra tres Órdenes del Ministerio de Educación y Ciencia de 16 de mayo de 1984, sobre régimen de subvenciones a Centros docentes.

37 Voto particular formulado por el magistrado Fernando Valdés Dal-Ré a la Sentencia dictada en el recurso de inconstitucionalidad núm. 1406-2014 al que se adhiere el magistrado Cándido Conde-Pumpido Tourón, pp. 58-66.

Como veremos, a continuación, el sector minoritario se mostrará especialmente crítico con la decisión adoptada por el Tribunal, denunciando que el auténtico objeto de dicho proceso constitucional que "no era resolver si es constitucional o no la decisión de prohibir concertar la educación diferenciada (…) (sino) si es constitucional o no la decisión del legislador de no "ayudar" —por emplear los términos del artículo 27.9 CE— a modelos o sistemas educativos perfectamente constitucionales como es la educación diferenciada —así lo reconoce la sentencia, FJ 5.º d) y se deriva de nuestras SSTC 31/2018, FJ 4.º a), y 74/2018, FJ 4.º c)— pero que simplemente no son de su agrado". Para los cuatro magistrados discrepantes (Ricardo Enríquez Sancho, Enrique Arnaldo Alcubillas, Concepción Espejel Jorquera y César Tolosa Tribiño) mezclar ambos asuntos en el razonamiento dado era "confundir la causa con el efecto, el principio con su aplicación práctica y, en definitiva, la "doctrina" constitucional vinculante (art. 40.2 LOTC) con el fallo concreto de la sentencia".

Con anterioridad, algunas voces autorizadas de la doctrina se habían manifestado contrarias a la operación dispensada por el legislador orgánico. Así lo expresaba, por ejemplo, Fernando Simón Yarza, al poco de publicarse la LOMLOE: "Por mucho que la gratuidad de la educación básica (cfr. Art. 24.4 CE) no comporte, como tal, un derecho fundamental a la financiación de cualquier centro de iniciativa social, privar del trato ordinario dispensado a tales centros empleando como tertium comparationis un hecho que constituye ejercicio de un derecho fundamental —no otra cosa es la elección de un modelo pedagógico diferenciado— constituye una discriminación expresamente vedada por el artículo 14 CE" (2021: 26). En este mismo criterio abunda Gonzalvo Cirac, para quien "puede llegar a resultar fingido que el legislador, tratando de evitar una supuesta discriminación —que el TC ya ha dicho que no es tal— provoque otra impidiendo acceder a los conciertos a ciertos centros por la mera razón de que hayan optado por el método de la enseñanza diferenciada —que el TC ya ha dicho que esto sí es una verdadera discriminación—, pues tales centros no sólo son admisibles desde el punto de vista constitucional, sino que su admisión e incluso su fomento por parte de los poderes públicos enriquecería la libertad de educación en España, en su vertiente del derecho de creación de centros docentes con ideario propio"[38].

Por último, podemos encontrar aún una tercera razón de peso en los argumentos esgrimidos por la minoría en el seno del TC. Al no buscarse el "contenido esencial" del art. 27.9 CE en base a los criterios hermenéuticos tradicionales —al menos como ha sucedido desde la STC 11/1981 (FJ 8.º)— se vacía dicho precepto de contenido alguno. Para ellos, el interés que protege y posibilita el artículo 27.9 CE es el "pluralismo educativo", entendido como una manifestación más concreta y específica del valor superior del ordenamiento jurídico español reconocido en el artículo 1.1 de la Constitución. Se afirma que "este pluralismo se ve perjudicado cuando el legislador excluye completamente de las ayudas impuestas constitucionalmente a modelos educativos que son compatibles con la Constitución, como la educación diferenciada por sexos según las SSTC 31/2018 y 74/2018". Dicha exclusión es percibida como una violación del derecho de las minorías a recibir ciertas "ayudas" para que su derecho a elegir un modelo educativo alternativo sea "real y efectivo", de acuerdo con el juego de los artículos 9.2 y 27.9 de la Constitución. Con ello, se privaría a las familias con menos recursos a escoger ese modelo de atención pedagógica reservado, ahora, en exclusiva para los más pudientes. En la interpretación propuesta del precepto constitucional por los magistrados discrepantes se subraya la neutralidad de las ayudas para preservar el pluralismo educativo, prohibiendo a los poderes públicos señalar y excluir sistemas educativos constitucionales solo por el hecho de su inadecuación a los intereses dominantes. Considerando, en definitiva, que dicha exclusión no se ajusta al equilibrio democrático que protege a las minorías en una democracia pluralista.

El análisis en detalle del razonamiento de la mayoría permite constatar una serie de evidencias. La primera, y más fundamental, que representa un cambio de criterio evidente sobre el acceso a la financiación pública de la educación diferenciada, acogiéndose a los

---

[38] Gonzalvo Cirac, E., "La LOMLOE y la educación diferenciada (breve estudio a la luz de la STC 31/2018, de 10 de abril)", *Revista General de Derecho Constitucional*, 34 (2021), pp. 1-39.

criterios esgrimidos por la magistrada Roca Trías en la citada STC 31/2018 donde expresó un voto particular concurrentecon la mayoría pero donde apuntaba argumentos que ahora sirven a esta nueva mayoría para armar una argumentación alternativa a la planteada entonces.

La primera es que la decisión última sobre la regulación educativa, tampoco, ha logrado generar ningún consenso entre los magistrados del Tribunal Constitucional. Aunque la Corte de Garantías ha terminado dando un respaldo, sin fisuras, a la totalidad de la ley básica educativa estatal, su decisión final ha revelado una división interna evidente, con seis magistrados a favor y cuatro en contra; una tendencia que están revelando trascendentales fallos recientes. La disparidad de opiniones sobre el sistema educativo se traslada así del ámbito social al de la política constitucional, como lo fue antes en el ámbito de la política legislativa. En el caso de las primeras sentencias aludidas (STC 34/20923), fue la mayoría progresista la que respaldó el segundo borrador de la ponencia del magistrado Ricardo Enríquez, rechazando de plano el recurso presentado por Vox. Un primer texto que había sido rechazado a finales de marzo, al hacer tacha de constitucionalidad precisamente de la regulación de la inclusividad[39] en la misma. Con la nueva redacción, que refleja el sentir mayoritario del TC, Enríquez y otros tres magistrados (los cuatro magistrados disidentes) han presentado cada uno un voto particular. Esta situación, evidenciada por la existencia de dos ponencias y cuatro votos particulares, resalta la controversia y profunda discusión en torno los contenidos de una ley que no sólo se ha manifestado en el primero de los pronunciamientos que van a ser analizados.

También el segundo fallo, del que ha sido ponente el mismo magistrado, ha continuado mostrando una fractura idéntica en el seno

---

39 Como había trascendido a la prensa, el magistrado Ricardo Enríquez propuso, inicialmente, declarar constitucional la LOMLOE a excepción de los preceptos que exigían desarrollar el principio coeducativo a los centros sostenidos total o parcialmente con fondos públicos, así como la negativa a separar al alumnado por su género. También, mostraba sus dudas respecto de la garantía de una escolarización "adecuada y equilibrada" al alumnado con necesidades de apoyo educativo con idénticos fines. Ambos aspectos, cabe recordar, aparecen interrelacionados en el primero de los recursos planteados contra la LOMLOE.

del Tribunal; reproduciéndose tanto la mayoría como el número de votos particulares emitidos en la primera.

Otro aspecto destacable, como señala Rodríguez-Borlado (2023), ambos fallos suponen "un giro jurisprudencial de primer orden respecto a las sentencias previas de este tribunal, y de manera muy directa respecto a las últimas dos, dictadas en 2018". Se aprecia, también, un nulo diálogo consigo mismo[40] ya que el resultado al que ahora se llega contradice la conclusión de los principales fallos de entonces, como la apertura a la recepción de ayudas públicas que no pueden obstaculizarse por la naturaleza del mismo centro. Aunque esa contradicción resulta más grave por lo que la sentencia no dice o se calla, como sucede por ejemplo con los valores constitucionales a los que apela y que habrían hecho necesario la reapertura de un debate jurídico-constitucional amplio sobre la cuestión.

No entraba en la intención del Tribunal poner en duda la constitucionalidad de la enseñanza diferenciada[41], aspecto que ha quedado fuera del ámbito de discusión en la sentencia. Por el contrario, el verdadero objeto del litigio por lo que hace a la educación diferenciada es, ahora, pronunciarse acerca de si entra en las posibilidades de configuración legal dejar sin ayudas a un modelo o sistema que desde la perspectiva constitucional no merecería reproche alguno, como recuerda uno de los votos particulares —concurrente con el sentir mayoritario— de la sentencia. A partir, por lo que parece, de la mera conveniencia del legislador orgánico, olvidando que este se haya sometido a los vaivenes y a las decisiones políticas de cada momento y que lo que ahora se discute es el contenido esencial del derecho fundamental a la ayuda pública.

---

40 Vidal Prado, C., "*¿Y ahora quien defiende la Constitución?*", ABC (2023), de 3 de mayo.

41 Es pertinente recordar que, previamente, la educación diferenciada se hab.a considerado —no sin cierta controversia— un modelo educativo plenamente v.lido, negándose su pretendido carácter discriminatorio. Como enfoque pedagógico, resultaba una prolongación del ideario o carácter distintivo (o propio) del centro, con dos únicos límites: no contravenir los derechos fundamentales ni resultar, a la postre, incompatible con el ideario educativo constitucional. A partir de ahí, se posibilitaba el acceso a la financiación pública, en igualdad de condiciones al resto de centros, y siempre que se cumpliesen los requisitos legales para su autorización.

Igualmente, reconoce que la diferenciada no es discriminatoria al no poder desdecirse, por su cercanía, de una jurisprudencia muy reciente que acabará persiguiendo al Tribunal; por lo que nada estaría justificando su no financiación por motivos igualitarios sino más bien por un criterio de oportunidad legislativa.

La exclusión de la financiación de un modelo educativo, sea cual sea, en caso de ser demandado debe ser excepcional y manifiestamente justificado para que no conlleve una vulneración de la libertad de enseñanza reconocida constitucionalmente.

Algo que la sentencia no hace ya que se limita a señalar que "la concepción ideológica del sistema educativo no puede ser tachada de arbitraria (...) (al estar) inspirada en valores constitucionales". Sin llegar a precisar en ningún momento, cuales son éstos.

Como en todo, la decisión de la mayoría, conformada por varios magistrados que participaron en las deliberaciones y fallos de 2018 está claramente en deuda —como se ha señalado anteriormente— con la solución planteada en aquel momento por la magistrada Roca Trías, quien al mismo tiempo que evitaba cualquier reproche acerca de la constitucionalidad del modelo formulaba un voto particular concurrente en el que eso sí negaba la automaticidad en la consecución del concierto, a partir de principios y fines que pudiese dar plena satisfacción a tales demandas a través de distintas vías. Esa remisión al legislador orgánico no puede albergar una libertad absoluta para configurar el régimen prestacional, sino a partir de "principios, valores o mandatos constitucionales".

La diferencia respecto de la última decisión adoptada por el Alto Tribunal es que, entonces, la vicepresidenta del sector progresista se atrevió a concretar y especificar alguno de éstos, como el mandato a los poderes públicos en la persecución de la igualdad material; que contrasta, ahora, con un clamoroso silencio en la reciente sentencia.

Llegados a este punto conviene aventurarse ahora en algunas posibilidades planteadas por parte de la doctrina constitucional más reciente.

La principal objeción desde un punto de vista constitucional sobre la educación diferenciada reside en su compatibilidad con el denominado "ideario educativo constitucional"[42]. Muchos han sido los autores que se han servido del que es considerado un verdadero límite a las libertades educativas para negar, en consecuencia, su financiación pública[43]. Pero nos enfrentamos, recientemente, a un afán expansivo de dicho concepto de construcción jurisprudencial que puede hacerlo morir de éxito, a costa de contraponerlo con la misma jurisprudencia constitucional. En tiempos recientes, Rey Martínez[44] ha considerado la inclusividad como parte consustancial del mismo; una actitud expansiva que Salazar Benítez traslada a "una escuela integradora de ambos sexos"[45], a partir del paradigma coeducativo. Algo un sector de la doctrina ha considerado excesivo, por distintos motivos[46].

De interés son, sin duda, los argumentos esgrimidos por Rey Martínez para quien el modelo diferenciado "surge desde la sospecha legislativa de déficit de una auténtica educación en la igualdad de

---

42 Para Aláez Corral, B., "nuestra Constitución democrática de 1978 ha fijado un criterio vinculante para el correcto desenvolvimiento del (...) complejo escenario de pretensiones contrapuestas (en el que se mueve el alcance normativo constitucional del derecho a la educación y su papel en la construcción de una sociedad democrática): lo que el tristemente desaparecido magistrado del Tribunal Constitucional, Francisco Tomás y Valiente, llamó "ideario educativo de la Constitución", es decir, "una serie de finalidades constitucional-democráticas que operan como necesario principio inspirador (positivo) de todo el proceso educativo y como límite (negativo) de las libertades educativas", "El ideario educativo constitucional como límite a las libertades educativas", *Revista Europea de Derechos Fundamentales*, 17, (2011), 93. Sobre este concepto, también puede consultarse la obra de Vidal Prado, C., *op. cit.*, pp. 51-92.

43 Aláez Corral, B., "El ideario educativo constitucional como fundamento de la exclusión de la educación diferenciada por razón de sexo de la financiación pública", *Revista Española de Derecho Constitucional*, 86 (2009), 42.

44 Rey Martínez, F., "El ideario educativo constitucional... inclusivo", *Revista de Derecho Político*, 111, (2021), pp. 13-44.

45 Salazar Benítez, O., "Educación diferenciada por razón de sexo y derecho a la educación. Sobre la inconstitucionalidad de la reforma del artículo 84.3 de la Ley Orgánica de Educación", *Revista española de Derecho Constitucional*, 106 (2016), p. 468.

46 Entre otros, Vidal Prado, C., *op. cit.* 269; y Esteve Pardo, J., "Paradojas de la discriminación en materia educativa: A propósito de la Sentencia del Tribunal Supremo Federal Alemán de 30 de enero de 2013 sobre el modelo de educación diferenciada", *El Cronista del Estado Social y Democrático de Derecho*, 37 (2013), p. 11.

género y en los valores democráticos"[47]. Para el autor, su resultado constituye "una brecha en la inclusividad educativa"; señalando que la "segregación dificulta el desarrollo de aspectos esenciales de la socialización democrática y la tolerancia". Se plantea un escenario de "pendiente resbaladiza" al preguntar por la paradoja que supone no aplicar el mismo enfoque a otros grupos. Para concluir destacando su tensión con el "óptimo constitucional de la educación inclusiva"[48], mostrándose a favor de la negativa del legislador estatal al privarle de financiación pública, esto es, el auténtico objeto del recurso planteado por los recurrentes.

El profesor Rodríguez Blanco[49] se ha mostrado, también, muy crítico con el contenido de la última sentencia del Tribunal Constitucional, identificando alguna de sus incongruencias internas. Para el autor, el fallo evita pronunciarse acerca de "si la coeducación o educación mixta constituye una exigencia constitucional en el caso de la educación pública" ante las voces que venían reclamando una respuesta clarificadora en un sentido u otro. Encuentra contradicciones a la hora de la fundamentación jurídica de la educación diferenciada, ya que en los fallos constitucionales previos (31 y 74/2018) aquella no resultaba coincidente[50] y era una oportunidad única para aclararlo. Considera que no se han dado razones suficientemente sólidas para no causar un trato discriminatorio a unos centros sobre otros ni imposibilitar el ejercicio de elección de las familias, especialmente, de las más vulnerables. Niega, también, que el argumento del género sea determinante "desde la perspectiva de la prohibición de

---

47 Rey Martínez, F., *op. cit.*, p. 28.

48 Rey Martínez, F., *op. cit.*, pp. 29-39.

49 Rodríguez Blanco, M., "La progresiva erosión de las bases constitucionales del sistema Educativo", *Nueva Revista*, (2023), de 16 de noviembre.

50 Según Rodríguez Blanco, *op. cit.*, "(…) se achaca al Tribunal Constitucional que en la sentencia 31/2018 situó este tema en el artículo 27.6 CE, la libertad de creación de centros por los sujetos de Derecho privado, mientras que en la 74/2018 lo fundamentó en el artículo 27.3 CE, el derecho de los padres a escoger la educación religiosa y moral que habrá de darse a sus hijos. Hay que tener en cuenta que la primera de las sentencias resuelve un recurso de inconstitucionalidad que cuestionaba la conformidad con la CE de la educación diferenciada, mientras que la segunda resuelve un recurso de amparo en el que se alegaba la vulneración del derecho de los padres a escoger el tipo de educación que estimen conveniente para sus hijos".

discriminación por razón de género e identidad sexual", pues existe libertad de elección de centro educativo; no estando nadie obligado a matricularse en un centro que responda a dicha modalidad pedagógica. Señalando, por último, que con su decisión el tribunal "ha restringido las competencias que corresponden a las Comunidades Autónomas para configurar el modelo de conciertos en su respectivo ámbito territorial".

Vidal Prado[51], por su parte, comparte el criterio de que la decisión del Tribunal Constitucional limita el pluralismo de políticas educativas legítimas, como las desplegadas por las administraciones autonómicas, ahora condicionadas por la regulación básica estatal. Se argumenta que esta decisión impone una única posición ideológica al forzar el enfoque docente coeducativo, dejando sin contenido el precepto constitucional y privando a las familias con recursos limitados de la posibilidad de elegir ciertos tipos de centros educativos. El autor destaca la contradicción entre promover la coeducación y prohibir la financiación pública basándose en una metodología diferente, considerando que esta última medida va más allá de la promoción de un enfoque educativo específico.

Para el autor, el que la educación diferenciada "no sea inconstitucional a la luz de los polémicos razonamientos de la STC 31/2018, decisión ya por sí muy discutible, no debería impedir que los poderes públicos utilicen fondos escasos para financiar con preferencia otras escuelas que sirven claramente —sin sospecha alguna— para asegurarse de la educación en igualdad de hombres y mujeres como factor de cohesión social". Para el profesor García Roca, dicho modelo "constituye una medida que produce el riesgo de perpetuar los tradicionales estereotipos sexistas y contribuir al rezago de las mujeres"[52]. Recordando que la Constitución (art. 9.2 CE) impone remover obstáculos para la igualdad real, lo que parece ahora validar el último de los pronunciamientos del Tribunal.

Por último, ha quedado fuera del debate una cuestión interesante que tiene que ver con la exclusión de las personas intersexuales del

---

51 Vidal Prado, C., *op. cit.*

52 García Roca, J., *op. cit.*, p. 600.

ámbito educativo diferenciado y que, con anterioridad, habían planteado los magistrados Xiol Ríos[53] y Balaguer Callejón en sus respectivos votos particulares a la STC 31/2018.

Para el primero, la segregación sexual no comporta únicamente una discriminación por razón de sexo. "Al tomar como presupuesto el sexo desde una perspectiva binaria hombre-mujer, incide en un nuevo motivo de discriminación vinculado a la identidad sexual. Si hablaba anteriormente de los prejuicios sexistas contra la mujer, ahora hay que añadir un segundo prejuicio: la percepción de que solo existen dos únicos sexos y de que todo individuo ha de tener encaje en uno de ellos. Cualquier normativa basada en el prejuicio de la dualidad sexual provoca un inmediato efecto de exclusión total de aquellas personas, como los intersexuales, que no pueden ser identificadas con ninguno de estos dos sexos, provocando con ello una nueva forma de discriminación, en este caso no por segregación, sino por exclusión".

La magistrada Balaguer Callejón, por su parte, aborda el tema de la segregación sexual binaria en el ámbito educativo y argumenta en contra de esta práctica. Señala que la segregación basada en la dicotomía hombre-mujer no solo implica discriminación por razón de sexo, sino que también excluye de manera absoluta a las personas intersexuales, que no pueden ser identificadas claramente como hombres o mujeres según las normas tradicionales. La preocupación central de la magistrada es la exclusión total que experimentan las personas intersexuales —entendidas como aquellas personas que nacen con características biológicas de sexo que no se ajustan a la convención social o médica establecida— debido a las políticas o normativas de segregación sexual estrictamente binarias. Argumenta en contra de la idea de "separados pero iguales"[54] aplicada al ámbito

---

53 Voto particular del magistrado Juan Antonio Xiol Ríos a la Sentencia dictada en el recurso de inconstitucionalidad núm. 1406-2014, pp. 66-80.

54 Como en su día expresó el magistrado Xiol Ríos en su voto particular citado con anterioridad, la falacia del "separados pero iguales" fue ampliamente utilizado en la jurisprudencia de los EEUU en el contexto de políticas discriminatorias por motivos raciales (Leyes Jim CROW). Dicho principio sostiene que la segregación no implica trato discriminatorio siempre que se cumpla la condición de equivalencia en las prestaciones. El magistrado disidente menciona la sentencia

educativo (esta vez por sexo) y destaca la necesidad de abordar constitucionalmente la cuestión para evitar la discriminación por razón de identidad sexual hacia las personas intersexuales. Considera que la segregación sexual binaria no solo es sospechosa de discriminación por razón de sexo, sino que también es discriminatoria por razón de identidad sexual, representando la forma más extrema de negación y exclusión radical hacia las personas intersexuales.

Algo que le llevará a concluir —esta vez en el voto particular expresado en la STC 34/2023— que "existen elementos que conducen a imputar a la educación diferenciada una incapacidad estructural, u ontológica, para el logro de los objetivos educativos marcados constitucionalmente" que resume en la idea de la imposibilidad de transmisión de la igualdad, en tanto que derecho relacional, en contextos donde la relación de género resulta inexistente.

La articulación de los derechos y libertades educativas en el sistema educativo español refleja, desde hace décadas, una tensión persistente no resuelta entre dos enfoques, contrapuestos, que han evolucionado paralelamente en las últimas décadas que no sólo coinciden con las dos dimensiones que están presentes en las libertades educativas y que las sucesivas leyes han ido conformando con el respaldo de la jurisprudencia constitucional.

Esta confrontación se traduce, por un lado, en una visión ciertamente expansiva del "ideario educativo constitucional" que, a través de una suerte de valores y principios, como el respeto al marco común de convivencia (artículo 27.2), pluralismo (artículo 1.1), diversidad y dignidad

---

*Plessy v. Ferguson* (1896) 163 US 53, donde el juez John Marshall Harlan planteo un contundente voto disidente, como ejemplo de la misma en el ámbito del transporte ferroviario. Con posterioridad, a partir de la Sentencia *Brown v. Board of Education* (1954) 347 US 483 terminaría por revocarse dicho principio, al considerar la segregación como una forma de discriminación prohibida en el ámbito educativo. Otros precedentes judiciales que abordaron la segregación de género en la educación —como los asuntos *Mississippi University for Women v. Hogan* (1982) 458 US 718 o *United States v. Virginia* (1996) 518 US 515— serán expresamente traídos a colación por el magistrado quien manifestará una profunda decepción por la "resurrección de la idea de que la segregación en la prestación de servicios públicos no es intrínsecamente sospechosa de discriminación si no afecta el nivel de prestación".

(artículo 10.1) e, incluso, los mismos derechos y libertades fundamentales, se asegura el compromiso democrático de la ciudadanía. Ahora bien el amplio margen del legislador ni puede restringir el "contenido esencial" de tales libertades ni, tampoco, puede extender *ad infinitum* el amplio margen del legislador a la hora de configurar los aspectos sustanciales de nuestro sistema educativo, ante el riesgo evidente de desnaturalizar el frágil equilibrio del consenso constitucional en dicha materia.

En contraste, la búsqueda de mayores opciones de libertad, se justifica en el respeto de la elección de las familias, la mejora de la equidad, la reducción de las desigualdades económicas y la potenciación del rendimiento del sistema educativo en su conjunto; siendo tales objetivos fieles con la diversidad y el pluralismo, intrínseco al modelo constitucional español.

## IV. DESARROLLO AUTONÓMICO DEL RÉGIMEN DE CONCIERTOS: NOVEDADES MÁS SIGNIFICATIVAS EN EL CASO VALENCIANO

Como hemos podido comprobar, la LOMLOE ha introducido algunas novedades importantes en la regulación del sistema de conciertos, incluyendo el refuerzo de la apuesta por la gratuidad o cambios en los criterios de autorización, como la eliminación de consideraciones relativas a la demanda social. Sin embargo, como consecuencia de la concurrencia competencial en el ámbito educativo, resulta necesario que tales cambios tengan, ahora, un reflejo en la regulación autonómica del sector concertado con un claro compromiso de corresponsabilizar al sector concertado en la escolarización del alumnado más desfavorecido desde todos los puntos de vista, fundamentalmente social y educativo.

Este desarrollo en el ámbito territorial valenciano se ha llevado a cabo a través del Decreto 75/2023, de 19 de mayo, donde se regulan los conciertos educativos en la Comunitat[55], que tiene en cuenta los

---

55 DOCV núm. 9602, de 24 de mayo 2023, pp. 32187-32199.

cambios derivados de varias sentencias judiciales[56] que afectaron al Decreto 6/2017, de 20 de enero, mediante el cual se aprobaba el Reglamento de conciertos educativos de la Comunitat Valenciana[57], así como la obligación de los poderes públicos de garantizar la suficiencia de plazas públicas, en consonancia con la nueva legislación orgánica estatal.

Según se detalla en el Preámbulo del Reglamento autonómico, el Real Decreto 2377/1985, de 18 de diciembre, por el que se aprueba el Reglamento de normas básicas sobre conciertos educativos[58] constituye el marco de referencia al que se deben someter los centros privados, acogidos a los diferentes regímenes de conciertos por lo que respecta a la educación básica y obligatoria.

Además de dar respuesta a los preceptos que habían sido judicialmente anulados, el nuevo desarrollo reglamentario apunta la obligación —contenida en la ley estatal— de garantizar una oferta suficiente de plazas públicas, en condiciones de igualdad. Si bien, las enseñanzas se programarán teniendo en cuenta tanto la oferta existente de centros públicos como la que había sido autorizada en los centros privados concertados, con la cautela legal apuntada.

---

56 Por sentencias del Tribunal Superior de Justicia de la Comunitat Valenciana a raíz de recursos contra la no renovación de unidades concertadas, ratificadas por el Tribunal Supremo, como la STS núm. 1302/2020, de 14 de octubre, mediante la que se desestima el recurso de casación interpuesto por la representación procesal de la Generalitat contra la sentencia 209/2018, de 25 de mayo, de la Sección Cuarta de la Sala de lo Contencioso-Administrativo del Tribunal Superior de Justicia de la Comunidad Valenciana, dictada en el recurso contencioso-administrativo 243/2017, que resultó confirmada, varios preceptos del decreto mediante el que se aprobaba el Reglamento de Conciertos de la Comunitat fueron anulados, lo que justificaba la necesidad de una nueva regulación al respecto.
En el fallo referido, la Sala de lo Contencioso-Administrativo del Tribunal Supremo declaraba como doctrina aplicable que "el régimen de conciertos generales resulta de aplicación a la renovación de los conciertos singulares firmados por las Comunidades Autónomas en los niveles educativos no obligatorios, quedando sujetos al régimen previsto en el Reglamento de normas básicas sobre conciertos educativos aprobado por el artículo único del Real Decreto 2377/1985".

57 DOCV núm. 7964, de 24 de enero de 2017, pp. 3294-3309 (ya derogado)

58 BOE núm. 310, de 27 de diciembre de 1985, pp. 40552 a 40556.

El reglamento valenciano establece que la Administración educativa "promoverá un incremento progresivo de puestos escolares en la red de centros de titularidad pública" de la Generalitat. Además, conforme a la regulación estatal, los centros sostenidos con fondos públicos deben aplicar el principio de coeducación en todas las etapas educativas, sin poder separar a su alumnado por sexo. Esta medida se ha implementado en la Comunidad Valenciana, afectando a siete centros privados-concertados[59].

Mediante una comunicación específica, la Conselleria de Educación destacó que es una cuestión de "justicia social" que todos los centros financiados con fondos públicos garanticen un derecho considerado "fundamental y básico" en un ámbito tan sensible como la educación. La promoción de la coeducación, exigida por la nueva legislación orgánica estatal, excluye cualquier forma de segregación por sexo.

Con esta comunicación, el Gobierno valenciano no solo advirtió a los centros que hasta la fecha habían practicado esta modalidad pedagógica sobre la desactivación de su catalogación en el sistema de gestión de la red de centros (ITACA[60]), sino que también adoptó los principios de la reciente reforma educativa. Exigió la corrección de una práctica que, a partir de ese momento, se consideraba discriminatoria y cuya violación durante el proceso de matriculación podría implicar un incumplimiento grave de la normativa valenciana de convenios y la más que posible pérdida de dichos convenios como consecuencia de esta.

Además, cabe destacar la regulación contenida en el Decreto 104/2018, de 27 de julio[61], mediante el cual se desarrollan los principios de equidad y de inclusión en el sistema educativo valenciano, que también debe ser tenido en cuenta en la regulación del régimen

---

59 Tales centros son los colegios Altozano y Aitana (Alicante); Torrenova y Miralvent (Castellón); y Guadalaviar, El Vedat y Vilavella (Valencia), respectivamente.

60 Decreto 51/2011, de 13 de mayo, del Consell, sobre el sistema de comunicación de datos a la conselleria competente en materia de educación, a través del sistema de información ITACA, de los centros docentes que imparten enseñanzas regladas no universitarias (DOCV núm. 6522 de 17 de mayo de 2011, pp. 19196-19206).

61 DOCV núm. 8356, de 7 de agosto de 2018, pp. 33355-33379.

de conciertos de las unidades de Educación Especial, al concretar los conceptos más generales sobre la organización de la respuesta educativa, la escolarización, la inclusión en las enseñanzas postobligatorias y la orientación en el marco de la escuela inclusiva, así como su seguimiento y evaluación.

Por último, la Conselleria de Educación se ha visto obligada a modificar el Decreto 48/2024, de 23 de abril, por el que se regula el proceso de admisión en los centros docentes públicos y privados concertados que imparten enseñanzas en la Comunitat Valenciana[62] ante la amenaza de un requerimiento del Ministerio de Educación por incumplimiento de la legislación orgánica estatal. Se apreciaba la ausencia de ciertos criterios para la valoración de las solicitudes (víctima de violencia de género o terrorismo) que finalmente ha sido incorporados; aunque el principal reproche iba dirigido contra la sustitución de un modelo de zonificación por la reintroducción del distrito único, que posibilitará la elección de centro escolar el próximo curso (2024-25). Manteniéndose el criterio de proximidad y de la existencia de hermanos en el centro, que viene a compensarse con un aumento en la puntuación de las rentas más bajas como medio para evitar la segregación económica.

Esta adaptación de la regulación de conciertos de la Comunitat a la LOMLOE implicará, sin duda, avanzar hacia procesos de reforma del sector concertado sobre la base de un refuerzo de los criterios de planificación educativa en el diseño de la oferta concertada; el establecimiento de requisitos para la autorización y renovación de conciertos vinculados a la corresponsabilización con la escolarización del alumnado socialmente desfavorecido; y hacer efectiva la apuesta por la gratuidad educativa, lo que pasa por una mejora de la financiación de la concertada que lleva 15 años recibiendo la misma dotación económica, mientras que los gastos de funcionamiento de los mismos se han multiplicado por tres desde entonces. Siendo dicha actualización una condición necesaria, aunque no suficiente, para comprometerse con los principios de gratuidad y corresponsabilidad, que la nueva legislación educativa impulsa y refuerza.

---

[62] DOCV, núm. 9835, de 24 de abril de 2024, pp. 16984-17003.

## V. CODA: A MODO DE CONCLUSIÓN

Las recientes decisiones adoptadas por el máximo intérprete y garante de nuestra Constitución, evidencian la imposibilidad real de desdecirse de pronunciamientos judiciales significativos anteriores (básicamente, SSTC 31/2018 y 74/2018, en relación a la cobertura constitucional del modelo de educación diferenciada por sexos) que no sólo consideraron constitucional dicha opción pedagógica sino que, al no considerarla discriminatoria, se le garantizaba una financiación en iguales condiciones que a los otros modelos.

Con estas últimas sentencias, el Constitucional evita reabrir ese debate limitándose a asumir sin más los fundamentos de la LOMLOE, al reconocerse la preferencia y prioridad de la ayuda pública a los centros que desarrollen el principio de coeducación, negándosela a los demás, a partir de una concepción ideológica del sistema educativo que dice inspirarse en valores constitucionales pero que, al tiempo, perpetúa una desigualdad de trato amparándose en una premisa falsa: la existencia de una discriminación por sexo en la educación diferenciada.

En su argumentación, el Tribunal es hábil al esquivar lo que constitucionalmente se estaba dilucidando que era una desigualdad de trato amparada en una sospecha constitucionalmente ya resuelta; y al hacerlo demuestra una actitud de contención inadecuada ("*inappropriate self-restraint*") que buscará, en todo momento rehuir de un debate que no había sido solicitado por los recurrentes.

Lo urgente se imponía a lo importante. Esto es, resolver con una celeridad inusual el respaldo constitucional a la última gran reforma educativa. Y que la reapertura de un debate constitucional de tal magnitud, hubiese frustrado casi con toda seguridad. Acordándose que el magistrado ponente redactase una sentencia sin concesión alguna para los recurrentes.

El resultado salta a la vista. Y alguna de sus conclusiones más evidentes han sido ya expuestas por la mejor doctrina. Un pluralismo que se ve menoscabado cuando el legislador impone una subsidiariedad de una de las dos redes hasta, ahora complementarias, en las cuales descansa el modelo educativo español; e, igualmente, cuando excluye totalmente de las ayudas constitucionalmente impuestas a modelos educativos de legitimidad contrastada.

El legislador orgánico, a través del amplio margen reconocido ("irrestricto", como lo llegan a calificar los magistrados disidentes), vacía de contenido el precepto constitucional donde se concretan las libertades educativas. Imposibilitando un equilibrio constitucional razonable por lo que afecta a las dos vertientes o dimensiones fundamentales que se concitan en estas, tomando claramente partido por una de ellas, la prestacional. Que impidelo que se estaba reclamando al Tribunal, una interpretación *pro libertate* que ensanchase el sistema educativo español y no lo condenase a unos confines más angostos y menos equitativos...

Los recientes pronunciamientos dejan, a su vez, sin resolver numerosas incertidumbres. ¿Cuál es (o debería ser) el óptimo constitucional de la educación inclusiva? ¿Cómo queda el ideario educativo constitucional a tenor de la última doctrina? ¿Es la coeducación una condición necesaria pero no suficiente para el avance igualitario? ¿Cómo va a terminar proyectándose la intersexualidad en los modelos pedagógicos vigentes? La realidad es que el debate sobre el sistema educativo español se encuentra en un punto crítico, sin haber resuelto aún las cuestiones constitucionales relevantes.

La Corte de Garantías ha disfrazado de juicio de constitucionalidad lo que representa una mera opcionalidad ideológica que restringe libertades y derechos; hablar de discriminación inspirada en valores constitucionales plantea la pregunta de si este es un debate netamente genuino desde una perspectiva jurídica o, por el contrario, traslada al ámbito educativo la creciente polarización que se está dando en otros ámbitos. Para terminar introduciendo una tensión insoportable en el sistema educativo español, que sigue sin poder cerrar un debate constitucional prolongado durante demasiado tiempo, y que viene a condicionar sobremanera los desarrollos reglamentarios autonómicos con notables excepciones.

## BIBLIOGRAFÍA

Aláez Corral, B., "El ideario educativo constitucional como fundamento de la exclusión de la educación diferenciada por razón de sexo de la financiación pública", *Revista Española de Derecho Constitucional*, 86, (2009), 31-64.

– "El ideario educativo constitucional como límite a las libertades educativas", *Revista Europea de Derechos Fundamentales,* 17, (2011), 91-129.

Beneyto Berenguer, R., "¿Puede ser inconstitucional la LOMLOE?", *Revista CEF Legal,* 255, (2022), 81-110.

Cárdenas Cordón, A., "Comentario a la STC 31/2018 de 10 de abril, sobre educación diferenciada por sexo", *Revista Docencia y Derecho,* 17 (2021), 52-62.

Celador Angón, O., "El modelo de educación diferenciada en la reciente doctrina constitucional", *Derechos y Libertades,* 42, (2020), 27-60.

– "La educación diferenciada", *Diálogos sobre la LOMLOE.* Dykinson, Madrid, (2023), 43-61.

Cotino Hueso, L., *El derecho a la educación como derecho fundamental. Especial atención a su dimensión social prestacional.* Centro de Estudios Políticos y Constitucionales, Madrid, (2012).

Cruz Miñambres, J.F., *El derecho fundamental a la educación (estudio multidisciplinar). Estudios alrededor de un núcleo de derecho constitucional.* Madrid, Universidad Complutense de Madrid, (1988), 232-235.

De los Mozos Touya, A. Educación en libertad y concierto. Madrid, Montecorvo, (1995).

Díaz Lema, J.M., *Los conciertos educativos en el contexto de nuestro derecho nacional y en el derecho europeo.* Madrid, Marcial Pons, (1992).

Díaz Revorio, F.J., "El derecho a la educación", *Parlamento y Constitución. Anuario,* 2, (1988), 267-305.

Durán Lalaguna, P., "No discriminación e igualdad de trato: comentarios a un Proyecto de ley", *Nueva Revista,* 134, (2011), 142-151.

Duró Carrión, S., "Ideario educativo versus neutralidad de la escuela pública. Un eterno debate en España", *Revista de Derecho Constitucional Europeo,* 36, (2021), 147-180.

Embid Irujo, A., "El contenido del derecho a la educación", *Revista española de Derecho Administrativo,* 31, (1991), 653-682.

Esteve Pardo, J., "Paradojas de la discriminación en materia educativa: A propósito de la Sentencia del Tribunal Supremo Federal Alemán de 30 de enero de 2013 sobre el modelo de educación diferenciada", *El Cronista del Estado Social y Democrático de Derecho,* 37, (2013), 4-13.

Fernández-Miranda, A., *De la libertad de enseñanza al derecho a la educación. Los derechos educativos en la Constitución Española.* Madrid, Centro de Estudios Ramón Areces, (1988).

García Roca, J., *Lecciones de Derecho Constitucional.* Civitas, Madrid, (2023).

Gonzalvo Cirac, E., "La LOMLOE y la educación diferenciada (breve estudio a la luz de la STC 31/2018, de 10 de abril)", *Revista General de Derecho Constitucional*, 34, (2021), 1-39.

– "Educación diferenciada: Un reto para la lucha por la igualdad en la educación", *Nuevos horizontes del Derecho Constitucional*, 3, (2023), 69-85.

Guardia Hernández, J.J. "Marco constitucional de la enseñanza privada española sostenida con fondos públicos: recorrido histórico y perspectivas de futuro", *Estudios Constitucionales*, 1, (2019), 321-362.

– "Financiamiento compartido y núcleo en la enseñanza concertada". Comunicación presentada en el XXI Con-greso Católicos y Vida Pública "Libertad para educar, libertad para elegir", celebrado los días 15-17 de noviembre de 2019.

Martínez-Candado, Mª. J., "La educación diferenciada tras la aprobación de la Ley Orgánica 3/2020, de 29 de diciembre", *Revista General de Derecho Constitucional*, 36, (2022), 1-23.

Martínez López-Muñiz, J.L., "La educación en la Constitución Española (Derechos *Fundamentales y Libertades Públicas en materia de enseñanza)", Persona y Derecho, 6, (1979),* 215-296

– "Escolarización homogénea por razón del sexo y derecho fundamental a la educación en libertad", *Revista Española de Derecho Administrativo*, 154, (2012), 71-108.

– "¿Puede el TC decir en 2023 lo contrario de lo que dijo, con sólido fundamento, en 2018?", *El Imparcial* (2023), de 28 de marzo.

Moreno Llaneza, M., "Análisis de la LOMLOE con perspectiva coeducadora: pros, contras y propuestas", *Revista Qurriculum*, 36, (2023), 139-153.

Navas Sánchez, Mª.M., "¿Diferenciar o segregar por razón de sexo? A propósito de la constitucionalidad de la educación diferenciada por sexo y su financiación pública. Comentario a la STC 31/2018 y conexas", *Teoría y Realidad Constitucional*, 43, (2019), 473-498.

– "La educación diferenciada por razón de sexo ante el derecho constitucional. Un debate con múltiples voces: legislación, doctrina y jurisprudencia", *IgualdadES*, 4, (2021), 239-253.

Nuevo López, P., *La Constitución educativa del pluralismo. Una aproximación desde la teoría de los derechos fundamentales.* Universidad Nacional de Educación a Distancia, Madrid, (2009).

– "Derechos fundamentales e ideario educativo constitucional", *Revista de Derecho Político*, 89, (2014), 206-238.

Ramos Hernández, P., "Sentencia Tribunal Constitucional 31/2018, de 10 de abril [BOE núm. 124, de 22-V-2018]. La educación segregada por sexo en el caso de la Ley Orgánica para la Mejora de la Calidad Educativa (LOMCE)", *Ars Iuris Salmanticensis*, 6 (2018), pp. 290-293.

Rey Martínez, F., "El ideario educativo constitucional... inclusivo". Revista de Derecho Político, 111, (2021), 13-44.

– *Segregación escolar en España. Marco teórico desde un enfoque de derechos fundamentales y principales ámbitos: socioeconómico, discapacidad, etnia y género.* Marcial Pons, Madrid, (2021).

Rodríguez-Borlado, F., "El Constitucional español sentencia contra sí mismo sobre la educación diferenciada", *Nueva Revista* (2023), de 20 de abril.

Rodríguez Blanco, M., "Educación diferenciada y Constitución: reflexiones jurídicas ante un debate ideológico", *Nueva Revista* (2022), de 9 de diciembre.

– "La progresiva erosión de las bases constitucionales del sistema educativo", *Nueva Revista* (2023), de 16 de noviembre.

Rodríguez Coarasa, C., *La libertad de enseñanza en España.* Madrid, Tecnos, (1998).

Rodríguez Moya, A., "Enseñar a niños y niñas. La educación diferenciada", *Integrados. Claves jurídicas: derecho a la educación, diversidad religiosa y cohesión social.* Ministerio de Justicia, Madrid, (2019), 243-277.

– "Educación diferenciada vs. coeducación en España. ¿Una opción legislativa?", *Revista de Derecho Político,* 115, (2022), 13-42.

Rodríguez-Zapata, J., *Teoría y Práctica del Derecho Constitucional.* Madrid, Tecnos, (1996).

Romea Sebastián, A., *Régimen jurídico de los centros concertados.* Pamplona, Aranzadi, (2003).

Simón Yarza, F. "Los conciertos en la LOMLOE: Ruptura de un consenso constitucional", *Revista General de Derecho Constitucional,* 35, (2021), 1-32.

Vidal Prado, C., "La educación cívica en la última reforma educativa: una (nueva) oportunidad perdida", *Anuario de Derecho Eclesiástico del Estado,* 39, (2023), 499-523.

– "Una ley que rompe consensos: la LOMLOE escoge el camino equivocado", *Revista General de Derecho Constitucional,* 35 (2021), 1-23

Villarrolla Planas, A., *La financiación de los centros concertados.* Madrid, CIDE, (2000).

Vivancos Comes, M. "Contrareforma educativa. La Llei Celaá (LOMLOE), als antípodes del consens constitucional", *Temes d, Avuí,* 69 (2024), 36-42

– "Educación inclusiva y separación del alumnado por razón de sexo. ¿Un debate constitucional concluido tras las SSTC 34 y 49/2023?", *Anuario de Derecho Eclesiástico del Estado,* 40 (2024), 415-443.
– "Límites a la libertad de enseñanza y Ley Orgánica de Educación (LOMLOE). Un debate constitucional en permanente definición", *Revista de Derecho Político,* 114 (2022), 89-117.
– "Modelo educativo y autogobierno valenciano. 40 años de políticas educativas en la Generalitat", *Lex Social,* 12, (2021), 1-17.
– "Pacto educativo y consenso constitucional", *Constitución, política y administración: re-pensando la Constitución. Más de cuatro décadas después.* Valencia, Tirant lo Blanch, (2020), 349-362.

# LAS COMPETENCIAS MUNICIPALES EN MATERIA DE EDUCACIÓN EN LA COMUNITAT VALENCIANA. ANTES Y DESPUÉS DEL ESTADO DE LAS AUTONOMÍAS

**LUIS MANENT ALONSO**
*Abogado de la Generalitat Valenciana*

**Sumario**: I. Introducción. II. Competencias municipales en la Comunitat Valenciana en materia de educación. III. Competencias municipales antes del estado de las autonomías. 1. Cooperación en la creación, construcción y sostenimiento de centros docentes públicos. A) Creación de centros docentes públicos. a) Siglo XIX. b) Siglo XX. B) Construcción de centros docentes públicos. a) Primera mitad del siglo XX. b) Segunda mitad del siglo XX. C) Sostenimiento de centros docentes públicos. a) Primera mitad del siglo XX. b) Segunda mitad del siglo XX. 2. Cooperación en la obtención de solares para la construcción de nuevos centros docentes. 3. Participación en la vigilancia del cumplimiento de la escolarización obligatoria. A) Segunda mitad del siglo XIX. B) Primera mitad del siglo XX. C) Segunda mitad del siglo XX. 4. Participación en la programación de la enseñanza. A) Tercer cuarto del siglo XX. B) Último cuarto del siglo XX. IV. Competencias municipales en el estado de las autonomías. 1. Desde 1985 a 2013. A) Cooperación en la creación, construcción y mantenimiento de centros docentes públicos. a) Creación de centros docentes públicos. b) Construcción de centros docentes públicos. c) Sostenimiento de centros docentes públicos. B) Cooperación en la obtención de solares para la construcción de nuevos centros docentes. C) Participación en la vigilancia del cumplimiento de la escolarización obligatoria. D) Participación en la programación de la enseñanza. a) Consejo Escolar del Estado. b) Consejo Escolar Valenciano. c) Consejos escolares territoriales. d) Consejos escolares municipales y de distrito. E) Intervención en los órganos de gestión de los centros docentes. 2. Desde 2013 hasta 2016. A) Competencias suprimidas. a) Creación de centros docentes públicos. b) Construcción de centros docentes públicos. c) Participación en la programación de la enseñanza. d) Intervención en los órganos de gestión de los centros docentes públicos. B) Competencias retenidas temporalmente. 3. Desde 2016 a la actualidad. A) Creación, construcción y sostenimiento de centros docentes públicos. a) Creación de centros docentes públicos. b) Construcción de centros docentes públicos. c) Sostenimiento de los centros docentes públicos. B) Cooperación en la obtención de solares para la construcción de construir nuevos centros docentes. C) Cooperación en la vigilancia del cumplimiento de la escolarización obligatoria. D) Participación en la programación de la enseñanza. E) Intervención en los órganos de gestión de los centros docentes. V. Conclusión. Bibliografía. Anexo I. Anexo II. Anexo III. Anexo IV.

# I. INTRODUCCIÓN

El derecho a la educación es un derecho fundamental, en el doble sentido de libertad pública y derecho prestacional. En esta segunda dimensión, la intervención de los poderes públicos se lleva a cabo por las Administraciones educativas —las Comunidades Autónomas (CCAA) salvo en las ciudades autónomas de Ceuta y Melilla— pero con la colaboración de las entidades locales (EELL).

La vinculación de las EELL, y particularmente de los municipios, con la prestación del servicio educativo tiene un arraigo secular en España. "En el Antiguo Régimen, respecto del ámbito universitario, los Municipios españoles intervinieron en la creación, sostenimiento, gobierno y administración de las Universidades de la Corona de Aragón, con manifestaciones mucho menores en algunas universidades de Castilla (...). [Un ejemplo lo encontramos en la Universitat de València, cuyas constituciones fueron elaboradas por los jurados de la ciudad de Valencia]. El siglo XIX trajo consigo la práctica eliminación de la intervención de los Municipios en las Universidades, en favor de la estatalización de la misma en toda España (...). Sin embargo, el mismo siglo XIX supuso (...) el auge de la intervención en la enseñanza primaria de los Municipios"[1].

Durante el siglo XIX fueron los ayuntamientos los que asumieron la gestión de la primera enseñanza. A ellos correspondió adquirir o construir locales, conservarlos, abonar sueldos a maestros y proveerles vivienda. La intervención del Estado se limitó a ordenar la enseñanza mediante leyes y decretos, así como suplir la falta capacidad económica de los ayuntamientos.

---

1 Tardío Pato, José Antonio (2012): "Las competencias municipales de los entes locales en España (I)", *Diario de Derecho Municipal*, Iustel, 18 de abril de 2012.

Con el cambio de siglo, ante la desigual implicación de estas corporaciones locales, el Estado asumió ciertas funciones que venían desempeñando los municipios. Es a partir de entonces cuando se hace necesario señalar con mayor precisión las obligaciones de los ayuntamientos respecto de la educación primaria.

A finales del siglo XX, la gestión de toda la enseñanza del sistema educativo se descentraliza en las CCAA, las cuales asumen el papel que hasta entonces venía desempeñando el Estado. Así ocurre en la Comunitat Valenciana desde el 1 de julio de 1983. En virtud del RD 2093/1983, de 28 de julio, a partir de la citada fecha, se traspasaron las funciones y servicios de la Administración General del Estado a la Generalitat Valenciana en materia de educación. Todo ello a partir del art. 35 del Estatuto de Autonomía de la Comunitat Valenciana, aprobado por la Ley Orgánica 5/1982, de 1 de julio (EACV)[2].

En esta situación, en 1985, la Ley 7/1985, de 2 de abril, de bases de régimen local (LBRL-85), delimitó por primera vez, de manera clara y sistemática, las competencias que los municipios pueden asumir en materia de educación. Este *statu quo* fue alterado por la Ley 27/2013, de 23 de diciembre, de racionalización y sostenibilidad de la Administración local (LRSAL-13), y corregido por el Tribunal Constitucional (TC) a partir de su STC 41/2016, de 3 de marzo[3].

---

2 El art. 35 EACV, en su redacción original, dispuso que era "de la competencia plena de la Generalidad Valenciana la regulación y administración de la enseñanza en toda su extensión, niveles y grados, modalidades y especialidades, en el ámbito de sus competencias, sin perjuicio de lo dispuesto en el artículo veintisiete de la Constitución y Leyes Orgánicas que conforme al apartado uno del artículo ochenta y uno de la misma, lo desarrollen de las facultades que atribuye al Estado el número treinta del apartado uno del artículo ciento cuarenta y nueve de la Constitución y de la alta inspección necesaria para su cumplimiento y garantía". Con similares palabras se pronuncia el art. 53.1 de la versión actual del EACV, tras la modificación de la Ley Orgánica 1/2006, de 10 de abril. Ésta añade un apartado segundo al art. 53 EACV que afirma que "la Generalitat, en el ejercicio de sus competencias, garantizará el derecho de todos los ciudadanos a una formación profesional adecuada, a la formación permanente y a los medios apropiados de orientación profesional que le permitan una elección fundada de carrera, ocupación o profesión".

3 Según dijo la STC 41/2016, de 3 de marzo [núm. rec. 1792/2014 y (*Tol 5688784*)], refiriéndose al art. 25 LBRL-85, "este artículo no atribuye competencias; introduce condiciones a la legislación que las confiera. La atribución

Frente al principio rector de la LRSAL-13 de "una Administración una competencia", el TC advirtió que "la Constitución no encomienda en exclusiva la regulación y la asignación de las competencias locales ni al Estado ni a las Comunidades Autónomas". También dijo que "cada cual en el marco de sus atribuciones ha de regular y atribuir las competencias de los entes locales", de suerte que, en aquellas materias en las que los estatutos de autonomía les otorgasen potestades normativas, las asambleas legislativas de las CCAA pueden atribuir funciones a las EELL mediante leyes sectoriales[4]. Como se verá, así ocurre, en la Comunitat Valenciana, ya que el art. 53 EACV atribuye a la Generalitat competencias de desarrollo legislativo. Como consecuencia de ello, la Ley 8/2010, de 23 de junio, de la Generalitat, de régimen local de la Comunitat Valenciana (LRLVal-10), neutraliza la minoración de competencias prevista en la LRSAL-13.

En cualquier caso, *ex* art. 8 de la Ley Orgánica 2/2006, de 3 de mayo, de Educación (LOE-06), más allá de las concretas municipales, el principio que debe regir las relaciones interadministrativas entre las CCAA y las EELL en materia de educación es el de cooperación[5].

Partiendo de esta circunstancia, en este trabajo analizaremos, en el contexto del Estado de las autonomías, la capacidad de Les Corts

---

en sentido estricto sigue correspondiendo a la legislación sectorial estatal y a las Comunidades Autónomas, cada cual en el marco de sus competencias". Por lo tanto, para el TC, "el art. 25.2 LBRL sigue funcionando, por tanto, como una garantía legal (básica) de autonomía municipal (arts. 137 y 140 CE) a través de la cual el legislador básico identifica materias de interés local para que dentro de ellas las leyes atribuyan en todo caso competencias propias en función de ese interés local" (FJ 10 b). Como afirman Navarro Rodriguéz y Zafra, el origen de la LRSAL-13 "no es tanto la evaluación negativa del funcionamiento de la Administración local como la necesidad de poner en marcha el programa de reformas de la Administración española que viene impuesto por compromisos políticos y obligaciones jurídicas contraídas en Europa". Navarro Rodríguez, Pilar y Zafra Víctor, Manuel (2014): "El pretendido blindaje autonómico de competencias municipales tras la reforma de la Administración Local", *Revista de Estudios de la Administración Local y Autonómica: Nueva Época*, núm. 2, p. 1.

4 FJ 9 STC 41/2016, de 3 de marzo [núm. rec. 1792/2014 y (*Tol 5688784*)].

5 Según dispone el art. 8 LOE-06, "las Administraciones educativas y las Corporaciones locales coordinarán sus actuaciones, cada una en el ámbito de sus competencias, para lograr una mayor eficacia de los recursos destinados a la educación y contribuir a los fines establecidos en esta Ley".

Valencianes para diseñar una política local propia en la gestión de la educación. Para ello, se confrontarán las competencias que los municipios de la Comunitat Valenciana pudieron ejercer desde la Constitución de Cádiz de 1812 hasta el establecimiento del Estado de las autonomías, y desde entonces hasta la actualidad.

En esta última etapa destacaremos tres tiempos: el de la primera redacción del art. 25.2 n) LBRL-85, el de las modificaciones operadas por la LRSAL-13, y el actual, que arranca con la STC 41/2016, de 3 de marzo. Cada uno de estos tres momentos se estudiará con ocasión de los 40 años del EACV y los 10 años de la aprobación de la LRSAL-13.

Adelantamos aquí que este estudio se va a centrar, en las competencias propias de los municipios, antes y después de la LBRL-85 y LA LRSAL-13, razón por la cual ni explicaremos el régimen de atribución de competencias propias a los municipios, ni abordaremos la posibilidad de delegarles las competencias previstas en el art. 28 LBRL-85, ni su capacidad de asumir competencias impropias[6].

---

6 Son competencias propias aquellas que deben ser ejercidas necesariamente por la entidad local. Ésta también puede ejercer, por delegación, competencias atribuidas a la Administración General del Estado o las CCAA. Entre otras, el art. 27 LBRL-85 se refiere a "creación, mantenimiento y gestión de escuelas infantiles de educación de titularidad pública de primer ciclo de educación infantil" y "realización de actividades complementarias en los centros docentes", "gestión de las instalaciones deportivas de titularidad de la Comunidad Autónoma o del Estado, incluyendo las situadas den los centros docentes cuando se usen fuera del horario lectivo" y "cooperación con la Administración educativa a través de los centros asociados de la Universidad Nacional de Educación a Distancia". Las competencias delegadas se ejecutarán en los términos establecidos en la disposición o acuerdo de delegación. Finalmente, las EELL podrán ejercer competencias "impropias" cuando no se ponga en riesgo la sostenibilidad financiera del conjunto de la hacienda municipal y no se incurra en un supuesto de ejecución simultánea del mismo servicio público con otra Administración Pública. Con carácter previo a su traslación serán necesarios y vinculantes los informes de la Administración competente por razón de materia, en el que se señale la inexistencia de duplicidades, y de la Administración que tenga atribuida la tutela financiera sobre la sostenibilidad financiera de las nuevas competencias. En la Comunitat Valenciana estos informes, de acuerdo con el Decreto 67/2018, de 25 de mayo, del Consell, por el que se regula el procedimiento de los informes para el ejercicio por las entidades locales de competencias diferentes de las propias o delegadas, se emiten por las Direcciones Generales con competencias en materia de Administración local y tutela financiera de las EELL.

## II. COMPETENCIAS MUNICIPALES EN LA COMUNITAT VALENCIANA EN MATERIA DE EDUCACIÓN

El art. 25.2 n) LBRL-85, en su redacción original, habilitó a los municipios para asumir competencias propias en materia de educación con el fin de "participar en la programación de la enseñanza y cooperar con la Administración educativa en la creación, construcción y sostenimiento de los Centros Docentes públicos, intervenir en sus órganos de gestión y participar en la vigilancia del cumplimiento de la escolaridad obligatoria"[7].

Tras la LRSAL-13 éstas "*participan* en la vigilancia del cumplimiento de la escolaridad obligatoria y *cooperan* con las Administraciones educativas correspondientes en la obtención de los solares necesarios para la construcción de nuevos centros docentes". Adicionalmente les corresponde "la conservación, mantenimiento y vigilancia de los edificios de titularidad local destinados a centros públicos de educación infantil, de educación primaria o de educación especial".

De las dos redacciones de la letra n) resultan las siguientes materias:

i. Cooperación en la creación, construcción y sostenimiento de centros docentes públicos (conservación, mantenimiento y vigilancia de los edificios destinados a centros de educación infantil, primaria y especial desde 2013)

ii. Cooperación en la obtención de solares para construir nuevos centros (¿desde 2013?)

iii. Participación en la vigilancia de la escolarización obligatoria

iv. Participación en la programación de la enseñanza

v. Intervención en los órganos de gestión de los centros docentes (desde 1985)

---

7 Esta previsión de cooperación fue desarrollada por el RD 2274/1993, de 22 de diciembre, de cooperación de las Corporaciones Locales con el Ministerio de Educación y Ciencia (RCCL), el cual es de aplicación supletoria.

Paralelamente la legislación educativa, contempla ciertas menciones competenciales que no deben pasar desapercibidas. Éstas, que también serán analizadas al hilo del estudio de las competencias de la LBRL-85 que acabamos de enumerar, inciden en los siguientes ámbitos:

i. Educación infantil (art. 15 LOE-06)

ii. Educación de personas adultas (arts. 66.2 y 67.3 LOE-06)

iii. Actuaciones socioeducativas con alumnado vulnerable (art. 81 LOE-06)

iv. Áreas de influencia y comisiones de escolarización (art. 86 LOE-06)

v. Gestión conjunta de centros docentes (DA 15.1 LOE-06)

vi. Federaciones de Municipios y Provincias (DA 15.1 LOE-06)

vii. Usos no docentes en centros educativos (DA 15.2 LOE-06)

viii. Sostenimiento autonómico centros docentes (DA 15.3 LOE-06)

ix. Usos culturales, deportivos y sociales en centros educativos (DA 15.6 LOE-06)

Dicho esto, siguiendo el orden que acabamos de señalar, en los siguientes epígrafes se expondrán, el origen y la vigencia de las responsabilidades municipales previstas en la LBRL-85.

Así será posible apreciar las diferentes etapas en cada una de estas materias y cómo legislación sectorial va incorporando las concretas funciones que a lo largo de los dos últimos siglos se ha encomendado a los municipios. De esta manera se podrá conocer los diferentes hitos normativos de la legislación educativa, tanto estatal como autonómica, en relación con la Administración local[8].

---

[8] Los hitos normativos de la legislación de la legislación educativa son los siguientes: 1) El Reglamento general de instrucción pública de 29 de junio de 1821; 2) El Plan general de Instrucción pública de 4 de agosto de 1836, conocido como el "Plan del Duque de Ribas", 4) El Plan y Reglamento de escuelas de primaras letras de 16 de febrero de 1825 5) La Ley de Instrucción Pública de 9 de septiembre de 1857, conocida como la "Ley Moyano" (LIP) 6) Los RRDD de 26 de octubre de 1901, 23 de noviembre de 1920, 17 de diciembre de 1922 y 10 de

## III. COMPETENCIAS MUNICIPALES ANTES DEL ESTADO DE LAS AUTONOMÍAS

Cinco son las atribuciones clásicas en materia de educación que se atribuyeron a los municipios antes del Estado de las autonomías, en unos casos, desde el siglo XIX y en otros desde el siglo XX.

### *1. Cooperación en la creación, construcción y sostenimiento de centros docentes públicos*

De este título de intervención distinguiremos la cooperación en la creación, en la construcción y en el sostenimiento de centros docentes públicos.

#### A) Creación de centros docentes públicos

La titularidad local de centros docentes cuenta con dos siglos de antigüedad. Su fuerza, no obstante, es diferente según el siglo. Puede diferenciase, por lo tanto, el régimen del siglo XIX del del XX.

**Si bien en un primer momento la titularidad de los centros docentes de primera enseñanza fue principalmente municipal, durante el siglo XX, se aprecia** un movimiento pendular **que lleva al Estado a**

---

julio de 1928; 7) Los Decretos de 5 de enero de 1933 y 15 de junio de 1934; 8) Las Leyes sobre educación primaria de 17 de julio de 1945, de ordenación de la enseñanza media de 26 de febrero de 1953, y de construcciones escolares de 22 de diciembre de 1953; 9) El texto refundido de la Ley de enseñanza primaria, aprobado por el Decreto 193/1967, de 2 de febrero, y la Ley 14/1970, de 4 de agosto, general de educación y financiamiento de la reforma educativa (LGE-70). También son un referente normativo, las más recientes Leyes Orgánicas (LLOO): 5/1980, de 19 de julio, por la que se reguló el estatuto de centros escolares (LOECE-85): 8/1985, de 3 de julio, reguladora del derecho a la educación (LODE-85); 1/1990, de 26 de noviembre, de ordenación general del sistema educativo (LOGSE-90); 9/1995, de 20 de noviembre, de la participación, la evaluación y el gobierno de los Centros Docentes (LOPEG-95); 2/2006, de 3 de mayo, de educación (LOE-06) sus reformas operadas por las LLOO 8/2013, de 9 de diciembre, de mejora de calidad educativa (LOMCE-13) y 3/2020, de 29 de diciembre, de modificación de la LOE (LOMLOE-20). A ellos dedicamos el anexo I.

**asumir** progresivamente la gestión de la primera y segunda enseñanza y, por lo tanto, de **la facultad de creación de centros de titularidad pública**: tanto **de las escuelas públicas de primera enseñanza-educación primaria**; como de los institutos de enseñanza media-secundaria.

En este estado de cosas la Ley 14/1970, de 4 de agosto, general de educación y financiamiento de la reforma educativa (LGE-70), supuso un cambio de inercia. Permitió la existencia de centros docentes no estatales, entre ellos los de educación primaria de titularidad local que quedaban, y cuya transferencia al Estado habían previsto: primero la Ley 169/1965, de 21 de diciembre, sobre reforma de la enseñanza primaria; y después el texto refundido de la Ley de enseñanza primaria, aprobado por el Decreto 193/1967, de 2 de febrero. Cabe destacar, no obstante que, por aquel momento —como hoy— los centros de titularidad local ya tenían carácter residual.

En cualquier caso, desde un punto de vista legislativo pueden distinguirse dos tiempos:

### *a) Siglo XIX*

Como es sabido la Constitución de Cádiz de 1812 dispuso que "en todos los pueblos de la Monarquía se *establecerían* escuelas de primeras letras en las que se *enseñaría* a los niños a leer, escribir y contar y el catecismo"[9]. En su ejecución, el Reglamento General de instrucción pública, de 29 de julio de 1821, encomendó a los municipios la

---

9 Art. 366 CE 1812. Sobre el estado de la enseñanza primaria en la provincia de Valencia en la segunda decena del siglo XIX puede consultarse a Faubell. Faubell Zapata, Vicente (1983): "La escuela de primera educación en Valencia a principios del siglo XIX", *Historia de la Educación: Revista interuniversitaria*, núm. 2, 245-248. En particular, en la ciudad de Valencia y extramuros, en 1816, había 15 escuelas para niños y 42 para niñas. De ellas, "más del 50 por 100 de los centros masculinos dependían de la Iglesia (por fundación, titularidad, regencia o/y mantenimiento). De los de niñas, no llega al 5 por 100. El resto eran públicos. Estos datos han sido extraídos del Informe sobre el estado de las Escuelas de primera educación en Valencia y sus arrabales, firmado el 3 de julio de 1816, por el escolapio Bernardo Monforte el 3 de julio de 1816 por encargo de la Sociedad de Amigos del País de Valencia, entre cuyos fondos se encuentra.

creación y cuidado de las escuelas de primeras letras, incluyendo la elección y el abono de salarios a los maestros[10].

Un paso más lo dio Ley de Instrucción pública de 9 de septiembre 1857 (LIP), conocida como la "Ley Moyano", en atención a su promotor, Claudio Moyano[11]. Ésta estableció la primera enseñanza elemental como educación obligatoria, y gratuita, para quieres carecieran de recursos[12].

---

10 No obstante, al poco tiempo, el Plan y reglamento de escuelas de primeras letras, de 16 de febrero de 1825, limitó el cometido municipal a proveer la sede de la escuela y su menaje. Once años después, el Plan del Duque de Ribas, de 4 de agosto de 1836, elaborado por Ángel de Saavedra y Ramírez de Baquedano (III duque de Ribas y ministro de la Gobernación), contempló la recuperación de la competencia municipal de gestión de la escuela y nombramiento y pago de salarios a los maestros. Esta previsión se llevó a cabo, al cristalizarse buena parte de este plan en la Ley de 31 de julio de 1838, conocida por la "Ley Someruelos", por referencia al ministro de la Gobernación del momento, a saber, el III Marques de Someruelos (Joaquín José de Muro y Vidaurreta). El Plan de instrucción primaria de 1838 sería desarrollado, posteriormente, la Real Orden Circular de 1 de enero de 1939.

11 Claudio Moyano y Samaniego, ministro de la Gobernación.

12 La LIP diferenció tres enseñanzas: la primera, que distinguía entre elemental y superior (6 a 9 años, si bien "los estudios de la primera enseñanza no estaban sujetos á determinado numero de cursos" (art. 10 LIP); la segunda enseñanza, que tenía dos períodos de 2 y 4 cursos, respectivamente (a partir de los 10 años); y enseñanza superior y profesional, con una duración máxima de 7 cursos para las facultades y escuelas superiores, más otros 2 para el doctorado, en el caso de las facultades. Pues bien, el art. 7 LIP dispuso que "la primera enseñanza elemental *era* obligatoria para todos los españoles" y que "los padres y tutores ó encargados enviarían á las escuelas públicas á sus hijos y pupilos desde la edad de seis años hasta la de nueve; á no ser que les proporcionen suficientemente esta clase de instrucción en sus casas ó en establecimiento particular". Por su parte, el art. 9 LIP, estableció que "la primera enseñanza elemental se *daría* gratuitamente en las escuelas públicas á los niños cuyos padres, tutores ó encargados no *pudieran* pagarla, mediante certificación expedida al efecto por el respectivo Cura párroco y visada por el Alcalde del pueblo". La LIP sufrió un non nato interno de reforma, mediante Ley de 2 de junio de 1868, derogada, tras la Revolución de 1868, por el Decreto de 14 de octubre de 1868, que reinstauró la Ley Moyano, con alguna singularidad como la retención de la competencia municipal de nombramiento de maestros. Más allá fue el Decreto de 14 de enero de 1869, ratificado —tras la Restauración de 1874— por el RD de 29 de julio de 1874, al permitir en su art. 1 a los ayuntamientos "fundar libre toda clase de establecimientos de enseñanza, sosteniéndolos con fondos propios". Su aplicación fue escasa

Así, desde principios del siglo XIX, el Estado ha incluido la educación entre sus responsabilidades. Ahora bien, "cuando en nuestro país el Estado se decide a considerar la instrucción pública como un asunto suyo, la base de esta instrucción —lo que hoy llamaríamos educción primaria— *fue* dejada a la gestión de cada pueblo, o sea de cada autoridad municipal"[13]. Y así sucedió durante el siglo XIX[14].

En este sentido, durante este siglo el cometido del Estado se limitó a regular la instrucción pública. Como afirma LÁZARO, "su papel *consistió* en ordenar a las autoridades locales una y otra vez, en los tonos más imperativos y solemnes, que *cumplieran* celosamente con la habilitación y el sostenimiento de las escuelas precisas, con todos los gastos que en general, *comportaba* el desarrollo de la enseñanza en este primer nivel"[15].

Dicho con otras palabras, durante el siglo XIX, fue competencia de los municipios crear, construir y conservar escuelas públicas de

---

13 Lázaro Flores, Emilio (1986): "Administración Local y educación en España", *Revista de Educación*, núm. 279, p. 164.

14 La gestión municipal de la primera enseñanza fue propuesta por el Informe Quintana —así denominado por la persona que presidio el equipo creado en 1812—, redactado en 6 meses y firmado el 9 de septiembre de 1813 por Manuel José Quintana y Lorenzo, Martín González de Navas, José Vargas y Ponce, Eugenio de Tapia y García, Diego Clemencín y Viñas y Ramón Gil de la Cuadra. Dicho informe —y otros relevantes para la educación— pueden consultarse en la publicación del Ministerio de Educación: Quintana y Lorenzo, Manuel, González de Navas, Martín, De Tapia y García, Eugenio, Clemencín y Viñas, Diego, Gil y De la Cuadra, Ramón (1985): "Informe de la Junta creada por la Regencia para proponer los medios de proceder al arreglo de los diversos ramos de instrucción pública", en *Historia de la Educación en España*, Ministerio de Educación, Madrid, tomo I (2ª. ed.), pp. 385 a 389. Ya el Reglamento general de instrucción pública de 29 de junio de 1821 dispuso que los centros de primera enseñanza fueran de titularidad municipal y los de enseñanza secundaria provincial. Posteriormente el Plan General de Instrucción Pública de 1836 del Duque de Ribas ordenó a los "Gobernadores Civiles y Comisiones de Provincia, partido y pueblo que cuidasen que los Ayuntamientos proporcionasen a los maestros de escuela pública casa o habitación suficiente para sí y su familia", "sala o pieza a propósito para escuela y menaje preciso para la enseñanza" y un "sueldo fijo" (art. 17 del Decreto de 4 de agosto de 1836, de aprobación del Plan General de Instrucción Pública).

15 Lázaro Flores, Emilio (1986): "Administración Local y educación en España", *op. cit.* p. 164.

primera enseñanza, así como abonar salarios de maestros, y en general, realizar cuantas actuaciones materiales fuesen necesarias. Los institutos de segunda enseñanza correrían a cargo de las diputaciones provinciales.

La atribución a los ayuntamientos de la gestión de la primera enseñanza dio lugar a una aplicación desigual de la instrucción pública en España según municipios. En ese sentido puede decirse que durante el siglo XIX "el destino de la escuela *quedó* ligado al destino de *cada* municipio"[16].

> "Pero, tanto en la época liberal derivada de la Revolución de 1868, como en la etapa de la Restauración, se empezó a poner de relieve en los textos normativos el ineficaz cumplimiento por los entes locales de sus obligaciones en este ámbito (...). A la denuncia de estos aspectos, añadieron los Regeneracionistas su crítica"[17]. Personalidades de la talla de MACÍAS, pusieron de manifiesto que un buen número de escuelas se habían convertido en "cuadras destartaladas"[18]. Otros regeneracionistas, como Joaquín COSTA, postularon que "los haberes de los maestros, debidamente aumentados, *deberían* ser satisfechos directamente por el Estado"[19].

## *b) Siglo XX*

Haciéndose eco de las denuncias de los pensadores de la generación del 98, desde finales del siglo XIX, el Estado comenzó a hacerse cargo de los gastos de los centros educativos de primera enseñanza: en primer lugar, de los sueldos de los profesores; después de la responsabilidad de las infraestructuras educativas[20]. Para ello, mediante

---

16 Lázaro Flores, Emilio (1975): "Historia de las construcciones escolares en España", *Revista de Educación*, núm. 240, p. 114.

17 Tardío Pato, José Antonio (2012): "Las competencias municipales de los entes locales en España (I)", *Diario de Derecho Municipal, op. cit.*

18 Macías Picavea, Ricardo (1899): *El problema nacional. Hechos, causas y remedios*, Victoriano Suárez, Madrid, p. 122.

19 Costa Martínez, Joaquín (1924): *Reconstitución y europeización de España*, V. Campo, Huesca, p. 23.

20 Tal y como afirma TARDÍO, "la estatalización de la enseñanza secundaria puede decirse que comenzó con el Real Decreto de 30 de abril de 1886, que dispuso la asunción por el Estado de las obligaciones económicas de los centros de dicha enseñanza, así como de las Escuelas Normales y de las Inspecciones de enseñanza, con materialización efectiva a partir del presupuesto de 1887-1888. Sin

el Real Decreto de 21 de julio de 1900, promovido por Antonio García Alix —primer ministro de Instrucción Pública y Bellas Artes— se previó la "estatalización" de la enseñanza primaria. Ésta se produjo con "la nacionalización de las escuelas públicas de primera enseñanza (...) por Real Orden de 16 de febrero de 1912 [, las cuales] pasaron a denominarse 'escuelas nacionales'"[21].

Como se verá en la letra B), tras la nacionalización —que suponía la pérdida de la facultad municipal de crear escuelas de primera enseñanza— el "Real Decreto de 17 de diciembre de 1922, [fue el] que estableció el sistema [de gestión de escuelas] que perduraría durante la mayor parte del siglo XX: [el Estado creaba escuelas nacionales y] los ayuntamientos (...) *quedaban* obligados a "instalar y conservar las Escuelas nacionales de Primera enseñanza (...), y a proporcionar a sus Maestros vivienda capaz y decorosa"[22].

---

embargo, la estatalización de la enseñanza primaria, que se había contemplado en semejantes términos en el indicado Real Decreto de 1886, no empezó a hacerse efectiva hasta el Real Decreto de 21 de julio de 1900 del Ministro García Alix. Tal Real Decreto ordenó la realización del pago de las retribuciones de los Maestros y del material de las escuelas públicas por el Estado, mediante el traspaso al Tesoro Público de los fondos municipales correspondientes. Y resaltó, en su Exposición de Motivos, la ineficacia del régimen descentralizador y de la autonomía de los municipios en este ámbito. Pero la culminación de este proceso se produjo con el Real Decreto de 2 de octubre de 1901 del Conde de Romanones, que autorizó a que, en los presupuestos del Ministerio de Instrucción Pública, a partir de 1902, se incluyesen ya los créditos necesarios para el pago del personal (con mención expresa a que los sueldos de los Maestros se satisfarían por el Estado) y del material de las escuelas de enseñanza primaria". Ahora bien, con este real decreto, "los ayuntamientos tenían que seguir sufragando directamente los gastos de arrendamientos de casas escuelas y habitaciones de los maestros, así como la construcción y reparación de dichos locales (...). Correlativamente, la facultad de nombrar a los maestros en las escuelas pública pasó al recién creado Ministerio de Instrucción Pública". Tardío PatO, José Antonio (2012): "Las competencias educativas de los entes locales en España (I)", *op. cit.* Míguez Macho, Luis (2024): "Las competencias educativas de las entidades locales", *Revista de Estudios de la Administración Local y Autonómica*, núm. 21, p. 36.

21 Míguez Macho, Luis (2024): "Las competencias educativas de las entidades locales", *op. cit.* pp. 37 y 38. Esta nacionalización no impidió un intento, operado por el RD de 23 de noviembre de 1920, para que el Estado pechase con la construcción de escuelas y los municipios de proporcionar casa a los maestros y aportar el solar.

22 *Idem.* Durante la II República el Decreto de 15 de julio de 1934 *mantuvo* en lo esencial el sistema de construcciones escolares que había establecido el Real De-

Más de cuarenta años después, la Ley de 21 de diciembre de 1965 de reforma de la Ley sobre educación primaria de 1945, y posteriormente la Ley de enseñanza primaria de 1967, se propusieron eliminar la participación de las EELL en la gestión de la enseñanza en el ámbito donde más extendida estaba: la educación primaria[23]. Sin

---

creto de 17 de diciembre de 1922. Este proceso de gestión estatal de las escuelas nacionales se reiteró por las Leyes sobre educación primaria y ordenación de la enseñanza media, de 17 de julio de 1945 y 26 de febrero de 1953. Ahora bien, aunque ambas atribuyeron al Estado la creación y sostenimiento de las escuelas públicas nacionales y de los institutos nacionales de enseñanza media, legitimaron la iniciativa privada y el "sistema de patronato" municipal y provincial, respectivamente. Tanto la Ley sobre educación primaria, de 17 de julio de 1945, como la Ley de ordenación de la enseñanza media, 26 de febrero de 1953, contemplaron la existencia de escuelas y centros de enseñanza media de patronato, organizados por el Estado en cooperación con determinados sujetos como las diputaciones provinciales y los ayuntamientos. Estas escuelas y centros podían ser obligatorios o voluntarios. Eran obligatorios para las provincias o municipios que por razón de sus ingresos estuviesen clasificadas en las tres primeras categorías de mayores contribuyentes. Adicionalmente, La DT 13 de la Ley sobre educación primaria de convirtió las escuelas públicas municipales o provinciales en escuelas públicas de patronato municipal o provincial. Adicionalmente la Ley de 22 de diciembre de 1953 permitió la creación de centros de enseñanza primaria en régimen de cooperación social. La Ley sobre creación de centros de enseñanza primaria en régimen de cooperación social, de 22 de diciembre de 1953, creo un nuevo tipo de escuelas, análogas a las del sistema de patronato, pero constituidas a iniciativa de padres y alumnos de educación primaria en conjunción con corporaciones locales y otras entidades que deseasen participar. Como dijera la exposición de motivos de la primera de estas dos normas, "se *incorporó* al Estado la Enseñanza primaria provincial y municipal, con el propósito de asegurar la unidad pedagógica de la educación" (pár. núm. 12 de la exposición de motivos de la Ley sobre educación primaria de 1945)

23 La DT 6 de la Ley de 21 de diciembre de 1965, de reforma de la enseñanza primaria de 1945, prescribió que las escuelas municipales o provinciales (de patronato) que subsistiesen quedasen convertidas en escuelas nacionales de consejo escolar primario o provincial "hasta que las reglamentaciones especiales de cada uno de ellos señalen su constitución definitiva". En su ejecución el Decreto 2827/1966, de 27 de octubre, sobre desarrollo de la disposición transitoria sexta de la Ley de reforma de enseñanza primaria, ordenó que "todas las Escuelas de Enseñanza Primaria Municipales o Provinciales, cualquiera que *fuera* su denominación, *quedarían* convertidas en Escuelas Nacionales de régimen de Educación Primaria, dependientes del Ministerio de Educación y Ciencia y Dirección General de Enseñanza Primaria" (art. 1). El art. 4 añadía estas escuelas "*estarían* sometidas, salvo lo dispuesto en este Decreto [2827/1966, de 27 de octubre], y las especialidades que pudieran reconocerse por aplicación del artículo ante-

embargo, la LGE-70 paró en seco este cambio de tornas: por un lado, eliminó el mandato de absorción de la red local de educación primaria; por otro reconoció la posibilidad de todas las EELL de constituir centros en cualquiera de las etapas del sistema educativo y no solo en la enseñanza general básica, sucesora de las enseñanzas primera y media del siglo XIX y primera mitad del siglo XX.

Así, al contemplar la existencia de centros no estatales pertenecientes a la "Iglesia o a otras Instituciones o personas físicas o jurídicas, públicas o privadas", y por lo tanto a las EELL, se posibilitó que los ayuntamientos promovieran la gestión de centros docentes[24].

## B) Construcción de centros docentes públicos

La facultad de construir centros implica la posibilidad de promover y costear edificaciones en las que se impartirán enseñanzas del sistema educativo. Es independiente de la capacidad de ser titular de los mismos. Ésta permite asumir la gestión de centros docentes de la red pública de enseñanza, aquélla de edificar las sedes donde se impartirá enseñanza. Es perfectamente posible, por lo tanto, disociar la propiedad del bien de la titularidad del servicio que se presta en el mismo. Nada impide que, en dependencias municipales afectas al servicio educativo, la Administración educativa, ejerciendo sus competencias, imparta enseñanzas del sistema educativo.

---

rior[, el dedicado a las especialidades que pudieran establecerse en una ley a escuelas municipales o provinciales así como las atribuidas a las escuelas municipales o provinciales de Navarra], al mismo régimen de las Escuelas de esa clase". El Texto Refundido de la Ley de enseñanza primaria de 1967, reiteraría en su DT 6 el contenido de la Ley 169/1965, de 21 de diciembre.

24 Art. 55 LGE-70. Una década después, la Ley Orgánica 5/1980, de 19 de julio, por la que se reguló el estatuto de centros escolares (LOECE-80) confirmó el viraje de la LGE-70. Permitió ser titulares de centros educativos a personas públicas a las que las Administraciones educativas no les hubieran transferido competencias en materia de enseñanza. En particular se refirió a los centros de patrimonio municipal, si bien los clasificó como centros privados (arts. 28.2 y 8.2 LOECE-80). Tanto los preceptos de la LGE-70 dedicados a los centros no estatales como la LOECE-80 fueron derogados por la LODE-85, cuyos preceptos se estudian en el siguiente epígrafe.

Esta distinción adquiere sentido propio desde que el Estado empieza a intervenir directamente en la gestión de la educación mediante la nacionalización de las escuelas públicas, por la Real Orden de 16 de febrero de 1912. En efecto, **durante buena parte del siglo XX** —en concreto hasta el inicio de la etapa del Estado de las autonomías— **la construcción de centros de primera enseñanza-educación primaria** y enseñanza media-educación secundaria **fue una tarea compartida entre el Estado y las EELL**, y desde entonces, esta función del Estado ha sido asumida por las CCAA.

Dicho esto, puede afirmarse que, desde un punto de vista legislativo, desde que el Estado asume la gestión de la primera enseñanza en 1912 hasta el Estado de las autonomías, se diferencian dos etapas. La que abarca la primera mitad del siglo XX y el iniciado con la aprobación de la Ley de construcciones escolares de 22 de diciembre de 1953.

Durante la primera etapa la gestión de las infraestructuras de educación primaria tendió a la construcción centralizada por el Ministerio de Instrucción Pública, el cual intervino con mayor o menor implicación económica en función del sistema de construcción (construcción por aportación y subvención). Durante esta época la titularidad del bien dependía de quien lo construía. La segunda etapa se singularizó por la pervivencia de los sistemas de construcción preexistentes, aunque adaptados, así como por la descentralización de la ejecución de los colegios públicos y la atribución de la propiedad de las escuelas al municipio con independencia de su construcción.

### *a) Primera mitad del siglo XX*

Durante la primera mitad del siglo XX hubo "un continuo forcejeo entre el Estado, que *quiso* que se construyan escuelas, y las Corporaciones Locales, que *querían* que las *construyera* el Estado"[25].

Inicialmente los RRDD de 26 de septiembre de 1904 y 28 de abril de 1905 dispusieron que "la construcción, reparación y conserva-

---

25 De la Cierva, Juan (1954): "El nuevo régimen de construcciones escolares", *Revista de educación*, núm. 22, p. 113.

ción de los edificios de escuelas públicas *estuvieran* a cargo de los respectivos Ayuntamientos"[26]. También previeron que éstos "*recibieran* una subvención gubernamental cuando *carecieran* de los medios suficientes"[27].

Ahora bien, según evidenció el RD de 23 de noviembre de 1920, como consecuencia del incremento de los costes de obra, los ayuntamientos incumplían sistemáticamente su deber de construir escuelas. Por ello, este real decreto, siguiendo la senda trazada respecto de otros gastos de primera enseñanza[28], se propuso "la asunción por el Estado directamente [la construcción] de los edificios-escuelas"[29].

> "Sin embargo, esta tentativa fue rectificada poco después por un Real Decreto del 17 de diciembre de 1922, que estableció el sistema que perduraría durante la mayor parte del siglo XX: los ayuntamientos volvían a quedar obligados a 'instalar y conservar las Escuelas nacionales de Primera enseñanza (…) y a proporcionar a sus Maestros vivienda capaz y decorosa' (art. 1), pero, cuando no se hallasen en condiciones económicas de cumplir la primera de dichas obligaciones, debían solicitar del Ministerio de Instrucción Pública la construcción de los edificios escuelas; en tal caso, la propiedad de los edificios construidos por el ministerio (…) (art. 2)"

---

26 Art. 1 RD de 26 de septiembre de 1904, sobre construcción de escuelas públicas por los municipios (Gaceta de Madrid de 29 de septiembre de 1904).

27 Art. 2 RD de 28 de abril de 1905 sobre subvenciones para la construcción de edificios destinados a Escuelas públicas (Gaceta de Madrid de 29 de abril de 1905). Ésta alcanzó hasta un 75 % del total de las obras. El segundo RD, además, previó la construcción directa por el Gobierno de la Nación para los municipios de menos de 500 habitantes que carecieran de recursos suficientes.

28 Tal y como apunta Míguez, "el Decreto de 14 de octubre de 1868 (…) restauró la vigencia de la ley Moyano [-derogada por la Ley de 2 de junio de 1868-], si bien devolvió (…) a los ayuntamientos la facultad de nombrar a los maestros de las escuelas públicas". Míguez Macho, Luis (2024): "Las competencias educativas de las entidades locales", *op. cit.* p. 36.

29 Exp. de mots. del RD de 23 de noviembre de 1920 relativo a la construcción de edificios escolares (Gaceta de Madrid de 28 de noviembre de 1920). El citado real decreto "intentó traspasar al Estado traspasar al Estado la competencia para la construcción de los edificios escolares (art. 1) (…), [pero] *mantuvo* la obligación de los ayuntamientos de proporcionar a los maestros casa para ellos y sus familias". Míguez Macho, Luis (2024): "Las competencias educativas de las entidades locales", *op. cit.* p. 37. quedando obligados los ayuntamientos a proporcionar solar y dotarlo

El RD de 17 de diciembre de 1922 también articuló el marco de "colaboración entre Estado y municipio, que *informaría*, con diversas modalidades, toda la legislación posterior"[30]. Para ello estableció un sistema de construcción doble: ejecución directa por el Estado y construcción por el municipio. Éstos también son conocidos como construcción por aportación y por subvención, respectivamente. Dicho de otro modo, esta norma "se ha considerado el comienzo del intervencionismo del Estado en las construcciones escolares"[31].

---

30 Lázaro Flores, Emilio (1975): "Historia de las construcciones escolares en España", *op. cit. p.* 115.

31 Tardío Pato, José Antonio: *Las competencias educativas de los entes locales en España, op. cit.* p. 85. La regla general sentada por el RD de 23 de noviembre de 1920 fue la aportación del solar por los ayuntamientos y la construcción de la escuela por el Estado. No obstante, se permitía a los municipios de más de 50.000 que, bajo la supervisión del Ministerio, ejecutaran la obra recibiendo en todo caso una subvención del Estado *a posteriori*. El RD de 17 de diciembre 1922, relativo a la construcción de edificios destinados a las escuelas nacionales de primera enseñanza (Gaceta de Madrid de 20 de diciembre de 1922) sustituyó al de 1920. La finalidad de este nuevo RD fue refundir en un solo texto el RD de 23 de noviembre de 1920 y el de 3 de marzo de 1922 (Gaceta de Madrid de 4 de marzo de 1922). Mantuvo la ejecución directa por el Estado como regla general. Como novedad posibilitó la construcción de edificios por cualquier municipio y transformó en opcionales la entrega de subvenciones. El RD de 1922 fue desplazado por el de 10 de julio de 1928, relativo a la obligación de los ayuntamientos de construir, instalan y conservar las Escuelas nacionales de primera enseñanza en locales que reúnan condiciones higiénicas y pedagógicas (Gaceta de Madrid de 15 de julio de 1928). Este último fue continuista con sistema introducido en 1920. Cabe destacar la creación de comisiones provinciales, la obligación de realizar aportaciones adicionales a la cesión del solar y la modificación del sistema de subvención, las cuales seguían siendo potestativas. La función de las comisiones provinciales fue inventariar el número y estado de construcciones escolares en la provincia con el fin de informar al ministerio, así como canalizar las peticiones de los ayuntamientos de realización de construcciones escolares. Ocho años después, el RD de 1928 incorporó, en primer lugar, el deber de los municipios, además de aportar el solar, de responder de una cantidad no inferior al 25 por ciento del coste de la obra. A estos efectos las aportaciones podían realizarse en metálico o en especie, en este segundo caso mediante edificios, terminados o no, así como materiales acopiados a pie de obra. En segundo término, el RD determinó qué municipios, en atención a la población, no podían recibir subvención. También cuantificó los importes de éstas en función del tipo de escuela. En la década de los años treinta del siglo XX, se estableció una nueva regulación de las construcciones escolares por el Decreto de 5 de enero de 1933, relativo a expedientes sobre concesión de Escuelas (Gaceta de Madrid de

### *b) Segunda mitad del siglo XX*

La dinámica de los sistemas de construcción de infraestructuras educativas cambió con la Ley de construcciones escolares de 22 de diciembre de 1953. Con ella, con el fin de agilizar la construcción de escuelas, se impulsó la descentralización de la ejecución de las infraestructuras educativas, rompiendo con la práctica preexistente. Su exposición de motivos incluía entre los principios que debían inspirar la construcción de centros docentes la "descentralización administrativa en la gestión mediante Juntas provinciales".

Así, sin perjuicio de la facultad municipal de construir y financiar escuelas, esta ley estableció tres modalidades de colaboración entre el Estado y los ayuntamientos: ejecución por el ministerio, por convenio, así como por las juntas provinciales. La regla general fue

---

10 de enero de 1933). Lo más significativo fue la desaparición de las comisiones provinciales. Como novedad, flexibilizó la obligación de costear parcialmente el valor de las obras (art. 4). También introdujo el beneficio de pobreza que exoneraba de esta carga. Adicionalmente contempló la posibilidad de obtener una tramitación preferente en la ejecución de las obras incrementando la contribución municipal. Finalmente, se señalaron nuevas cantidades de subvención en los casos de ejecución de la escuela por la corporación local. Posteriormente, el Decreto de 15 de junio de 1934, regulador de las condiciones de las construcciones escolares (Gaceta de Madrid de 17 de junio de 1934), tras constatar que los "Ayuntamientos no respondieron al impulso noble del Estado y *eran* millares las escuelas que se *encontraban* en punible abandono" (segundo párrafo de la exp. de mots.), previó la fijación de una serie de actuaciones prioritarias por el ministerio. Si los municipios no promovían su ejecución en el plazo de un mes, se entendía que optaban por el sistema de aportación, comenzado el ministerio su ejecución. En lo demás, mantuvo las características del Decreto de 1933: ejecución por el Estado con aportación del solar y un porcentaje de la obra salvo beneficio de pobreza o construcción por los Municipios compensados con una subvención estatal. En resumen, tras el RD de 17 de diciembre de 1922, "tanto el Real Decreto (...) de 10 de julio de 1928, como ya durante la II República el Decreto de 15 de junio de 1934 mantuvieron en lo esencial el sistema de contribuciones escolares" Míguez Macho, Luis (2024): "Las competencias educativas de las entidades locales", *op. cit.* p. 38. Posteriormente, La Ley sobre educación primaria de 1945 no introdujo cambios. Se limitó a recordar en su art. 52 que "la construcción del edificio-escuela y de la vivienda para el Maestro *eran* función esencialmente Municipal". También reiteró esta norma que la ejecución de éstas podría llevarse a cabo tanto por el municipio como por el Estado, así como que en este segundo caso la corporación municipal debía contribuir en función del censo de población y la cuantía del presupuesto.

la construcción a través de las juntas provinciales, dependientes del ministerio competente en materia de educación[32].

Posteriormente, el Decreto-ley 11/1964, de 2 de julio, de reforma de la Ley de construcciones escolares, suavizó la obligación municipal de contribuir a la edificación de centros educativos[33]. En consonancia con lo anterior, la Ley sobre educación primaria de 1945, al ser modificada en 1964, introdujo el principio de corresponsabilidad en la construcción de escuelas[34].

Más importante aún fue la modificación que llevó a cabo el Decreto-ley 11/1964 en la Ley de construcciones escolares de 1953. Declaró la propiedad municipal de "todos los edificios escolares y vivienda para Maestros (...), si bien [éstos] no se podrían dedicar a fines distintos

---

32 Según el art. 4 de la Ley de construcciones escolares, de 22 de diciembre de 1953, incumbía la construcción al Ministerio de Educación Nacional respecto de las "Escuelas para Municipios legalmente pobres". Paralelamente, los municipios de capitales de provincia y de más de 50.000 habitantes podían suscribir convenios para la realización de planes de conjunto de construcciones escolares en el Municipio. Finalmente, y como regla general, la ejecución podía llevarse a cabo por las juntas provinciales de construcciones escolares, sucesoras de las comisiones provinciales, compuestas por el gobernador civil, el presidente de la diputación y el alcalde de la capital de la provincia, así como otros municipios (art. 9). En las tres modalidades el municipio debía realizar aportaciones, ya fueran en dinero, especie, y excepcionalmente, con prestaciones personales. La Ley también previó la asignación de subvenciones para la construcción de centros educativos, tanto para los municipios en los supuestos de construcción por convenio o a través de las juntas provinciales, como para los particulares que al margen de las modalidades descritas edificasen escuelas (arts. 1 y 17 de la Ley sobre construcciones escolares de 1953.

33 A partir del decreto-ley 11/1964, de 2 de julio: por un lado, para quedar dispensado de la construcción de escuelas bastaba una resolución del gobernador civil declarando la concurrencia de causas económicas que aconsejasen relevar al municipio de esta carga. Ya no era preciso una declaración de "pobreza legal". Por otro, se disminuyó sensiblemente el montante de contribución de las EELL a las juntas 0rovinciales de construcciones escolares. El Decreto-ley 11/1964 adoptó posteriormente la forma de Ley 86/1964, de 16 de diciembre.

34 Ley sobre educación primaria de 1945, tras la reforma operada en 1965, frente a la consideración de la edificación como deber municipal, afirmó que "la construcción de edificios para Escuelas nacionales y para viviendas de los Maestros *sería* realizada mediante la colaboración de las Corporaciones locales y el Estado" (art. 52 de la Ley sobre educación primaria de 1945 redactado por la Ley 169/1965, de 21 de diciembre).

de la enseñanza sin autorización del Ministerio"[35]. De este modo, en palabras de MÍGUEZ, "se suprimió la histórica diferenciación entre edificios públicos escolares de titularidad estatal y municipal, en función de quien se hubiese hecho cargo de la construcción"[36].

### C) Sostenimiento de centros docentes públicos

**La obligación de los municipios de garantizar el funcionamiento de las escuelas y centros de primera enseñanza-educación primaria ha sido constante a lo largo del siglo XX.** Desde que, con independencia del titular del inmueble —en el primer tercio del siglo XX— se impuso este deber a los ayuntamientos, de manera ininterrumpida, éstos han pechado con la obligación de mantener los centros docentes de enseñanza primaria en buen estado de conservación. Más dudoso ha sido el papel desempeñado en relación con la reforma de las instalaciones educativas. Si bien las pequeñas reparaciones han sido asumidas por los municipios, las más costosas fueron ejecutadas por el Estado o con su respaldo o auxilio económico.

Puede, no obstante, diferenciarse dos etapas: una primera en la que el municipio fue obligado a conservar y mantener los edificios de primera enseñanza; y una segunda en la que, además, tuvo que repararlos y reformar las escuelas de educación primaria.

---

35 Art. 23 de la Ley de construcciones escolares de 22 de diciembre de 1953, redactado por el Decreto-ley 11/1964, de 2 de julio.

36 Míguez Macho, Luis (2024): "Las competencias educativas de las entidades locales", *op. cit.* p. 39. El texto refundido de la Ley de enseñanza primaria de 1967 reprodujo en lo esencial el Decreto-ley de 1964 y la Ley de 1965, de modificación, respectivamente, de las Leyes de construcciones escolares y sobre educación primaria de 1953 y 1965. El *statu quo* se mantuvo con la LGE-70 y la LOECE-80. En efecto, la LGE-70 declaró la vigencia de las normas sobre esta materia, cualquiera que fuese su rango, pero atribuyéndoles naturaleza reglamentaria (DF 4 LGE-70). La LOECE-80 declaró la subsistencia de las competencias de las EELL y de la normativa preexistente en tanto en cuento no se modificase. Según el art. 20 LOECE-80, "las corporaciones locales *tendrían*, en relación con los centros docentes, las competencias y obligaciones que las leyes les *atribuyesen*". De acuerdo con su DT 1, "en materias cuya regulación *remitía* a la presente Ley a ulteriores disposiciones reglamentarias y en tanto estas no *fueran* dictadas, *sería* de aplicación en cada caso la normativa hasta ahora vigente".

### *a) Primera mitad del siglo XX*

En el marco del "forcejeo" entre el Estado y los municipios sobre la construcción de las escuelas, los primeros RRDD que regularon la construcción de escuelas, estos mismos reglamentos, precisaron que "los Ayuntamientos *quedaban* obligados a la conservación y sostenimiento de los edificios-escuelas"[37]. Sin embargo, pronto se hizo necesario diferenciar entre las operaciones de conservación y mantenimiento de las de reparación y reforma. Prueba de ello es que el RD de 17 de diciembre 1922 asimilase al régimen de construcción las operaciones "adaptación de edificios escuelas ya construidos"[38].

En este sentido, la Ley sobre educación primaria de 1945 distinguió las operaciones de conservación y reparación con el fin atribuir un distinto grado de implicación al municipio para cada una de ellas. Así, para esta ley "la conservación del edificio escolar, así como su limpieza, calefacción y vigilancia, sea cual fuere su propietario, *correspondía* al Municipio". En cambio "la reparación, la reforma, las nuevas instalaciones y la adaptación de locales a edificios escolares *debían ser* realizadas mediante en régimen de cooperación entre el Estado y los Municipios"[39].

### *b) Segunda mitad del siglo XX*

El Decreto-ley 11/1964 modificó la Ley de construcciones escolares de 1953 con el fin de proyectar las cargas de los municipios no sólo a la conservación sino también la reforma de las escuelas nacionales. Ello fue consecuencia de su nueva condición legal de "propietaria de todas las construcciones y única entidad que se *encontraba* en condiciones de proveer, con conocimiento directo e inmediato del estado de las mismas, a su conservación y reparación". En consecuencia, se impuso a los ayuntamientos la obligación de consignar "en sus presupuestos las cantidades necesarias para la conservación,

---

37 Art. 5 RD de 23 de noviembre de 1920. En términos análogos se pronunció el art. 4 del RD de 10 de julio de 1928.

38 Art. 7 RD 17 de diciembre de 1922.

39 Art. 52 de la Ley sobre educación primaria de 1945.

reparación, calefacción, alumbrado y limpieza de los edificios escolares existentes en el término municipal"[40].

## 2. *Cooperación en la obtención de solares para la construcción de nuevos centros docentes*

**Durante el siglo XX la práctica totalidad de las normas reguladoras de construcciones educativas han impuesto a los ayuntamientos la obligación de facilitar solares suficientes para la ejecución de las escuelas primera enseñanza-educación primaria.** Antes, esta carga estaba implícita en el deber gestionar la primera enseñanza.

En efecto, el RD de 23 de noviembre de 1920, que estableció —brevemente— la "asunción por el Estado directamente de la construcción los edificios-escuelas" de primera enseñanza, por esta ra-

---

[40] Art. 24 de la Ley de construcciones escolares, redactado por el Decreto-ley 11/1964. La Ley 169/1965 reformó la Ley sobre educación primaria de 1945 para acompasarla al Decreto-ley 11/1964. Reiteró que "la conservación, reparación y vigilancia de todos los edificios públicos escolares (...) así como la limpieza y suministro del agua, electricidad y calefacción de las Escuelas, *correría* a cargo de los Municipios" (art. 52 de la Ley sobre educación primaria, redactado por la Ley 169/1965). Ahora bien, contempló la creación una comisión interministerial para determinar en qué casos el Estado se subrogase en los pagos derivados de esta obligación de los ayuntamientos con ingresos suficientes. Ley de enseñanza primaria de 1967 añadió el "sostenimiento obligatorio por parte de los Ayuntamientos" del personal subalterno (art. 89 de la Ley de educación primaria de 1967). La LGE-70 mantuvo, aunque con valor reglamentario, las previsiones de la Ley de construcciones escolares de 1953 y el texto refundido de 1967. De hecho, años más tarde, cuando la LBRL-85 incluyó entre las competencias propias de los municipios la cooperación con las Administraciones educativas en el "sostenimiento de los centros docentes públicos" (art. 25.2 n) LBRL-85), diversas SSTS entendieron que su extensión era la fijada por la Ley sobre educación primaria de 1967. Entre otras, la STS de la Sala de lo Contencioso, de 23 de abril de 1984 (RJ 1984\2155), declaró la vigencia del art. 52 del Decreto 193/1967. En el mismo sentido se pronunciaron las SSTS de la Sala de lo Contencioso-administrativo de 20 de marzo de 1987 (*Tol 2332581*) y 1 de diciembre de 1993 [núm. rec. 1999/10606 y (*Tol 1687521*)]. También fallaron que "las obligaciones de cooperación de los Entes locales, declaradas por el ordenamiento vigente, no *podían* quedar sometidas a la voluntad de los órganos de gobierno municipales" [FJ 2 de la STS de 20 de noviembre de 1997, de la Sala de lo Contencioso-administrativo, núm. rec. 14123/1991 y (*Tol 5145204*)].

zón, impuso "la obligación de los Ayuntamientos de proporcionar solar"[41]. El Decreto de 15 de junio de 1934, ya en plena República, reiteró que los municipios seguían obligados a proporcionar solares si la construcción de la escuela la había hecho el Estado.

Años después la Ley sobre educación primaria de 1945 hizo lo mismo. Volvió a recordar, incluso respecto de las obras ejecutadas directamente por el Estado, que la "aportación del solar y los campos de juego o agrícola *era* obligatoria para el Municipio"[42]. La Ley de construcciones escolares de 1953 sólo exceptuó de esta regla general cuando la aportación "lo *fuera* por otras entidades o particulares"[43], y desde la reforma de 1964 respecto de "aquellos Ayuntamientos cuyas circunstancias económicas aconsejen que sean dispensados"[44]. Este criterio fue mantenido por la Ley de enseñanza primaria de 1967[45].

Por lo tanto, hasta la creación del Estado de las autonomías, la dotación de solares para la construcción de centros ha sido una carga municipal.

## *3. Participación en la vigilancia del cumplimiento de la escolarización obligatoria*

Como quiera que, en 1857, la Ley Moyano dispuso que "la primera enseñanza elemental *era* obligatoria para todos los españoles", se impuso a "los padres y tutores ó también encargados [la obligación de] *enviar* a las escuelas públicas á sus hijos y pupilos desde la edad de seis años hasta la de nueve" so pena de "amonestación (...) por la Autoridad"[46]. Se exceptuó a quienes "les *proporcionen* suficiente-

---

41 Art. 3 RD de 23 de noviembre de 1920. La obligación de los ayuntamientos de proveer solares fue reiterada por los artículos 18 y 9 de los RRDD de 17 de diciembre de 1922 y 10 de julio de 1928, así como por artículos 4 y 9 de los Decretos de 5 de enero de 1933 y 10 de junio de 1934.

42 Art. 52 de la Ley sobre educación primaria de 1945.

43 Art. 1 de la Ley construcciones escolares de 1953.

44 Art. 1 de la Ley construcciones escolares de 1953, redactado por el Decreto-ley 11/1964, de 2 de julio.

45 Art. 52 de la Ley de enseñanza primaria de 1967.

46 Arst. 7 y 8 LIP. En el reinado de Alfonso XII, mediante el RD de 26 de octubre de 1901, la obligatoriedad de la enseñanza pasó de los 9 a los 12 años. En tiempos del

mente esta clase de instrucción en sus casas ó en establecimiento particular"[47]. Pues bien, 50 años después, la Ley de 23 de junio de 1909 modificó la LIP para hacer recaer sobre los poderes públicos la vigilancia del cumplimiento de la escolarización obligatoria.

Teniendo en cuenta lo anterior, cabe diferenciar dos etapas, la del siglo XIX y la del siglo XX, y como se verá en esta última dos períodos.

### A) Segunda mitad del siglo XIX

Durante la segunda mitad del siglo XIX fueron los padres los obligados a procurar la educación de sus hijos, y ocasionalmente, intervino la autoridad local para amonestar el incumplimiento de esta carga paterna.

### B) Primera mitad del siglo XX

**La primera regulación detallada de la vigilancia de la escolarización obligatoria por los ayuntamientos fue la establecida por la Ley de 23 de junio de 1909. En esta época esta función fue atribuida "a los Ayuntamientos** y no sólo como participantes en el desempeño de la misma —pues es claro que la vigilancia *hubo* de ser compartida con las autoridades y servicios específicamente educativo— sino **con el carácter de exclusivos responsables de la misma**"[48].

### C) Segunda mitad del siglo XX

**Ley sobre educación primaria de 1945 encomendó a las juntas municipales y comisiones provinciales de educación el papel de "fo-**

---

general Primo de Ribera, el Estatuto General del Magisterio de Primera Enseñanza, de 18 de mayo de 1923, extendió la obligatoriedad de la enseñanza a los 14 años. La edad fue rebajada a los 12 años por la Ley de 17 de julio de 1945 de educación primaria hasta la Ley 27/196 4, de 29 de abril, que la reestableció en 14 años.

47 Art. 7 LIP.

48 LÁZARO FLORES, Emilio (1986): "Administración local y educación en España", *op. cit.*, pp. 170 y 171.

**mentar la asistencia escolar obligatoria**"[49]. Al ser desarrollada reglamentariamente esta ley se atribuyó a las juntas municipales la comprobación e impulso de la escolarización de los menores. En esta labor debían colaborar tanto el municipio, como el director del centro y el inspector de enseñanza primaria. El ayuntamiento y los directores debían elaborar respectivamente el censo escolar y la relación de alumnos matriculados en el centro para su remisión a la junta municipal de educación. A la inspección de enseñanza primaria correspondía la supervisión de la efectiva asistencia a clase[50].

La Ley de enseñanza primaria de 1967 reprodujo los preceptos de la norma que refundía. La LGE-70, aunque nada dispuso acerca de la vigilancia de la escolarización obligatoria, mantuvo indirectamente el deber de los municipios de confeccionar el censo escolar.

En resumen, la escolarización en la educación primaria recayó en el siglo XIX en los padres, y en el siglo XX, primero en los municipios, y después en el Estado con la colaboración de los ayuntamientos a través de las juntas municipales de educación.

## 4. *Participación en la programación de la enseñanza*

La participación de las EELL en la programación de la enseñanza no arranca con la democracia, sino que comienza tímidamente en el siglo XIX y tiene algunas experiencias en el siglo XX mediante la integración en los órganos de gestión de la enseñanza[51]. Ahora

---

49 Arts. 109 a) y 112 a) de la Ley sobre educación primaria de 1945. La normativa reguladora de régimen local también atribuyó competencias a los alcaldes en materia de vigilancia de la escolarización obligatoria. Así el art. 105 del Decreto de 24 de junio de 1955 de aprobación de los textos articulados y refundidos de Las Leyes De Bases De régimen local de 17 de julio de 1945 y de 3 de diciembre de 1953, capacitó a los alcaldes a sancionar la inasistencia. e

50 Decreto de 7 de septiembre de 1954 por el que se dan normas sobre asistencia escolar obligatoria en las escuelas de enseñanza primaria.

51 A título de ejemplo, el RD de 21 de octubre de 1834 encomendó al Gobierno la elaboración del Plan General de Instrucción Pública, y dio voz en su elaboración a los ayuntamientos y diputaciones a través de sus representantes en las comisiones de instrucción pública de provincia, partida o pueblo. La LIP mantuvo la participación de la provincia y el municipio en los órganos consul-

bien, durante este siglo XX, asumida la gestión de la educación por el Estado, más que participación en la programación, lo que predominó fueron las exhortaciones e incentivos del Estado para que los ayuntamientos constituyan centros de primera enseñanza en cuantos municipios fuera posible.

**Para poder hablar de participación en la programación de la enseñanza hubo que esperar a la segunda mitad del siglo XX**. Del estudio de la legislación reguladora de la participación de la Administración local en la enseñanza antes del Estado de las autonomías pueden distinguirse dos períodos: el de la Leyes sobre enseñanza primaria de 1945 y 1967 y el previsto en la LGE-70.

Durante el primero **la participación**, no sólo **de los ayuntamientos** sino de todas las corporaciones locales, **se limitó a la enseñanza primaria. Tras la LGE-70 ésta se extendió a todas las etapas del sistema educativo**. En cada uno de estos dos períodos, además, los órganos de participación, así como sus funciones, son diferentes. Por razones sistemáticas nos centraremos en la presencia de la Administración local en estos órganos de participación social.

## A) Tercer cuarto del siglo XX

Es la Ley sobre educación primaria de 1945 la que creó "los Consejos de Educación y las Juntas provinciales en materia de Primera enseñanza", configurándolos como "la representación genuina de la colaboración de la sociedad en el fomento y desarrollo de la Enseñanza local y provincial"[52]. La participación social se llevó a cabo en los ámbitos municipal, provincial y de distrito universitario a través de las juntas municipales, las comisiones provinciales y los consejos de distrito universitario. En las dos primeras estaba representada la Administración local a través de las "autoridades locales" y "provinciales", y en los consejos de distrito universitario se efectuó "en los términos previstos en la Ley Orgánica del Ministerio de Educación

---

tivos de supervisión del sistema educativo a través de las juntas provinciales de instrucción pública y las juntas locales de primera enseñanza.

52 Art. 106 y 100 de la Leyes de enseñanza primaria de 1945 y 1967.

y Ciencia"[53]. El Decreto legislativo de 1967 no introdujo novedad alguna al respecto.

### B) Último cuarto del siglo XX

En sede de participación en la programación de la enseñanza, la LGE-70 se limitó a incorporar el Consejo Nacional de Educación y prever la existencia de juntas provinciales de educación y de distrito universitario[54]. Las Juntas Provinciales de Educación se diseñaron con el objeto de "estimular la participación de las diferentes Instituciones que actúan en el campo educativo"[55]. Incluso se contempló la posibilidad de constituir juntas Municipales y Comarcales de Educación en aquellas localidades en las que el ministro de Educación y Ciencia considerase oportuno. Su creación, composición y funciones se determinarían por orden ministerial[56].

## IV. COMPETENCIAS MUNICIPALES EN EL ESTADO DE LAS AUTONOMÍAS

El tránsito a la democracia no supuso una mayor participación del municipio en la gestión de la educación. "No fue hasta la Ley Reguladora de las Bases de Régimen Local y la Ley Orgánica Reguladora del Derecho a la Educación, ambas de 1985, cuando el legislador se volvió a ocupar de las competencias educativas locales"[57].

---

53 Art. 108 y 101 y 102 y 105 de la Leyes de enseñanza primaria de 1945 y 1967.

54 Art. 145 y 141.2 LGE.

55 Arts. 15 y 17.4 h) del Decreto 3855/1970, de 31 de diciembre, por el que se regula la organización de las delegaciones provinciales de educación y ciencia, JJntas provinciales y juntas de distrito. A tal efecto se incluyó entre sus miembros a sendos representantes de la diputación provincial o cabildo insular y del ayuntamiento de la capital de la provincia, así como 4 alcaldes, dos de municipios de más de 5.000 habitantes o de otros dos de población inferior.

56 Art. 21.1 del Decreto 3855/1970.

57 Míguez Macho, Luis (2024): "Las competencias educativas de las entidades locales", *op. cit.* p. 40.

Teniendo en cuenta lo anterior, desde la aprobación del EACV hasta la actualidad, conceptualmente se pueden distinguir tres etapas: de 1985 a 2013, de 2013 a 2016, y desde 2016 hasta la actualidad.

## *1. Desde 1985 a 2013*

Esta primera etapa, aunque se aligeraron las obligaciones de los ayuntamientos, en grandes rasgos, hubo una continuidad en el ejercicio de las competencias que los municipios ejercían en materia de educación antes del Estado de las autonomías. Por esa razón emplearemos los mismos apartados que los establecidos en el epígrafe anterior, a los que añadiremos el de intervención en los órganos de gestión de los centros docentes, cuya existencia arranca con la Constitución (CE).

### A) Cooperación en la creación, construcción y mantenimiento de centros docentes públicos

La redacción original de la LBRL-85 atribuyó a los municipios la facultad de cooperar en la creación, construcción y mantenimiento de centros docentes públicos. En términos análogos al art. 25.2 n) LBRL-85, la DA 2.1 LODE-85 dispuso —y dispone aún hoy en día— que "las Corporaciones locales cooperarán con las Administraciones educativas competentes (...) en la creación, construcción y mantenimiento de los centros públicos docentes". La LOGSE-90, sin embargó, limitó la cooperación —y lo mismo hace LOE-06— a los centros de educación infantil, primaria y especial[58].

Pues bien, de la dicción de estos preceptos —que emplean el verbo cooperar— puede señalarse, con carácter preliminar que, entre 1985 y 2013 las Administraciones educativas —estatal y autonómica— fueron las que asumieron el papel principal en este ámbito, sobre todo en la creación y construcción de centros educativos.

---

[58] DA 17 LOGSE-90.

Dicho esto, analizamos cada una de las tres facultades mencionadas, a saber, la creación, construcción y sostenimiento de centros docentes.

### *a) Creación de centros docentes públicos*

Según se expuso en el anterior epígrafe, durante el siglo XIX, la gestión de los centros de primera enseñanza —incluyendo el pago de nóminas y la construcción de colegios— fue una competencia municipal. Como consecuencia de la desigual implicación de los ayuntamientos, en el siglo XX, tras la nacionalización de las escuelas en 1912, el Estado inició un proceso de estatalización de la gestión de la primera enseñanza, que conllevó que le correspondiese, como regla general, la facultad de creación de escuelas. Esta inercia fue detenida por la LGE-70 al permitir la existencia de centros docentes no estatales —también los pertenecientes a las EELL— en las distintas etapas del sistema educativo.

En 1985 la LODE-85 mantuvo el sendero iniciado por la LGE-70, aunque precisando que la cooperación de las EELL en la creación de centros docentes se llevaría a cabo por la vía convencional[59]. Junto

---

59 DA 2 LODE-85, redactada por la LO 10/1999, de 21 de abril, de modificación de la LODE. La redacción originaria de la LODE no contenía referencia alguna a la modulación de la cooperación en los términos acordados. Si inicialmente se establecía un genérico deber de cooperación, ahora los convenios de cooperación son los que determinan el alcance de aquél. "Parece que el precepto pretende introducir un cierto elemento de voluntariedad en la forma de cumplimiento de ese deber de cooperación, a la par que se reduce la ambigüedad de que adolecía la anterior redacción del precepto, ya que da la impresión de que ese deber necesariamente debe instrumentarse a través de un convenio". Alonso Más, María José: (2005) "Comentario al artículo 25 de la Ley 7/1985, Reguladora de las Bases de Régimen Local: competencias municipales III", en Domingo Zaballos, Manuel José (coord.), *Ley Básica de Régimen Local,* Civitas, Madrid (2ª. ed.), vol. I, p. 174. Se ha dicho que hasta la LO 10/1999, de 21 de abril, de modificación de la LODE, ésta había elevado a la categoría de obligación municipal la colaboración en relación con la creación, construcción y mantenimiento de los centros docentes. Desde entonces no cabe duda de que el deber municipal se presenta como una posibilidad de participación de los municipios.

con esta posibilidad, desde 2006, la LOE-06 contempla la posibilidad de establecerse la gestión conjunta de centros docentes[60].

Llegados a este punto, vista la normativa de aplicación durante los últimos quince años del siglo XX y hasta 2013, puede afirmarse que durante este período la iniciativa en la creación de centros docentes fue autonómica, sobre todo tras la extinción del "territorio MEC" al completarse la transferencia de competencias en materia de educación en torno al año 2000. Es más, en la práctica, **la participación municipal en la creación de centros docentes fue residual, y ésta se concentró, mayoritariamente, en las enseñanzas artísticas, en el primer ciclo de educación infantil y en la educación de personas adultas**. Esta realidad tiene su reflejo en la actualidad en los arts. 15, 66.2, 66.3 y la DA 15 LOE-06.

En este sentido el 15.1 LOE-06 contempla la posibilidad de formalizar convenios con corporaciones locales para asegurar la oferta educativa del primer ciclo de educación infantil, y atribuye a las Administraciones educativas la competencia para reglamentar este tipo de colaboración. A tal efecto, el art. 8 del Decreto 253/2019, de 29 de noviembre, del Consell, de organización y el funcionamiento de los centros públicos de educación infantil y primaria, regula las singularidades de los centros públicos dependientes de las corporaciones locales.

Los arts. 66.2 y 67.3 LOE-06 reiteran la posibilidad de las Administraciones educativas de colaborar con las Administraciones con competencias en materia de personas adultas, así como de convenir con las entidades locales la impartición de la formación de personas adultas. En la Comunitat Valenciana, además, los arts. 6.3 y 12.2 de la Ley 1/1995, de 20 de enero, de la Generalitat, de formación de personas adultas, permiten a las entidades locales elaborar planes de formación de personas adultas, así como crear centros de este tipo.

Por su parte, la DA 15.5 LOE también hace una mención especial a la colaboración de las Administraciones educativas para las enseñanzas artísticas. Esta cooperación podrá concretarse en la creación de escuelas, en particular, las que vayan a impartir formación que no

60 Arts. 15.1 y 66.2 y 667.3 LOE.

conduzca a la obtención de un título oficial con validez académica. Estas escuelas, denominadas escuelas de música y danza, están reguladas en los arts. 18 a 28 de la Ley 2/1998, de 12 de mayo, de la Generalitat, de la música. Adicionalmente su art. 31 posibilita la suscripción de convenios entre la Generalitat y las corporaciones locales que sean titulares de escuelas de música, "para ayudar económicamente a su funcionamiento y contribuir al cumplimiento de sus objetivos".

En otro orden de cosas, resta por decir que corresponde a las Administraciones educativas, como titulares del centro, permitir el uso, por los ayuntamientos de los centros docentes —y en particular las pistas deportivas— para realizar actividades sociales, culturales y deportivas. Así lo prevé la DA 15.5 y 7 LOE-06.

Mención especial merece la creación de centros adscritos a universidades entre 1985 y 2013. Ésta estuvo prevista, tanto para entidades públicas como privadas, primero la Ley Orgánica 11/1983, de 5 de agosto, de reforma universitaria (LORU) y después en la Ley Orgánica 6/2001, de 21 de diciembre, de universidades (LOU[61].

### *b) Construcción de centros docentes públicos*

La obligación de construir escuelas nacionales por los municipios entidades locales arranca con el siglo XX tras la estatalización de las escuelas de primera enseñanza. No fue una carga fácil de asumir por los ayuntamientos. Prueba de ello fueron las sucesivas leyes que facilitaron la participación del Estado en financiación y construcción de escuelas: en un primer momento mediante los sistemas por aportación y por subvención; en un segundo tiempo con los sistemas de ejecución por ministerio, por convenio y por las juntas provinciales. En este ámbito, la LGE-70 y Ley Orgánica 5/1980, de 19 de junio, reguladora del Estatuto de Centros Escolares (LOECE-80) no supusieron un cambio significativo en el plano normativo.

Hubo que esperar a **la reforma de 1985**, la cual **transformó la obligación municipal de construir colegios en una cooperación en esta tarea**.

---

[61] Arts. 10 LRU-83 y 11 LOU-01.

Desde entonces son las Administraciones educativas las grandes constructoras de centros docentes. En efecto, en la actualidad, la LODE-85 contempla, de la misma manera que para la creación de centros educativos, la necesidad de suscribir de convenios con la Administración educativa para que los ayuntamientos puedan construir centros docentes[62].

En definitiva, puede decirse que la aprobación de la LODE-85 simplificó los sistemas de construcción y suprimió el deber municipal de construir los centros de educación básica al transformarlo en una facultad de cooperación. A ello cabe añadir que, entre 1985 y 2013, la construcción de los centros de educación básica correspondió a la Administración General del Estado y las CCAA —como Administraciones educativas—, así como que contó con la colaboración ocasional de los ayuntamientos.

### *c) Sostenimiento de centros docentes públicos*

Tanto la LODE-85 como la LBRL-85 contemplaron la posibilidad de los ayuntamientos de cooperar en el sostenimiento de los centros docentes públicos. De esta manera parecía trastocar el *statu quo* que encomendaba a los municipios la conservación de las escuelas de educación primaria: durante el siglo XIX como competentes de la gestión de la primera enseñanza; y durante el siglo XX, primero como imposición legal, y después como propietarios de las sedes de las escuelas nacionales.

Como consecuencia de esta inercia, **entre 1985 y 2013**, los municipios llevaron a cabo una eficaz labor —mucho más allá de la nominal cooperación— en el sostenimiento de centros docentes. Y es que no puede desconocerse que en este período **la legislación educativa** no sólo contempló la posibilidad de cooperar, sino que **cargó a los ayuntamientos con la obligación de sostenimiento de los centros docentes**. En este sentido, normativamente, debe diferenciarse antes y después de la LOGSE-90.

---

62 DA 2 LODE-85.

Hasta esa fecha rigió la LGE-70, la cual mantuvo —aunque con valor reglamentario— las disposiciones de la Ley de construcciones escolares de 1953. Ésta, como se dijo, atribuía a los municipios tanto la conservación como la reforma de los centros de educación primaria y el pago de las nóminas del personal subalterno.

Desde la LOGSE-90 la obligación de los ayuntamientos se proyectó sobre la conservación, mantenimiento y vigilancia no sólo de los centros de educación primaria, sino también de los de educación infantil de segundo ciclo, y educación especial[63]. Después, la LOE-06, adicionalmente, impuso —e impone— a los municipios, la conservación, mantenimiento y vigilancia de los centros de educación infantil de primer ciclo[64]. La importancia de esta segunda ampliación de 2006 fue menor porque la red pública de centros de educación infantil de primer ciclo es principalmente municipal.

Por otro lado, hay que recalcar que, por así disponerlo la DA 15.3 LOE-06, la obligación de los ayuntamientos de sostener centros docentes de propiedad municipal donde se imparta educación infantil, primaria o especial de titularidad cesará cuando las Administraciones educativas impartan en ellos educación secundaria obligatoria o formación profesional.

De todas formas, no puede desconocerse que, a pesar de este reparto competencial expuesto, entre 1985 y 2013, *de facto,* un buen número de reparaciones, y principalmente las de mayor importancia, venían siendo ejecutadas por las Administraciones educativas, ya fuera la Administración General del Estado ya las CCAA[65].

## B) Cooperación en la obtención de solares para la construcción de nuevos centros docentes

Tal y como se explicó en el anterior epígrafe, desde 1920, la práctica totalidad de las normas reguladoras de construcciones educati-

---

63 DA 17.2 LOGSE-90.

64 DA 15.2 LOE-06.

65 Lázaro Flores, Emilio (1986): "Administración Local y educación en España", *Revista de Educación*, núm. 279, p. 168.

vas impusieron a las corporaciones locales la obligación de facilitar solares suficientes para la ejecución de las escuelas, primero llamadas de primera enseñanza; luego escuelas nacionales y de enseñanza general básica; y actualmente de educación primaria.

Sorprendentemente ni la LBRL-85 y la LODE-85 incluyeron entre las competencias municipales la dotación de los solares para la construcción de centros docentes públicos. De esta manera, "**se dio la vuelta a la formulación tradicional al presuponerse que la construcción de los centros docentes públicos —y la búsqueda de solares— *correspondía* en todo caso a las Administraciones educativas y reducirse la función de los ayuntamientos a la cooperación con aquellas en tal tarea,** aunque sin limitarla ya a los centros de Educación Primaria"[66]. El legislador entendió —tácitamente— que en la cooperación en la construcción de centros docentes se podía incluir la aportación de los solares.

De hecho, pasados los años, la LOGSE-90 prescribió —y la LOE-06 ha mantenido— que "los municipios cooperarán con las Administraciones educativas correspondientes en la obtención de los solares necesarios para la construcción de nuevos centros docentes" en general[67].

> "Así, después de un largo periplo de setenta años, la responsabilidad de los municipios en materia de construcciones escolares se *limitó* [entre 1985 y 2013] incluso en mayor medida de lo que establecía el Real Decreto de 23 de noviembre de 1920 —que estableció, brevemente, que el Estado construiría las escuelas nacionales— ya no se obliga a los ayuntamientos a proporcionar los solares necesarios para la construcción de centros docentes (...), sino solo a cooperar en su obtención"[68].

## C) Participación en la vigilancia del cumplimiento de la escolarización obligatoria

Como es sabido la vigilancia de la escolarización correspondió primero a los padres, luego al municipio, y después al Estado con la

---

66 Míguez Macho, Luis (2024): "Las competencias educativas de las entidades locales", *op. cit.* p. 45.

67 DDAA 17.3 LOGSE-90 y 15.2 LOE.

68 Míguez Macho, Luis (2024): "Las competencias educativas de las entidades locales", *op. cit.* p. 45.

colaboración municipal. Pues bien, en consonancia con la regulación vigente en la segunda mitad del siglo XX —en la que las juntas municipales de escolarización vigilaban el absentismo escolar— la LBRL-85 limitó la intervención de los ayuntamientos en "participar en la vigilancia del cumplimiento de la escolaridad obligatoria"[69]. Meses después la LODE-85 reiteró esta carga de las corporaciones locales[70]. Unos años más tarde, la Ley Orgánica 10/1999, de 21 de abril, al modificar la LODE-85, permitió modular la participación en el cumplimiento de la escolarización obligatoria mediante la suscripción de convenios. En la actualidad la LOE-06, posibilita el establecimiento de "actuaciones socioeducativas conjuntas a nivel territorial con las Administraciones locales y entidades sociales, incluyendo una especial atención a la oferta educativa extraescolar y de ocio educativo, así como acciones de acompañamiento y tutorización con el alumnado que se encuentre en esta situación y con sus familias"[71].

Ahora bien, más allá de estas previsiones genéricas de la legislación de régimen local o educativa, entre 1985 y 2013, la normativa que se ocupó del cumplimiento de la escolarización obligatoria fue la de carácter social, y en concreto la Ley Orgánica 1/1996, de 15 de enero, de protección jurídica del menor (LOPM), así como la normativa autonómica de desarrollo. De hecho, "la ausencia de escolarización o falta de asistencia reiterada y no justificada adecuadamente al centro educativo y la permisividad continuada o la inducción al absentismo escolar durante las etapas de enseñanza obligatoria" es causa de declaración de desamparo por la autoridad autonómica a que se refiere el art. 172 del Código Civil.

Interesa destacar que la LOPM no atribuye competencias específicas a los ayuntamientos. Por ello, puede decirse con MÍGUEZ que, **desde que la escolarización obligatoria es una función de los servicios sociales la competencia vascula sobre las CCAA, y "los ayuntamientos han perdido la responsabilidad exclusiva que históricamente tenían**

---

69 Art. 25.2 n) LBRL-85.

70 DA 2.1 LODE-85.

71 Art. 81.2 LOE-06.

en el ámbito que nos ocupa, para pasar a compartirla, en el mejor de los casos, con las Administraciones autonómicas"[72].

## D) Participación en la programación de la enseñanza

En la actualidad, "la cooperación y colaboración de las Administraciones educativas con las corporaciones locales en la planificación e implementación de la política educativa" es un principio del sistema educativo español[73]. Mediante la participación de las EELL en la programación de la enseñanza éstas cooperan en la definición de las necesidades prioritarias en materia educativa, así como en la determinación de los objetivos de actuación y los recursos necesarios.

**Entre 1985 a 2013 la participación en la programación de la enseñanza se articuló,** fundamentalmente, **mediante** la LODE-85 y la normativa autonómica de desarrollo. También hubo que tener en cuenta otras normas, como la vigente LOE-06. De estos textos legales puede distinguirse **la audiencia de las corporaciones locales y la integración de las EELL en órganos de participación (Consejo Escolar del Estado y consejos de ámbito inferior como el Consejo Escolar Valenciano y los consejos territoriales, municipales y de distrito en la Comunitat Valenciana).**

Así, en primer lugar, mediante la audiencia, se hace efectivo el ejercicio "del derecho a la educación mediante una programación general de la enseñanza, con la participación efectiva de todos los sectores afectados"[74]. Para ello, de acuerdo con la LOE-06, "las áreas de influencia de los [centros educativos] se determinarán, oídas las administraciones locales" y la Administración local formará parte de las "comisiones u órganos de garantías de admisión del alumnado"[75].

En segundo término, la participación en la programación de la enseñanza también se lleva a cabo, entre 1985 y 2013, a través de los

---

72 Míguez Macho, Luis (2024): "Las competencias educativas de las entidades locales", *op. cit.* p. 44.

73 Art. 1 p) LOE-06.

74 Art. 27.1 LODE-85.

75 Art. 86.1 y 2 LOE-06.

consejos escolares, que de acuerdo con el tít. II de la LODE-85, son el Consejo Escolar del Estado, los consejos escolares de ámbito autonómico y territorial[76]. Estos últimos, en la Comunitat Valenciana, se regulan en texto refundido de la Ley de Consejos Escolares de la Comunitat Valenciana, aprobado por el Decreto Legislativo del Consell de 16 de enero de 1989 (LCEVal-89). A ellos nos referimos a continuación.

### *a) Consejo Escolar del Estado*

Es "el órgano de ámbito nacional para participación de los sectores afectados en la enseñanza"[77], entre ellos las EELL a través de su asociación de mayor implantación a nivel nacional, a saber, la Federación Española de Municipios y Provincias (FEMP)[78]. Con anterioridad a la Ley Orgánica 10/1999, de 21 de abril, la Administración Local no estaba representada en el Consejo Escolar del Estado.

### *b) Consejo Escolar Valenciano*

Es el "superior órgano consultivo y de participación social en la programación general de la enseñanza en la Comunidad Valenciana"[79]. De acuerdo con la LCEVal-89, entre sus miembros, tanto en el pleno como en la comisión permanente, habrá "un o una representante de las EELL, cuya representación será designada por la Federación Valenciana de Municipios y Provincias" (FVMP)[80].

---

76 Art. 29 LODE-85.

77 Art. 30 LODE-85.

78 Art. 31 LODE-85. Esta previsión debe ponerse en relación con la DA 15.1 LOE-06, la cual prevé el establecimiento de "procedimientos de consulta y colaboración con las (…) federaciones o agrupaciones más representativas" de las corporaciones locales.

79 Art. 4 LCEVal-89.

80 Art. 8.2 LCEVal-89 y 10.8 del Decreto 164/2010, de 8 de octubre, del Consell, por el que se regula el Consell Escolar de la Comunitat Valenciana.

### *c) Consejos escolares territoriales*

Tal y como afirma la LCEVal-89, "a fin de facilitar la participación democrática en la programación de la enseñanza en aquellos asuntos concretos cuya competencia recaiga en órganos delegados o periféricos de la Conselleria de Cultura, Educación y Ciencia"[81], podrán crearse consejos escolares de ámbito comarcal o de zona en los términos previstos reglamentariamente. La Administración local está representada en ellos por quienes hayan designado la correspondiente entidad local supramunicipal[82]. Su existencia es testimonial.

### *d) Consejos escolares municipales y de distrito*

La LCEVal-89 prevé la existencia de consejos escolares municipales como "órgano de programación y control en la programación de la enseñanza por parte de la comunidad local"[83]. Su presidente será el alcalde del municipio o concejal en quien delegue. Entre sus miembros uno será el concejal delegado del ayuntamiento[84]. También es posible constituir consejos escolares de distrito, previo acuerdo con el ayuntamiento sobre su ámbito territorial, en "municipios de elevado número de habitantes, o con gran dispersión geográfica de sus núcleos de población"[85]. Todavía no se han creado.

## E) Intervención en los órganos de gestión de los centros docentes

El art. 27.7 CE impuso un modelo de gestión en el que la comunidad educativa debía participar en la toma de decisiones de interés para el colegio. Según este precepto "los profesores, los padres y, en su caso, los alumnos intervendrán en el control y gestión de todos los centros sostenidos por la Administración con fondos públicos".

---

81 Ar. 9 LCECV-89.

82 Art. 4.2 i) del Decreto 111/1989, de 17 de julio, del Consell de la Generalitat Valenciana, por el que se regulan los consejos escolares territoriales y municipales.

83 Art. 11.1 LCECV-89.

84 Art. 12 LCECV-89.

85 Art. 11.3 LCECV-89.

En consonancia con este modo de autogestión, la LBRL-85 facultó a los municipios *ex novo*[86], respecto de los centros docentes públicos, para "intervenir en sus órganos de gestión"[87]. Desde entonces la legislación sectorial —primero la LODE-85, luego Ley Orgánica 9/1995, 20 de noviembre, de la participación, la evaluación y el gobierno de los centros docentes (LOPEG-95), y en la actualidad la LOE-06— se inspira "en coherencia con lo prescrito por el artículo 27.7 de la Constitución en una concepción participativa de la actividad escolar" en la que el municipio se encuentra representado en el consejo escolar de centro[88].

Por lo tanto, desde 1985 hasta la actualidad, la intervención de los ayuntamientos en los órganos de gestión de los centros docentes se realiza a través del consejo escolar de los centros públicos, que es el órgano de "intervención de la comunidad educativa en el control y gestión de los centros sostenidos con fondos públicos a través del Consejo Escolar"[89]. Entre sus miembros se encuentra "un concejal o representante del Ayuntamiento en cuyo término municipal se halle radicado el centro"[90].

En los centros concertados, la LODE-85, al ser modificada por la LOE-06, extendió por primera vez la intervención municipal en la gestión de los centros concertados. Para ello ordenó que entre los

86 La integración de la Administración local en los órganos de gestión de centros docentes cuenta no obstante con un antecedente: los centros de enseñanza primaria en régimen de cooperación social creados por la Ley de 22 de diciembre de 1953. Éstos tenían por órgano superior de gobierno a un consejo rector, cuya "presidencia (...) recaerá en el representante de la entidad municipal" (art. 8 de la Ley de 22 de diciembre de 1953, sobre creación de centros de enseñanza primaria en régimen de cooperación social). A través de estos centros de enseñanza los padres de los alumnos, y en su caso las empresas públicas y privadas, los organismos del Movimiento y las corporaciones locales, previa autorización del Ministerio de Educación Nacional, podían contribuir a la creación de una red pública de educación primaria. Funcionaban en régimen de patronato y eran sostenidos por el Estado, los padres de los alumnos y en su caso por la Iglesia, las Corporaciones Locales, los organismos del Movimiento Nacional y otras entidades públicas o privadas.

87 Art. 25.2 n) LBRL-85.

88 Preámbulo LODE-85.

89 Art. art. 119.1 LOE-06.

90 Arts. 41.1 c) LODE-85, 10.1 c) LOPEG-95 y 126.1 c) LOE-06.

miembros de sus consejos escolares estuviera presente "un concejal o representante del Ayuntamiento en cuyo término municipal se halle radicado el centro"[91]. Sin embargo, la Ley Orgánica 8/2013, de 9 de diciembre, de mejora de la calidad educativa (LOMCE-13), eliminó este inciso del texto vigente de la LODE-85[92]. Como se verá, tras la Ley Orgánica 3/2020, de 29 de diciembre, reaparece la representación municipal.

## 2. *Desde 2013 hasta 2016*

A partir del principio "una Administración una competencia", la LRSAL-13 se propuso introducir nuevo marco de relación entre la Administración local y las demás Administraciones territoriales. En el plano competencial, y ciñéndonos al municipio, esta nueva relación se quiso caracterizar por dos elementos: la minoración de las materias obligatorias en las cuales los ayuntamientos debían intervenir necesariamente (competencias propias); así como por la supresión de las competencias complementarias y la cláusula genérica de atribución de competencias propias del art. 25.1 LBRL-85. Aquí y ahora interesa centrarnos en la primera y la tercera modificación.

Respecto de las competencias propias, éstas quedaron limitadas: "a participar en la vigilancia del cumplimiento de la escolaridad obligatoria y cooperar con las Administraciones educativas correspondientes en la obtención de los solares necesarios para la construcción de nuevos centros docentes"; y "la conservación, mantenimiento y vigilancia de los edificios de titularidad local destinados a centros públicos de educación infantil, de educación primaria o de educación especial"[93].

En cuanto a la a la cláusula genérica de atribución de competencias propias, con anterioridad a la LRSAL-13, la LBRL-85 establecía un sistema *numerus apertus* de competencias municipales. Tras la LRSAL-13 éstas debían "ejercerse en los términos previstos en (...) [el]

91 Art. 56.1 LODE-85.

92 DF 2.2 LOMCE-13.

93 Art. 25.2 n) LBRL-85.

artículo" 25[.2] LBRL-85[94]. De este modo, "el campo de actuación del municipio *se convirtió,* en principio, el ámbito de sus competencias con lo que en cierto modo se *desnaturalizó* el art. 25-1 como cláusula general" de atribución de competencias a los ayuntamientos[95]. Ello sería así porque la LRSAL añadió al art. 25.2 LBRL-85 la cláusula "en todo caso" para referirse a las competencias municipales. En definitiva, la finalidad de la LRSAL-13 fue considerar competencias propias las enumeradas *nominatim* en el art. 25.2 LBRL-85.

Para algunos, la reforma de 2013 propició que el Estado, excediendo la fijación de las bases de régimen local que le corresponde *ex* art. 149.18 CE, cruzase "la línea del Legislador Básico para situarse como Legislador de Armonización"[96]. Otros, entendieron que "el cambio de régimen jurídico de las competencias propias situó en calidad de impropias todas las competencias municipales atribuidas por los Legisladores Sectoriales (…) en materias no contenidas en el artículo 25.2"[97]. Este fue el parecer de MEDINA[98].

En el mismo sentido, para VELASCO, en aquellas materias en las que, como la educación, las CCAA tienen competencia legislativa de desarrollo, el art. 149.18 CE solo permitiría establecer un *siste-*

---

94 Es ilustrativa del *statu quo* la STS de 11 de mayo de 2005 [núm. rec. 4835/2000 y (*Tol 668327*)]: "Sí hallamos en el ámbito de la Ley de Bases de Régimen Local, en su art. 85.1 una calificación de servicios públicos locales que engloba todos cuantos tienden a la consecuencia de los fines señalados como de la competencia de las Entidades Locales. Previamente el art. 25.1 establece que el Municipio, para la gestión de sus intereses y en el ámbito de sus competencias, puede promover toda clase de actividades y prestar cuantos servicios públicos contribuyan a satisfacer las necesidades y aspiraciones de la comunidad vecinal. El apartado 2. Incluye en el epígrafe l) entre otros servicios el de suministro de agua, alcantarillado y tratamiento de aguas residuales" (FJ 5).

95 Alonso Más, María José (2014): "El nuevo régimen de las competencias municipales", en Domingo Zaballos, Manuel José (coord.), *Reforma del Régimen Local. La Ley de Racionalización y Sostenibilidad de la Administración Local: Veintitrés Estudios,* Aranzadi, Cizur Menor (Navarra), p. 160.

96 Navarro Rodríguez, Pilar y Zafra Víctor, Manuel (2014): "El pretendido blindaje autonómico de competencias municipales tras la reforma de la Administración Local", *op. cit.* p. 2.

97 *Ibidem* p. 3.

98 Medina Guerrero, Manuel (2014): *La Reforma del Régimen Local,* Tirant lo Blanch, Valencia.

*ma de atribución de competencias* a determinar por la legislación sectorial, estatal o autonómica, según corresponda: un *mínimo funcional*[99]. En consecuencia, para él, en los ámbitos señalados en el art. 25.2 LRBL-85 las Cortes Generales y las asambleas legislativas de las CCAA estarían llamadas a fijar las competencias municipales, entre otras, en materia de educación. En concreto, según su parecer, la legislación autonómica, cuando introdujera nuevas competencias, añadiría competencias "impropias" pero no propias[100].

En oposición a esta tesis, a juicio de CASTILLO, las materias atribuidas a los municipios por la legislación sectorial autonómica lo serían como competencias propias. Dicho con otras palabras, para

---

99 En opinión de Velasco, "el art. 25.2 LBRL no lesiona las competencias autonómicas. Simplemente, porque ese precepto no atribuye competencia alguna a los municipios. En efecto, el art. 25.2 LBRL no contiene un listado de materias en las que las leyes (estatales o autonómicas) deben atribuir necesariamente competencias a los municipios. Esta regulación parte de la premisa de que el Estado puede —al amparo de su competencia básica sobre el "régimen jurídico de las Administraciones Públicas (art. 149.1.18 CE)— establecer el *sistema de atribución* de competencias en aquellas materias que, conforme a los estatutos de autonomía, corresponden a las comunidades autónomas. Por lo dicho, el listado de materias del art. 25.2 LBRL siempre y sólo garantiza un mínimo funcional a los municipios. En las materias enunciadas en el art. 25.2 LBRL es obligatorio que las leyes atribuyan competencias a los municipios. Pero más allá de ese elenco mínimo de materias, en otras materias no relacionadas en el mismo art. 25.2 LBRL-85-85 cada comunidad autónoma (dentro de sus competencias sectoriales) bien puede atribuir numerosas tareas o funciones a sus municipios. En consecuencia, cuando la LRSAL-13-13 decide suprimir del listado ciertas materias "de interés local" (como la atención primaria a la salud o los servicios sociales) tan sólo resulta que el Estado ya no exige a las comunidades autónomas que atribuyan competencias en esas materias. El Estado habrá reducido la garantía mínima de autonomía municipal común para toda España. Peo obviamente no habrá impedido que cada comunidad autónoma mantenga, e incluso refuerce, las competencias sobre salud o servicios sociales en sus municipios". Velasco Caballero, Francisco (2014): "La Ley de racionalización y sostenibilidad de la Administración local en el sistema de fuentes del derecho local", en Domingo Zaballos, Manuel José (coord.), *Reforma del Régimen Local. La Ley de Racionalización y Sostenibilidad de la Administración Local: Veintitrés Estudios,* Aranzadi, Cizur Menor (Navarra), 2014, pp. 57 y 58.

100 Velasco Caballero, Francisco (2013): "Sobre el dictamen del consejo de Estado en relación con el Anteproyecto de ley de racionalización y sostenibilidad de la Administración local, *Boletín del Instituto de Derecho* Local, Universidad Autónoma de Madrid, núm. 46.

él, el art. 25.2 LBRL-85, debería entenderse, en estos casos, como un sistema de lista *numerus apertus:* la fijación de un mínimo común denominador de competencias propias[101].

ALONSO, por su parte, sostuvo que la LRSAL-13 contravenía la jurisprudencia constitucional, en particular la STC 214/1989, de 21 de diciembre[102], por cuanto que "en las materias de competencia autonómica, *eran* las CCAA las que debían conferir al municipio las correspondientes competencias sectoriales"[103]. En su opinión, era posible "entender el nuevo art. 25-2 [LBRL-85] en el mismo sentido que tenía hasta ahora el precepto: como un elenco mínimo de materias en que se deben conferir competencias a los municipios: pero sin perjuicio de que las leyes sectoriales puedan además conferirles competencias sobre materias distintas"[104].

Buena parte de estas interpretaciones chocaron con la efectuada por el Consejo de Estado (CdE), para el cual "lo que el artículo 25.2 de la LBRL *hizo fue* delimitar los ámbitos a los que podían extenderse las competencias municipales, que es precisamente lo que al legislador estatal *correspondía*". Para este órgano consultivo, "el hecho de que ello interfiera con la regulación autonómica vigente no *permitía* concluir que *existiera* en este caso una vulneración de las competencias autonómicas"[105].

Sin embargo, esta tesis no fue compartida por la jurisprudencia que arranca con la STC 41/2016, de 3 de marzo. Para el TC, debe "excluirse la interpretación de que los municipios solo pueden obtener competencias propias en las materias enumeradas en el art. 25.2 LBRL". En su opinión, "el Estado sólo podrá atribuir competencias locales específicas o prohibir que éstas se desarrollen en el nivel local

---

101 Castillo Blanco, Fernando (2014): "Una lectura de urgencia de la Ley 27/2003, de 27 de diciembre, de racionalización y sostenibilidad de la Administración local", *Diario de Derecho municipal,* Iustel, 3 de enero de 2014.

102 STC 214/1989, de 21 de diciembre [núm. rec. 610/1985 y (*Tol 8541*)].

103 Alonso Más, María José (2014): "El nuevo régimen de las competencias municipales", *op. cit.* p. 165.

104 *Ibidem* p. 164.

105 Consideración del dictamen del Consejo de Estado 567/2013, de 26 de junio, relativo al anteproyecto de Ley de racionalización y sostenibilidad de la Administración local.

cuando tenga competencias en la materia o sector de que se trate". Según dijera el TC "en materias de competencia autonómica, sólo las Comunidades Autónomas pueden atribuir competencias locales o prohibir que el nivel local las desarrolle, sujetándose en todo caso a las exigencias derivadas de la Constitución (singularmente, arts. 103.1, 135, 137 y 141 CE), las bases del régimen local ex art. 149.1.18 CE y, en su caso, los Estatutos de Autonomía"[106].

Llegados a este punto, señalamos cómo deberían haber reaccionado las Administraciones educativas y los municipios y sus representantes entre 2013 y 2016 para ajustarse al criterio del CdE. Para ello distinguiremos las materias que la LRSAL-13 mantuvo y suprimió.

Adelantamos aquí, no obstante que, entre 2013 y 2016, las CCAA reaccionaron "con diferentes instrumentos jurídicos (...) [con el fin de] mantener los servicios y competencias de las entidades locales como estaban antes de la entrada en vigor de la Ley" 27/2013, de 23 de diciembre, de racionalización y sostenibilidad de la Administración local[107].

## A) Competencias suprimidas

La LRSAL-13 hurtó a las entidades locales de la facultad de cooperar en la creación y construcción de centros docentes, así como de participar en la programación de la enseñanza e intervenir en los órganos de gestión de los centros docentes.

---

[106] FJ 9 STC 41/2016, de 3 de mayo [núm. rec. 1792/2016 y (*Tol 5688784*)].

[107] Carbonell Porras, Eloísa (2023): "*Las competencias locales diez años después de la LRSAL*", *Revista de Estudios de la administración Local y Autonómica*, núm. 19, p. 9. "Con el fin de inaplicar la LRSAL, "las CC.AA dispusieron que se mantuviera el *statu quo* de forma que los municipios conservaron las competencias atribuidas antes de 2013". "La primera que lo hizo mediante norma con rango de ley fue Castilla y León que, en el artículo 1 del Decreto-Ley 1/2014, de 27 de marzo, *estableció*: "Las competencias atribuidas a las Entidades Locales de Castilla y León por las leyes de anteriores a la entrada en vigor de la Ley 27/2013, del 27 de diciembre, de racionalización y sostenibilidad de la Administración Local, se ejercerán por las mismas de conformidad a las previsiones contenidas en la norma de atribución, en régimen de autonomía y bajo su propia responsabilidad, de acuerdo con lo establecido en el artículo 7.2 de la Ley 7/1985, de 2 de abril, de Bases del Régimen Local, todo ello sin perjuicio de lo dispuesto en los artículos siguientes del presente Decreto-ley". Las demás CC.AA *incluyeron* previsiones similares".

### a) *Creación de centros docentes públicos*

La LRSAL-13 privó a la Administración local de la competencia para crear centros docentes públicos. Como se ha tenido la oportunidad de exponer, la red local de centros docentes era marginal en 2013 ya que por esa fecha las Administraciones educativas eran titulares de inmensa mayoría de los centros públicos de enseñanza.

Teniendo en cuenta esto, en 2013, la integración de los centros de titularidad local no tendría por qué haber sido una cuestión compleja. Después tres cuartas partes de siglo XX de sustitución paulatina de la gestión de los colegios públicos de educación primaria de titularidad local, esta transición ya estaba prácticamente realizada. Existía además una experiencia reciente, la llevada a cabo en el País Vasco por la Ley 1/1993, de 19 de febrero, de la escuela pública vasca, con la red de Ikastolas.

### b) *Construcción de centros docentes públicos*

Probablemente, la pérdida de la competencia para levantar edificios sobre el suelo tampoco hubiera afectado al ritmo de renovación de las infraestructuras escolares. Según se expuso, durante buena parte del siglo XX quedó constatada la insuficiencia de recursos municipales y la desigual implicación de las EELL en este campo. Es más, en los últimos 40 años han sido las Administraciones educativas las que han construido los centros públicos.

Mayores problemas podría haber planteado la transmisión de la titularidad de las infraestructuras de los centros ya construidos. Como se ha visto, a lo largo del siglo XX, tanto el Estado como las EELL contribuyeron a la financiación y construcción de los centros docentes públicos[108].

Originariamente, la titularidad de los edificios correspondía al Estado o la entidad local en función de quién hubiese llevado a cabo la edificación. Como excepción, en los supuestos de ejecución por con-

---

108 Arts. 4 y 19 del RD de 23 de noviembre de 1920, 3 del RD de 10 de julio de 1928 y 3 del Decreto de 10 de junio de 1934.

venio, se estaría a lo dispuesto en él[109]. Esta situación cambió, para los centros de educación primaria, con las modificaciones de 1964 y 1965 de las leyes de construcciones escolares y sobre educación primaria de 1953 y 1945. Al disponerse que "los edificios públicos escolares, cualquiera que *hubiera* sido el procedimiento de su financiación, serán de propiedad del municipio"[110], operó un cambio de criterio: del de la construcción al de la adquisición municipal por ministerio de la ley. Lo dispuesto en las leyes de construcciones escolares y educación primaria es importante por cuanto la LGE-70 declaró la subsistencia de la normativa preexistente, pero con carácter reglamentario[111]. Sin embargo, tras la aprobación de la LOGSE-90 que deroga la normativa preexistente, ya no fue posible sostener la titularidad dominical por ministerio de la ley de los centros de educación primaria de nueva construcción.

Por ello, para saber quién fuera el propietario del inmueble habría que estar a la fecha de construcción, y si ésta es posterior a la LOGSE-90, a los diferentes convenios para la construcción del centro. También hubieran sido de utilidad los asientos del registro de la propiedad puesto que la Ley 33/2003, de 3 de noviembre, de patrimonio de las Administraciones Públicas, ordenó inmatricular sus bienes demaniales y el principio de la accesoriedad[112].

---

109 En la redacción original de la Ley de construcciones escolares de 1953 se afirmaba que "los edificios escolares o viviendas de Maestros construidos con arreglo a lo establecido en la presente Ley, serán propiedad del Estado cuando hayan sido edificados por él en su totalidad o con aportaciones de las Corporaciones o Entidades; y serán de propiedad de ésas los que hayan sido construidos por ellas, aun con alguna subvención del Estado. Para las construcciones realizadas al amparo del apartado b) del artículo tercero se estará a los términos del convenio" (art. 24). Al ser modificada por el Decreto-ley 11/1964, su art. 23 dispuso que "todos los edificios escolares y viviendas para Maestros existentes en el término municipal en donde radiquen las Escuelas Nacionales de Enseñanza Primaria serán de propiedad municipal, si bien no se podrán dedicar a fines distintos a la enseñanza sin previa autorización del Ministerio de Educación Nacional.

110 Art. 51 de la Ley sobre educación primaria en la redacción dada por la Ley 169/1965 y el Texto Refundido de la Ley de Enseñanza Primaria de 1967.

111 DA 4 LGE. La jurisprudencia del TS ha ratificado posteriormente vigencia de esta normativa. Así se han pronunciado las SSTS de 23 de abril de 1984 (RJ 1984/2155) y 1 de diciembre de 1993 [núm. rec. 10606/1990 y (*Tol 1687521*)].

112 Art. 36 y DT 5 de la Ley de patrimonio de las Administraciones Públicas y art. 353 del Código Civil.

### c) *Participación en la programación de la enseñanza*

Desde el punto de vista de la gestión, la pérdida de la facultad de los municipios de intervenir en la programación de la enseñanza hubiera sido sencilla. Bastaría dejar de oír o convocar a los representantes de la Administración local en los órganos colegiados de carácter participativo (Consejo Escolar del Estado, Consejo Escolar Valenciano y consejos escolares territoriales, municipales y de zona).

Sin embargo, desde el punto de vista jurídico, no puede conocerse que la relación entre la ley ordinaria y ley orgánica es de competencia y que el art. 86 LOE-06 así como los arts. 30 a 35 LODE-85 tienen carácter orgánico.

Por este motivo, entre 2013 y 2016 "las áreas de influencia de los [centros educativos] *debieron determinarse*, oídas las administraciones locales" y la Administración local debió formar parte de las "comisiones u órganos de garantías de admisión del alumnado"[113].

Por la misma razón, entre 2013 y 2016, el Consejo Escolar del Estado debió seguir funcionando con un representante de la FEMP porque el art. 31.1 i) LODE-85 así lo contemplaba (y contempla). En este sentido, hay que tener presente que mientras que el derecho a la educación, como derecho fundamental reconocido en el art. 27 CE, debe ser regulado por una ley orgánica, la regulación del sistema educativo y de las competencias municipales *ex* aps. 30 y 18 del art. 149.1 CE es propia de una ley orgánica.

En cualquier caso, la eventual eliminación de la presencia de la FEMP en el Consejo Escolar del Estado merece una segunda reflexión. ¿Hasta qué punto la presencia de la Administración local en un órgano representativo de los diferentes sectores implicados en la educación era contraria al espíritu racionalizador de la LRSAL-13? ¿Verdaderamente provocaba duplicidades la participación en órganos colegiados de la Administración local? En nuestra opinión, ni implicaba gastos económicos ni de personal.

En cuanto al resto de consejos escolares, para que la FEMP, el alcalde o los concejales no participasen en los consejos escolares pre-

---

113 Art. 86.1 y 2 LOE-06.

vistos en la LCEVal-89, ésta norma debería entenderse desplazada o devenida inconstitucional de manera sobrevenida en aquella previsión[114]. Este fue el parecer del Consejo de Estado, para el cual las CCAA tenían que acomodar "su legislación a lo dispuesto con carácter básico por el legislador estatal"[115].

Sin embargo, como se acaba decir, la idea de ausencia de duplicidades de la LRSAL-13 tiene difícil encaje en esta materia. Ausencia de duplicidades supone que "no se incurra en un supuesto de ejecución simultánea del mismo servicio público con otra Administración Pública"[116]. Cuestión distinta es la opinión que merezca la contribución a la racionalización de la Administración Local la supresión de su participación en la programación de la enseñanza de la FVMP.

A lo anterior cabe añadir, que en consejos escolares municipales y de distrito, corresponde su presidencia al "Alcalde del Ayuntamiento o concejal en quien delegue". Además, entre sus miembros debía —y debe— contar entre sus miembros con "un concejal delegado del Ayuntamiento"[117]. Lo anterior llevó al sinsentido de que, entre 2013 y 2016, estos consejos funcionasen "descabezados". A diferencia de los Consejos Estatal y Valenciano y los consejos territoriales, en los que la participación de la Administración local es minoritaria y la ausencia de sus representantes probablemente no haga resentir su funcionamiento, la atribución de la presidencia de éstos a un miembro electo de la corporación municipal hacía precisa la presencia de la Administración local en ellos.

---

114 No es lugar ahora para posicionarse acerca del efecto que se produce en la legislación autonómica cuando contraviene la normativa básica posterior. Basta ahora significar que para el TS deben entenderse desplazadas —incluso por la jurisdicción ordinaria— mientras que para el TC aquéllas devienen inconstitucionales sobrevenidamente. En este sentido se pronuncian las SSTS de 6 de junio de 2007 [núm. rec. 7376/2003 y (*Tol 1124210)*] y 9 de diciembre de 2008 [núm. rec 8475/2004 y (*Tol 1413389)*].

115 Consideración VI a) del dictamen 567/2013, de 26 de junio, del Consejo de Estado al anteproyecto LRSAL-13.

116 Art. 7.4 LBRL-85.

117 Art. 12 LCECV.

*d) Intervención en los órganos de gestión de los centros docentes públicos*

La reforma local de 2013 eliminó la presencia de representantes municipales en los órganos de gestión de los centros docentes, en concreto del consejo escolar de centro. Quiso poner fin a la más reciente de las funciones de la Administración Local en materia de educación. En opinión de ALONSO, "realmente, poco sentido tenía (...) su intervención en los órganos de gestión de los centros docentes públicos"[118].

En principio, la supresión de esta competencia municipal debiera correr parecida suerte a la prevista para las la FVMP en la participación en el Consejo Escolar Valenciano y los ayuntamientos en los consejos escolares de ámbito infra autonómico. También le es aplicable la reflexión hecha sobre la inexistencia de duplicidades con la presencia del representante municipal.

Ahora bien, de modo análogo a lo sucedido en el Consejo Escolar del Estado, hay que reiterar que mientras una ley orgánica prescriba cuál debe ser la composición de los consejos escolares de centro, la reordenación de las funciones que corresponde a la Administración local en ellos debe ser efectuada por las Cortes Generales con la mayoría y el procedimiento previsto en el art. 81 CE y los Reglamentos del Congreso de los Diputados y del Senado.

Debe entenderse que la LOE-06 al prescribir con carácter orgánico la presencia en los centros públicos de enseñanza de "un concejal o representante del Ayuntamiento en cuyo término municipal se halle radicado el centro"[119], no estuvo desplazada por el art. 25.2 n)

---

118 ALONSO MÁS, María José (2014): "El nuevo régimen de las competencias municipales", *Op. Cit.* p. 167. A juicio de esta autora, si la participación de los poderes públicos responde al modelo de autogestión de la enseñanza diseñado en la CE, es suficiente que una Administración territorial —la Administración educativa— garantice los intereses de los poderes públicos. Sería suficiente prever la presencia del inspector de educación en estos órganos. Dentro del personal al servicio de la Administración educativa, este cuerpo docente, por su número, capacitación, experiencia y ordenación jerárquica de sus miembros, es el que mejor puede actuar en nombre de aquélla.

119 Art. 126.1 c) LOE-06.

LBRL-85 (*cfr.* DF 7 LOE). El principio de competencia prohíbe que una ley ordinaria afecte al contenido de otra orgánica.

## B) Competencias retenidas temporalmente

La reforma de la LRSAL-13 no se limitó en minorar las competencias municipales en materia de educación. Su DA 15 previó un régimen transitorio conforme al cual las competencias que todavía retenían los ayuntamientos *ex* art. 25.2 n) LBRL-85 —escolarización obligatoria, obtención de solares, conservación, mantenimiento y vigilancia centros docentes de educación infantil, primaria y especial— fueran transferidas en el futuro a las Administraciones educativas. Ello tendría lugar, una vez se aprobasen "las normas reguladoras del sistema de financiación de las Comunidades Autónomas y de las haciendas locales [, las cuales] *fijarían* los términos en los que las Comunidades Autónomas *asumirían* la titularidad de las competencias que se prevén como propias del Municipio (...), para lo que se contemplará el correspondiente traspaso de medios económicos, materiales y personales"[120].

Este precepto, no obstante, fue vaciado de contenido por la STC 61/2014 al entender que "la Ley de racionalización y sostenibilidad de la Administración local *había* incurrido en una evidente antinomia al imponer a las Comunidades Autónomas obligaciones de signo opuesto cuyo cumplimiento simultáneo resulta imposible: respecto de los mismos servicios, la Comunidad Autónoma está obligada, a la vez, a descentralizar y a centralizar"[121].

Por ello, a juicio del TC, "a la vista de lo dispuesto en el art. 25.2 n) LBRL, de la ausencia de una fecha límite para la articulación de un traspaso y, en general, del tenor de la disposición adicional decimoquinta de la Ley de racionalización y sostenibilidad de la Administración local, [...] *interpretó* que el legislador básico no *había* prohibido que la ley autonómica *atribuyera* aquellas tareas como competencia propia municipal. Consecuentemente, [el TC falló que] las

---

120 DA 15 LRSAL3-13.

121 F4 13 e) STC 41/2016, de 3 de marzo [núm. rec. 1792/2014 y (*Tol 5688784*)].

Comunidades Autónomas no *estaban* obligadas a centralizarlas; antes bien, *estaban* obligadas a asegurar que los municipios dispongan "en todo caso" de competencias propias dentro de ellas [art. 25.2 n) LBRL]"[122].

### 3. Desde 2016 a la actualidad

La etapa actual arranca con la STC 41/2016. Como se acaba de decir, ésta se caracteriza por considerar que "aquellas competencias que no figuran en el listado del art. 25.2 [n) LBRL-85], ya no forman parte de contenido mínimo de las competencias" municipales en todo el país. Sin embargo, "la LRSAL no deroga competencias [propias] atribuidas mediante ley, por el Estado, y las CC.AA., con anterioridad a su vigencia"[123].

Esta circunstancia ha provocado una situación gatopardiana caracterizada por querer cambiarlo todo para que todo siga igual, al menos en la Comunitat Valenciana, cuya legislación de régimen local —deudora de la redacción original de la LBRL-85— ha permitido mantener las competencias municipales suprimidas por la LRSAL-13.

A exponer esta situación dedicamos las siguientes páginas partiendo de los títulos competenciales de la redacción original de la LBRL-85.

#### A) Creación, construcción y sostenimiento de centros docentes públicos

La redacción vigente de la LBRL-85, dada por la LRSAL-13, limita la intervención de las entidades locales a la "conservación, mantenimiento y vigilancia de los edificios de titularidad local destinados a centros públicos de educación infantil, de educación primaria y educación especial. Sin embargo, el art. 33.3 o) de la Ley 8/2010, de 23

---

[122] F4 13 e) STC 41/2016, de 3 de marzo [núm. rec. 1792/2014 y (*Tol 5688784*)].

[123] García Maties, Rafael (2015): "Las competencias municipales tras la reforma operada por la Ley 27/2013", *Revista de Estudios de la Administración Local y Autonómica,* núm. 3 p. 121.

de junio, de régimen local de la Comunitat Valenciana (LRLVal-10) afirma que **"los municipios valencianos [pueden] cooperar con la administración educativa en la creación, construcción y sostenimiento de los centros docentes públicos".**

De este modo, en la Comunitat Valenciana, se mantiene el esquema competencial de competencias propias diseñado en 1985 por las Cortes Generales.

En efecto, los ayuntamientos, tienen las siguientes competencias propias en relación con la creación, construcción y sostenimiento de los centros docentes públicos.

### *a) Creación de centros docentes públicos*

Aunque los ayuntamientos, mediante convenio con la Generalitat, pueden crear centros docentes, "en la práctica, en el momento actual, subsisten pocos centros educativos de titularidad propia de las Entidades Locales que impartan (...) Educación Infantil, Educación Primaria, Educación Secundaria Obligatoria y Post-obligatoria"[124]. Ello es debido, "en parte, por la exigencia del (...) consentimiento de la Administración educactiva [manifestado mediante convenio] (...), en parte, por la importancia para los entes locales de los costes de implantación y los costes de mantenimiento posteriores, incluidos los del profesorado, y en parte, por la tendencia a integrar en la red de centros de titularidad de la Administración de la Comunidad Autónoma"[125].

**En la Comunitat Valenciana, hoy en día, la mayoría de los centros de titularidad local imparten educación infantil de primer ciclo y para personas adultas[126]. También es significativo el número de centros de**

---

124 Tardío Pato, José Antonio (2010): *Las competencias educativas de los entes locales en España,* Iustel, Madrid, p. 184.

125 Tardío Pato, José Antonio (2012): Tardío Pato, José Antonio (2012): "Las competencias municipales de los entes locales en España (II)", *op. cit.*

126 La ciudad de Barcelona constituye una excepción. A través del Instituto Municipal de Educación de Barcelona se gestionan 87 centros educativos: 53 escuelas de educación infantil de primer ciclo, 13 centros de educación infantil y primaria, y 9 institutos de educación secundaria, 4 de educación especial, 6 de enseñanzas artísticas, 2 de educación de personas adultas.

**enseñanzas artísticas. Como excepción el Ayuntamiento de Valencia es titular de tres centros de educación infantil y primaria (CEIP).**

Según resulta de la guía de centros docentes de la Conselleria de Cultura, Educación, Universidades y Empleo, en la Comunitat Valenciana, existen los siguientes centros municipales:

i. 246 centros de educación infantil de primer ciclo (56 en la provincia de Alicante, 23 en la provincia de Castellón y 167 en la provincia de Valencia), frente a 510 de la Generalitat (Anexo II).

ii. 3 centros de educación infantil y primaria en la ciudad de Valencia (Benimaclet, Fernando de los Ríos y Santiago Grisolía), frente a los 1005 de la Generalitat en toda la Comunitat Valenciana.

iii. 134 centros de formación de personas adultas (38 en la provincia de Alicante, 13 en la provincia de Castellón y 83 en la provincia de Valencia), de los 213 de titularidad pública (Anexo III).

iv. 25 conservatorios profesionales de música (13 en la provincia de Alicante, 1 en la provincia de Castellón y 1 en la provincia de Valencia), frente a los 54 de titularidad autonómica (Anexo IV).

v. 3 conservatorios elementales de danza, todos ellos en la provincia de Alicante, de los 6 que hay de titularidad pública (Anexo IV).

vi. 1 conservatorio profesional de danza en la provincia de Valencia, de los 6 que hay en la Comunitat Valenciana (Anexo IV).

Fuera del sistema educativo también gestionan 19 escuelas de música, 9 escuelas de danza y 1 escuela de artes escénicas (Anexo IV).

Como singularidad, la mancomunidad de municipios del Rincón de Ademuz es titular de una escuela infantil de primer ciclo de educación infantil en la localidad de Casas Bajas y la del Alto Palancia de una escuela de música en la localidad de Soneja[127].

En definitiva, dejando de lado los tres CEIP de la ciudad de Valencia, en la Comunitat Valenciana, existen escuelas municipales de

[127] Esta previsto que la Generalitat asuma la titularidad de la escuela de educación infantil de primer ciclo de las Casas Bajas para el curso 2024/2025.

primer ciclo de educación infantil, algunas de las cuales se gestionan indirectamente mediante contratos. Su creación por los ayuntamientos se enmarca en "la promoción del incremento progresivo de la oferta de plazas públicas que [la LOE] prevé para el primer ciclo"[128]. Además, tal y como contempla el art. 27.3 e) LBRL-85, es necesaria una delegación de competencia. También cuentan los municipios: con centros de enseñanzas artísticas, tanto de enseñanzas regladas como para impartir estudios que no conduzcan a la obtención de un título oficial. Finalmente existen centros municipales de formación para personas adultas.

La tendencia actual es el mantenimiento de las escuelas de educación infantil de primer ciclo y los centros de formación de personas adultas. En cambio, los centros de enseñanzas artísticas de carácter reglado están empezando a integrarse en la red de la Generalitat. De hecho, el art. 121 de la Ley 7/2021, de 29 de diciembre, de la Generalitat, de medidas fiscales, de gestión administrativa y financiera y de organización de la Generalitat 2022, regula el régimen jurídico de integración de los conservatorios profesionales de música y danza de las Administraciones locales en la red valenciana de titularidad de la Generalitat. Y al amparo de ésta, mediante resolución del conseller de Educación, Cultura y Deporte de 2 de diciembre de 2022, se acordó suscribir convenios con los respectivos ayuntamientos para integrar los conservatorios profesionales de música de Altea, Benicarló, Llíria, Meliana, y el conservatorio profesional de danza de Novelda[129].

Por otro lado, la Generalitat suele convocar anualmente órdenes de ayudas para los titulares de centros docentes municipales. Así ocurre con las escuelas de educación infantil de primer ciclo y los centros formación de personas adultas, así como de enseñanzas artísticas[130].

---

128 TARDÍO PATO, José Antonio (2012): TARDÍO PATO, José Antonio (2012): "Las competencias municipales de los entes locales en España (II)", *op. cit.*

129 ACUERDO de 2 de diciembre de 2022, del Consell, por el que se integran en la red de centros públicos de la Generalitat diversos conservatorios profesionales de Música y Danza (Diari Oficial de la Generalitat Valenciana de 12 de diciembre de 2022).

130 *Cfr.* Orden 14/2024, de 19 de junio, de la Conselleria de Educación, Universidades y Empleo, de aprobación conjunta de las bases reguladoras y la convocatoria

En otro orden de cosas, cabe destacar, en los centros de titularidad municipal, que el ayuntamiento asume la gestión integral de los mismos, y por lo tanto no solo su vigilancia, conservación y mantenimiento, sino también su construcción y reforma, así como el pago de las nóminas del personal docente y de administración y servicios.

### *b) Construcción de centros docentes públicos*

**La construcción de centros docentes se realiza, generalmente, por la Generalitat. Ésta se sirvió hasta 2013 de Construcciones e Infraestructuras Educativas de la Generalitat SA (CIEGSA). En los años siguientes se centralizó la construcción de colegios en la Conselleria de Educación, Cultura y Deporte hasta la creación del programa "Edificant" en 2017.**

En la actualidad la construcción de centros docentes es accesoria a la titularidad del centro docente. Los ayuntamientos sólo construyen colegio como excepción. Un ejemplo lo tenemos en el convenio de colaboración entre la Generalitat y el Ayuntamiento de Elx para las obras de ampliación del CEIP La Baia[131].

Aunque exceda de nuestro cometido, en la actualidad, en la Comunitat Valenciana, la norma de referencia en materia de construcción de centros docentes es el Decreto-ley 5/2017, de 20 de octu-

---

para la concesión de ayudas económicas destinadas a la escolarización en los centros autorizados de Educación Infantil y escuelas infantiles municipales de primer ciclo de la Comunitat Valenciana correspondiente al curso 2024-2025. Orden 29/2018, de 16 de julio, de la Conselleria de Educación, Investigación, Cultura y Deporte, por la que se modifica la orden 39/2016 de 27 de julio de la Conselleria de Educación, Investigación, Cultura y Deporte, por la que se establecen las bases reguladoras de las subvenciones para las corporaciones locales y entidades privadas sin ánimo de lucro que desarrollan la formación de personas adultas en la Comunitat Valenciana. ORDEN 17/2023, de 1 de junio, de la Conselleria de Educación, Cultura y Deporte, por la cual se aprueban las bases reguladoras de subvenciones a conservatorios municipales, centros autorizados y centros integrados de enseñanzas generales y enseñanzas artísticas, elementales o profesionales, de música y de danza.

131 El convenio, entre la Generalitat y el Ayuntamiento de Elx, fue resuelto por mutuo acuerdo el 28 de diciembre de 2018 con el fin de ejecutar la ampliación del CEIP La Baia a través del programa Edificant.

bre, del Consell. Éste establece el régimen jurídico de cooperación entre la Generalitat y las Administraciones locales de la Comunitat Valenciana para la construcción, ampliación, adecuación, reforma y equipamiento de centros públicos docentes de la Generalitat. En particular, "dicha cooperación se *materializa*, principalmente, a través de la delegación, por parte de la Generalitat, del ejercicio de sus competencias en materia de construcción, ampliación, adecuación, reforma y en su caso equipamiento, de centros públicos docentes de la Generalitat"[132].

### *c) Sostenimiento de los centros docentes públicos*

Como se acaba de decir, en la Comunitat Valenciana, los ayuntamientos pueden cooperar en el "sostenimiento de [todos] los centros docentes públicos", y tienen la obligación de "*conservar, mantener y vigilar* los edificios y recintos de los colegios públicos de educación infantil, de educación primaria y de educación especial"[133]. Además, cabe destacar que esta segunda función se proyecta, no sólo sobre los centros de "titularidad municipal", como prevé la LBLR-85, sino sobre todos los colegios públicos. Como se verá en el apartado B), esta solución encuentra su razón de ser en la propiedad municipal del edificio. Esa titularidad, empero, al estar el edificio afecto al uso educativo, no le permite usar[lo] "fuera del horario lectivo para activi-

---

132 Art. 1.2 5/2017, de 20 de octubre, del Consell. La cooperación se estructura a través del "Programa Edificant", el cual abarca las siguientes actuaciones: equipamiento deportivo y parques infantiles, cocinas de comedores escolares, instalaciones fotovoltaicas de autoconsumo, edificios de uso docente, instalaciones de telecomunicaciones, etc.

133 Art. 33 o) LRLVal-10. El alcance de la competencia municipal previsto en la LRLVal-10 es mayor que el contemplado en el art. 25.2 m) LBRL-85, que, tras la LRSAL-13, limita el cometido de los ayuntamientos a los centros de titularidad local. Aquél es deudor de la DA 15.2 LOE-06 que atribuye competencias en relación con la "conservación, el mantenimiento y la vigilancia de los edificios destinados a centros públicos de educación infantil, de educación primaria o de educación especial". De hecho, el art. 33.3 o) LRLVal-10 neutraliza la primacía del del art. 25.2 o) LBRL-85 sobre la DA 15.2 LOE-06 declarada por la STS 1377/2021, de 25 de noviembre [rec. 183/2020 y (*Tol 8690225*)], que entiende que la legislación educativa ha sido derogada tácitamente.

dades educativas, culturales, deportivas u otras de carácter social"[134]. Esta decisión corresponde a la Administración educativa. Eso sí, el municipio puede promover "el doble uso de las instalaciones deportivas pertenecientes a los centros docentes o a los municipios"[135].

En la práctica, **la intervención de los municipios se centra en el cuidado de los centros de educación de educación infantil, primaria y especial, y limitado, además de la vigilancia, a las operaciones de conservación y mantenimiento, incluyendo la limpieza.**

**La vigilancia se lleva a cabo mediante el personal subalterno**. Éste se encarga de la apertura y cierre del colegio, de la atención de padres de alumnos, así como de otras tareas de asistencia como el mobiliario, el teléfono, etc.

En cuanto a **las tareas de conservación y mantenimiento,** éstas, de acuerdo con la Ley 9/2017, de 8 de noviembre, de contratos del sector público (LCSP-17), **son las que atienden a aquellos "menoscabos que se produzcan en el tiempo por el natural uso del bien"**[136]. Alcanzan pues, a desperfectos relacionados con el alumbrado, la calefacción, el suministro de agua y energía, tejados, pintura, puertas, ventanas, cristales, y en general todas aquellas actuaciones necesarias para mantener el edificio en condiciones normales de uso[137]. En ocasiones, ocurre sin embargo que la dejadez de las entidades locales provoca que, con el tiempo, lo que debía ser una simple tarea de conservación y mantenimiento se "transforma" en una obra de reforma que acaba asumiendo la Generalitat.

---

134 DA 15.6 LOE-06.

135 DA 15.7 LOE-06.

136 Art. 232.5 LCSP-17.

137 A efectos presupuestarios, el art. 21 de la Orden EHA/3565/2008, de 3 de noviembre, reguladora de la estructura de los presupuestos municipales, considera como gastos de "conservación y mantenimiento", entre otros: "Gastos de conservación y reparación de infraestructuras y bienes inmuebles destinados al uso general, ya sean propios o arrendados, pudiendo afectar, a modo de ejemplo, a vías públicas, alumbrado público, instalaciones de semáforos e instalaciones industriales. Gastos de conservación y reparación del mobiliario. Gastos por vigilancia, revisión, conservación y mantenimiento de máquinas e instalaciones de oficinas. Gastos de mantenimiento o de carácter análogo que originen los equipos de proceso y transmisión de datos e informáticos y de instalaciones telefónicas o de control de emisiones radioeléctricas".

La limpieza suele externalizarse mediante la contratación de empresas especializas.

### B) Cooperación en la obtención de solares para la construcción de construir nuevos centros docentes

La facilitación de solares es una competencia municipal centenaria. A ella se refieren tanto la LBRL-85 como la LRLVal-10. Ésta se lleva a cabo, en el supuesto de los CEIP, mediante una "puesta a disposición", y en el resto de los centros a través la transmisión de la propiedad[138]. En el primer caso, aquélla tiene ser aceptada por la Conselleria con competencias en materia de educación, la cual, después de construir el edificio, devuelve la parcela al ayuntamiento que será el propietario de la edificación por ser titular del suelo al amparo del principio *superficie solo cedit.*

Por otro lado, cabe destacar que la LOE-06, antes de ser reformada por la Ley Orgánica 3/2020, de 29 de diciembre, disponía que "los municipios cooperarán con las Administraciones educativas correspondientes en la obtención de los solares necesarios para la construcción de nuevos centros docentes", en general[139].

La cooperación en la obtención de solares alcanzaba también a los centros concertados, y daba cabida a la cesión de suelo público para la creación de centros de iniciativa social. En efecto, en 2013, la LOE-06 al ser modificada por la Ley Orgánica 8/2013, de 9 de diciembre, de mejora de la calidad educativa, consagró que "las Administraciones educativas podrán convocar concursos públicos para la construcción y gestión de centros concertados sobre suelo

---

138 La puesta a disposición de los CEIP se realiza aplicando el art. 4.1 del RD 2274/1993, de 22 de diciembre, de cooperación de las corporaciones locales con el Ministerio de Educación y Ciencia, de aplicación supletoria en la Generalitat. En el caso de los institutos de educación secundaria o centros de educativos de enseñanzas de régimen especial el art. 4.2 de esta norma prevé que se produzca una cesión dominical del art. 110 del RD 1372/1986, de 13 de junio, por el que se aprueba el Reglamento de bienes de las entidades locales.

139 DDAA 17.3 LOGSE y 15.2 LOE.

público dotacional"[140]. A estos centros se los denominó de iniciativa social.

Con esta previsión se vino a positivizar una práctica de varias Administraciones educativas de ceder suelo a entidades privadas a las que luego se les adjudicaría un concierto educativo[141]. Durante las dos primeras décadas del siglo XX diversas CCAA —singularmente Madrid y tímidamente las de Castilla-La Mancha y la Comunitat Valenciana— promovieron la educación en libertad a través de la "cesión de suelo público para la construcción y gestión de centros concertados". En la Comunitat Valenciana, aunque se promovió la licitación de dos centros de iniciativa social con solares cedidos por los ayuntamientos de Elche y Calpe en 2014 no llegó a cuajar la iniciativa.

En la actualidad, sin embargo, desde la reforma de la LOE-06, por la Ley Orgánica 3/2020, de 29 de diciembre, esta previsión ha desaparecido de la LOE-06[142]. En el mismo sentido viene pronunciándose la LRLVal-10 desde hace quince años al constreñir "la obtención de solares para la construcción de nuevos centros públicos"[143].

Sin embargo, el art. 116 de la Ley de acompañamiento a los presupuestos de la Generalitat Valenciana para 2012 sigue contemplando que "la Generalitat podrá (...) otorgar concesiones sobre bienes demaniales de su titularidad, así como los que le hayan sido transmitidos por otras administraciones, para la construcción de centros

---

140 Art. 116.8 LOE-06. La cesión de suelo público dotacional para la apertura de centros docentes concertados: una nueva manifestación del estado garante.

141 *Cfr.* GUARDIA HERNÁNDEZ, Juan José (2012): "Concesión de uso privativo de suelo de dominio público municipal para un centro docente concertado en la Comunidad Valenciana", *Práctica Urbanística*, núm. 116, pp. 12 a 29. GUARDIA HERNÁNDEZ, Juan José y MANENT ALONSO, Luis (2015): "La cesión de suelo público dotacional para la apertura de centros docentes concertados: una nueva manifestación del estado garante", *Revista Catalana de Dret Públic*, núm. 51, pp. 174-190.

142 La Ley Orgánica 3/2020, por un lado, ha suprimido el art. 116.8 LOE-16, y por otro, en la DA 15.4 LOE-06 ha limitado la cooperación de los municipios con las Administraciones educativas a la "obtención de los solares necesarios para la construcción de nuevos centros docentes públicos".

143 Art. 33.3 o) LRLVal-10.

educativos de titularidad privada que reúnan los requisitos para ser sostenidos con fondos públicos"[144].

### C) Cooperación en la vigilancia del cumplimiento de la escolarización obligatoria

Tradicionalmente la cooperación en la vigilancia del cumplimiento de la escolarización obligatoria estuvo encuadrada como una competencia municipal vinculada a la educación. Sin embargo, en la actualidad, **"el marco legal de la vigilancia del cumplimiento de la escolaridad obligatoria** ha cambiado porque **ya no se encuentra en la legislación educativa (...) ni tampoco en la legislación de régimen local,** más allá de la genérica referencia contenida en el art. 25.2 n) de la Ley Reguladora de las Bases de Régimen Local [y en el art. 33.3 o) LRLVal], **sino en la legislación de protección de menores**, y se enmarca, por consiguiente, en las competencias en materia de servicios sociales de las comunidades autónomas"[145].

En la Comunitat Valenciana, la norma de referencia es la Ley 26/2018, de 21 de noviembre, de la Generalitat, de derechos y garantías de la infancia y la adolescencia (LIAVal-18). Ésta atribuye las siguientes funciones a los ayuntamientos:

i. La participación, con la Conselleria de Educación, en "la elaboración de un plan marco contra la no escolarización, el absentismo y el abandono escolar, el cual formará parte de la Estrategia valenciana de infancia y adolescencia, cuya ejecución y seguimiento corresponderá a ambas"[146].

ii. Participación en las "comisiones de prevención, seguimiento y control del absentismo y abandono escolar, donde se establecerá la presencia de profesionales de los departamentos com-

---

144 Art. 116 de la Ley 9/2011, de 26 de diciembre, de medidas fiscales, de gestión administrativa y financiera y de organización de la Generalitat Valenciana.

145 Míguez Macho, Luis (2024): "Las competencias educativas de las entidades locales", *op. cit.* p. 42.

146 Art. 49.3 LIAVal-18.

petentes en materia de servicios sociales, salud mental, infancia, juventud y educación" de la Generalitat Valenciana[147].

iii. Creación de comisiones municipales de prevención y control del absentismo escolar en la que las áreas "municipales de educación, servicios sociales y juventud" se coordinarán con los servicios psicopedagógicos y el departamento de orientación escolar"[148].

De estas tres previsiones, la más útil son las comisiones municipales de prevención y control del absentismo y la falta de escolarización.

En efecto, la intervención del municipio se despliega en dos niveles: el absentismo y la falta de escolarización. Para combatir el absentismo, existen equipos interdisciplinares municipales, los cuales, una vez reciben la comunicación del centro docente de una situación de absentismo, se ponen en contacto con las familias con el fin de orientarlas para que sus hijos reanuden la asistencia a clase. En los casos más graves también dar parte a la fiscalía del menor para que persiga a los padres que incumplen sus obligaciones familiares.

Ante situaciones de falta de escolarización —incluyendo la escolarización tardía (fuera del período de matrícula) de menores recién llegados al municipio— también intervienen los equipos interdisciplinares de los ayuntamientos. Su cometido consiste en promover escolarización tan pronto tienen noticia de menores, que por diversas razones no están escolarizados.

Por otro lado, un interrogante que plantea el desempeño de esta función municipal es la cesión de datos de carácter personal con arreglo a la ley. Como quiera que son los ayuntamientos quienes gestionan el padrón municipal, son ellos los conocedores de los menores empadronados en el municipio que anualmente cumplen los seis años, y por lo tanto deben estar escolarizados. Mediante un intercambio de información con la conselleria competente en materia de servicios sociales se hace posible, porque la ley lo permite, conocer

---

[147] Art. 49.4 LIAVal-18.

[148] Art. 49.5 LIAVal-18.

qué menores efectivamente están cursando enseñanza obligatoria, así como quiénes deberían estar escolarizados[149].

## D) Participación en la programación de la enseñanza

**Aunque la LBRL-85 ya no contempla la participación de las entidades locales en la programación de la enseñanza, ésta continúa desempeñándose** por dos razones: "en la enseñanza confluyen la reserva de Ley Orgánica (en relación con el desarrollo de los derechos fundamentales del art. 27)" y la legislación básica en materia de educación del art. 149.1.30 CE[150]; la LRLVal-10 y LCEVal-89 siguen

149 A estos efectos, el art. 3 i) de la Ley Orgánica 15/1999, de 13 de diciembre, de protección de datos de carácter personal (LOPD), se entiende por cesión de datos "toda revelación de datos realizada a una persona distinta del interesado". De acuerdo con el art. 11 LOPD, como regla general, "sólo podrán ser comunicados a un tercero para el cumplimiento de fines directamente relacionados con las funciones legítimas del cedente y del cesionario con el previo consentimiento del interesado". Como excepción será posible la cesión no consentida de datos "cuando la cesión está autorizada en una ley". Por este motivo, ante la imposibilidad material de recabar autorizaciones singulares, es necesario acudir a la norma que regula el régimen jurídico del padrón municipal para constatar la existencia de cobertura legal. El art. 16 LBRL-85 consigna que "los datos del Padrón municipal se cederán a otras Administraciones Públicas que lo soliciten sin consentimiento previo del afectado solamente cuando les sean necesarios para el ejercicio de sus respectivas competencias, y exclusivamente para asuntos en los que la residencia o el domicilio sean datos relevantes"
Del art. 71.4 LOE resulta el deber de las Administraciones educativas de "garantizar la escolarización, regular y asegurar la participación de los padres o tutores en las decisiones que afecten a la escolarización y a los procesos educativos de este alumnado". En el caso que nos ocupa el domicilio o la residencia son un dato relevante a estos efectos. "Los ficheros o registros de población, entre los que cabe incluir al, Padrón municipal, [se configuran] como un elemento de comunicación entre los distintos órganos de las administraciones públicas y de los ciudadanos" FJ 5 de la SAN de 21 de abril de 2004 [rec. 637/2002 y (*Tol 496567*)].
En definitiva, a partir de los arts. 16.3 LBRL-85-85 y 71.4 LOE las Entidades Locales pueden ceder a las Administraciones educativas los datos relativos a los menores empadronados en el municipio que han de incorporarse a la educación obligatoria, para que la éstas comprueben que los menores se han integrado en el sistema educativo.

150 Vidal MonferreR, Rosa (2014): "Competencias locales en materia de educación, sanidad, servicios sociales y servicios de contenido audiovisual", en Domingo Za-

disponiendo que los ayuntamientos "*participarán* en la programación de la enseñanza"[151].

Esta participación se realiza, fundamentalmente, oyendo a los municipios a través de su representante en el consejo escolar municipal cuando así lo prevé la normativa sectorial.

Así, entre otros extremos, por preverlo la LOE-06, una ley orgánica, "las áreas de influencia de los [centros educativos] se determinarán, oídas las administraciones locales" a través de los consejos escolares municipales[152]. En la Comunitat Valenciana, además, el Decreto 253/2019, de 29 de noviembre, del Consell, de organización y funcionamiento de los CEIP, prevé que también se oiga al consejo escolar municipal para crear —también cambiar el nombre—, modificar y suprimir centros docentes, así como para crear y suprimir unidades de educación infantil, primaria y especial[153]. En particular el consejo escolar municipal es consultado anualmente sobre el "arreglo escolar", estos es, la resolución en la que se crean y suprimen unidades según la previsión de necesidad de escolarización.

Por otro lado, por así preverlo la LOE-06, la Administración local formará parte de las "comisiones u órganos de garantías de admisión del alumnado"[154]. En la Comunitat Valenciana, estos órganos son las comisiones de escolarización municipales y de distrito, previstas en el Decreto 48/2024, de 23 de abril, del Consell, por el que se regula el proceso de admisión en los centros docentes públicos y privados concertados que imparten enseñanzas de educación infantil, educación primaria, educación secundaria obligatoria y bachillerato, y en los centros de educación especial, en la Comunitat Valenciana.

---

ballos, Manuel José (coord.), *Reforma del Régimen Local. La Ley de Racionalización y Sostenibilidad de la Administración Local: Veintitrés Estudios*, Aranzadi, Cizur Menor (Navarra), p. 217.

151 Art. 33.3 o) LRLVal-10.

152 Art. 86.1 LOE-06.

153 Arts. 3, 4 y 5.8 del Decreto 253/2019, de 29 de noviembre, del Consell, de organización y funcionamiento de los CEIP.

154 Art. 86.2 LOE-06.

Las comisiones de escolarización son órganos dependientes del consejo escolar del centro que se constituyen durante el período de matrícula. En ellas formará parte un representante de la Administración local. Entre sus funciones cabe destacar: además de supervisar el proceso de admisión; cuantificar las plazas que se reservan al alumnado con necesidad específica de apoyo educativo y con necesidad de compensación de desigualdades; asignar puestos escolares a alumnos que no dispongan de plaza o se escolaricen tardíamente; etc.[155].

En otro orden de cosas, hay que recalcar que siguen en funcionamiento, como órganos consultivos, los Consejos Escolares Estatal y Valenciano porque así lo prevé la LODE-85 para el Consejo Escolar del Estado y la LCEVal-89, respectivamente.

### E) Intervención en los órganos de gestión de los centros docentes

**La intervención de los ayuntamientos en los órganos de gestión de los centros docentes ha seguido una suerte pareja a la de su participación en la programación de la enseñanza.**

Si bien es cierto que la LBRL-85 ya no les atribuye esta función, es más cierto aún: que la LOE-06 contempla la presencia en el consejo escolar de los colegios públicos de "un concejal o representante del Ayuntamiento en cuyo término municipal se halle radicado el centro"[156]; y que la LRLVal-10 atribuye a los municipios la función de "intervenir en sus órganos de gestión"[157]

En cuanto a los centros concertados, como se dijo, la LODE-85, al ser modificada por la LOE-06, extendió por primera vez la intervención municipal en el consejo escolar, y la LOMCE-13), eliminó este inciso. Sin embargo, tras tras la Ley Orgánica 3/2020, reaparece el "representante del Ayuntamiento en cuyo término municipal se halle

---

155 Arts. 12, 13 y 14 del Decreto 48/2024, de 23 de abril, del Consell, por el que se regula el proceso de admisión en los centros docentes públicos y privados concertados que imparten enseñanzas de educación infantil, educación primaria, educación secundaria obligatoria y bachillerato, y en los centros de educación especial, en la Comunitat Valenciana.

156 Art. 126.1 c) LOE-06.

157 Art. 33.3 o) LRLVal-10.

radicado el centro, en las condiciones que dispongan las Administraciones educativas"[158].

El representante municipal suele ser el concejal delegado de educación, y en los municipios de mediano o gran tamaño, personas de confianza del concejal delegado de educación. Son nombrados por el pleno o la junta de gobierno local. Además, no tienen que ser funcionarios, como de hecho suele ocurrir.

## V. CONCLUSIÓN

La participación de los ayuntamientos en la gestión de la educación tiene una tradición secular. Ésta, entre el siglo XIX y la primera mitad del siglo XX quedó limitada a la primera enseñanza. No fue hasta el último tercio del siglo XX cuando se permitió que la misma abarcase a otro tipo de centros, como, por ejemplo, los de educación infantil y de formación de personas adultas y las escuelas de enseñanzas artísticas. Su intervención, empero, siempre ha ido de la mano, primero del Estado y en la actualidad, de las Comunidades Autónomas.

Con el surgimiento del Estado de las autonomías, nuestro ordenamiento jurídico dota a éstas de la posibilidad de establecer una política propia en materia de educación, incluyendo la capacidad de establecer un marco de colaboración singular entre la Administración educativa y el municipio.

Sin embargo, a pesar de esta facultad, la Generalitat no ha hecho uso de ésta función. De hecho, a pesar de disponer de capacidad de desarrollo legislativo en materia de educación, las normas autonómicas que atribuyen competencias a los municipios se pueden contar con los dedos de una mano. Es más, sus competencias, si bien son las que resultan de la normativa autonómica —a saber, la LRLVal-10— coinciden con las que la LBRL-85 les atribuía antes de ser reformada por la LRSAL-13.

---

158 Art. 56.1 LODE-85

Falta aún por explorar el papel que los municipios pueden asumir en materia de educación dadas las singularidades de la Comunitat Valenciana. Se echa en falta previsiones normativas que recojan la posibilidad de intervenir, actuando una competencia propia, entre otros ámbitos, en la gestión de bancos de libros, la implementación de proyectos educativos experimentales, y ejecución de políticas de fomento.

De hecho, por poner un ejemplo, el Ayuntamiento de Valencia tiene una red de colegios con huertos escolares y de centros de educación emocional. También lleva a cabo otros proyectos como las residencias artísticas y para fomento de la igualdad entre hombre y mujeres en las materias STEM (*science, technology, engineering and mathematics*). Otorga ayudas a alumnos en peligro de exclusión social (cheques de escolarización o de comedor), refuerzos a estudiantes con necesidades de apoyo específico (cheques de profesorado particular), etc.

En nuestra opinión no se ha hecho un análisis de las posibles ventajas que una Administración de proximidad podría aportar a la mejora de la calidad de la enseñanza. Prueba de ello es que algunas actividades que vienen realizando los municipios, como actividades complementarias y convocatoria de subvenciones, no han cristalizado en ley.

## BIBLIOGRAFÍA

Alonso Más, María José: (2005) “Comentario al artículo 25 de la Ley 7/1985, Reguladora de las Bases de Régimen Local: competencias municipales III”, en Domingo Zaballos, Manuel José (coord.), *Ley Básica de Régimen Local,* Civitas, Madrid (2ª. ed.), vol. I

Alonso Más, María José (2014): “El nuevo régimen de las competencias municipales”, en Domingo Zaballos, Manuel José (coord.), *Reforma del Régimen Local. La Ley de Racionalización y Sostenibilidad de la Administración Local: Veintitrés Estudios,* Aranzadi, Cizur Menor (Navarra)

Carbonell Porras, Eloísa (2023): “Las competencias locales diez años después de la LRSAL”, *Revista de Estudios de la administración Local y Autonómica,* núm. 19

Castillo Blanco, Fernando (2014): "Una lectura de urgencia de la Ley 27/2003, de 27 de diciembre, de racionalización y sostenibilidad de la Administración local", *Diario de Derecho municipal,* Iustel, 3 de enero de 2014

Costa Martínez, Joaquín (1924): *Reconstitución y europeización de España,* V. Campo, Huesca

De la Cierva, Juan (1954): "El nuevo régimen de construcciones escolares", *Revista de educación,* núm. 22

García Maties, Rafael (2015): "Las competencias municipales tras la reforma operada por la Ley 27/2013", *Revista de Estudios de la Administración Local y Autonómica,* núm. 3

Guardia Hernández, Juan José (2012): "Concesión de uso privativo de suelo de dominio público municipal para un centro docente concertado en la Comunidad Valenciana", *Práctica Urbanística,* núm. 116

Guardia Hernández, Juan José y Manent Alonso, Luis (2015): "La cesión de suelo público dotacional para la apertura de centros docentes concertados: una nueva manifestación del estado garante", *Revista Catalana de Dret Públic,* núm. 51

Faubell Zapata, Vicente (1983): "La escuela de primera educación en Valencia a principios del siglo XIX", *Historia de la Educación: Revista interuniversitaria, núm. 2*

Lázaro Flores, Emilio (1975): "Historia de las construcciones escolares en España", *Revista de Educación,* núm. 240

Lázaro Flores, Emilio (1986): "Administración Local y educación en España", *Revista de Educación,* núm. 279

Macías Picavea, Ricardo (1899): *El problema nacional. Hechos, causas y remedios,* Victoriano Suárez, Madrid

Medina Guerrero, Manuel (2014): *La Reforma del Régimen Local,* Tirant lo Blanch, Valencia

Míguez Macho, Luis (2024): "Las competencias educativas de las entidades locales", *Revista de Estudios de la Administración Local y Autonómica,* núm. 21

Navarro Rodríguez, Pilar y Zafra Víctor, Manuel (2014): "El pretendido blindaje autonómico de competencias municipales tras la reforma de la Administración Local", *Revista de Estudios de la Administración Local y Autonómica: Nueva Época,* núm. 2

Tardío Pato, José Antonio (2010): *Las competencias educativas de los entes locales en España. Análisis histórico, sistemático y comparado, Iustel,* Madrid

Tardío Pato, José Antonio (2012): "Las competencias municipales de los entes locales en España (I)", *Diario de Derecho Municipal,* Iustel, 18 de abril de 2012

Tardío Pato, José Antonio (2012): "Las competencias municipales de los entes locales en España (II)", *Diario de Derecho Municipal*, Iustel, 23 de abril de 2012

Tardío Pato, José Antonio (2014): "La reforma local española de 2013 y las competencias educativas, *Revista de* Educación, núm. 366

Velasco Caballero, Francisco (2013): "Sobre el dictamen del consejo de Estado en relación con el Anteproyecto de ley de racionalización y sostenibilidad de la Administración local, *Boletín del Instituto de Derecho* Local, Universidad Autónoma de Madrid, núm. 46

Velasco Caballero, Francisco (2014): "La Ley de racionalización y sostenibilidad de la Administración local en el sistema de fuentes del derecho local", en Domingo Zaballos, Manuel José (coord.), *Reforma del Régimen Local. La Ley de Racionalización y Sostenibilidad de la Administración Local: Veintitrés Estudios,* Aranzadi, Cizur Menor (Navarra)

Quintana y Lorenzo, Manuel, González de Navas, Martín, De Tapia y García, Eugenio, Clemencín y Viñas, Diego y Gil y De la Cuadra, Ramón (1985): "Informe de la Junta creada por la Regencia para proponer los medios de proceder al arreglo de los diversos ramos de instrucción pública", *Historia de la Educación en España,* Ministerio de Educación, Madrid, tomo I (2ª. ed.)

Vidal Monferrer, Rosa (2014): "Competencias locales en materia de educación, sanidad, servicios sociales y servicios de contenido audiovisual", en Domingo Zaballos, Manuel José (coord.), *Reforma del Régimen Local. La Ley de Racionalización y Sostenibilidad de la Administración Local: Veintitrés Estudios,* Aranzadi, Cizur Menor (Navarra)

## ANEXO I. LEGISLACIÓN EN MATERIA DE EDUCACIÓN

1) Reglamento general de instrucción pública de 29 de junio de 1821
2) Plan y reglamento de escuelas de primeras letras de 16 de febrero de 1825
3) Plan general de Instrucción pública de 4 de agosto de 1836 (Plan del Duque de Ribas)
4) Ley de 31 de julio de 1838, por el que se aprobó el Plan de instrucción primaria (Ley Someruelos)
5) Real Orden Circular de 1 de enero de 1839 de desarrollo del Plan de instrucción primaria
6) Ley de Instrucción Pública de 9 de septiembre de 1857 (Ley Moyano)
7) Real Decreto de 26 de octubre de 1901, por el que se dispuso la gestión de la primera enseñanza por el Estado
8) Real Decreto de 26 de septiembre de 1904 sobre construcción de escuelas públicas por los municipios
9) Real Decreto de 28 de abril de 1905 sobre subvenciones a los municipios para la construcción de edificios destinados a escuelas públicas
10) Real Orden de 16 de febrero de 1912, de nacionalización de la primera enseñanza
11) Real Decreto de 23 de noviembre de 1920 sobre construcción de escuelas nacionales de primera enseñanza por parte del Estado
12) Real Decreto de 17 de diciembre de 1922, sobre construcción y mantenimiento de las escuelas nacionales y viviendas para maestros por los municipios
13) Real Decreto de 10 de julio de 1928, sobre construcción y mantenimiento de las escuelas nacionales y viviendas para maestros por los municipios
14) Decreto de 5 de enero de 1933, relativo a expedientes sobre concesión de escuelas
15) Decreto de 15 de julio de 1934, regulador de las condiciones de las construcciones escolares
16) Ley sobre educación primaria de 17 de julio de 1945
17) Ley de ordenación de la enseñanza media de 26 de febrero de 1953
18) Ley sobre creación de centros de enseñanza primaria en régimen de cooperación social de 22 de diciembre de 1953
19) Ley de construcciones escolares de 22 de diciembre de 1953
20) Decreto-ley 11/1964, de 2 de julio, de reforma de la Ley de construcciones escolares de 22 de diciembre de 1953
21) Ley 169/1965, de 21 de diciembre, sobre reforma de la enseñanza primaria
22) Decreto 2827/1966, de 27 de octubre, de desarrollo de la DT 6 de la Ley sobre reforma de la enseñanza primaria
23) Texto refundido de la Ley de enseñanza primaria, aprobado por el Decreto 193/1967, de 2 de febrero

24) Ley 86/1964, de 16 de diciembre, de Decreto-ley 11/1964, de 2 de julio, de reforma de la Ley de construcciones escolares de 22 de diciembre de 1953
25) Ley 14/1970, de 4 de agosto, general de educación y financiamiento de la reforma educativa (LGE-70)
26) Ley Orgánica 5/1980, de 19 de julio, por la que se reguló el estatuto de centros escolares (LOECE-85)
27) Ley 7/1985, de 2 de abril, de bases de régimen local (LBRL-85)
28) Ley Orgánica 8/1985, de 3 de julio, reguladora del derecho a la educación (LODE-85)
29) Texto Refundido de la Ley de consejos escolares de la Comunidad Valenciana de 16 de enero de 1989 (LCEVal-89)
30) Ley Orgánica 1/1990, de 26 de noviembre, de ordenación general del sistema educativo (LOGSE-90)
31) Ley Orgánica 9/1995, de 20 de noviembre, de la participación, la evaluación y el gobierno de los Centros Docentes (LOPEG-95)
32) Ley Orgánica 2/2006, de 3 de mayo, de educación (LOE-06)
33) Ley Orgánica 8/2013, de 9 de diciembre, de mejora de calidad educativa (LOMCE-13)
34) Ley 27/2013, de 23 de diciembre, de racionalización y sostenibilidad de la Administración local
35) Ley Orgánica 3/2020, de 29 de diciembre, de modificación de la LOE (LOMLOE-20)

## ANEXO II. CENTROS DE EDUCACIÓN INFANTIL DE PRIMER CICLO

ALICANTE: Alicante (3), Albatera, Alcoi (3), Algorfa, Banyeres de Mariona, Benejúzar, Beniarrés, Benidoleig, Benidorm (3), Benijófar, Biar, Bigastro, Callosa de Segrua, Callosa d'en Sarrià, Calp, Castalla, Catral, Concentaina, Daya Nueva, Dénia (2), Dolores, El Pinós, El Verger, Elx (5), Finestrat, Formentera del Segura, Guardamar del Segura, La Nucia, La Romana, Los Montesinos, Monforte del Cid, Monòver, Mutxamel, Ondara, Orihuela (2), Pedreguer, Pego, Petrer, Redován, Rojales, Salinas, San Fuljencio, San Isidro, y Villena

CASTELLÓN: Alcalà de Xivert (2), Almenara, Artana, Benicàssim (2), Borriana, Cabanes, Castelló de la Plana (4), La Pobla de Tornesa, La Vilavella, Les Alqueries, Morella, Orpesa, Sant Mateu, Torreblanca, Vall d'Alba, Vilafranca, Vila-Real y Xilxes

VALENCIA: Ador, Agullent, Aielo de Malferit, Alaquàs, Albaida, Albal, Albalat de la Ribera, Albalat dels Sorells, Alberic (2), Alborache, Alboraia, Albuixech, Aldaia (2), Alfafar (2), Alfara del Patriarca, Alfarrasí, Algemesí (3), Alginet, Almoines, Alpuente, Alzira (3), Anna, Atxeneta d'Albaida, Bartxeta, Bélgida, Bellreguard, Benaguasil (2), Beneixida, Beniarjó, Benifairó de la Valldigna, Benimodo, Benimuslem, Beniparell, Benirredrà, Benissanó, Bétera (2), Bocairent, Buñol, Burjassot (2), Canals, Canet d'en Berenguer, Carcaixent, Carlet, Casas Bajas, Casinos, Castelló, Castelló de Rugat, Catadau, Cerdà, Chella, Chelva, Cheste, Chiva, Cofrentes, Daimús, Domeño, El Palomar, El Real de Gandia, Enguera, Estivella, Favara, Fontanars dels Aforins, Gandia (5), Gavarda, Godelleta, Guadasséquies, Higueruelas, La Font de la Figuera, La Pobla de Farnals, La Pobla de Vallbona, La Pobla del Duc, L'Alcudia, L'Alcudia de Crespins, Llaurí, Lloc Nou de Sant Jeroni, Llutxent, L'Olleria, Loriguilla, Manises (4), Massalfassar, Meliana, Miramar, Moixent, Moncada, Montaverner, Montesa, Montroi, Montserrat, Museros, Náquera, Navarrés, Oliva (2), Olocau, Otos, Paterna (2), Pedralba, Picanya, Picassent, Piles, Polinyà del Xúquer, Potries, Quart de Poblet, Quatretonda, Rafelbunyol, Rafelcofer, Real, Requena (2), Riba-Roja del Túriia, Rocafort, Rotglà i Corberà, Ròtova, Salem, Serra, Siete Aguas, Silla, Simat de Valldigna, Sumacàrcer, Tavernes Blanqus, Tavernes de Valldigna, Titaguas, Torrent, Tous, Turís, Valencia (12), Vallada, Vilallonga, Vinalesa, Xeraco, Xeresa y Yátova

## ANEXO III. CENTRO DE FORMACIÓN DE PERSONAS ADULTAS

ALICANTE: Agost, Alicante, Albatera, Altea, Banyeres de Mariona, Benejúzar, Benissa, Biar, Bigastro, Callosa de Segura, Callosa d'en Sarrià, Calp, Castalla, Catral, Cox, Dolores, El Campello, El Pinós, El Poble Nou de Benitatxell, El Verger, Gata de Gorgos, Guardamar del Segura, La Nucia, Los Montesinos, Monforte del Cid, Monòver, Mutxamel, Ondara, Pedreguer, Pego, Pilar de la Horadada, Rafal, Rojales, San Fulgencio, Sant Joan d'Alacant, Santa Pola, Teulada y Xixona

CASTELLÓN: Alcalà de Xivert, Almenara, Benicàssim, Betxí, Castellnovo, Caudiel, Nules, Orpesa, Peníscola, Sant Mateu, Soneja, Torreblanca y Vilafamés

Valencia: Agullent, Aielo de Lalferit, Albaida, Albal, Albalat dels Sorells, Alberic, Alborache, Alboraia (2), Albuixec, Alcàsser, Alfafar (2), Alfara del Patriarca, Alginet, Almàssera, Almussafes, Atzeneta d'albaida, Bellreguard, Benaguasil, Benetússer, Benifaió, Banigànim, Beniparrell, Bétera, Bocairent, Bonrepòs i Mirambell, Buñol, Burjassot, Canals (2), Carlet, Castelló, Catarroja, Cheste, Cortes de Pallás, Cullera, El Puig de Santa Maria, Fios, Fontanars del Alforins, Godelleta, Guadassuar, La Font de la Figuera, La Font d'en Carròs, La Pobla de Farnals, La Pobla de Vallbona, La Pobla del Duc, La Pobla Llarga, L'Alcudia, L'Alcudia de Crespins, L'Alqueria de la Comtessa, L'Eliana, Llutxent, L'Olleria, Marines, Massamagrell, Meliana, Moixent, Moncada, Montaverner, Oliva, Paiporta, Pedralba, Picanya, Polinyà del Xuquer, Puçol, Quatretonda, Rafelbunyol, Riba-Roja del Túria, Sedaví, Silla, Tavernes Blanques, Tavernes de la Valldigna, Turís, Utiel, Vilallonga, Vilamarxant, Vinalesa y Xeraco

## ANEXO IV. CENTROS DE ENSEÑANZAS ARTÍSTICAS

### CONSERVATORIOS PROFESIONALES DE MÚSICA

ALICANTE: Juan Cantó (Alcoi), Almoradí (Almoradí), José Pérez Barceló (Benidorm), Catral (Catral), Rafael Rodríguez Albert (Mutxamel), Mestre Gomis (Novelda), Orihuela (Orihuela), Mariana Baches (Pilar de la Horadada), Vicente Lillo Cánovas (San Vicente del Raspeig), Mestre Berenguer (Teulada), Francisco Casanovas (Torrevieja) y Villena (Villena) y Xàbea (Xàbea)

CASTELLÓN: Alto Palancia (Segorbe)

VALENCIA: Albaida (Albaida), San Rafael (Buñol), Perfecto García Chornet (Carlet), Maestro Ponce (Chella), Pintor Pinazo (Godella), Ciutat de Moncada (Moncada), Riba-Roja del Túria (Riba-Roja del Túria), Joaquín Rodrigo (Sagunto), Silla (Silla), José Iturbi (Valencia) y Luis Milán (Xàtiva)

### CONSERVATORIOS ELEMENTALES DE DANZA

ALICANTE: Alcoi (Alcoi) y Benidorm (Benidorm)

CONSERVATORIOS PROFESIONALES DE DANZA

ALICANTE: Vicente Lillo Cánovas (Sant Vicent del Raspeig)

VALENCIA: Riba-Roja del Túria

### ESCUELAS DE MÚSICA

ALICANTE: Benimeli (Benimeli), Benissa (Benissa), Mestre Penella (Calp), Poble Nou de Benitatxell (Poble Nou de Benitatxell), Gata de Gorbos (Gata de Gorgos), Los Montesinos (Los Montesinos), Onil (Onil), Orba (Orba), Pedreguer (Pedreguer), Salinas (Salinas), San Miguel de Salinas (San Miguel de Salinas) y Xaló (Xaló)

CASTELLÓN: Almedíjar (Almedíjar), Pascual Rupert (Borriana), Morella (Morella) y Comarcal del Alto Palancia (Soneja)

VALENCIA: Aielo de Malferit, San Juan Bautista (Loriguilla), Massamagrell (Massamagrell) y Xivivella (Xirivella)

### ESCUELAS DE DANZA

ALICANTE: Benissa (Benissa), Mestre Penella (Calp), Poble Nou de Benitatxell (Poble Nou de Benitatxell), Formentera del Segura (Formentera del Segura), Onil (Onil) y Torrevieja (Torrevieja)

### ESCUELAS DE ARTES ESCÉNICAS

VALENCIA: EMT (Silla)

# *LA DESNATURALIZACIÓN DE LOS DERECHOS DE PARTICIPACIÓN POLÍTICA DEL ARTÍCULO 23 CE. EL CASO VALENCIANO*

**ALEXANDRE H. CATALÀ I BAS**
*Profesor titular de Derecho Constitucional*
*Universitat de Valencia*
*acatala@uv.es*



## I. LA DISCORDANCIA ENTRE REALIDAD SOCIAL Y REALIDAD JURÍDICA EN TORNO A LOS DERECHOS DEL ARTÍCULO 23 CE

Nuestra Constitución establece en su artículo 23 el derecho de los españoles a participar en los asuntos públicos directamente o a través de representantes. Se configura nuestra democracia, como tantas de nuestro entorno, como una democracia representativa. Su acudimos a los debates de nuestra constituyente puede observarse una clara preeminencia de los mecanismos de democracia representativa en detrimento de los propios de la democracia directa y es que se tenía muy presente la experiencia de la Dictadura de Franco en la que el Dictador obtenía un apoyo mayoritario en los plebiscitos que planteaba.

Ello, no obstante, cabe poner de relieve una anomalía en o de la democracia representativa advertida por todos, pero a la que nadie quiere dar solución o encuentra solución y que afecta directamente a los derechos que derivan de dicho precepto No se trata de una anomalía sin importancia, sino que afecta a una cuestión basilar de nuestro sistema político: la configuración real de la representación política. Y la anomalía se debe a que ésta se asienta sobre ficciones y está construida a partir de bases pretéritas no encontrando el adecuado acomodo ni en la realidad política ni en la realidad jurídica. La representación política tal como hoy se concibe es una ficción que no se acomoda a la realidad. Y lo que no se acomoda es incómodo; y la representación lo es para los propios representantes políticos, para los partidos políticos, para los representados e, incluso para los tribunales empezando por nuestro Tribunal Constitucional como tendremos ocasión de ver. Afirmaba Sartori al tratar de la representación que toda generalización ha de ser tomada con cautela pues hay que tener en cuenta, los partidos, los sistemas de partidos y los países son muy distintos los unos de los otros[1]. Efectivamente, la afirmación no tiene el mismo alcance en Reino Unido con un sistema mayoritario y circunscripciones uninominales que en España con un sistema proporcional con circunscripciones plurinominales y con listas cerradas y bloqueadas que es el analizado en el presente trabajo.

La doctrina española viene advirtiendo desde hace tiempo que el sistema parlamentario está en crisis[2]. La ciudadanía lo puso de manifiesto durante el 15-M. En aquellas protestas el eslogan más repetido

---

1 Sartori, G., *Elementos de Teoría Política*, Alianza, Madrid, 2012, p. 275.

2 Vide por todos, Torres del Moral A., "Crisis del mandato representativo en el estado de partidos", *Revista de Derecho Político*, núm. 14, 1982, pp. 7 y ss. Chueca Rodríguez, R., "La quiebra de la representación política", *Fundamentos: Cuadernos monográficos de teoría del estado, derecho público e historia constitucional*, núm. 3, 2004; y Blanco Valdés, R.L., "¿Hacia una democracia sin partidos?: crisis partidista, selección de las élites y representación", en AragÓn Reyes, M., Valadés Ríos D., Tudela Aranda, J. (coord.) *Derecho constitucional del siglo XXI: desafíos y oportunidades*, Fundación Manuel Giménez Abad, 2023, pp. 465-488.

era "no nos representáis" dirigido contra aquellos que meses antes habían sido elegidos en las urnas creando una fractura entre una legitimidad de origen, que da los votos, y una legitimidad de ejercicio, que otorga o retira la actuación diaria de aquellos que han sido elegidos para ocuparse de los asuntos concernientes a la res publica, de la que incluso se hizo eco la Audiencia Nacional en su sentencia de 31/2014, de 7 de julio relativa al intento de rodear el Parlament de Catalunya. Estos movimientos sociales clamaban por una regeneración democrática poniendo sobre el tapete como algo novedoso lo que Panebianco señalaba ya como una fuente fundamental de conflicto en las sociedades actuales, el cleavage establishment/antiestablishment/casta/anticasta[3] enfrentando vieja política a nueva política y lanzando el mensaje de que había que jubilar a los partidos tradicionales y a sus líderes y sustituirlos por savia nueva[4].

Sin duda, éstas y otras cuestiones directamente conectadas con las primeras afectan al contenido real de los derechos recogidos en el artículo 23; tanto el derecho de los españoles a participar en las funciones públicas a través de representantes y el derecho de los propios cargos públicos a ejercer sus funciones públicas.

## II. LA REPRESENTACIÓN EN EL ESTADO DE PARTIDOS. DE LA RELACIÓN PRIMIGENIA ELECTOR-ELEGIDO A LA REAL ELECTOR-PARTIDO POLÍTICO-ELEGIDO

La teoría clásica de la representación política parte de una ficción: hay un pueblo o la nación que persigue un interés general y los parlamentarios representan a ese pueblo o nación y buscan ese interés general. Claramente lo señalaba Burke: "el Parlamento no es un congreso de embajadores que defienden intereses distintos y hostiles, intereses que cada uno de sus miembros, debe sostener, como agente y abogado, contra otros agentes y abogados, sino una asamblea deliberante de una nación, con un interés: el de la totalidad;

---

3 Panebianco, Á., *Modelo de partidos*, Alianza, Madrid, 1995 p. 507.

4 Català i Bas, A.H., "Una nueva forma de hacer política: dar la voz a la militancia ¿realidad o mera apariencia?", *Revista de Derecho Político*, núm. 109, 2020, p. 73.

donde deben guiar no los intereses y prejuicios locales, sino el bien general que resulta de la razón general del todo"[5]

La representación moderna "jurídicamente no ofrecía la más mínima consistencia, políticamente no dejaba de tener su grandeza, en cuanto expresión y ritualización de los valores e intereses en que se plasma la unidad política de la nación o del pueblo"[6]. En la actualidad nadie defiende esa hipotética unidad. Por otra parte, hoy se asume, en todo caso, que no existe una relación a dos bandas: representante vs. representado; sino de una relación cruzada a tres bandas: representante vs. representado, representante vs. partido político, y representado vs. partido político. En este escenario representante y representado adquieren diferentes significados.

El partido ocupa la centralidad del sistema de tal suerte que la relación representante-representado que, en teoría, es la genuina y principal está mediatiza por el partido político. Estos dos elementos no se relacionan directamente sino a través del partido. No podemos obviar esta realidad y, sin embargo, se es muy reacio a reconocerla política y jurídicamente. Se ha pasado de la elección-representación a la elección-participación en la que ya no se trata de nombrar a un representante para que libremente decida la política a realizar como aprobar un programa y avalar un equipo agrupado en torno a un determinado partido[7]. Los partidos políticos no son órganos del Estado, pero se les reconoce funciones públicas. Su misión, como señala el Tribunal Constitucional en la sentencia 75/1985 es agregar la "diversidad de intereses individuales y sectoriales en proyectos y actuaciones de alcance político, esto es, generales"[8]. El propio Tribunal en un ejercicio de realismo constitucional afirma en dicho fundamento jurídico que son sujetos que acceden a órganos del Estado[9]. Estamos ante una auténtica mutación en el que se han intercambiado los papeles. El partido deja de ser el instrumento para convertirse en el protagonista y el representante deja de ser el protagonista para convertirse en el instrumento

---

5 Burke, E. Discurso a los electores de Bristol, 3 de noviembre de 1774.

6 de Vega, P., "Significado constitucional de la representación política", *Revista de Estudios Políticos*, núm. 44, 1985, p. 33.

7 Cotteret, J.M. y Emeri C., *Les systèmes électoraux*, PUF, Paris, 1970, pp. 8 y 113 y ss.

8 FJ 5.

9 En el mismo sentido STC 56/1995, de 6 de marzo, FJ 3.

del partido. En definitiva, "no se vota a personas, sino a programas, líderes y logotipos de partidos. Lo que significa que, con sus ventajas o sus inconvenientes, los partidos se convierten en los únicos y auténticos protagonistas de la mecánica electoral"[10]. Los partidos son los que confeccionan las listas electorales salvo en los supuestos de primarias abiertas a la ciudadanía. El papel de la militancia en la confección de las listas es, en la mayoría de partidos, muy poco relevante. Nuestro sistema electoral establece un sistema de listas cerradas y bloqueadas por lo que la relación electoral real no se produce en los términos en que debería producirse, esto es, entre representante y representado sino entre electores y partido.

Por otra parte, atribuyamos el valor que atribuyamos al programa electoral, no puede existir realmente una relación elector-elegido cuando el elegido, en la mayoría de casos, no hace ninguna propuesta sino que las hace el partido y el candidato simplemente las asume sin reserva. Si el elector vota, en parte, en función de los programas electorales, está claro que vota al autor de las propuestas y éste es el partido.Señalaba Pikkin que "en el estado moderno el legislador no está obligado por los deseos de sus electores, ni tampoco es libre de actuar en bien del interés nacional tal y como él lo entiende, sino que está obligado a actuar de acuerdo con el programa de su partido"[11]. El elector no puede instruir y mucho menos revocar al elegido. Hay prohibición del mandato imperativo.

Se defiende por parte de algún sector doctrinal que votar en los siguientes comicios es ejemplo de la existencia de dicha relación de tal manera que no votar al mismo candidato que en las elecciones anteriores funcionaría como una suerte de revocación. Realiza esta autora una afirmación criticada por importantes sectores doctrinales. En caso de discrepancia entre elector y elegido dirá, que, en todo caso, "en una democracia, los electores aprueban el juicio final o al menos un juicio supuestamente final sobre su representante reeligiéndolo o rehusándose a hacerlo"[12]. En el mismo sentido Sartori afirma que "el

---

[10] de Vega, P., "Significado constitucional…, *op. cit.* 38.

[11] Pitkin, H.F., *El Concepto de representación*, Centro de Estudios Constitucionales, Madrid, 1985, p. 161.

[12] Idem, p. 180.

único control al cual no puede escapar [el miembro del parlamento] es el electoral"[13]. Y lo mismo opina nuestro Tribunal Constitucional en su sentencia 5/1983, de 4 de febrero sentencia que: "la permanencia de los representantes depende de la voluntad de los electores que la expresan a través de elecciones periódicas, como es propio de un Estado democrático de derecho, y no de la voluntad del partido político. En definitiva, y sin perjuicio de las incompatibilidades que pueda regular la Ley, el cese en el cargo público representativo al que se accede en virtud del sufragio no puede depender de una voluntad ajena a la de los electores, y eventualmente a la del elegido"[14].

Sin embargo, esto es una ficción. Como advierte Bastida Frejeiro el representante no se mantiene en el cargo por voluntad de los electores. "La representación no decae cuando al representante no se le renueva su mandato en las siguientes elecciones. Parece un eufemismo mostrar la celebración de nuevas elecciones como una ocasión en la que los representados se pronuncian por la continuidad o no de sus representantes"[15]. Efectivamente, cuando se celebran unas nuevas elecciones, el mandato representativo ya ha cesado; por otra parte, puede que el representante no opte como candidato en los nuevos comicios o que concurra por otra circunscripción o en otra candidatura; y en caso de listas cerradas y bloqueadas, no es posible premiar o castigar individualmente a cada representante que repite en las nuevas elecciones (los candidatos nuevos no quedan expuestos a este hipotético juicio). Concluye acertadamente el profesor Bastida que "las elecciones no se pueden concebir como exponente de que la representación política democrática entraña una presunción iuris tantum, consistente en que la voluntad del representante es la de los representados, mientras no se pronuncie en contra el cuerpo electoral"[16]. Realmente como afirma Sartori "es el partido el que amenaza con la sanción de la no-reelección"[17]. Por lo tanto, "tal como

13 Sartori, G. *Elementos de teoría política, op. cit.*, p. 231.

14 FJ 4.

15 Bastida Freijeido, F. J., "derecho de participación a través de representantes y función constitucional de los partidos políticos, *Revista Española de Derecho Constitucional*, núm. 7, 1987, pp. 204-205.

16 Idem. p. 205.

17 Sartori, G. *Elementos de teoría política, op. cit.*, p. 277.

se formula tradicionalmente la controversia mandato-independencia no puede ser resuelta de una manera consistente"[18].

Hay que tener una visión realista como mantiene Sartori para quien la representación ha perdido cualquier inmediatez y ya no puede ser entendida como una relación directa entre electores y elegidos sino que el proceso representativo incluye tres términos: los representados, el partido y los representantes de tal suerte que los procesos representativos se plantea como un proceso con dos fases: una relación entre los electores y su partido, y una relación entre el partido y sus representantes[19]. De ello este autor extrae la siguiente demoledora conclusión para la teoría clásica de la representación "el nombramiento partidista (...) se convierte en la elección efectiva; los electores escogen en el partido, pero los electos son elegidos, en realidad, por el partido"[20].

El Tribunal Constitucional terminará por reconocer, sentencia 32/1985, que hay que dotar de eficacia jurídica a la adscripción política de los representantes: Es claro, en efecto, que la inclusión del pluralismo político como un valor jurídico fundamental (art. 1.1 C.E.) y la consagración constitucional de los partidos políticos como expresión de tal pluralismo, cauces para la formación y manifestación de la voluntad popular e instrumentos fundamentales para la participación política de los ciudadanos (art. 6), dotan de relevancia jurídica (y no sólo política) a **la adscripción política de los representantes** y que, en consecuencia, esa adscripción **no puede ser ignorada**, ni por las normas infraconstitucionales que regulen la estructura interna del órgano en el que tales representantes se integran, ni por el órgano mismo"[21].

Se profundiza en esa dirección en la STC 151/2017, de 21 de noviembre en la que se afirma que se pueden introducir restricciones al núcleo de la función representativa a fin de hacer frente al fenómeno del transfuguismo ya que "posee relevancia jurídica la adscripción polí-

---

18 Bastida Freijeido, F. J. "derecho de participación..., *op. cit.* p 182.

19 Sartori, G. *Elementos de teoría política, op. cit.*, p. 276.

20 Ídem p. 275.

21 FJ 2.

tica de los representantes"[22]. Asume el Tribunal Constitucional que el sujeto dañado por el transfuguismo es el partido político y que dicho fenómeno consistente básicamente en abandonar el partido político y votar en contra de sus indicaciones, especialmente para modificar mayorías de gobierno atentan contra "la voluntad popular y la estabilidad de la vida municipal"[23]. En la STC 75/1985, de 17 de julio, impregnada de realismo constitucional llega a calificar a los partidos como representantes de sus electores[24]. Así afirma que ha de procurarse que "la proporcionalidad electoral sea compatible con el resultado de que la representación de los electores en tales Cámaras no sea en exceso fragmentaria, quedando encomendada a formaciones políticas de cierta relevancia"[25].

Pero, ¿a quién se representa? La figura del representado es compleja. Si analizamos la jurisprudencia constitucional el representante lo es en diferentes sentidos del pueblo, del cuerpo electoral y del elector. Mantiene En la STC 32/1985, de 6 de marzo afirma que: **los titulares de cargos electivos son todos ellos "representantes del cuerpo electoral, pero también, aunque en otro sentido, representantes de sus electores**, quienes a su través ejercen el derecho de participación en los asuntos públicos"[26]. En esta sentencia, Tribunal declara, por una parte, que el representante lo es del todo el cuerpo electoral pero, por otra, niega la unidad de éste al afirmar que, al menos hay que distinguir entre mayoría y minoría a partir de quien gobierna y de quien está en la oposición por lo que "en otro sentido" el representante representa a sus votantes. No aclara el Alto Tribunal este "otro sentido" de la representación aunque advierte, STC 10/1983, que violenta el ordenamiento jurídico "la interpretación según la cual los representantes representaban sólo la voluntad de sus propios electores violentaba el ordenamiento[27]. Ahora bien, en la STC 31/2015, de 16 de marzo[28], se

---

22 FJ 6.

23 FJ 5.

24 Bastida Frejeido, F. J. "Derecho de participación…, *op. cit.* p. 224.

25 FJ. 5.

26 FJ 3.

27 FJ. 4.

28 Sentencia que resuelve el recurso de inconstituconañidad interpuesto contra determinadas disposiciones de la Ley del Parlamento de Cataluña 10/2014, de 26 de septiembre, de consultas populares no referendarias y otras formas de participación ciudadana.

afirma que el cuerpo electoral, se identifica con el sujeto que expresa la voluntad del pueblo aunque no se confunde con el pueblo español, titular de la soberanía y es que "este cuerpo electoral está sometido a la Constitución y al resto del Ordenamiento jurídico (art. 9.1 CE), en tanto que el pueblo soberano es la unidad ideal de imputación del poder constituyente y como tal fundamento de la Constitución y del Ordenamiento" (FJ 4). El pueblo soberano es una unidad ideal, el cuerpo electoral no pues el propio Tribunal se encarga de advertir que "dado que el cuerpo electoral tiene una adscripción territorial y presenta la composición determinada por el ordenamiento, no existe un único cuerpo de electores, en la medida en que una misma persona podrá formar parte de diversos cuerpos electorales en función de constituir la colectividad de cada uno de los distintos ordenamientos estatal, autonómico o local" (FJ 4). Por lo tanto, cuerpo electoral es sinónimo de comunidad política. En la STC 123/2017, de 2 de noviembre[29] el Alto Tribunal lo resume en una frase: "Las Cortes Generales representan al pueblo español" (art. 66.1) en tanto que unidad ideal de imputación, no solo, pues, a quienes integran el cuerpo electoral [SSTC 12/2008, de 29 de enero, FJ 10, y 31/2015, de 25 de febrero, FJ 5 a)] o a sus electores (STC 147/2013, de 16 de agosto, FJ 3). (FJ 3). Por lo tanto, queda claro que los diputados representan al pueblo español como unidad ideal, pero también al cuerpo electoral y a los electores. Para el Alto Tribunal, STC10/1983, de 21 de febrero, esta situación es debida a la "amplitud del contenido semántico" del verbo "representar" que incluye muchas acepciones" que pueden llegar a ser perturbadoras si no se utilizan correctamente[30]. Esta inexactitud viene dada porque en ocasiones se utiliza los términos representar, representante o representación en términos meramente políticos (STC 123/2017, FJ 3) y en otras en un sentido jurídico-político (STC 10/1983, FJ 4). Esto le lleva, por ejemplo, en la STC 123/2017 a aceptar como válido pero

---

29 Esta sentencia resuelve el recurso de inconstitucionalidad interpuesto en relación con diversos preceptos de la Ley de las Cortes Valencianas 10/2016, de 28 de octubre, de modificación de la Ley 9/2010, de 7 de julio, de designación de senadores en representación de la Comunitat Valenciana. Esta modificación introducía la comparecencia obligatoria y la posibilidad de revocación de los senadores territoriales. Ambos aspectos fueron declarados inconstitucionalidades.

30 FJ 4.

inexacto que los Estatutos de Autonomía y las correspondientes leyes autonómicas se refieran a los senadores designados vía 69.5 CE, con toda frecuencia, como senadores "en representación" de la respectiva Comunidad Autónoma, pero a rechazar por errónea, STC 10/1983, la afirmación contenida en el derogado artículo 11.7 de la Ley 39/1978, en el sentido de que las listas electorales representan a los partidos políticos

Imposible fijar con nitidez quien es el representado y quién es el representante.

En la realidad el sujeto representado es el elector o votante y su representante es el partido político. Es difícil que un votante de VOX considere que su representante es un diputado de Podemos y viceversa. Es práctica habitual en medios de comunicación referirse a los representantes políticos añadiéndoles su adscripción política: los representantes del Partido X en el Congreso de los Diputados, por ejemplo. Un partido político defiende los intereses o representa a sus electores. Y en nuestro sistema como se afirma por la doctrina representante del elector es más que el cargo representativo, el partido político al que ha votado. El problema es la falta de adecuación del ordenamiento jurídico a la realidad. Afirma Caamaño, en este sentido, que "mientras que política y sociológicamente son los partidos los auténticos titulares del mandato electoral, jurídicamente esa titularidad se atribuye intuitu personae al representante"[31].

## III. ALGUNAS DE LAS CUESTIONES QUE DESVIRTÚAN LOS DERECHOS DEL ARTÍCULO 23 CE. EL CASO DE LA COMUNITAT VALENCIANA

### 1. *Sistema electoral*

Según establece el artículo 23 del Estatuto de la Comunitat Valenciana, Les Corts estarán constituidas por un número de Diputados y

[31] Caamaño Dominguez, F., "Mandato parlamentario y derechos fundamentales", *Revista Española de Derecho Constitucional*, núm. 36, 1992, p. 129.

Diputadas no inferior a noventa y nueve, elegidos por sufragio universal, libre, igual, directo y secreto, en la forma que determina la Ley Electoral Valenciana, atendiendo a criterios de proporcionalidad y, en su caso, de comarcalización. Por su parte, el artículo 24 señala que: garantizará un mínimo de 20 Diputados por cada circunscripción provincial, distribuyendo el resto del número total de los diputados entre dichas circunscripciones, según criterios de proporcionalidad respecto de la población, de manera que la desproporción que establezca el sistema resultante sea inferior a la relación de uno a tres[32].

De acuerdo con la Ley 1/1987, de 31 de marzo, Electoral Valenciana, la Circunscripción es la provincia (art. 10). Para la atribución de escaños se sigue la Ley d' Hontd (artículo 12) y un sistema de listas cerradas (artículo 26) y bloqueadas (art. 12.e)), de tal suerte que los escaños correspondientes a cada candidatura se adjudican a los candidatos incluidos en ella por el orden de colocación en que aparezcan[33].

Ya advertía Kelsen en 1920 que "en los casos de sistema electoral por listas [...] los electores no designan al diputado por su persona, sino que su voto más bien significa un acto de adhesión a un partido político determinado, de manera que el candidato obtiene su representación sólo en virtud de su filiación al partido del elector"[34]. Si a ello añadimos cómo se confeccionan las listas, proceso controlado en la mayoría de casos por el establishment del partido, cómo se desarrollan las campañas electorales etc. tiene gran parte de razón Sartori cuando afirma que "es plausible que en los partidos de masa rígida y capilarmente organizados el representante actúe como portavoz de su partido más que de cualquier otra voz (incluyendo aquí la de sus electores) y que los vínculos de partido sean más fuertes que cualquier otro vínculo"[35].

---

32 https://www.boe.es/buscar/act.php?id=BOE-A-1982-17235. Consulta 26 de abril de 2024

33 https://www.boe.es/buscar/pdf/1987/BOE-A-1987-9636-consolidado.pdf. Consulta 26 de abril de 2024.

34 Kelsen, H., Esencia y valor de la democracia, Labor, Barcelona. 1964. p. 69.

35 Sartori, G. *Elementos de teoría política, op. cit.*, p. 275.

Nuestro Estatuto de Autonomía en su artículo 23 contempla la posibilidad de atender a criterios de comarcalización. Ello reduciría el tamaño de la circunscripción y facilitaría la conexión deseada entre elector y elegido. Hay que tener en cuenta que "cuanto menor sea la magnitud del distrito más desproporcionados son los resultados"[36] para paliar esto, y de acuerdo con lo señalado por Penadés, la magnitud de la circunscripción debería ser de 10 o más escaños o al menos de seis o más escaños a fin de respetar el principio proporcional[37]. Se ha hablado mucho de listas abiertas. En el sistema actual no tiene sentido. Allí está el ejemplo de las elecciones para el Senado que a pesar de ser listas abiertas, la ciudadanía vota a los senadores que se presentan bajo las mimas siglas[38]. Una reducción del tamaño de la circunscripción permitiría un mayor conocimiento de los candidatos y podría tener sentido listas abiertas o, al menos cerradas y no bloqueadas. Adquiriría mayor protagonista el representante que se vería más legitimado para mantener su opinión en el seno del partido y del grupo parlamentario[39].

## 2. *Diseño de las listas electorales*

La participación del cuerpo electoral o de los electores, militantes o simpatizantes en la confección de las listas electorales es dispar, según el partido político.

En lo que respecta al Partido Popular, de la lectura de los preceptos de sus Estatutos dedicados a esta cuestión se deduce el nulo o escaso papel desempeñado por las bases. Más bien queda patente el

---

36 Montero J.C., y Riera, P., *Informe sobre la reforma del sistema electoral.* Presentado a la Comisión de Estudios del Consejo de Estado en diciembre de2008, p. 14.

37 Penadés, A., "El sistema electoral español (1977-1966)", En Paniagua J.L. y Monedero, J. C. (eds.) En torno a la democracia en España. Temas abierttos del sistema político español, Tecnos, Madrid, 1999.

38 Vide al respecto la opinión de un político de dilatada trayectoria como es Anasagastí. I., "El mito de las listas abiertas", https://ianasagasti.blogs.com/mi_blog/2013/03/el-mito-de-las-listas-abiertas.html. Consulta 30 de abril de 2024. 15:00h.

39 Vide en este sentido Camps Ortiz, F., *El sistema electoral proporcional y el mayoritario: votar una lista, votar a un candidato,* Universidad Católica de Valencia San Vicente Mártir, Valencia, 2016.

férreo control del aparato para este cometido. El artículo 52.1 señala que son los Comités Electorales los órganos competentes para todos los asuntos relativos a la confección de las candidaturas. El punto 4 del mismo precepto señala que "podrán solicitar asesor amiento de aquellos cargos directivos del Partido que estimen conveniente. Asimismo, podrán promover la participación de los distintos órganos territoriales del Partido en la confección de las diferentes candidaturas". El artículo 52.1. establece que es el Comité Electoral Nacional el que "elabora y aprueba la candidatura del Partido al Parlamento Europeo, aprueba las candidaturas a presentar en las elecciones legislativas y autonómicas y en las municipales de capitales de provincia, designa a los candidatos a las presidencias de los gobiernos de las Comunidades Autónomas, presidencias de las Diputaciones, alcaldías de las capitales de provincias, y ratifica los candidatos a Senadores por las Comunidades Electorales Regionales" aunque "podrán delegar sus competencias en los Comités Regionales, previa conformidad del Presidente Nacional. El punto 2 establece, por su parte que "el Comité Electoral Regional elabora y propone las candidaturas al Órgano legislativo de la Comunidad Autónoma, designa a los candidatos a Senador en representación de éstas y aprueba todas las candidaturas municipales de localidades de más de 20.000 habitantes" Por su parte, el punto 3 señala que "el Comité Electoral Provincial elabora y propone la candidatura en las elecciones legislativas y la candidatura municipal de la capital de provincia; y aprueba todas las candidaturas de localidades que no superan los 20.000 habitantes. El punto 4 establece que "el Comité Electoral local elabora y propone la candidatura municipal". Terminado el punto 5 advirtiendo que "en los archipiélagos se estará a lo que establezcan sus Reglamentos Regionales en orden a las competencias de los Comités Electorales Insulares, sin perjuicio de lo dispuesto en el artículo 51.5[40].

En relación al PSPV-PSOE, de acuerdo con el artículo 37 de sus Estatutos corresponde al Comité Nacional aprobar las propuestas de candidatos y candidatas y las listas electorales que le sean presentadas con arreglo a lo establecido en el procedimiento general para elabo-

---

40 https://www.pp.es/sites/default/files/documentos/estatutos_definitivos.pdf. Consulta 26 abril 2024.

ración de listas, previo dictamen de la Comisión Nacional de Listas que será elegida por el Comité Nacional. Según el artículo 51 La Comisión Nacional de Listas está compuesta por los y las miembros de la CEN (Comisión Ejecutiva Nacional) que ésta designe y por las personas del Comité Nacional elegidas de entre sus miembros. Las personas elegidas como miembros por el Comité Nacional deberán ser mayoría[41]. Ello no obstante, el PSPV-PSOE no goza de autonomía para aprobar definitivamente las listas pues, de acuerdo con el artículo 191.2. del Reglamento Federal de Desarrollo de los Estatutos Federales del PSOE, la aprobación definitiva de las candidaturas a las elecciones autonómicas será competencia exclusiva del Comité Federal, previos los trámites establecidos en este Reglamento (artículos 205 y siguientes)[42].

En cuanto a la coalición Compromís., de acuerdo con la **norma** 35 de sus Estatutos de sus Las candidatas y los candidatos a cargos electos en todos los niveles representativos serán elegidos por voto directo, a través de un proceso de primarias en que participarán, como mínimo, todos los miembros de COALICIÓN COMPROMÍS, siguiendo el principio de una persona un voto[43].

En cuarto y último lugar, VOX. De acuerdo con el artículo 25 de sus Estatutos, para la elección de los candidatos a elecciones autonómicas, de ciudad autónoma, insulares y municipales, los CEP (Comités Ejecutivos Provinciales) y los CECA (Comités de las ciudades autónomas de Ceuta y Melilla) propondrán al CEN (Comité Ejecutivo Nacional) los candidatos a dichas elecciones, de entre los afiliados que cumplan con los requisitos establecidos por el CEN. Este, revisará, modificará y en su caso aprobará la lista electoral definitiva[44].

---

41 https://www.pspvpsoe.es/wp-content/uploads/2021/11/ESTATUTOS-PSPV-PSOE.pdf. Consulta 26 abril 2024

42 https://www.psoe.es/media-content/2023/11/Reglamento-Desarrollo-Estatutos-40-C.pdf Consulta 26 de abril de 2024.

43 https://compromis.net/transparencia/estatuts-i-reglaments/estatuts/ Consulta 26 de abril de 2024.

44 https://www.voxespana.es/espana/estatutos Consulta 26 de abril de 2024.

## *3. Los grupos parlamentarios: su papel protagonista en la vida parlamentaria y su supeditación al partido político*

Son los grupos parlamentarios y no los diputados los verdaderos protagonistas de la actividad parlamentaria. Afirmaba Santaolaya que "los grupos parlamentarios son los ejes sobre los que gira la vida política de las Asambleas legislativas de nuestra época (...) Los partidos políticos y su trasunto parlamentario, los así llamados Grupos políticos o Grupos parlamentarios, constituyen los determinantes reales de las decisiones y funcionamiento del poder legislativo del Estado"[45]. A pesar de que el representante goza de cierta autonomía, lo cierto es que se supedita a la voluntad del grupo parlamentario y éste a la del partido político, hecho que simplifica, para alivio del representante, el tema de la lealtad política. Con esta confusión el representante puede tranquilamente ser leal al grupo parlamentario y al partido a la vez.

De acuerdo con el artículo 23 del Reglamento de les Corts Valencianes, "Ningún diputado o diputada podrá formar parte de más de un grupo parlamentario, ni adscribirse a grupo parlamentario distinto al constituido por los diputados y diputadas pertenecientes a la formación electoral con la que concurrió a las elecciones" Por otra parte, y de acuerdo con el artículo 24, los Diputados que causen baja en el grupo parlamentario correspondiente no pueden incorporarse al grupo mixto sino que adquieren la condición de diputado/a no adscrito. Entre los motivos por los que se causa baja del grupo parlamentario está el abandono voluntario, pero también la expulsión.

El régimen de los diputados no adscritos es muy severo pues gozarán únicamente de los derechos reconocidos reglamentariamente a los diputados o diputadas individualmente considerados privándoles de los derechos que les pudieran corresponder como miembros de un grupo parlamentario[46]. Tan es así que el artículo 29 llega a afir-

---

45 Santaolaya, F., *Derecho parlamentario español*, Espasa Calpe, Madrid, 1990, p. 139.

46 El Reglamento del Congreso de los Diputados no contempla la figura del diputado/a no adscrito, sino que conforme al artículo 25, los Diputados que no quedaran, integrados en un Grupo Parlamentario quedarán incorporados al Grupo Mixto. En el mismo sentido se pronuncia el artículo 35 del Reglamento del Senado. Otros parlamentos autonómicos recogen igualmente la figura del

mar que "La Mesa de Les Corts Valencianes, de acuerdo con la Junta de Síndics, podrá asignar a los diputados o diputadas no adscritos los medios materiales que considere adecuados para el cumplimiento de sus funciones". Es decir, que queda a discrecionalidad de la Mesa asignar o no los medios necesarios para que el diputado no adscrito pueda cumplir sus funciones. No dotar de dichos medios supone no solo una vulneración del derecho del diputado a ejercer sus funciones con normalidad sino también una vulneración del derecho de los ciudadanos a participar en los asuntos públicos a través de representantes. Las restricciones no pueden atacar el núcleo esencial del derecho de participación política de los cargos públicos representativos (art. 23.2 CE) directamente conectado con el derecho de los ciudadanos a participar en los asuntos públicos (art. 23.1 CE). Hay que determinar, pues, qué derechos o facultades atribuidos al representante político se integran en el núcleo de su función. Para ello, cabe distinguir entre los derechos uti singuli, atribuidos de forma individualizada como representante, algunos de los cuales formaran parte del núcleo esencial del derecho y otros no, y los derechos uti sociu, atribuidos por su pertenencia a un grupo político que, de entrada, no forman parte del núcleo esencial del derecho, tal como reconoce la STC169/2009, de 9 de julio, de lo que podrán ser privados[47].

El trabajo parlamentario gira en torno al grupo parlamentario y no al parlamentario individual. De entrada, el artículo 28 atribuye a los grupos parlamentarios y no a los diputados los espacios físicos y medios humanos y materiales suficientes para que puedan cumplir su función parlamentaria". La Junta de Síndics (Junta de portavoces de los diferentes grupos parlamentarios; las Comisiones, artículo 40, salvo precepto en

---

diputado no adscrito regulándolo de forma similar a como lo hace el Reglamento d eles Corts. Este es el caso, por ejemplo, del Reglamento del Parlamento de Andalucía cuyo artículo 24.6. Señala que: "Los Diputados no Adscritos gozarán únicamente de los derechos reconocidos reglamentariamente a los Diputados individualmente considerados, exceptuándose expresamente aquellos previstos para los Grupos parlamentarios o las actuaciones agrupadas de Diputados establecidas en el presente Reglamento. Cuando adquieran tal condición, dejarán de ocupar cualquier puesto o cargo en los órganos del Parlamento o de ostentar la condición de miembros de aquellos, sin perjuicio de su posterior elección o designación conforme a los procedimientos establecidos".

47 FJ 4. En el mismo sentido STC20/2011, de 14 de marzo, FJ4.

contrario, estarán formadas por los miembros que designen los grupos parlamentarios, y, en su caso, el Grupo Mixto en proporción a la importancia numérica de aquellos en la cámara. De acuerdo con el artículo 58, Los dieciocho diputados y diputadas que conforman la Diputación Permanente serán designados por los grupos parlamentarios y, en su caso, por el Grupo Mixto en proporción a su importancia numérica. De acuerdo con el artículo 66 el orden del día del Pleno se fija en la Junta de Síndics y a iniciativa de un grupo parlamentario o del Consell, la Junta de Síndics podrá acordar, por unanimidad, la inclusión de un determinado asunto en el orden del día, por razones de urgencia, aunque no hubiese cumplido todavía los trámites reglamentarios. En los debates de política general, artículo 77, intervendrá un representante de cada grupo parlamentario. Son los grupos parlamentarios los que controlan el procedimiento legislativo Así, por ejemplo, de acuerdo con el artículo 116, los grupos parlamentarios y los diputados de forma individual pueden presentar enmiendas a un proyecto de ley. Ahora bien, el escrito de enmiendas deberá llevar la firma del síndic o portavoz adjunto del grupo parlamentario a que pertenezca el diputado, el debate de totalidad en el Pleno, artículo 119, está controlado por los diferentes grupos parlamentarios; de igual modo la deliberación en el Pleno a tenor del artículo 125. De acuerdo con el artículo 135, las enmiendas de totalidad al Proyecto de ley de presupuestos de la Generalitat solo pueden ser presentadas por los grupos parlamentarios. La presentación de mociones tras la oportuna interpelación es competencia de acuerdo con el artículo 155.2., de los grupos parlamentarios. De acuerdo con el artículo 159, Los diputados y diputadas podrán presentar preguntas al Consell y a cada uno de los consellers con contestación oral ante el Pleno pero necesitaran la aceptación de su grupo parlamentario.

Obligado es hacer mención aquí a los hechos ocurridos en Les Corts Valencianes con ocasión del primer estaado de alarma y la Resolución de Presidencia de las Corts Valencianes, de carácter general, 2/X, de 12 de mayo de 2020 que abría la puerta a que se votara no por los diputados y diputadas sino por los síndics o portavoces mediante un sistema de voto ponderado[48]. No está de más recordar que

[48] Al respecto vide Garrido Mayol, V., "La COVID-19 también llegó al parlamento: la excepcionalidad como excusa del estado de derecho", *Corts, Anuari de Dret*

el artículo 1.4 de la ley Orgánica 4/1981, de 1 de junio, de los estados de alarma, excepción y sitio claramente establece que la declaración de los estados de alarma, excepción y sitio no interrumpe el normal funcionamiento de los poderes constitucionales del Estado. La Resolución citada permitía no convocar presencialmente a todos los miembros de la cámara a las sesiones plenarias y la emisión del voto por medios telemáticos y que abría la puerta al voto ponderado cuando así lo acordara la mesa en supuestos de votación especialmente complejo, de tal manera que el voto se ejerciera "de forma colectiva por los síndicos, síndicas, síndicos adjuntos o síndicas adjuntas de sus respectivos grupos parlamentarios".

La introducción del voto ponderado supone una anormalidad en el funcionamiento de una cámara. Dicha Resolución preveía igualmente la ampliación del voto telemático a supuestos distintos de los establecidos en el reglamento de la cámara. En relación a esta última cuestión, lo correcto hubiese sido reformar el reglamento en este sentido, pero esta solución se podría dar como válida pues en nada afectaba a los derechos fundamentales del artículo 23 CE sino todo lo contrario, facilitaba su ejercicio. Permitía participar y votar a todos los miembros de la cámara salvando así situaciones que impedían o dificultaban hacerlo de forma presencial (sin ir más lejos, el caso de haber contraído la enfermedad y que exigía un aislamiento total). Ello no obstante, la introducción del voto ponderado atentaba directamente a los derechos de los diputados, era contrario al principio constitucional de indelegabilidad del voto y, en definitiva, no acorde a la naturaleza

---

*Parlamentari*, núm. 34, 2021, pp. 139 a 174, y Martínez Corral, J.A., *Les Corts Valencianes* y el Coronavirus Covid-19, *Cuadernos Manuel Jiménez Abad*, núm. 8 extra, 2021, pp. 165 a 188. Sobre la actividad parlamentaria durante los estados de alarma vide también García-Escudero Márques, P., "La ductilidad del derecho parlamentario en tiempo de crisis: actividad y funcionamiento de los parlamentos durante el estado de alarma por Covid-1", *Teoría y Realidad Constitucional*, núm. 46, 2020, pp. 271-308; García-Escudero Marques, P., "Voto parlamentario no presencial y sustitución temporal de los parlamentarios, *Corts Anuario de Derecho Parlamentario*, núm. 24, 2013, pp. 81 a 114; Ridao Martín, J., "Virtualizando el parlamento (hasta donde se puede). El régimen de contingencia del parlamento de Cataluña durante la crisis de la Covid-19 y las reformas tecnológicas y reglamentarias operadas para regular la actividad no presencial en el futuro" *Cuadernos Manuel Jiménez Abad*, 2021, núm. 8 extra, pp. 76 a 93.

del mandato representativo[49]. Privar al diputado de ejercer su derecho al voto e instaurar un sistema de voto ponderado sin ninguna cobertura constitucional afecta a la misma esencia del mandato representativo y vulnera el artículo 23 CE pues, en definitiva, un sistema como el previsto en la Resolución 2/X supone transferir ese derecho al partido o, en todo caso, al grupo parlamentario. El parlamentario conserva, en último extremo, su libertad de voto lo que se traduce en la posibilidad de votar rompiendo la disciplina de partido, ateniéndose, en todo caso, a las consecuencias negativas que ello le puede acarrear. Ello abre la puerta a convertir a nuestra democracia y a nuestro parlamento en una democracia y parlamento de mesa camilla[50] y a desvirtuar por completo a los derechos recogidos en el artículo 23 CE.

Los grupos parlamentarios son el brazo parlamentario de los partidos políticos. Sin embargo, no son el partido político. Así se ha encargado de manifestarlo el Tribunal Constitucional en su sentencia 36/1990, de 1 de marzo "sin necesidad de ahondar ahora (...) en la difícil naturaleza jurídica, tanto de los partidos políticos como de los Grupos Parlamentarios, resulta indudable la relativa disociación conceptual y de la personalidad jurídica e independencia de voluntades presente entre ambos, de forma que no tienen por qué coincidir sus voluntades (...), aunque los segundos sean frecuentemente una lógica emanación de los primeros"[51]. Ello, no obstante, esta separación no es tan nítida en la realidad. El propio Tribunal lo reconoce en la STC 123/2017 al afirmar recogiendo su jurisprudencia anterior que: aunque partidos políticos y grupos parlamentarios no son desde luego la misma cosa, existiendo entre unos y otros, a determinados efectos, "diferencias sustanciales"[52], no es menos cierto que los segundos frecuentemente se muestran, en palabras del Tribunal, como "una lógica emanación de los primeros"[53] El grupo parlamentario realmente no goza de autonomía frente al partido.

---

49 Garrido Mayol, V., "La COVID-19 también llegó al parlamento..., *op. cit.* p. 157 y ss.

50 Expresión utilizada por Caamaño Domínguez, F., "El escaño de Tamayo y la democracia de mesa camilla", El País, 17 de julio de 2003.

51 FJ 1.

52 STC 10/2013, de 28 de enero, FJ 3.

53 FJ 6. Vide también SSTC 36/1990, de 1 de marzo, FJ 1, y 251/2007, de 17 de diciembre, FJ 6.

En el caso del Partido Popular, el artículo 63.3. de sus Estatutos señala que "los Grupos Institucionales del Partido Popular atendrán su actividad política a las instrucciones que emanen de los Órganos de Gobierno del Partido".

En relación al PSOE, de la remisión que hace el artículo 73 al artículo 67 de los Estatutos, los miembros del grupo parlamentario socialista en les Corts Valencianes asumen y están obligados a acatar la declaración de principios y resoluciones aprobados en el Congreso Federal del Partido. Asimismo, en el ejercicio de sus funciones aplicarán las resoluciones y acuerdos adoptados expresamente por los órganos de dirección del Partido. Para aquellos supuestos en los que no existiere acuerdo o resolución de los órganos de dirección del Partido, la disciplina parlamentaria se basará en el respeto a los acuerdos debatidos y adoptados por mayoría en el seno del Grupo Parlamentario. En todos los casos, las personas miembros del Grupo Parlamentario están sujetas a la unidad de actuación y disciplina de voto.

En cuanto a Compromís, sus estatutos no establecen expresamente una subordinación del grupo a la coalición sino que ponen en primer plano la relación entre elector-elegido presidida por el programa electoral. Así, de acuerdo con la norma 44 de sus Estatutos, las personas que participan en las candidaturas de Compromís representan el enlace de la coalición con la ciudadanía. Las personas elegidas para un cargo público se incorporarán y organizarán en el grupo institucional correspondiente y participarán de las Tomás de decisión del grupo. El compromiso de los cargos públicos con la sociedad es el programa electoral, que las personas que resultan elegidas para ocupar un cargo público se comprometen a aplicar buscando los acuerdos y las alianzas que los permiten llevarlo adelante. Los acuerdos de los grupos institucionales vinculan solidariamente todos sus miembros. Si se desprende una supeditación del grupo hacia la coalición de la norma 32 de los Estatutos de la Coalición al establecer que El Grupo Parlamentario de COALICIÓ COMPROMÍS Las Cortes Valencianas se dotará de su propio reglamento o normas internas de funcionamiento, relaciones con la Comisión Ejecutiva Nacional, comisiones, portavoces, todo esto de acuerdo con aquello establecido en las presentes normas de funcionamiento.

En relación a VOX y de acuerdo con el artículo 15, apartado D) punto 3, corresponde al Comité Ejecutivo Nacional dirigir y supervisar las iniciativas y propuestas de los Grupos Parlamentarios y Municipales en su ámbito de actividad política.

Ello no obstante, la confusión partido político-grupo político no es absoluta pudiéndose dar una diferencia de criterio entre ambos como ha sucedido en algunos casos de transfuguismo en los ayuntamientos[54] o el caso vivido en marzo de 2021 en Murcia[55]. En estos

---

54 En la política municipal no ha sido infrecuente este fenómeno. El partido se opone a que el grupo se haga con el poder gracias al voto tránsfuga. El llamado Pacto antitransfugismo que ha tenido una vida muy azarosa, contiene el compromiso de los principales partidos de no hacerse con el poder mediante el voto de tránsfugas. Sin embargo, en algunos casos la operación ha estado auspiciada o, al menos, respaldada por el propio partido. Podemos traer como casos paradigmáticos, primero el que se vivió en el municipio de Benidorm en 2014. Todos los miembros del grupo municipal socialista abandonaron el partido y, contraviniendo sus órdenes, presentaron una moción de censura que, con el apoyo de un tránsfuga del grupo político popular, fue aprobada el 20 de octubre de 2014 erigiendo al que hasta ese momento era portavoz del grupo socialista en nuevo alcalde. En los siguientes comicios, los de 2015, el alcalde que se hizo con el poder merced al voto tránsfuga encabezó la lista del PSOE, eso sí como independiente para salvar las apariencias. segundo, el que se vivió en el Ayuntamiento de Alicante. El día 3 de julio de 2013, cinco de los ocho concejales que integraban el PSPV en el Ayuntamiento de Alicante acordaron cambiar el portavoz del grupo municipal, tras una votación sobre el PGOU en la que rompieron la disciplina de voto. A resultas de lo anterior, la ejecutiva local del PSPV alicantino acordó por unanimidad solicitar la expulsión provisional de los concejales díscolos, quienes en su defensa argumentan que "el grupo es autónomo e independiente para tomar sus decisiones, así lo recoge el reglamento de cargos públicos y así se recoge en diversas sentencias del Tribunal Constitucional que reconocen la autonomía del grupo. Luego, si la mayoría del grupo decidió que debía ser abstención, debía haber sido así". Estos ediles consideraron, además, que la opción fijada por el partido traicionaba la línea del programa electoral.

55 https://www.elespanol.com/espana/murcia/20210601/murcia-primera-autonomia-transfuga-presidente-asamblea-regional/585442487_0.html. 1 junio, 2021 11:43. Ese día, el grupo parlamentario socialista y el grupo parlamentario ciudadanos de la Asamblea Regional de dicha comunidad autónoma presentaron firmada por todos sus miembros una moción de censura contra el gobierno autonómico en la que el candidato a presidir la Comunidad era del partido Ciudadanos. La particularidad radicaba en que, hasta ese momento, dicha comunidad autónoma estaba gobernada por una coalición formada por el Partido Popular y por Ciudadanos. Con posterioridad, tres de los seis componentes del

casos el tensiona al máximo la lealtad del representante que se ve sometido a la presión de dos fuerzas enfrentadas a las que debe lealtad. Ese escenario posiblemente conllevará consecuencias negativas para el cargo representativo que dificultaran el ejercicio del cargo pues puede verse expulsado del partido o del grupo parlamentario según la opción que tome. La opción depende de un gran número de variables que hacen incierto el resultado. Indudablemente, no mantener la lealtad al partido conllevará su expulsión y el fin de su carrera política en dicha formación política

## 4. *De la disciplina de voto a la disciplina de criterio. La evolución del concepto de tránsfuga que somete al cargo representativo*

Afirmaba Sartori que la disciplina de voto no supone, *per se*, una negación de la democracia dentro del partido, siempre y cuando se haya podido discutir y debatir antes de forma abierta en las estructuras del partido el posicionamiento a debate[56]. La uniformidad del voto, dirá este autor, es un mal necesario, pero sólo ella asegura la estabilidad del sistema. Sin embargo, la objeción o reparo a esta opi-

---

grupo parlamentario Ciudadanos declararon que no apoyarían la moción de censura que habían firmado. El 13 de marzo de 2021 el Comité Permanente de Ciudadanos expulsó del partido a dichos diputados. El 18 de marzo fracasa la moción de censura al votar en contra dichos diputados El 8 de abril uno de los Consejeros expulsados de Ciudadanos se hace con la portavocía del grupo parlamentario ciudadanos en la Asamblea regional merced al voto favorable de los tres diputados expulsados y de la abstención de uno de los diputados de ciudadanos restantes (en total son seis) que, por otra parte, ostentaba el cargo de presidente de la Asamblea regional. Este último fue expulsado del partido. Otro caso de discrepancia fue el acontecido en las Corts Valencianes en la VII legislatura cuando las diputadas de la corriente crítica de EU en contra del parecer del partido, votaron junto a los diputados del Bloc la destitución de la *síndica* o portavoz del grupo parlamentario Esquerra Unida-Bloc-Verds-IR: Compromís. Las dos diputadas de la corriente crítica fueron expulsadas de Izquierda Unida, sin embargo, no abandonaron el grupo parlamentario. Paradójicamente, quien acabo abandonando el grupo parlamentario fue la síndica destituida junto con los dos diputados de EU que habían seguido las instrucciones del partido pasando a la condición de los no adscritos.

56 Sartori, G., Ingeniería Constitucional..., *op. cit.*, p. 210. En el mismo sentido Ramírez, M., "Teoría y Práctica del grupo parlamentario", *Revista de Estudios Políticos*, núm. 11, 1979, p. 82.

nión la explicita el propio autor: "siempre y cuando se haya podido debatir antes de forma abierta"[57]. Todo ello le lleva a afirmar a Leibholz que la democracia y el Estado de partidos (que sustituye a la verdadera democracia representativa) han introducido un cambio en la posición del diputado respecto al carácter libre o imperativo de su mandato ya que siendo elegido por su inclusión en las listas electorales, y no por sus condiciones personales carece de legitimidad última para seguir líneas divergentes de los partidos y de los grupos o fracciones parlamentarias, con lo cual no sólo se justifica la sumisión de su voto a las decisiones de éstos sino que el mandato libre se muestra en oposición a la moderna democracia de partidos[58]. La disciplina de partido crea de facto un mandato imperativo en favor de los partidos desnaturalizando la relación inmediata que existía entre electores y elegidos en los parlamentos liberales que, como recuerda el Tribunal Constitucional en la STC 246/2012, de 20 de diciembre: "no puede ser condicionada en sus elementos esenciales por la mediación de los partidos políticos por tratarse de un mandato libre"[59].

Todos los partidos contienen en su normativa interna disposiciones que apelan a la disciplina partidista[60] algo que se considera, por varias razones, necesario de tal suerte que romperla conlleva graves consecuencias, la más grave, la expulsión. Ya se ha señalado las consecuencias negativas que tiene para un diputado de Les Corts Valencianes ser expulsado del partido o del grupo parlamentario. Ejemplos de ruptura de disciplina de voto pueden encontrarse en todas las legislaturas y en todos los partidos. Por poner dos que tuvieron especial repercusión mediática. En la XII legislatura se expedientó y sancionó a los diputados del PSOE que, en contra de las directrices, no del grupo parlamentario, sino del partido votaron no a la investidura de Mariano Rajoy en vez de abstenerse siguiendo las indicaciones de aquél. En rueda de prensa del día 23 de octubre de 2016 declaraba

---

57 Idem, p. 209.

58 Leibholz, G., *Problemas fundamentales de la democracia moderna*, Instituto de Estudios Políticos, Madrid,1971. pp. 67 y ss.

59 FJ 5.

60 *A) Al respecto vide Sánchez Medero, G. y Cuevas Lanchares, J. C., "La disciplina partidista en el Congreso de los Diputados, el sistema legal español y los estatutos de los partidos políticos", Revista Española de Derecho Constitucional, núm. 111, 2017, pp. 185-219.*

Javier Fernández, presidente de la Gestora del PSOE que iba a trasladar al grupo parlamentario socialista que tenían que abstenerse en dicha sesión añadiendo que la resolución adoptada por dicha gestora tenía carácter imperativo[61]. En la XIV Legislatura, el provocado por la diputada del Partido Popular Álvarez de Toledo al abstenerse en la votación para la renovación de magistrados del Tribunal Constitucional. En aplicación del l artículo 24 y siguientes y artículo 30.2 de los Estatutos del Grupo Parlamentario Popular que califican de infracción grave haber roto la disciplina de voto del grupo, la diputada fue sancionada con pena pecuniaria. En la carta dirigida a ella, el secretario general del Grupo le informa de la apertura de expediente disciplinario por haber votado en blanco cuando "como bien sabes, al igual que con el resto de puntos del orden del día, la Dirección del Grupo había comunicado expresamente a todos los diputados el sentido del voto, que en ningún caso era el voto en blanco"[62]. En sus alegaciones, la diputada sancionada, alegó, además de la prohibición del mandato imperativo contenido en la Constitución, que en contra de lo señalado por el Reglamento de régimen interno, el grupo parlamentario no se había reunido ni había tomado ninguna decisión al respecto[63].

Es más que preocupante como el partido va estrechando el cerco alrededor de la autonomía de la voluntad del diputado diluyendo cada vez más la prohibición de mandato imperativo. Un claro ejemplo lo tenemos en el "Acuerdo sobre un código de conducta política en relación con el transfuguismo en las corporaciones locales" suscrito el 7 de julio de 1998 por los principales partidos políticos posteriormente renovado el 26 de septiembre de 2000 y el 23 de mayo de 2006. En la redacción dada en 2006 para ser considerado tránsfuga hacía falta la concurrencia de dos circunstancias para ser conside-

---

61 https://www.rtve.es/noticias/20161023/psoe-se-abstendra-investidura-rajoy-tras-comite-vuelve-evidenciar-division-partido/1430540.shtml. 23.10.2016 | 17:24 horas. Consulta 13.00h. 11 de julio de 2023.

62 https://elpais.com/espana/2021-11-30/el-pp-abre-expediente-por-falta-grave-a-Álvarez-de-toledo-por-votar-en-blanco-en-la-eleccion-de-los-magistrados-del-constitucional.html. Madrid-30 NOV 2021-22:02 CET. Consulta 2 de mayo 2023.

63 https://www.diariodemallorca.es/nacional/2022/01/07/Álvarez-toledo-dice-sancion-pp-61344588.html. Madrid | 07·01·22 | 12:20. Consultado 2 de mayo de 2023

rado tránsfuga: La primera, traicionar a sus compañeros, apartarse del criterio fijado por la formación política que lo presentó o haber sido expulsado por ésta; la segunda, pactar con otras fuerzas cambiar o mantener la mayoría gobernante o dificultar o hacer imposible a dicha mayoría gobernar. El 11 de noviembre de 2020 se aprueba el "Acuerdo sobre un código de conducta política en relación con el transfuguismo en las instituciones democráticas" que extiende el pacto antitransfuguismo a los ámbitos autonómico y estatal. Tras dicho acuerdo se es tránsfuga por una de estas tres causas: abandonar el partido, ser expulsado por éste o apartarse del criterio fijado por el partido. Desaparece el requisito de pactar con otras fuerzas para cambiar o mantener la mayoría gobernante, o bien dificultan o hacen imposible a dicha mayoría el gobierno de la entidad. Ahora bastar con "apartarse" del criterio fijado por el partido, que no es otro que el criterio fijado por el aparato del partido pues en casi todos los partidos el poder se concentra en la élite como ya denunciara Michels en su famosa Ley de hierro de la oligarquía de los partidos políticos.

El parlamentario está cada vez más indefenso ante el poder del partido. Frente a esta situación, los tribunales se alzan como última defensa del representante y su maltrecho mandato representativo; sin embargo, los tribunales no deberían entrar a valorar cuestiones meramente políticas, pero ante los abusos de los partidos políticos, han decidido hacerlo. Ello conlleva el indudable efecto no deseado y tantas veces aducido de judicialización de la política. Ejemplo claro lo tenemos en la sentencia del Tribunal Supremo 412/2020, de 7 de julio, que marca un hito pues el Tribunal no se detiene en examinar si una expulsión ha sido respetuosa con las cuestiones meramente formales o procesales, sino que entra en el fondo del asunto y examina si los motivos de la misma eran merecedores o no de tal medida. En esta sentencia se aborda detenidamente la relación entre la autonomía del cargo político y la disciplina de los partidos políticos que el Tribunal considera útil y necesaria. A efectos de examinar si la sanción de expulsión impuesta a unos diputados vulnera sus derechos a la libertad de expresión y a permanecer en el partido y participar en su actividad y organización, distingue el Tribunal entre aquellos actos de los diputados que son trascendentes por ir en contra de los principios de partido de aquellos que no lo son mereciendo la expulsión los primeros, pero no los segundos. El Tribunal Supremo en la sentencia citada se muestra muy riguroso a la hora de otorgar dicha trascendencia llegando a la conclusión que de que no la tenía apartarse del criterio fijado por el partido en la votación de presupuestos cuando, además, se había pactado con el partido de gobierno un sentido del voto a cambio de unas modificaciones presupuestarias. Considera el Tribunal que "la trascendencia de esa actitud no tenía otra que la de afectar a una decisión táctica del partido en el seno de una negociación para conseguir la admisión de una serie de enmiendas a los presupuestos de la Diputación Foral. No se justifica que estuvieran en juego los "principios" del partido, salvo que se quiera dar a este concepto una extensión desmesurada". Pero es que el propio Tribunal advierte de la necesidad de "la actuación coherente de los cargos públicos del partido en la materialización del programa del partido político y de las directrices y decisiones adoptadas por los órganos del partido"[64] no siendo ilegítimas las sanciones por "conductas que atenten a la cohesión del partido político y obstaculicen la consecución de sus objetivos, que son también (o principalmente) los de traducir una posición política en el contenido de normas y de acciones de gobierno"[65]. En definitiva, apartarse del criterio fijado por el partido en una votación de presupuestos cuando, además, se ha pactado el apoyo a cambio de la introducción de una serie de enmiendas es, en mi opinión, de extrema gravedad pues atenta a la cohesión interna del partido e impide trasladar al partido en cuestión su posición política.

Merece también traerse a colación la STC 151/2017, de 21 de diciembre, de diciembre[66] en la que se advierte que no toda expulsión

---

[64] FJ 13.

[65] FJ 14.

[66] esta sentencia resuelve la cuestión de inconstitucionalidad respecto del artículo 197.1 a), párrafo tercero en relación con el segundo, de la Ley Orgánica 5/1985, de 19 de junio, del régimen electoral general (LOREG), redacción dada por la Ley Orgánica 2/2011, de 28 de enero.
"La moción de censura deberá ser propuesta, al menos, por la mayoría absoluta del número legal de miembros de la Corporación y habrá de incluir un candidato a la Alcaldía, pudiendo serlo cualquier Concejal cuya aceptación expresa conste en el escrito de proposición de la moción.
En el caso de que alguno de los proponentes de la moción de censura formara o haya formado parte del grupo político municipal al que pertenece el Alcalde cuya

o abandono del partido son constitutivos de transfuguismo sino solo aquellos que produzcan determinados efectos:

> "la anomalía que ha incidido negativamente en el sistema democrático y representativo y que se ha conocido como 'transfuguismo'" no puede intervenirse por el legislador con restricciones al ius in officium (STC 9/2012) que impacten en el ejercicio natural del cargo público al amparo de la libertad de mandato con base en razones asociadas, sin adjetivos, a la vinculación orgánica o política, sin fundamentos añadidos. Sencillamente porque *no es cierto que la desvinculación orgánica o política del grupo de origen desestabilice por defecto o sin excepción la vida municipal o modifique la voluntad popular"* (FJ 7)[67].

Con esta sentencia el Tribunal intenta acotar el concepto de tránsfuga restringiéndolo en caso de abandono del partido que el mismo desestabilice la vida municipal o modifique la voluntad popular, cosa que deberá probar el partido político denunciante. Y es que el tránsfuga ha de ser definido no tanto por el lugar en el que se encuentra sino por la actividad que despliegue[68].

Todos los partidos exigen en su normativa interna que el cargo representativo en el ejercicio de sus funciones acate sus directrices. En la realidad, el partido ejerce una férrea disciplina, castrense la califica Torres del Moral[69], sobre los cargos representativos En este sentido son clarificadoras las palaras de Pablo Iglesias, exvicepresidente segundo del gobierno y exlíder de Podemos en la cadena SER, asentidas, por otra parte, por Calmen Calvo ex vicepresidenta primera del gobierno y una de las líderes más importantes del PSOE:

> "Ni conciencia ni leches. La gente vota a los partidos. Si usted quiere hacer con su voto lo que quiera hacer en conciencia, entonces no se

---

censura se propone, la mayoría exigida en el párrafo anterior se verá incrementada en el mismo número de concejales que se encuentren en tales circunstancias. Este mismo supuesto será de aplicación cuando alguno de los concejales proponentes de la moción haya dejado de pertenecer, por cualquier causa, al grupo político municipal al que se adscribió al inicio de su mandato".

67 Cursiva es mía. (n. del A.).

68 Català i Bas, Alexandre H. "Transfuguismo y régimen jurídico de los concejales no adscritos. ¿Puede, y debe, el Derecho sancionar la deslealtad política?, *Revista Española de Derecho Constitucional*, núm. 101, 2014, pp. 43-77.

69 Torres del Moral, Antonio (1982): "La crisis del mandato representativo..., *op. cit.*, p. 17.

> meta en un partido. Si usted se mete en un partido, en la lista de un partido, y gracias a que usted va en la lista de un partido sale elegido diputado, usted hace lo que le diga el partido. Y, si no, móntese usted su partido personal y haga lo que le dé la gana"[70].

En cuanto a los diputados del Partido Popular en Les Corts Valencianesde acuerdo con el artículo 63.3. de sus Estatutos, deben acatar las instrucciones que emanen de los Órganos de Gobierno del Partido, siendo considerad infracción muy grave, de acuerdo con el artículo 4.1.e) del Reglamento de Régimen Disciplinario y de Garantías: La desobediencia a las instrucciones o directrices que emanen de los órganos de gobierno y representación del Partido siempre que sean acordes a los Estatutos, así como de los Grupos Institucionales del mismo.

Si miramos al PSOE, de la remisión que hace el artículo 73 de sus Estatutos, referido a los diputados de las Comunidades Autónomas al artículo 67 se desprende que sus diputados en Les Corts Valencianes primero: asumen y están obligados a acatar la declaración de principios y resoluciones aprobados en el Congreso Federal del Partido. Asimismo, en el ejercicio de sus funciones aplicarán las resoluciones y acuerdos adoptados expresamente por los órganos de dirección del Partido; segundo: para aquellos supuestos en los que no existiere acuerdo o resolución de los órganos de dirección del Partido, la disciplina parlamentaria se basará en el respeto a los acuerdos debatidos y adoptados por mayoría en el seno del Grupo Parlamentario; y, tercero: están sujetos a la unidad de actuación y disciplina de voto que de no ser respetada dará lugar a la oportuna sanción que puede llegar a la expulsión del grupo parlamentario.

En cuanto a Compromís, escuetamente la norma 46 de sus Estatutos señala que Las personas electas en las listas de COALICIÓN COMPROMÍS se obligan a actuar bajo el programa con que se presenta COALICIÓN COMPROMÍS en esa contienda electoral y sus reglamentos internos. La norma 51 habla de un Reglamento disciplinario, pero éste no está subido a su página web.

---

70 https://www.youtube.com/watch?v=PzDBvQlk3f0. "'¡Ni conciencia ni leches! La gente vota a los partidos": el 'cabreo' de Iglesias con los díscolos. Consulta: 30 de abril de 2024.

Por lo que respecta a los diputados de VOX, de acuerdo con el artículo 35.2.b) son infracciones graves la desobediencia grave a las directrices emanadas de los órganos de gobierno del partido.

## *5. Normas que diluyen el mandato representativo y que afectan a los derechos del artículo 23 CE*

El artículo 67.2 CE prohíbe el mandato imperativo. Ello, no obstante, el Tribunal Constitucional en su sentencia STC 10/1983 ha matizado dicha prohibición afirmando que "en el entendimiento común y en la opción política de nuestra Constitución (art. 1.3) la idea de representación va unida a la de mandato libre, no es teóricamente inimaginable un sistema de democracia mediata o indirecta en la que los representantes estén vinculados al mandato imperativo de los representados"[71]. Kelsen iba más allá al considerar que no tenía sentido reintroducir el mandato imperativo en la relación elector-elegido pero sí que el partido controlase la actuación del cargo político llegando a considerar lógico que éste perdiese el escaño en caso de expulsión o abandono del partido.

Desde el propio legislativo se han producido intentos, unos infructuosos otros no, de desvirtuar la libertad del mandato representativo en contra de lo señalado por el propio Tribunal en su 123/2017, de 2 de noviembre en la que afirmaba que: "Los vínculos y lealtades de orden político de los miembros de las Cortes Generales —como los de cualesquiera otros representantes populares— son, como es obvio, consustanciales a una democracia representativa en la que los partidos, muy en especial, cumplen los cometidos capitales que enuncia el artículo 6 CE, pero es la propia racionalidad de esta forma de gobierno la que impide, precisamente en favor de una representación libre y abierta, que el Ordenamiento haga suyos tales compromisos, prestándoles su sanción y convirtiéndolos, de este modo, en imperativos jurídicos"[72].

---

71 FJ 1.

72 FJ 3.

Ya en época temprana de nuestra democracia se iniciaron las hostilidades. El artículo 11.7 de la Ley 39/1978 establecía el cese del concejal en caso de dejar de pertenecer al partido político en cuyas listas se había presentado a las elecciones. Para Kelsen era lógico que el diputado perdiera su mandato tan pronto dejara de permanecer al partido que le había enviado al Parlamento[73]. Sin embargo, para el Tribunal Constitucional este precepto era "expresión de una concepción que no concuerda con nuestra Constitución "la de que es el partido y no los candidatos por él propuestos el que recibe el mandato de los electores"[74] por lo que la actuación perpetrada en base a él, la pérdida de la condición de concejal por la expulsión del partido vulneraba los derechos del artículo 23 CE tanto de los representantes, los concejales expulsados, como de los representados. Parte importante de la doctrina ha considerado que no se produciría esa tacha de inconstitucionalidad si la causa era el abandono voluntario del partido político y/o el transfuguismo siempre y cuando se previera en la legislación electoral tal contingencia[75]. Ello, no obstante, la jurisprudencia constitucional parece cerrar la puerta a esta posibilidad.

El punto 4 en el artículo 6 LOREG es otro ejemplo de devaluación del mandato representativo. Introducido por la Ley Orgánica 3/2011, de 28 de enero regula, en todas las modalidades de procesos electorales, una nueva causa de incompatibilidad sobrevenida, que concurrirá en los representantes electos de candidaturas presentadas por partidos, o por federaciones o coaliciones de partidos declarados posteriormente ilegales por sentencia judicial firme, así como los electos en candidaturas presentadas por agrupaciones de electores declaradas vinculadas a un partido ilegalizado por resolución judicial firme, salvo que volunta-

73 Kelsen, H., Esencia y valor..., *op. cit.* p. 69.

74 FJ 4.

75 Bastida Freijedo, F. J., "Derecho de participación..., *op. cit.* p. 216; de Esteban, J.,"El fenómeno español del transfuguismo político y jurisprudencia constitucional", 1990, *Revista de Estudios Políticos,* núm. 70.22, y Caamaño Domínguez, F., *El mandato parlamentario,* Congreso de los Diputados, Madrid, 1991, p. 275; Rubio Llorente, F., "Vernos como somos", *El País,* 21 de junio de 2003; Blanco Valdés, R., "Transfuguismo y democracia en la Comunidad de Madrid", *Claves de la Razón Práctica,* núm. 135, 2003, p. 50.
En el mismo sentido se manifiesta el Consejo Consultivo de Andalucía en el Dictamen 593/2009.

riamente y de modo expreso e indubitado rechacen las causas que motivaron la ilegalización de la formación bajo cuya lista concurrieron a las elecciones. La cuestión es objeto de una fuerte controversia[76]. Considera Caamaño que es plenamente factible que la sentencia que declara la inconstitucionalidad de un partido político incluya, entre sus efectos, el de la pérdida del escaño toda vez que ello supondría no una vulneración sino una defensa del derecho de los ciudadanos a "ser representados" cuyo ejercicio "no puede ser contrario a lo dispuesto en la Constitución misma"[77]. Opinión contraria mantenía ya en 1982 Torres del Moral al afirmar que lo que no puede hacer "un Tribunal Constitucional, sin estar habilitado para ello, es dejar sin efecto un acto del cuerpo electoral procesalmente correcto y firme, como lo fue en su día la elección de los diputados en cuestión"[78].El escaño, hoy por hoy, es del representante político, de nadie más. Si ello es así, en principio la permanencia en el cargo dependerá de los propios actos del representante político, con lo que resulta cuestionable que el representante pueda ser desposeído de su cargo por actos ajenos, atribuibles no al electo sino a la formación política, coalición, agrupación de electores, etc. bajo cuyo paraguas se ha presentado a los comicios con los que, incluso, puede no tener ningún tipo de vinculación o responsabilidad[79].

---

[76] Consideran constitucional la medida, entre otros: Tajadura Tejada, J. "La reforma electoral y la ilegalización de partidos políticos: Comentario a la LO 3/2011, de 28 de enero, por la que se modifica la LO 5/1985, de 19 de junio, de Régimen Electoral General" en Álvarez Conde, E. y López de los Mozos Díaz-Madroñero, A. (Dir.), *Estudios sobre la Reforma de la Ley Orgánica del régimen Electoral General: La Reforma continua y discontinua*, IDP, Madrid, 2011, pp. 276 y Gavara De Cara J.C., "La reforma de la LOREG: expectativas y alcance" en Chueca Rodríguez, R. y Gavara De Cara J.C., *La reforma de la Ley Orgánica de Régimen Electoral General*, CEPC, Madrid, 2011, p. 155. Se posicionan en contra, Torres Del Moral, A., "Réquiem por el mandato representativo", *Revista de Derecho Político*, núm. 81, 2011, p. 32; y Català i Bas A. H, "El difícil encaje de la causa de incompatibilidad sobrevenida en la institución del mandato representativo, *Revista de Derecho Político*, núm. 86, 2013, pp. 141 y ss.

[77] Caamaño Domínguez, F., *El mandato parlamentario…*, *op. cit.*, p. 279.

[78] Torres del Moral, A., "La crisis del mandato representativo…, *op. cit.* p. 24

[79] En Alemania la ilegalización de una formación política conlleva la pérdida del escaño. En 1952 el Tribunal Constitucional alemán ilegalizó el Partido Socialista del Reich y decretó la perdida de los escaños de los Diputados de dicha formación sin que tal medida estuviera prevista por ley alguna. En 1956 la ilegalización del Partido Comunista de Alemania llevó a idéntico resultado pero esta vez el mismo estaba previsto en la normativa electoral.

Cabe traer a colación aquí la reforma del artículo 197 LOREG operada en 2011. De acuerdo con su punto 1. a) para el caso de mociones de censura en el ámbito local si alguno de los proponentes de la moción de censura formara o haya formado parte del grupo político municipal al que pertenece el Alcalde cuya censura se propone, la mayoría exigida para la presentación de dicha moción (mayoría absoluta) se verá incrementada en el mismo número de concejales que se encuentren en tales circunstancias. Este mismo supuesto será de aplicación cuando alguno de los concejales proponentes de la moción haya dejado de pertenecer, por cualquier causa, al grupo político municipal al que se adscribió al inicio de su mandato. En la sentencia 151/2017, el Tribunal Constitucional tras reconocer que la moción de censura se encuadra la en el núcleo de la función representativa[80] concluye que esta reforma va en contra del mandato libre del representante por la razón de que "la norma, (...), sujeta al concejal al grupo político de origen bajo advertencia de restricción de las funciones representativas básicas, sin que ese efecto responda inevitablemente a una defraudación de la voluntad popular o a un hacer que busque la desestabilización de la dinámica municipal"[81].

Analiza el Tribunal Constitucional la adecuación de la medida a la Constitución desde un prisma de igualdad y proporcionalidad de la diferencia de trato que contiene en relación a los concejales no adscritos. Considera que en abstracto la medida es idónea y necesaria pero desproporcionada al no diferenciar actuaciones del representante no adscrito que atenten a esa voluntad popular y/o a la dinámica municipal y aquellas que no lo hacen. De acuerdo con lo anterior, serían constitucionales medidas que incidieran en las funciones representativas básicas, si las mismas buscan impedir actividades del primer tipo. Es decir, se abre la posibilidad a que el concejal quede sujeto política y jurídicamente en sus funciones representativas al grupo político y, por ende, al partido[82]. La cuestión es cómo casa

---

80 FJ 4.

81 FJ 7.

82 En la propia sentencia el tribunal Constitucional se encarga de resaltar esa relación partido político-grupo parlamentario al afirmar que la separación del grupo político municipal al que se adscribió el concejal al inicio de su mandato a menudo "será expresión de la desvinculación de la formación política por la

ello con el mandato libre del representante que supone, en palabras del propio Tribunal en la propia sentencia "la exclusión de todo sometimiento jurídico del representante, en cuanto tal, a voluntades políticas ajenas y proscribe por ello, en particular, que sobre él se hicieran pesar tanto instrucciones vinculantes en Derecho que pretendieran disciplinar su proceder, como asimismo cualquier tipo de sujeción, jurídicamente impuesta, a la confianza de sus electores (expresada del modo que se pretendiera) o de las organizaciones o grupos políticos en que se integre o en cuyas listas hubiera concurrido a las elecciones"[83]. De acuerdo con lo anterior, con esta reforma, el mandato deja de ser absolutamente libre pues no abarcaría aquellas actuaciones que fueran merecedoras del calificativo de tránsfugas, que en último término queda en manos de los partidos políticos. García Roca contempla la figura del tránsfuga ético, pues no todos los casos merecen idéntica consideración por parte de la sociedad. Así señala que no merecería la consideración de tránsfuga, por no ser éticamente reprochable, el cargo representativo que abandonase el partido o el grupo político tras haber denunciado la creación de los GAL o irregularidades urbanísticas en Marbella[84]. ¿Qué sucede en estos casos? Los tribunales no pueden entrar a valorar estas consideraciones éticas y sin embargo, se le aplicarían al concejal las consecuencias negativas del artículo 198 LOREG. En definitiva, con esta doctrina, se abre la puerta parcialmente al mandato imperativo.

Por último, cabe hacer referencia a la Ley de las Cortes Valencianas 10/2016, de 28 de octubre, de modificación de la Ley 9/2010, de 7 de julio, de designación de senadores en representación de la Comunitat Valenciana que introducía la posibilidad de revocación

---

que los cargos electos concurrieron a las elecciones (en tanto que los partidos políticos canalizan su acción por medio de los grupos municipales)" (FJ 5)

83 FJ 6.

84 García Roca, J., "Representación política y transfuguismo: la libertad de mandato", en Santaolaya Machetti, P. y Corona Ferrero, J. M.ª (dirs.), *Transfuguismo político: escenarios y respuestas*, Civitas, Madrid, 2009, p. 42. En sentido similar, Bastida Frejeiro afirma que la actuación del representante tendría "que ser contrastada con puntos específicos e importantes del programa electoral, previamente registrados como tales en el acto formal de presentación de candidaturas que permitieran verificar su incumplimiento". Bastida Freijedo, F. J., "Derecho de participación..., *op. cit.*, pp. 218-219.

de estos senadores por parte del parlamento autonómico como consecuencia de "la pérdida de confianza, fundamentada en el incumplimiento de las obligaciones de senador o senadora establecidas en la actual ley, así como actuaciones que comporten desprestigio de las instituciones". Esta modificación atentaba contra el mandato representativo, aunque no de forma tan directa como en el anterior caso, pues, de entrada, aquí se cumplía una condición que no se daba antes y que había sido puesta de manifiesto por el propio Tribunal en la STC 10/1983 y que era que la revocación tuviera su origen de forma directa o indirecta de un acto emanado del pueblo ya que se trataba de una revocación por parte de la asamblea parlamentaria autonómica. Ello, no obstante, no fue suficiente para ser declarado adecuado a la Constitución. En la STC 123/2017, de 2 de noviembre, el Tribunal Constitucional tras recordar que todos los senadores, sin distinción, no están sujetos a mandato imperativo (artículo 67.2 CE) de forma tajante afirma que son inconstitucionales las normas que "hagan depender de la confianza y valoración política ajenas (de la libre voluntad de otro, en definitiva) la permanencia del representante en el ejercicio de su cargo"[85].

## 6. *La aceptación voluntaria de esta situación por parte de los diputados*

Son muchas y complejas las causas que llevan al representante a aceptar de buen grado esta situación. Los partidos de notables propios de los parlamentos liberales no necesitan de una clase política profesionalizada. Los notables poseían una clara independencia económica. Los partidos no habían de luchar en la arena política para imponer su criterio pues todos defienden los mismos intereses, el de la clase burguesa. La aparición de los partidos de masas, con la confrontación de intereses consiguiente convierten la política en un campo dialéctico que exige partidos fuertes, organizados y disciplinados para poder afrontar las elecciones con posibilidades de éxito. Se necesitarán políticos dedicados *full time* a la política. Partidos políticos y política ganan en complejidad. Esa complejidad solo puede ser abordada con posibilidades de éxito si el político le dedica el 100 por 100 de su actividad. Es

85 FJ 5.

muy difícil tener un papel destacado en el partido y en las instituciones y, a la vez, tener una vida profesional propia. La política no es honoraria sino remunerada. Sin embargo, ello no ha de ser visto de entrada como un desmérito. Como advierte Max Weber, tener políticos que viven para la política pues tienen una fuente de ingresos fuera de ella no asegura que no antepongan intereses privados ni que los políticos no tengan medios económicos fuera de la política no quiere decir que se propongan solamente atender a sus propias necesidades por medio de la política y no piensen principalmente en la causa[86]. Lo cierto es que hay una clase política profesionalizada, ahora bien, el término es confuso. Como se preguntan López Nieto y Delgado Sotillos: ¿Se es profesional de la política, de carrera política, tal como se identificaba anteriormente esta categoría?, o ¿se es profesional porque se tiene una elevada instrucción y cualificación profesional al margen de las trayectorias políticas?[87]. Los estudios sobre élites políticas[88] coinciden en que poseen una alta formación académica e importante capacitación profesional (altos funcionarios, docentes, abogados…)[89]. La mayoría de la élite parlamentaria no ha hecho carrera política únicamente sino que ha desempeñado otro tipo de actividad y el principal móvil por el que se presenta a las elecciones no es el económico[90] lo que podría ser un elemento a favor de mantener cierta independencia de criterio frente al partido y, sin embargo, los partidos aplican una férrea disciplina pero los diputados lo asumen y no se rebelan contra esta situación. Ello, no obstante, sean las razones que sean (vocación, intereses económicos, etc.) las que motiven a una persona entrar en política,

---

86 Weber, M., *El político y el científico*, Alianza Editorial, Madrid, 1959, edición 1998. p. 98.

87 Vide, por todos, López Nieto, L. y Delgado Sotillos, I., "Innovación urbana española: ¿una nueva clase política?", *Revista de Estudios Políticos*, núm. 86, 1994, p. 319; y Jerez Mir, M., Real-Dato, J. y Rodríguez-Teruel, J., "Las élites políticas en España: quienes son, cómo son, qué hacen" en Montálbez Pereira, J. y Martínez Rodríguez, A., *Gobierno y política en España*, Tirant lo Blanch, Valencia, 2019, pp. 591 y ss.

88

89 Jérez. M., "La élite parlamentaria" en Ramírez, M., *El parlamento a debate*, Trotta, Madrid 1997, p. 124.

90 Vide Delgado Sotillos, I., "Élites políticas y vida parlamentaria" en Martínez, A., *El Congreso de los Diputados en España: funciones y rendimiento*, Tecnos, Madrid, 2000, p. 327.

si desea permanecer deberá renunciar, en gran parte a su autonomía política. Dirá Weber que para ser aparato del partido se ha de obedecer ciegamente, convertirse en una máquina y carecer de pretensiones de tener una opinión propia[91] y que para ser parlamentario lo único que ha de hacer es votar y no traicionar al partido[92]. Por otra parte, también los estudios sobre élites políticas hacen referencia a la alta renovación de las mismas por lo que obedecer ciegamente no asegura la reelección. ¿Cuál es, entonces, el motivo por el cual, el diputado no se revela contra esa situación? Los estudios sobre las élites también revelan la reticencia de los diputados a colaborar en los mismos por lo que es difícil saber a ciencia cierta la razón o razones. Aquí apuntar un dato que, en mi opinión, podría influir: es cierto que muchos parlamentarios tienen alta cualificación académica y profesional lo que, a priori, les debería permitir mostrar cierto grado de discrepancia pública en relación a aquellas decisiones del partido no compartidas pero también muchos y muchos de ellos son hombres y mujeres de partidos, han militado desde jóvenes en él, desde su etapa universitaria o. incluso, antes, de forma directa o indirecta en las juventudes del partido o en los sindicatos de estudiantes afines a los diferentes partidos. Son personas que ven al partido como algo propio por lo que evitan cualquier acción que le perjudique. Como bien a proteger asumen que hay que mostrar unidad y fortaleza pues el electorado castiga la desunión y la discrepancia interna. Muchos de estos parlamentarios obtienen el acta de diputado/a como recompensa a los servicios prestados al partido[93]. Además ganan en poder e influencia y tejen una red de contactos y relaciones con actores económicos, sociales, políticos, etc. que les pueden ser de gran utilidad[94].

Aun podemos sumar otra causa que conduce a esta situación puesta de manifiesto por autores como Sartori: la complejidad de la sociedad actual hace que cada vez más existan materias que el representante no entiende[95]. Ello le lleva a asumir de forma acrítica el

---

91 Weber, M., El político y el científico..., *op. cit.* p. 151.

92 Ídem. P. 137.

93 Delgado Sotillos, I., "Élites políticas..., *op. cit.* p. 325.

94 Idem p. 325.

95 Sartori, G., *Elementos de Teoría Política*, *op. cit.* p. 272. Ello tiene efectos trascendentes a la hora de valorar la independencia del representante

criterio fijado por el partido lo que, en último término, no deja de ser un alivio para él[96].

La unanimidad de los diputados de cada grupo parlamentario en las votaciones en Les Corts Valencianes y, en general en Las Cortes Generales y en los parlamentos autonómicos es una constante. Y, sin embargo, en otros sistemas parlamentarios ello no es así. Obligada es la referencia al parlamentarismo inglés. En muchas ocasiones hemos visto como los diputados se saltaban la disciplina de partido y votaban en contra de las directrices de su formación política[97]. Son muchas las cosas que nos diferencian del parlamentarismo inglés pero, sin duda, su sistema electoral, las circunscripciones pequeñas, su cultura y tradición política, etc. hace que el diputado se sienta más cercano al elector que en España y que se atreva a mantener en ocasiones su propio criterio en contra del mandato del partido[98].

## IV. UNA REFLEXIÓN FINAL

Para terminar, pergeñar sin poder profundizar en ello algunas reflexiones al socaire de lo dicho hasta aquí.

A la vista de la situación actual cabe preguntarse en qué consiste realmente el derecho de los ciudadanos a participar en los asuntos

---

96 Los efectos negativos que sobre el parlamentario produce el no ser experto en la materia que se trata se plasman en Rochini, P., *La neurosis del poder*, Alianza, Madrid, 1992.

97 Por ejemplo, en septiembre de 2019 la "alianza rebelde", formada por 21 conservadores, cambió de bando para unirse al resto del arco parlamentario y retirar la agenda parlamentaria de las manos del gobierno impidiendo a Boris Johnson llevar a cabo un *Brexit duro* consistente en salirse de la Unión Europea sin acuerdo previo con Bruselas. Las divisiones en el Partido Conservador son tan grandes que sus miembros apoyaron estas iniciativas a pesar de que se les advirtió que, de hacerlo, serían expulsados de la formación.BBC: "Brexit: parlamentarios británicos aprueban una ley para bloquear la salida sin acuerdo de la UE y rechazan la convocatoria de elecciones propuesta por Boris Johnson". https://www.bbc.com/mundo/noticias-internacional-49584466. 4 septiembre 2019. Consulta 13h. 30 abril de 2024.

98 Vide en este sentido Pérez Colomé, J. "Qué Distingue a Un Político Inglés de Uno Español". *El Ciervo*, vol. 56, no. 680, 2007, pp. 22-27. JSTOR, http://www.jstor.org/stable/40834071. Accessed 30 Apr. 2024

públicos a través de representantes y que contenido real tiene el derecho de los representantes a ejercer sus funciones libremente. Está claro que la democracia de partidos condiciona las respuestas.

Ante el poder de los partidos políticos, o más bien, de la élite de los partidos políticos y su influencia en el contenido real de estos derechos se pueden adoptar, al menos tres actitudes. La primera negar (o aceptar, que para el caso es lo mismo) la evidencia y dejar las cosas como están: se vota a partidos y no a personas, control omnímodo del partido sobre el representante político, desvirtuación del mandato representativo, etc.

La segunda, utópica, superar la democracia de partidos y, entre otras cosas, incentivar mecanismos de democracia directa. A esto aspiraban los movimientos del 15-M al grito de no nos representáis. Con el tiempo se vio que esas corrientes se transformaron en partidos políticos que reproducía muchos de los vicios que criticaban[99]. Se produjo una reordenación de nuestro panorama político: Los partidos tradicionales perdieron apoyos, pero se han mantenido. Nacieron partidos políticos a partir de aquellos movimientos sociales. Sin embargo, algunos de esos nuevos partidos prácticamente han desaparecido y/o atraviesan por una grave crisis. Sin ir más lejos, en la XI Legislatura de Les Corts Valencianes han desaparecido Podemos y Ciudadanos.

La tercera, realista: lo partidos políticos juegan un papel esencial en un sistema democrático, pero ello no debe conducir a entregarles las llaves del sistema. Las democracias funcionan con un sistema de pesos y contrapesos. Los contrapesos en el interior del partido deberían limitar el poder de su oligarquía dirigente. Ello, no obstante, asistimos al debilitamiento de éstos en favor del líder. Por lo tanto, hay que reconocer la importancia capital que revisten los partidos

---

[99] El resultado no ha de sorprendernos. Claus Offe ya advertía que los movimientos sociales se enfrentan a un dilema en su desarrollo: Hay un momento que no pueden desarrollarse más si no se autoorganizan como un partido político so peligro de ser absorbidos ellos y sus demandas por los partidos tradicionales. Con el tiempo se mimetizan con el ambiente político desapareciendo paulatinamente la diferencia entre nuevos y viejos partidos. El caso de los Verdes en Alemania es paradigmático. Offe, C., *Partidos políticos y nuevos movimientos sociales*, Sistema, Madrid, 1992, pp. 109 y 247 y ss.

políticos en la actualidad. No existe alternativa al estado de partidos pero si se pueden introducir mecanismos correctores que limiten esa preeminencia del partido. Para ello se ha de llevar a acabo profundas reformas no solo de carácter jurídico o político sino también social y cultural con el fin de atemperar ese excesivo papel de los partidos que llevan a excesos: partidos colonizadores, mercantilistas, clientelares, opacos, etc. Es imposible en esta breve reflexión final acometer ni tan siquiera una enumeración de las mismas. Sobre estas cuestiones se ha escrito mucho, pero, sin embargo, la clase política es refractaria a esas denuncias a pesar de que la actual degradación de la vida política viene en gran parte por no hacer nada ante este estado de cosas.

La disciplina de voto es necesaria en los parlamentos actuales. El propio Tribunal Supremo así lo reconoce como hemos visto. De lo contrario, el trabajo parlamentario se colapsaría. No tiene sentido que unos presupuestos fueran negociados diputado por diputado. Lo lógico y funcional es que se negocie entre los diferentes partidos políticos (o grupos parlamentarios si se prefiere). la realidad nos muestra que no hay mandato imperativo del elector sobre el elegido, pero si un mandato imperativo modulado del partido hacia el elegido. Para que ello no se traduzca en una sumisión absoluta, en una lealtad acrítica de los cargos representativos hacia el partido, reduciéndolos a simples perros de lealtad incondicional[100] o borregos perfectamente disciplinados[101] es necesario aumentar la democracia interna de los partidos políticos y la de los grupos parlamentarios. La asignatura pendiente pues al tratarse los partidos de asociaciones privadas en primer plano aparece el respeto a la autonomía para autorregularse. Sin embargo, el partido no es una asociación más. Tiene encomendadas unas funciones públicas de primer orden. Incumplir el mandato constitucional contenido en el artículo 6 CE debilita nuestra democracia. A los partidos se le debe exigir un plus en sus deberes de democracia interna y transparencia[102].

---

100 Alzaga Villaamil, O. *et alii.*, *Derecho Político español según la Constitución de 1978 II*, UNED, Madrid, quinta edición, 2012, p. 357.

101 Weber, M., *El político y el científico, op. cit.* p. 137.

102 Vide STC 56/1995, de 6 de marzo.

Ello no obstante, la realidad es que los partidos políticos no han puesto gran énfasis en cumplir el mandato constitucional[103]. Solozábal sostendrá que son los propios partidos políticos los que adoptan una actitud refractaria en el sentido de huir del cumplimiento de las normas que regulen parte de sus actividades y funcionamiento[104]. La falta de una auténtica democracia interna en el seno de los partidos repercutirá en el propio Estado dada su centralidad política, pues como destaca Blanco Valdés, dicha carencia incide en la calidad y permeabilidad democrática de las propias instituciones del Estado, lo que contribuye claramente a su deslegitimación[105]. Las principales decisiones deberían ser fruto de un auténtico debate interno en el que estuviera absolutamente garantizada libertad de expresión y voto. Hoy en día, no existe debate interno ni en el seno de los partidos políticos ni en el seno de los grupos parlamentarios. No se desea trasladar a la opinión pública ningún signo que pueda ser interpretado de debilidad y por ello se evita, incluso, el debate interno en aras a mostrar unidad y fortaleza. Ello se traduce en que las grandes decisiones se adoptan por una camarilla al margen de los órganos del partido sin advertir que ello perjudica la imagen del parlamento y de la clase política. En este sentido los sucesivos barómetros del CIS muestran como una de los principales problemas para los españoles es su clase política. Mayor democracia interna, pues, y mayor transparencia. En este sentido, por ejemplo, no son públicos los reglamentos de régimen interno de los diferentes grupos parlamentarios en Les Corts Valencianes ni mucho menos los expedientes disciplinarios que se sustancian contra los representantes políticos. Si el representante lo es del pueblo/cuerpo electoral/elector, éstos tienen derecho a saber por qué se expedienta a un representante suyo. Decía Cassese que "el Estado moderno debería convertirse en una casa de cristal en

---

103 Sobre democracia interna de los partidos vide Navarro Méndez, J.L., *Partidos políticos y democracia interna*, CEPC, Madrid, 1989 y Flores Giménez, F.: *La democracia interna de los partidos políticos*, Congreso de los Diputados, Madrid, 1998.

104 Solozábal. Echevarría, J.J.: "Sobre la constitucionalización de los partidos políticos en el Derecho Constitucional y en el ordenamiento español", *Revista de Estudios Políticos*, núm. 45, 1985, p. 155.

105 Blanco Valdés, Roberto L., "Democracia de partidos y democracia en los partidos", en González Encinar, J.J. (Coord.), *Derecho de partidos*, Espasa, Madrid, 1992, p. 45.

la que todos tengan derecho a mirar"[106]. Si en el Estado moderno los partidos políticos ocupan esa posición dominante lo mismo debería predicarse de ellos.

Por otra parte, y en consonancia con lo anterior, hay que asegurar una amplia libertad de expresión al militante y al cargo político en el seno del partido y del grupo parlamentario para exponer su opinión sin miedo a represalias. Hoy todos los estatutos de los partidos políticos garantizan la libertad de expresión de militantes y cargos políticos, pero rodean esta libertad de un número interminable de limites o condicionantes que la restringen en sobremanera. En nada ayuda en ese objetivo la sentencia la STC 226/2016, de 22 de diciembre en la que se restringe sobremanera este derecho de la militante que, en opinión del Tribunal, no observó en sus manifestaciones públicas "las limitaciones derivadas del deber de lealtad hacia el partido al que pertenecía de forma voluntaria"[107].

Los partidos deberían regular los mecanismos la elección de los candidatos eliminando o, al menos, atemperando, lo que Duverger calificaba de elementos autocráticos en la elección de los representantes[108]. Los candidatos deberían ser elegidos de abajo a arriba y no al revés, por una élite endogámica y cooptada como sucede actualmente en la mayoría de los casos[109]. Tras el 15-M los partidos pretendieron abrirse a la sociedad[110] e introdujeron mecanismos nuevos

---

106 CASSESE, A., *Derechos humanos en el mundo contemporáneo*, Ariel, Barcelona 1991 (edición 1993), p. 66.

107 *B) FJ 10. No podemos más que disentir del sentido del fallo de esta sentencia. La demandante no hizo otra cosa que de forma un tanto provocadora o exagerada ("mangantería", "verdulería", "personas que no tienen más oficio que el de tener la lengua muy marrón", etc.) denunciar un hecho que es generalizado a nivel de la opinión pública: la existencia de políticos profesionales, mediocres, acríticos y acomodados más preocupados por sus propios intereses que por defender los intereses generales, cargos. No hay nada de novedoso en lo dicho pues esos efectos perversos ya han sido denunciados desde hace mucho tiempo por la más relevante doctrina como hemos visto en este trabajo. Sobre esta sentencia vide Català i Bas, A. H. "Una nueva forma de hacer política..., op. cit., pp. 104 y ss.*

108 Duverger, M., *Instituciones políticas y Derecho constitucional*, Ariel, Barcelona, 1970, p. 128.

109 En este sentido vide Villaplana Jiménez, F. R. "La democratización de la selección de líderes de los partidos políticos españoles", *Más poder local*, núm. 23, 2015, pp. 46-54.

110 Vide Català i Bas, A.H. "Una nueva forma de hacer política..., *op. cit.* p. 73 a 118.

para la selección de candidatos. El más importante, las primarias. Al respecto cabe distinguir entre primarias para elegir cargos orgánicos, de primarias para la elección del candidato electoral. Opina Blanco Valdés, que esta medida contribuye a transformar la actual oferta oligárquica que canalizan los partidos en una oferta democrática[111]. Para este autor las primarias son una solución que podrían "no sólo mejorar el nivel de consenso partidario respecto de las élites que ocupan cargos representativos, sino que podría también, quizá, contribuir a favorecer un proceso de afiliación a los partidos, en la medida en que los ciudadanos percibieran que su adhesión estaría en condiciones de ofrecerles una oportunidad real de participar en la selección de los líderes políticos de la que carecían fuera del partido. Finalmente sería posible que ello redundase, incluso, en un aumento de la participación electoral"[112]. Pasados los años, puede observarse que algunos de estos objetivos no se han cumplido. Cabe cuestionarse, al menos en el sistema español, que "quien aspire a un puesto en la lista electoral no depende de los dirigentes del partido no necesitando tener un nombre propio para darse a conocer, sino que es el procedimiento el que le confiere una gran visibilidad a los que concurren en él por lo que los aspirantes desconocidos pueden tener una oportunidad para hacerse un nombre y concurrir en igualdad de condiciones con políticos más experimentados"[113], y es que es muy difícil que el candidato que surge del anonimato directamente de las bases anónimo, triunfe. Lo normal es que lo haga un candidato conocido y ello pasa por formar parte y/o estar apoyado por la élite del partido[114]. Las primarias intentan estar controladas por el aparato del partido y no ha sido infrecuente que éste imponga a candidatos perdedores o aparte a ganadores en las mismas[115].

---

111 Blanco Valdés, R. L., *Las conexiones políticas*, Ensayo, 2001, p. 45.

112 Ídem, p. 47.

113 Pérez Moneo, M., *La selección de candidatos electorales en los partidos*. Centro de Estudios Políticos y Constitucionales, Madrid, 2012. p. 291.

114 Una sistematización de los efectos de las primarias puede verse en Pérez Moneo, Miguel: *La selección de los candidatos*, *op. cit.* y BOIX, C., "Las elecciones primarias en el PSOE", *Claves de Razón Práctica*, núm. 83.

115 RTVE: "Elecciones 28M El sector crítico de Podemos Asturias abandona el encierro pese a la exclusión de la lista de su número cuatro". https://www.rtve.es/noticias/20230425/podemos-asturias-excluye-uno-candidatos-28m-denuncia-

En las elecciones autonómicas, la circunscripción es la provincia, las listas cerradas y bloqueadas. Ello conlleva el que los electores no conozcan a sus representantes o, incluso, no se sientas representados por éstos sino por el partido. Ello, no obstante, en las elecciones locales el peso de los candidatos en mayor porque existe esa conexión directa con el electorado. En este ámbito se vota al partido, pero también al candidato. Nuestro sistema electoral fue diseñado en la Transición para asegurar la estabilidad gubernamental necesaria a su vez para apuntalar el sistema *democrático in status nasciendi*. En 2024 no cabe confundir estabilidad gubernamental de estabilidad del sistema. Italia ha sufrido en el pasado grandes crisis de inestabilidad gubernamental que en ningún caso han supuesto una inestabilidad de su sistema democrático. España, junto a Portugal e Italia son los únicos países europeos con sistemas proporcionales con listas cerradas y bloqueadas. Este es el sistema en el que el elector goza de menor protagonismo pues su cometido se reduce a votar una lista, votar en blanco o nulo o no votar. Reacio o, al menos dubitativo se muestra el Consejo de Estado con la posibilidad de poner fin a este sistema de listas, al dudar un tanto sorprendentemente de que los partidos políticos hayan alcanzado "un grado de madurez y desarrollo suficientes que les permita observar un funcionamiento pluralista —en los términos exigidos por el artículo 6 de la Constitución— sin que, por ello, la fortaleza de sus propias estructuras se vea puesta en cuestión" a pesar de reconocer que el sistema actual dota "de caracteres presidencialistas a un régimen en esencia parlamentario"[116]. A lo que cabe objetar que los partidos políticos son tan fuertes que ocupan la

---

operacion-destruir-partido/2441397.shtml. 25.04.2023 | 20:20 hora. Consulta 2 de mayo de 2024; Onda Cero: "Lambán acusa a Ferraz de humillar a Aragón en las listas del PSOE para las elecciones europeas". https://www.ondacero.es/elecciones/europeas/lamban-acusa-ferraz-humillar-Aragón-listas-psoe-elecciones-europeas_20240501663289a9c18d400001aeda07.html. 01.05.2024 20:27. Consulta: 2 de mayo de 2024. Muy crítico con las primarias en Compromís se muestra uno de sus líderes que pone de relieve los fallos del sistema, incluidas maniobras para conseguir que determinados candidatos obtengan mayor respaldo. Nomdédeu, E.: "Per Llealtat, contra les primaries". https://valenciadiari.com/per-lleialtat-contra-les-primaries/. 27 d'abril de 2024. Consulta: 2 de mayo de 2024.

116 Informe del Consejo de Estado sobre las propuestas de modificación del régimen electoral general de 24 de febrero de 2009.

centralidad del sistema. Los nuevos príncipes como los denominaba Gramsci ya en 1974[117].

También se deberían introducir mecanismos de renovación de élites orgánicas e institucionales como la limitación de mandatos.

Se deberían potenciar los mecanismos de participación ciudadana. El Reglamento de les Corts Valencianes contiene el Título XVI intitulado Parlamento abierto. Con el fin de aproximar la institución a la sociedad valenciana se establecen instrumentos que hacen posible la participación ciudadana de colectivos sociales y organizaciones, representantes de corporaciones de derecho público, profesionales y expertos. creándose la Comisión Permanente no Legislativa Especial de Participación Ciudadana. Una mejora sustancial en el sistema parlamentario se podría lograr mediante la implementación de herramientas tecnológicas que faciliten la participación ciudadana en el proceso legislativo. Por ejemplo, la creación de plataformas en línea para votaciones populares sobre proyectos de ley o la organización de debates abiertos que permitan a los ciudadanos expresar directamente sus opiniones y sugerencias a los legisladores. Esta medida no solo fortalecería la legitimidad del sistema, sino que también enriquecería el debate democrático al incorporar una diversidad de perspectivas y conocimientos[118].

Y, por último, apostar por fortalecer una verdadera cultura política democrática en la que se prime el debate y no la descalificación. El debate democrático ha de ser un debate racional no emocional. El emocionalismo como afirmaba Loewenstein es antidemocrático, propio de los totalitarismos[119]. Sin embargo, hoy vemos grandes dosis del mismo en la contienda política.

---

117 Gramsci, A., "Note sull Macchiavelli sulla política e sullo Stato Moderno" en *Quaderni del accere,* núm. 4 pp. 5 y ss, Einaudi, Turín 1974; y Rescigno G.U, "Limitare al sovrano. Breve note sui partiti politici", *Critica del Diritto,* núm, 27-28, 1982, pp. 14 y ss.

118 Castellanos Claramunt, J., *Participación ciudadana y buen gobierno democrático: posibilidades y límites en la era digital.* Marcial Pons, Madrid, 2020.

119 Loewenstein, K., "Militant Democracy and Fundamental Rights", *The American Political Science Review,* 1937, vol. XXXI, núm. 3 pp. 421 y ss.

Hoy por hoy no hay una opción democrática al estado de partidos. Sin embargo, los tics no democráticos, populistas muchas veces, que arrastran los partidos políticos dificultan gozar de una democracia de mejor calidad. Con estas y otras medidas se podría alcanzar un cierto equilibrio en la posición de los diferentes actores políticos. Se reduciría la situación tan preeminente que ocupan los partidos en la actualidad, el diputado recuperaría cierto protagonismo al igual que el elector hoy mero sujeto pasivo de la vida política, lo que desemboca en lo que Aranguren llamaba una democracia hacedera consistente en votar periódicamente y, tras ello, hacer dejación de los asuntos públicos en manos de políticos profesionales[120]. De esta manera, se podría evitar la total desnaturalización de los derechos de participación política contenidos en el artículo 23 CE. Quedaría a salvo el núcleo esencial del derecho de los ciudadanos a participar en los asuntos públicos a través de representantes al igual que el núcleo esencial del ius in officium de los cargos representativos.

## BIBLIOGRAFÍA

Alzaga Villaamil, O. *et alii.*, *Derecho Político español según la Constitución de 1978 II*, UNED, Madrid, quinta edición, 2012.

Anasagastí. I., "El mito de las listas abiertas", https://ianasagasti.blogs.com/mi_blog/2013/03/el-mito-de-las-listas-abiertas.html. Consulta 30 de abril de 2024. 15:00h.

Aranguren, J.L., "Ética comunicativa y democracia" en en Apel, K.D; Cortina, A, de Zan, J, Y Michelini, D. (Eds): *Ética comunicativa y democracia*, editorial Crítica, Barcelona, 1991.

Bastida Freijeido, F. J., "derecho de participación a través de representantes y función constitucional de los partidos políticos, *Revista Española de Derecho Constitucional*, núm. 7, 1987.

Blanco Valdés, R., "Transfuguismo y democracia en la Comunidad de Madrid ", *Claves de la Razón Práctica*, núm. 135, 2003.

---

120 Aranguren, J.L., "Ética comunicativa y democracia" en en Apel, K.D; Cortina, A, de Zan, J, Y Michelini, D. (Eds): *Ética comunicativa y democracia*, editorial Crítica, Barcelona, 1991, p. 211.

Blanco Valdés, R.L., "¿Hacia una democracia sin partidos?: crisis partidista, selección de las élites y representación", en Aragón Reyes, M., Valadés Ríos D., Tudela Aranda, J. (coord.) *Derecho constitucional del siglo XXI: desafíos y oportunidades*, Fundación Manuel Giménez Abad, 2023, pp. 465-488.

Blanco Valdés, Roberto L., "Democracia de partidos y democracia en los partidos", en González Encinar, J.J. (Coord.), *Derecho de partidos*, Espasa, Madrid, 1992.

Burke, E., *Discurso a los electores de Bristol*, 3 de noviembre de 1774.

Caamaño Domínguez, F., *El mandato parlamentario*, Congreso de los Diputados, Madrid, 1991

Caamaño Dominguez, F., "Mandato parlamentario y derechos fundamentales", *Revista Española de Derecho Constitucional*, núm. 36, 1992.

Caamaño Domínguez, F., "El escaño de Tamayo y la democracia de mesa camilla", El País, 17 de julio de 2003.

Camps Ortiz, F., El sistema electoral proporcional y el mayoritario: votar una lista, votar a un candidato, Universidad Católica de Valencia San Vicente Mártir, Valencia, 2016.

Cassese, A., Derechos humanos en el mundo contemporáneo, Ariel, Barcelona,1991 (edición 1993).

Castellanos Claramunt, J., *Participación ciudadana y buen gobierno democrático: posibilidades y límites en la era digital*, Marcial Pons, Madrid, 2020.

Català i Bas A. H, "El difícil encaje de la causa de incompatibilidad sobrevenida en la institución del mandato representativo. Revista de Derecho Político, núm. 86, 2013.

Català i Bas, A.H., "Una nueva forma de hacer política: dar la voz a la militancia ¿realidad o mera apariencia?", *Revista de Derecho Político*, nº 109, 2020.

Català i Bas, Alexandre H. "Transfuguismo y régimen jurídico de los concejales no adscritos. ¿Puede, y debe, el Derecho sancionar la deslealtad política?, Revista Española de Derecho Constitucional, Nº 101, 2014.

Chueca Rodríguez, R., "La quiebra de la representación política", *Fundamentos: Cuadernos monográficos de teoría del estado, derecho público e historia constitucional*, núm. 3, 2004.

Cotteret, J.M. y Emeri C., *Les systèmes électoraux*, PUF, Paris, 1970.

de Esteban, J., "El fenómeno español del transfuguismo político y jurisprudencia constitucional", *Revista de Estudios Políticos*, núm. 70. 1990,

de Vega, P., "Significado constitucional de la representación política", *Revista de Estudios Políticos*, núm. 44, 1985.

Delgado Sotillos, I., "Élites políticas y vida parlamentaria" en Martínez, A., *El Congreso de los Diputados en España: funciones y rendimiento,* Tecnos, Madrid, 2000.

Duverger, M., *Instituciones políticas y Derecho constitucional,* Ariel, Barcelona, 1970.

Flores Giménez, F.: *La democracia interna de los partidos políticos,* Congreso de los Diputados, Madrid, 1998.

García Roca, J., "Representación política y transfuguismo: la libertad de mandato", en Santaolaya Machetti, P. y Corona Ferrero, J. M.[a] (dirs.), Transfuguismo político: escenarios y respuestas, Civitas, Madrid, 2009

García-Escudero Márques, P., "La ductilidad del derecho parlamentario en tiempo de crisis: actividad y funcionamiento de los parlamentos durante el estado de alarma por Covid-1", *Teoría y Realidad Constitucional,* núm. 46, 2020.

García-Escudero Marques, P., "Voto parlamentario no presencial y sustitución temporal de los parlamentarios, *Corts Anuario de Derecho Parlamentario,* núm. 24, 2013

Garrido Mayol, V., "La COVID-19 también llegó al parlamento: la excepcionalidad como excusa del estado de derecho", *Corts, Anuari de Dret Parlamentari,* núm. 34, 2021.

Gavara de Cara J.C., "La reforma de la LOREG: expectativas y alcance" en Chueca Rodríguez, R. y Gavara De Cara J.C., *La reforma de la Ley Orgánica de Régimen Electoral General,* CEPC, Madrid, 2011.

Gramsci, A., "Note sull Macchiavelli sulla política e sullo Stato Moderno" en *Quaderni del accere,* núm. 4, 1974.

Jerez Mir, M., Real-Dato, J. y Rodríguez-Teruel, J., "Las élites políticas en España: quienes son, cómo son, qué hacen" en Montálbez Pereira, J. y Martínez Rodríguez, A., *Gobierno y política en España,* Tirant lo Blanch, Valencia, 2019.

Jérez. M., "La élite parlamentaria" en Ramírez, M., *El parlamento a debate,* Trotta, Madrid 1997.

Kelsen, H., Esencia y valor de la democracia, Labor, Barcelona 1964. p. 69.

Leibholz, G., *Problemas fundamentales de la democracia moderna,* Instituto de Estudios Políticos, Madrid, 1971.

Loewenstein, K., "Militant Democracy and Fundamental Rights", *The American Political Science Review,* 1937, vol. XXXI, nº 3.

López Nieto, L. y Delgado Sotillos, I., "Innovación urbana española: ¿una nueva clase política?", *Revista de Estudios Políticos,* núm. 86, 1994.

Martínez Corral, J.A., *Les Corts Valencianes* y el Coronavirus Covid-19, *Cuadernos Manuel Jiménez Abad*, núm. 8 extra, 2021.

Montero J.C., y Riera, P., *Informe sobre la reforma del sistema electoral*. Presentado a la Comisión de Estudios del Consejo de Estado en diciembre de 2008.

Navarro Méndez, J.L., *Partidos políticos y democracia interna*, CEPC, Madrid, 1989.

Nomdédeu, E., "Per Llealtat, contra les primaries". https://valenciadiari.com/per-lleialtat-contra-les-primaries/. 27 de abril de 2024.

Offe, C., *Partidos políticos y nuevos movimientos sociales*, Sistema, Madrid, 1992.

Panebianco, Á., *Modelo de partidos*, Alianza, Madrid, 1995.

Pérez Colomé, J. "Qué Distingue a Un Político Inglés de Uno Español". *El Ciervo*, vol. 56, no. 680, 2007, pp. 22-27. JSTOR, http://www.jstor.org/stable/40834071.

Pérez Moneo, M., *La selección de candidatos electorales en los partidos*. Centro de Estudios Políticos y Constitucionales, Madrid, 2012.

Pitkin, H.F., *El Concepto de representación*, Centro de Estudios Constitucionales, Madrid, 1985.

Rescigno G.U, "Limitare al sovrano. Breve note sui partiti politici", *Critica del Diritto*, núm, 27-28, 1982

Ridao Martín, J., "Virtualizando el parlamento (hasta donde se puede). El régimen de contingencia del parlamento de Cataluña durante la crisis de la Covid-19 y las reformas tecnológicas y reglamentarias operadas para regular la actividad no presencial en el futuro" *Cuadernos Manuel Jiménez Abad*, núm. 8 extra, 2021.

Rochini, P., *La neurosis del poder*, Alianza, Madrid, 1992.

Rubio Llorente, F., "Vernos como somos", El País, 21 de junio de 2003

Sánchez Medero, G. y Cuevas Lanchares, J. C., "La disciplina partidista en el Congreso de los Diputados, el sistema legal español y los estatutos de los partidos políticos", Revista Española de Derecho Constitucional, Nº 111, 2017, pp. 185-219.

Santaolaya, F., *Derecho parlamentario español*, Espasa Calpe, Madrid, 1990.

Sartori, G., *Elementos de Teoría Política*, Alianza Editorial. Madrid,

Solozábal. Echevarría, J.J.: "Sobre la constitucionalización de los partidos políticos en el Derecho Constitucional y en el ordenamiento español", *Revista de Estudios Políticos*, núm. 45, 1985.

Tajadura Tejada, J. "La reforma electoral y la ilegalización de partidos políticos: Comentario a la LO 3/2011, de 28 de enero, por la que se modifica la LO 5/1985, de 19 de junio, de Régimen Electoral General" en Álvarez

Conde, E. y López de los Mozos Díaz-Madroñero, A. (Dir.), *Estudios sobre la Reforma de la Ley Orgánica del régimen Electoral General: La Reforma continua y discontinua*, IDP, Madrid, 2011.

Torres del Moral A., "Crisis del mandato representativo en el estado de partidos", *Revista de Derecho Político*, núm. 14, 1982.

Torres Del Moral, A., "Réquiem por el mandato representativo", *Revista de Derecho Político*, núm. 81, 2011.

Villaplana Jiménez, F. R. "La democratización de la selección de líderes de los partidos políticos españoles", *Más poder local*, núm. 23, 2015

Weber, M., *El político y el científico*, Alianza Editorial, Madrid, 1959, edición 1998.

# *EVOLUCIÓN DE LA CONDICIÓN JURÍDICA DEL PARLAMENTARIO Y LA ACTUAL DISTORSIÓN EN EL USO DE LAS PRERROGATIVAS PARLAMENTARIAS: USO Y ABUSO DEL DERECHO A LA INFORMACIÓN COMO REFERENCIA*

**FÉLIX CRESPO HELLÍN**
*Profesor Titular de Derecho Constitucional*
*Universitat de Valencia*

# I. LA TRANSFORMACIÓN DE LA INSTITUCIÓN PARLAMENTARIA. PLANTEAMIENTO INICIAL

Con la entrada en vigor de nuestra constitución en 1978, se abría paso en nuestro país una perspectiva radicalmente opuesta a la inestabilidad política y privativa de derechos anteriormente vivida[1], constituyendo la obtención y el establecimiento de un sistema democrático un objetivo de auténtico esfuerzo común de la sociedad civil y política en su conjunto. Ello, con la complejidad añadida en su proceso de elaboración de la falta de un auténtico sentimiento constitucional producto de un adecuado proceso de socialización política y consolidación del sistema democrático, imprescindible para la implantación con base sólida de un nuevo sistema constitucional.

Añadida a esta circunstancia[2], aparece también como especial objetivo de consecución la idea de observar la Constitución, no como "una unidad sistemática ya cerrada, bien sea esta de tipo lógico axiomático o bien basada en una jerarquía de valores"[3], sino que su marcado carácter incompleto o inacabado, hará que los mecanismos de reforma constitucional cumplan una auténtica función de defensa de la propia Constitución, a fin de que el Derecho Constitucional, que va más allá del propio texto escrito, pueda ir experimentando las correspondientes transformaciones. "Si la constitución, —continúa Hesse—, quiere hacer posible la resoluci6n de las múltiples situaciones críticas históricamente cambiantes, su contenido habrá de permanecer necesariamente abierto al tiempo".

---

1 Lucas Verdú, P. "La singularidad del proceso constituyente Español", Rev. De Estudios Políticos Nº 81 Pp. 55 y ss.; Rubio Llorente, F. "La Constitución española de 1978", en el libro homenaje al profesor García Pelayo, Caracas, 1980, vol. I, pp. 139 y ss.; Tomás Villarroya, J. "Poder constituyente y nueva constitución. Un análisis crítico", Revista de Estudios Políticos, nº 10, pp. 59 y ss.; Peces Barba, G. "La elaboración de la Constitución de 1978", CEC, Madrid, 1988; Hernández Gil, A. "La Constitución y su entorno", Obras Completa-Tit. VII, Espasa Calpe, Madrid, 1988.

2 Cfr., entre nosotros, P. Lucas Verdú, "El sentimiento Constitucional", Reus, Madrid, 1985.

3 Hesse, K.: "Escritos de derecho constitucional", Traducción y selección de P. Cruz Villalón, Centro de Estudios Constitucionales, Madrid, 1983, p. 18.

Desde este planteamiento inicial, y tras varios años de vigencia desde su aprobación, el carácter otorgado a la Constitución de norma jurídica ha puesto de relieve la idea de que "*la relación gobernantes-gobernados está expresada de tal modo que estos disponen de unos ámbitos reales de derechos y libertades que les permiten el control efectivo de los titulares ocasionales del poder*"[4].

Queremos con ello destacar, desde un punto de vista amplio, la capacidad que todos los ciudadanos tenemos de convertirnos en potenciales interpretadores de la norma constitucional, dejando aparte el carácter vinculante o no que tendrán dichas manifestaciones dependiendo del órgano o persona inicial que las realice y de la proyección y validez jurídica que el ordenamiento constitucional otorgue a las mencionadas interpretaciones. Todo ello quedará circunscrito y plasmado en el propio régimen político que la constitución diseña y que permitirá hacer efectivas esta y otras capacidades reconocidas en el texto constitucional.

La constitucionalización de la cláusula o marca del 'Estado Social y Democrático de Derecho', sentará las bases de un régimen democrático real y transformador en continua proyección. A su vez, se dará pie a un régimen pluralista, fruto de la diferente estructura social existente y de la diversidad de fuerzas políticas y sociales que esa misma estructura condiciona, y que implicara el abandono y rechazo de las tendencias monolíticas del régimen autoritario anterior. Y el desarrollo de estos principios conducirá a un régimen políticamente descentralizado, siendo ésta una respuesta constante en toda nuestra historia constitucional, en el que se comprueba que los periodos de mayor democratización han correspondido a etapas en las que el sentimiento autonomista ha sido fuertemente acusado.

Estos planteamientos ya clásicos ampliamente desarrollados en los fundamentos de la Teoría Constitucional[5], nos llevan no obstante

---

4 La configuraci6n de la Constitución como norma jurfdica ha sido planteada entre nosotros por E. García de Enterria, "La Constituci6n como norma jurídica y el Tribunal Constitucional", Civitas, Madrid, 1982; Igualmente, el planteamiento de J. Pérez Royo en su recensión a la obra de García de Enterría publicada por la Revista de Estudios Políticos, núm. 25, pp. 221 y ss.

5 De Esteban, J. y López Guerra, L., "Los partidos políticos en la España actual", Planeta, Instituto de Estudios Económicos, Barcelona, 1982; Duverger, M., "Los

en última instancia, a enlazarlos con el principio básico de formulación política de una Monarquía parlamentaria, con importantes rasgos presidencialistas que implican el reconocimiento constitucional de la primacía del Ejecutivo, especialmente a través de la figura del Presidente del Gobierno[6], así como el papel reservado a los monarcas en un sistema democrático, cuya incidencia se ha puesto más de relieve entre nosotros debido al propio proceso de transición política y de consolidación de nuestro sistema democrático.

Esta característica apuntada nos servirá para, en base a ella, plantear el tema objeto de nuestro trabajo y para ir delimitando, no tanto la figura y contenido de la institución parlamentaria en sus orígenes —con una ingente existencia de estudios y trabajos sobre ella—, sino para centrarnos en la figura del parlamentario como elemento integrador y definidor en la práctica de las funciones asignadas a las asambleas legislativas.

En este sentido, desempeñará una faceta importante la necesidad de interpretar la norma caso por caso, como ya aludíamos anteriormente. No hay que olvidar, como dice Hesse[7], que la interpretación constitucional resulta necesaria y se plantea como un problema cada vez que ha de darse respuesta a una cuestión constitucional que la constitución no permite resolver de forma concluyente.

En este caso, hay que entender el valor constitucional de la norma en el sentido de que la adquisición de la condición de parlamentario, una vez prestado su acatamiento a la Constitución, excluiría todo planteamiento opuesto al mandato constitucional. Si a ello añadimos las manifestaciones y actuaciones vertidas por otros órganos constitucionales al respecto, se determinará en consecuencia la necesidad de delimitar esta problemática en su máximo sentido.

---

partidos políticos", Fondo de Cultura Económica, Mejico, 1957; Sartori, G., "Partidos y sistemas de partidos", Alianza Universidad, Madrid, 1987.

6 Bar Cendon, A., "El Presidente del Gobierno en España. Encuadre constitucional y práctica política", Cuadernos Civitas, Madrid, 1983; Tomás Villarroya, J., "El Gobierno", en Fraga, M. y VV.AA. 'La España de los años 70' Vol. III El estado y la política, Edit. Moneda y Crédito, Madrid, 1974.

7 Hesse, K., "Escritos de Derecho Constitucional", C.E.C., Madrid, 1983, en pp. 47 y ss., se cita como principios de la interpretación constitucional el de la unidad de la Constitución, *concordia practice*, corrección funcional y figuras similares

Constituye pues esta cuestión un claro ejemplo de necesidad de interpretación o de concretización de las relaciones entre un derecho o privilegio recogido constitucionalmente, y la determinación del memento en cuanto a la posibilidad de su ejercicio, que determinará la previa adquisición de la condición plena de parlamentario.

Por ello, dirá Hesse, la interpretación ya no puede reducirse a indagar la voluntad de quien tiene un cometido y unas reglas bien concretas: su cometido es de "hallar el resultado controlable, el fundamentar este resultado de modo igualmente racional y controlable, creando, de este modo, certeza y previsibilidad jurídicas y no, acaso, el de la simple decisión por la decisión. En esta labor, HESSE no descarta los métodos tradicionales de interpretación sino que sólo los reconduce a una fase de la misma (la comprensión de la norma).

Interpretación es concretización y ésta exige previamente la cabal comprensión tanto de la norma como de la realidad, lo que desde luego requiere de la teoría constitucional, su estudio y aplicación, y sólo a partir de ella cabe utilizar conceptos jurídicos interpretativos.

Por ello, todo lo que viene a denominarse como criterios de anticipación o que buscan una previa comprensión del contenido de las norma sólo sería admisible si, puesta a prueba, resulta certera o es ratificada en la medida que el caso lo demande. Cabe recordar en palabras de Pérez Serrano, que las estrategias empíricas que se usan en cada investigación dependen exclusivamente del autor de la misma, el cual buscará una concordancia con el modelo conceptual en que se apoya y que siempre será previo para poder definir la interpretación y posterior análisis de los contenidos.

En realidad, la concretización acaba llevando a la investigación tópica a través del análisis de contenidos como método de investigación, y así es como se propone llevarla a cabo Hesse, por el método tópico aunque no en forma pura. La postura fundamental de la tópica, como recuerda Viehweg[8], sigue la práctica del jurista romano que "*plantea un problema y trata de encontrar argumentos viéndose, así, precisado a desarrollar una técnica adecuada...*". Porque lo que pretende

---

8 Viehweg, Th. "Tópica y Jurisprudencia", Cuadernos Civitas, Aranzadi, Navarra, 2016.

la tópica es suministrar datos para saber cómo hay que comportarse en una situación semejante a fin de no quedar detenido sin remisión. Es por lo tanto una técnica del pensamiento problemático.

Sus ventajas son evidentes, ya que permite superar las deficiencias del formalismo jurídico ya que a partir de un sistema significa desechar la consideración de los problemas que no encajan en él; mientras que, en cambio, a partir de los problemas se exigirá hallar lossistemas que permitan resolverlos. Lógicamente, en operatividad depende de la ciencia a la que se aplique pues los hay, que por contener principios objetivos seguros y efectivamente fecundos, sí pueden llegar a constituir un sistema. Pero otras son "*insistematizables porque no pueden encontrarse en su campo ningún principio que sea al mismo tiempo seguro y objetivamente fecundo. Cuando este caso se presenta, solo es posible una discusión de problemas...*". En esta situación, concluye Viehweg, se encuentra evidentemente la jurisprudencia.

Si es cierto que la tópica es la técnica del pensamiento problemático, la jurisprudencia —como técnica que está al servicio de una aporía o de aquellas situaciones que se crean cuando un problema carece de solución o lleva a conclusiones absurdas—, debe corresponder con los puntos esenciales de la tópica. Es preciso, por ello, descubrir en la tópica la estructura que conviene a la jurisprudencia. Se puede tratar de fijar a través de tres concretos presupuestos:

1. La estructura total de la jurisprudencia solamente se puede determinar desde el problema.

2. Las partes integrantes de la jurisprudencia, sus conceptos y sus proposiciones, tiene que quedar ligadas de un modo especifico con el problema y sólo pueden ser comprendidas desde el.

3. Los conceptos y las proposiciones de la jurisprudencia solo pueden ser utilizados en una implicación que conserve su vinculación con el problema y cualquiera otra es preciso evitarla.

El enfoque parece perfectamente válido para la resolución de los conflictos de derechos y en concreto, para el que aquí nos ocupa. Pero su riesgo también es evidente, pues se trata de supuestos en que se acude a un criterio tópico en la realización de la interpretación pero ello "*en aras de una solución más justa, que puede introducir un componente de in-*

*seguridad, en particular cuando se traslada al ámbito penal pues hace perder a la dogmática esa función que subraya HASSEMER, de adelantar un pronóstico lo más aproximado posible sobre la solución del conflicto que se analiza*"[9]. De ahí que Hesse rechace el método tópico puro y lo someta a limites o condicionamientos, en concreto los derivados de la función orientadora de los "principios de la interpretación constitucional" y la posición asumida por el texto constitucional como límite de aquella.

La resolución de los conflictos que aquí nos ocupan por la vía jurisprudencial está aportando resultados francamente interesantes, como se verá, para la construcción de un sistema de relaciones entre los dos bienes anteriormente referidos —el conjunto de prerrogativas—.

A partir de este momento, y en lógica respuesta a la importancia tanto de la institución legislativa, como del estatuto de sus miembros, han sido múltiples los trabajos y estudios que sobre esta materia se han realizado y los cuales nos han inducido a aproximarnos aún más, al problemático aspecto de la condición del parlamentario como elemento inicial generador de las prerrogativas parlamentarias. Es, indudablemente, un trabajo inacabado en cuanto que van apareciendo de forma continua nuevos elementos que servirían para ir perfilando mayormente esta cuestión —incluida la propia labor legislativa de las Cortes Generales y de las distintas cámaras autonómicas—.

No obstante, y a pesar del reconocimiento de continuar trabajando en el presente tema, hemos delimitado la práctica totalidad de las cuestiones objeto de estudio, comenzando por la propia formación de la institución parlamentaria y la delimitación de la figura del parlamentario, hasta desembocar en el estudio de su actividad y los aspectos derivados de dicha actividad con influencia en la esfera jurídica.

## 1. *Evolución de la institución del Parlamento y sus postulados en proyección y transformación*

Si partimos del sentido etimológico que tiene el término Parlamento, comprobaremos que su significado corresponde al término

---

9 Berdugo Gómez de la Torre, I., "Honor y libertad de expresión", Tecnos, Madrid, 1987, p. 114.

conversación, hablar en clara referencia a la función inicial de la asamblea de representantes populares de un pueblo donde se llevan a cabo los debates sobre asuntos de carácter público. Fue adquiriendo sentido político, cuando comienzan a aparecer acciones de contacto entre el Monarca y sus nobles —caso de Enrique III en Inglaterra—, o paralelamente en Francia, y más en concrete durante la época del Antiguo Régimen, donde destaca que la expresión Parlamento no designaba a las Asambleas representativas, sino a auténticos órganos judiciales. Ello nos obliga a considerar que la expresión Parlamento en su significado político —que es de origen británico[10]—, parte de la consideración de este como órgano deliberante, acepción que se extendería al resto del continente.

Ahora bien, esta expresión no suele figurar en los textos constitucionales, sirviendo más bien de denominación genérica para referirse al conjunto de cámaras o asambleas que integran la institución legislativa en un estado determinado, desempeñando con carácter general su marcada función deliberante. Temporalmente suele señalarse la Baja Edad Media como el punto de partida y origen de los Parlamentos, al menos en algunos estados, como Inglaterra y los antiguos Reinos españoles, con una primordial razón económica como causa de aparición. Ello se debía a la necesidad de los monarcas de obtener periódicamente una serie de subsidios que eran suministrados por estos, a la vez que recibían las correspondientes peticiones para la marcha de los asuntos públicos.

Así pues, el principio "*there are not taxes witout representation*" se convirtió en la razón de ser de estas asambleas medievales[11].

Su composición inicial era simple, al aparecer tan solo los estamentos del clero y de la nobleza, aunque con el paso del tiempo y debido sobre todo al auge económico adquirido por la incipiente burguesía comercial, esta comenzó a formar parte de las mismas como estamento separado, incorporándose también representantes

---

10 Yardley, D.C.M. "Introduction to British constitutional law", Butterworths, 7th ed., London, 1990.

11 Muir, R., "How Britain is Governed: a critical analysis of modern developments in the British system of government", Constable & Company LTD, 41 edic., London, 1940.

de condados, municipios y ciudades. Sirva recordar la célebre reunión del Parlamento británico convocado por Simón de Montfort Conde de Leicester en 1265[12].

Así pues, la composición de estas Asambleas no era homogénea, lo cual también se producía en su funcionamiento interno, aunque pronto se comprobaría la tendencia a deliberar conjuntamente del clero y la nobleza. Sin embargo, sería el estamento representante de la burguesía ciudadana el que adquiriría un mayor relieve, produciéndose incluso una alianza de estos con el monarca, sobre todo en aquellos países donde el feudalismo tuvo una mayor implantación con su consiguiente consideración posterior de la clase burguesa.

De esta forma, se irían consiguiendo los recursos financieros necesarios que otros estamentos apenas podían proporcionar, derivándose en consecuencia de igual forma una mayor petición o reclamación de parcelas de poder. Estas circunstancias, como ya indicábamos anteriormente, hacía que el hecho de constituirse la burguesía como el mayor contribuyente a las demandas económicas del monarca, fuera cristalizando esta preeminencia en el llamado derecho de petición, formulando continuas y mayores demandas[13]. El desarrollo del estamento burgués que se produce como consecuencia de la obtención de la mayor parte del poder, se produce paralelamente al auge de las Asambleas.

No obstante, y utilizando el referente del Renacimiento como punto de base teórica aproximado, será cuando se vaya marcando la distinción entre la mayoría de países del continente e Inglaterra, dado que en esta última continuará la evolución hasta la Revolución de 1689, donde se consagra de forma definitiva el papel del Parla-

---

12 Barendt, E., "An introduction to Constitutional Law (Clarendon Law Series)", Oxford University Press (U.K.), 1998, London.

13 A este respecto, véase con mayor amplitud el uso que del derecho de petición se realiza para introducir las prácticas parlamentarias en el Estatuto Real en España, en Tomás Villarroya, J., "El sistema político del Estatuto Real (1834-1836)", Instituto de Estudios Políticos, Madrid, 1980; García Pelayo, M., "Derecho Constitucional Comparado", 1984, Alianza, Madrid; Posada, A., "Tratado de Derecho Político", tomo 11-Derecho Constitucional comparado de los principales Estados de Europa y América", 51ª edic., Madrid, 1935; Duverger, M., "Instituciones políticas y derecho constitucional", 6ª edic. española, Ariel, Barcelona, 1980.

mento como centro del poder político, quedando definido este desde el punto de vista legal, como la reunión del Rey con sus Loores y sus Comunes —planteamiento diferente al concepto visual en el continente—[14]. Por contra, en el resto de países, la llegada de las Monarquías absolutas y la consiguiente formación del Estado moderno van a suponer la práctica desaparición de estas Asambleas, ya que el Monarca dispondrá de los recursos propios suficientes para no requerir su ayuda. Sera posteriormente la Revolución Francesa la que suponga un renacimiento de los Parlamentos, aunque con postulados totalmente distintos.

Queda patente así la ruptura entre un modelo y otro de Asamblea, interrupción que no se produce en Inglaterra con una continuidad en su evolución histórica.

El modelo ingles ya desarrollado en tiempos de la Revolución Francesa, sirvió a esta de base para el inicio del Parlamento moderno, junto a determinadas doctrinas políticas, como la formulación de la división de poderes que realiza Montesquieu aglutinando las diversas manifestaciones y elaboraciones realizadas hasta entonces.

Y es que interpretando de una forma peculiar el modelo británico —más que una primacía del Parlamento, coma sucedía con Locke, establece un equilibrio entre este y el Ejecutivo—, sería posteriormente cuando a partir de este momento emergen de forma clara los dos modelos fundamentales para explicar la evolución de los Parlamentos: el británico y el continental—[15].

---

14 Fernández Segado, F., "El régimen político británico", en Ferrando Badía, J. (Coord.), "Regímenes Políticos actuales", Tecnos, Madrid, 1987; González García, T., "La soberanía del Parlamento inglés. Su evolución política. Su estado actual", Murcia, Suc. de Nogués 1927, y "El rumbo de la Gran Bretaña (de la era Victoriana al Gobierno laborista)", Ediciones Universidad de Valladolid, Valladolid, 1950.

15 Macaulay, T., "Revolución de Inglaterra", en Estudios Políticos, traducc. Juderías Bender, M. en Biblioteca Clásica-tomo XIX, Madrid, 1879; De Lolme, J. L., "La Constitución de Inglaterra", Centro de Estudios Constitucionales, Madrid, 1995; Hauriou, M., "Principios de Derecho Público y Constitucional", trad. Carlos Ruiz del Castillo, Reus, Madrid, 1927; Jennings, I. W., "The law and the Constitution", Univerity of London Press Ltd., Londres, 1964.

El modelo británico supondrá la consagración de la *soberanía* del Parlamento, considerando desde el punto de vista legal que el monarca formará parte del mismo sin llegar a producirse la oposición entre los mismos —característica de las monarquías absolutas—.

A partir de las Reformas de 1911 y 1949 la Cámara de los Comunes consolidará su papel hegemónico frente a la Cámara de los Lores, influyendo en ello en cierta medida la aparición del partido laborista en la escena política, recogiendo de una forma más directa las tendencias y planteamientos que de forma variada se incardinaban en el pensamiento del pueblo inglés. Igualmente y de forma posterior, paralelamente a la Primera Guerra Mundial será la figura del Gabinete y del Primer Ministro la que ira apareciendo como eje de la política británica junto al Parlamento, sin perder este su tradicional aureola en el plano político, sino actuando de un forma coetánea.

Haciendo ahora una referencia al modelo continental, comprobamos que el Parlamento surge como reacción al Antiguo Régimen, convirtiéndose en el único depositario de la soberanía nacional y en el órgano representativo por excelencia.

Durante la primera mitad del siglo XIX surgieron frecuentes conflictos ante las pretensiones reales de controlar el Parlamento y reducir su papel político, hasta el momento de dominación de los órganos constitucionales por parte de la burguesía industrial. Sería en esos mementos —y más concretamente hasta 1914—, cuando la institución parlamentaria adquiere su máximo prestigio al ser prácticamente dominada en su totalidad por la burguesía, debido a su gran implantación en los órganos constitucionales. Al mismo tiempo, los postulados del liberalismo económico coadyuvan a que el ejecutivo tuviera un menor peso específico en la dirección de la vida política.

Sin embargo, en las democracias occidentales se comenzó a hablar de la crisis del Parlamento cuando los postulados del Estado Liberal de Derecho son puesto en entredicho. La retirada o el trasvase de la burguesía hacia otras áreas del poder como era el Ejecutivo, vino en parte producida por la aparición de otras clases sociales en base a la revolución industrial y la llegada del sufragio universal. Ello, junta a la crisis de los postulados del liberalismo económico, producirá unas transformaciones en el Estado que afectaran a la posición política de sus respectivos órganos pasando la dirección política del mismo al ejecutivo, aun conservado y dirigido por la burguesía[16].

Hablar pues de crisis del parlamentarismo, conlleva inevitablemente una referencia a la crisis del Estado Moderno sin que podamos aislarla de ese contexto. Las variaciones en la composición y estructura, así como en sus funciones, viene conectada igualmente con la crisis del concepto de representación que se distancia de los postulados elaborados a raíz de la Revolución Francesa. De ahí que la verdadera crisis tiene que centrarse en los Parlamentos tradicionales del constitucionalismo clásico, pero no en el Parlamento como institución. Una generalización de ese tipo nos llevaría a deducir erróneamente que también el sistema democrático está en crisis al ser los Parlamentos expresión de la soberanía popular. De esa forma, en la actualidad, toda defensa de los sistemas democráticos pasa por una defensa de los Parlamentos como institución, aun a pesar de su distinto papel en las modernas democracias occidentales.

Por todo ello, debemos incidir en que los Parlamentos continúan siendo los máximos representantes de la voluntad popular. Aun habiéndose perdido la idea de representación, en parte provocada por la simple ratificación popular del elector de las candidaturas presentadas por los partidos políticos ante unas elecciones, los Parlamentos hay que considerarlos hoy en día la institución democrática por excelencia, además de convertirse en el centro del proceso decisorio político, ya que desempeñan una función legitimadora del sistema.

No es óbice esta aseveración para reconocer el debilitamiento que en la actualidad sufre esta institución, en cuanto a competencias se refiere. La función legislativa ha perdido parte de su significado a consecuencia de las variaciones del concepto de ley: la pérdida de sus carácteres de generalidad y universalidad, así come la intervención

---

[16] P. Ilbert, "El Parlamento. Su historia, constitución y práctica", Olejnik 1ª ed., Argentina, 2020; De Esteban Alonso, J., "La situación del parlamento en las sociedades industriales", Revista de estudios políticos nº 159-160, pp. 75-103., Madrid, 1968, quién pone de manifiesto cómo el Parlamento ha pasado a estar al servicio del Gabinete, convirtiéndose en caja de resonancia de los partidos políticos. También estas cuestiones en De Vega García, P., "La función legitimadora del Parlamento", en Parlamento y opinión pública, coord. Pau Vall, F., Universidad de Barcelona, Barcelona, 1995, pp. 13 y ss.

del Gobierno en la iniciativa legislativa y la importancia adquirida por la legislación delegada y la legislación de urgencia, han supuesto una importante transformación de la posición del Parlamento. En cuanto a la función de carácter económico, es conocida la carencia de iniciativa en este tema por parte de las Parlamentos, limitándose a aprobar o rechazar las proyectos enviados por el Gobierno. Y en cuanto al control político, se ha mitigado esta función en aras de conseguir una compatibilidad entre los principios de estabilidad gubernamental y de control político, estableciéndose una serie de mecanismos que hacen invisible, o muy difícil, la exigencia de responsabilidad política del equipo gubernamental, "*y es que el papel de los Parlamentos modernos se mide no tanto con el parámetro de las competencias parlamentarias en sí mismas consideradas, cuanto mediante el grado de coordinaci6n y de condicionamiento recíproco que los poderes y procedimientos parlamentarios presentan respecto a procedimientos y poderes exteriores al Parlamento*"[17].

Igualmente, podemos indicar la pérdida por parte del Parlamento del carácter de institución mediadora entre las diferentes fuerzas políticas, dado que la presencia de los partidos políticos en el Parlamento ha ido minando el principio del mandato representativo de sus miembros, así como su carácter deliberante, ya que las discusiones parlamentarias se han convertido en auténticas ratificaciones de los acuerdos adoptados por los partidos.

Con todo lo señalado hasta ahora, es nuestra intención destacar que el Parlamento ha pasado de ser un órgano activo de la gestión estatal, a convertirse fundamentalmente en un órgano defensor del sistema democrático en base a la legitimidad que les otorga su naturaleza representativa. Y es que las crisis de los Parlamentos se han producido precisamente cuando se ha intentado profundizar en el desarrollo del sistema democrático, debido a las resistencias ofrecidas por la burguesía en el mantenimiento de su poder político. Sin

---

17 Manzella, A., "Las Cortes en el sistema constitucional español", en obra colectiva 'La Constitución española de 1978. Estudio sistemático', dirigido por a Predieri, A. y García de Enterria Martínez-Carande, E., Civitas, Madrid, 1981, p. 500; Cfr. así mismo, Cazorla Prieto, L. M., "Las Cortes Generales: ¿Parlamento contemporáneo?", Editorial Civitas-Thomson Reuters, Cuadernos Civitas, Madrid, 2016.

olvidar además, su presencia en la dirección política del Estado que se materializa tanto en su participación en la composición de los demás órganos constitucionales, como en sus función orientadora de la actividad gubernamental.

Toda problemática puede trasladarse igualmente al caso de nuestro país, sin olvidar las peculiaridades propias de nuestro modelo político que determinan en cierta manera el significado de nuestras actuales Cortes Generales. Sin entrar al detalle del estudio de las citadas circunstancias, pues sería objeto de otro trabajo, sí que conviene resaltar que en la actualidad, la existencia de un nuevo régimen constitucional presenta especiales problemas en relación con nuestro Parlamento.

En líneas generales, hay que partir de la existencia de una auténtica ruptura en relación con nuestras Cortes liberales. Ello se debe fundamentalmente a la presencia del principio democrático que incide directamente en su composición y al papel desempeñado por los partidos políticos como transformadores de la actividad parlamentaria. De ello se deduce igualmente un aumento considerable de la posición constitucional del ejecutivo en relación con la actividad parlamentaria. Por todo lo señalado, la regulación constitucional parece no inspirarse directamente en nuestro derecho histórico, sino más bien en adecuarse a los planteamientos del constitucionalismo moderno surgido a partir de la Segunda Guerra Mundial[18]. De ahí que no se tengan en cuenta las circunstancias especiales de la Segunda República, y se pase directamente a un Parlamento español amoldado a la estructura de las modernas democracias industriales y a las exigencias de la vida democrática actual, sin por supuesto olvidar el papel determinante que tanto las fuerzas políticas, como el mismo pueblo español tuvieron durante la transición política al ir configurando el nuevo sistema democrático, junto al conjunto de instituciones que lo iban a hacer posible.

---

[18] Así lo entienden De Esteban Alonso, J. y López Guerra, L., en el colectivo "El régimen constitucional español", Ed. Labor, Madrid, 1980-84, 2 vols., junto a otros autores como García Morillo, J., Pérez Tremps, P. y Espin Templado, E.

De modo sucinto, dejamos apuntados los importantes problemas que se han ido proyectando a lo largo del tiempo y que se plantean actualmente en nuestras Cortes Generales y que afectan fundamentalmente a tres órdenes de cuestiones:

a) La propia composición, en primer lugar, donde la necesidad del actual sistema bicameral puede quedar cuestionada, al igual que algunos de los criterios de representación en que se fundamenta.

b) La propia estructura interna y funcionamiento, pues a pesar de la aprobación de los Reglamentos del Congreso y del Senado en 1982, no parece su contenido ajustado a los principios y procedimientos de un Parlamento moderno, sino más bien anclado en la época decimonónica y que cuestiones actuales como el voto telemático han puesto encima de la mesa la necesidad de revisar y actualizar muchos de los principios constatados.

c) Por último, su posición en el régimen político viene condicionada tanto por la nueva estructura descentralizada del Estado como por el sistema de partidos imperante, debiendo evitar su conversión en una asamblea receptiva y legitimadora de las decisiones adoptadas por otros centros de poder para pasar a ser un lugar adecuado para la negociación política y para ejercer la función de orientación política de la actividad estatal.

Motivo de otro trabajo seria entrar en el análisis detallado de cada una de estas circunstancias, aunque lo visto hasta aquí nos ha servido para plantear una base sobre la cual entresacar aquellos conceptos más directamente relacionados con el objeto del presente trabajo. Tras ser determinadas las características de las Cortes Generales como órgano constitucional del Estado, representativo, bicameral, deliberante y colegislador, permanente e inviolable, abrimos un nuevo punto de estudio como es la propia actividad interna de las Cámaras, en cuanto labor propia de legislar, y que determina una serie de actividades que delimitan la figura del parlamentario y su función dentro de las Cámaras.

## 2. *La actividad interna de las Cámaras: el Derecho Parlamentario y la configuración de la figura del parlamentario*

La estructura interna y funcionamiento de las Cámaras constituye el objeto fundamental de una disciplina trascendental como es el Derecho Parlamentario y que se encuentra englobada dentro del Derecho Constitucional sin que parezca haber adquirido la suficiente entidad y trascendencia, como lo demuestran varias de las acciones llevadas a cab en el reciente periodo de pandemia y que han tensionado lecturas e interpretaciones de la norma básica de funcionamiento de las cámaras de una forma anormal y deformadora.

Parece obligado hacer una breve referencia al análisis de la naturaleza de los Reglamentos parlamentarios con carácter previo, al ser concebidas como auténticas prerrogativas colectivas de las Cámaras tendentes a asegurar la independencia de estas en relación con el ejecutivo, la eficacia del trabajo parlamentario y el derecho de las minorías.

Podríamos admitir como presupuesto generalizado la consideración de los Reglamentos de las Cámaras como un acto de potestad auto normativa de las mismas, constituyendo el conjunto de disposiciones que "*por vía general determinan el orden y método de trabajo de las cámaras*". No obstante, esta situación no siempre ha sido así, pues tiempo atrás era común la intervención del Gobierno en la aprobación de los reglamentos de las cámaras, bien de modo exclusivo como sucedió en los Reglamentos de los Estamentos de Próceres y Procuradores del Estatuto Real, donde Tomás VILLARROYA ya destacó el uso que del derecho de petición se realiza para introducir las prácticas parlamentarias, bien en régimen de paridad con las propias Cámaras como sucedió en la mayoría de nuestras Constituciones, bien dando pie a concebir a esta disciplina como "*el conjunto de normas y de relaciones constituidas a su amparo, que regulan la organización y el funcionamiento de las Cámaras parlamentarias, entendidas como órganos que asumen la representación popular*"[19].

---

19 Pérez Serrano, N., "Naturaleza jurídica del Reglamento parlamentario", Revista de Estudios Políticos, 1959, núm. 105, pp. 99 a 170; asi mismo, Morodo Leoncio, R., "El principio de autonormatividad reglamentaria de los Parlamentos en

En lo que respecta a la delimitación de su naturaleza jurídica, el hecho de que el Reglamento sea una manifestación de la potestad autonormativa de las Cámaras, como parece reconocer el art. 72.1 de nuestra Constitución, no quiere decir que tenga la consideración de ley formal, aunque sirva para la tramitación de estas y aunque sea en nuestro derecho positivo uno de los objetos del control de la constitucionalidad de las leyes por presunta inconstitucionalidad formal de las leyes aprobadas por las Cortes por no seguir el tramite reglamentario oportuno.

Ello no impide su consideración de actos con fuerza de ley —y no meras disposiciones reglamentarias—, que transciende la vida interna de las Cámaras, ya que de su perfecci6n depende que el Parlamento pueda cumplir o no su misión, que no es otra que el juego armónico de los poderes ejecutivo y legislativo, así como el funcionamiento real del propio sistema parlamentario. Por ello, su aprobación constituirá un acto político de especial trascendencia, muchas veces superior a la mayoría de las leyes aprobadas por el Parlamento. En cuanto a su posición dentro del sistema de fuentes —parece, como sucede en otras cuestiones—, que no es posible acudir al principio de jerarquía sino al principio de competencia, siendo una prerrogativa colectiva de las Cámaras, base de otras prerrogativas individuales"[20].

---

el Derecho Constitucional", Rev. Facultad de Derecho de la Universidad Madrid, 1960, num. 7, C. Bermejo impresor; Fernández-Carnicero González, C.J., "Reglamentos parlamentarios y ordenamiento jurídico", Rev. Derecho Político, 1981, núm. 9, pp. 163-173; Cano Bueno, J., "El principio de autonormatividad de las Cámaras y la naturaleza jurídica del reglamento parlamentario", Revista de Estudios Políticos, 1984, núm. 40, pp. 85 a 100; Punset Blanco, R., "La posición de los Reglamentos parlamentarios en el ordenamiento español. Las fuentes del derecho parlamentario", en obra coord. por Da Silva Ochoa, J. C., 1996, pp. 67-86; Sole Tura, J. y Aparicio, M.A., "Las Cortes Generales", cit., pp. 83 y ss.; Alzaga Villamil, O., "Contribución al estudio del Derecho Parlamentario", en Rev. Derecho Público, num. 84, pags. 19 y ss.; Santaolalla López, F., "Derecho Parlamentario español", Ed. Nacional, 1984, Madrid, 1984; García Pechuan, M., "Potestad de organización y autonomía reglamentaria de las Cortes parlamentarias", Revista española de derecho Constitucional, 2000, núm. 58, pp. 71 ss.

20 Santaolalla López, F., "Derecho Parlamentario español", 2ª ed., 2019, Dykinson, Madrid; Torres del Moral, A., "Comentarios al artículo 72.1", en "Comentarios a las Leyes Políticas" dirig. por Alzaga Villamil, O., vol. VI, pp. 387 y ss., 1988, Edersa, Madrid; Rodríguez-ZAPATA Pérez, J., "Los Reglamentos parlamentarios

Conviene así destacar que los Reglamentos parlamentarios no son simplemente unos actos "*interna corporis*", ni tampoco que sean unas normas de carácter estatutario que sólo vinculan a los miembros de las cámaras, sino que su naturaleza va más allá. La propia regulación que efectúa la Ley Orgánica del Tribunal Constitucional, concibiéndolos como objeto del control de constitucionalidad de las leyes —aunque sólo a través de la inconstitucionalidad y la vía del recurso supone una argumentación definitiva para reafirmar este planteamiento—.

La misma jurisprudencia constitucional ya se ha pronunciado sobre la naturaleza del Reglamento parlamentario la cual, si bien no los considera integrantes del bloque de constitucionalidad, sin embargo señala que "*los Reglamentos de las Cámaras se encuentran directamente incardinados a la Constitución (arts. 72, 79 y 80, entre otros), siendo el contenido propio de tales normas el de regular, con sujeción a la Constitución, su propia organización y funcionamiento, en el que ha de incluirse lógicamente la constitución del órgano como tal.... dada la función que cumplen en el sistema jurídico, son normas cuyo contenido puede comprender la exteriorización del deber positivo de acatamiento contenido en la Constituci6n para los titulares de los poderes públicos...*".

Ello se conecta de igual forma con el principio de autonomía parlamentaria que viene a sustentar la garantía de independencia de las Cortes Generales, tanto frente al Ejecutivo, como a cualquiera de los poderes del Estado, haciendo de esta referencia constitucional una base conceptual de obligada referencia[21]. Incluso, la propia jurisprudencia constitucional al respecto ha venido a precisar la naturaleza de las Reglamentos parlamentarios y de los *actos interna corporis*, al indicar que "*la independencia y el aseguramiento de ésta obliga a entender que, si bien sus decisiones como sujetas que están a la Constituci6n y a las*

---

y su posición en el sistema de fuentes del derecho español", en I Jornadas de Derecho Parlamentario, 1984, vol. I, pp. 181-187.

21 Sentencia del Tribunal Constitucional 101/1983, de 18 de noviembre, fundamento jurídico 3 A, en la que se pronuncia sobre un Recurso de Amparo de dos diputados de Herri Batasuna contra el acuerdo del Congreso de los Diputados de 14 de diciembre de 1982 que declaró la suspensión de sus derechos y prerrogativas parlamentarias, alegándose por la recurrente la falta de "rango" del Reglamento parlamentario para contener tal disposición.

*leyes no están exentas del control jurisdiccional, sólo quedan sujetas a este control cuando afecta a relaciones externas del órgano o se concretan en la redacción de normas objetivas y generales susceptibles de ser objeto del control de constitucionalidad, pero ello solo, naturalmente, a través de las vías que para ello se ofrecen*"[22]. Así pues, se determina que algunos actos parlamentarios admiten la calificación de *actos interna corporis*, quedando fuera del control de los tribunales, siempre que no exista una lesión de un derecho fundamental, afianzándose que las Reglamentos parlamentarios y las resoluciones de las Presidencias de las Cámaras que les son asimilables, tienen un contenido normativo pues son disposiciones de carácter general que se integran de modo permanente en el ordenamiento parlamentario, siendo susceptibles de una pluralidad de actos de aplicación singular. Es decir, son normas jurídicas y no meros actos de aplicación.

O enunciado de otra forma, serían actos con fuerza de ley que únicamente se pueden impugnar a través de la vía del recurso de inconstitucionalidad, siendo sólo utilizable la vía del recurso de amparo sobre los actos singulares de aplicación de los mismos. Concluyéndose en consecuencia con la consideración del Reglamento como una norma con fuerza de ley, en sentido material (Sentencia T.C. 118/88, de 20 de junio).

Sirva como apoyatura legal para concluir esta idea, el que de la lectura del artículo 72 de la Constitución se desprenda que la autonomía referida es considerada en nuestro régimen constitucional además como autonormación como fruto o efecto de la independencia pero, sobre todo, autonormación como garantía del cumplimien-

---

22 Auto del Tribunal Constitucional 183/1984, de 21 de marzo, por el que se resolvía el Recurso de Amparo presentado por el Senador Guimera Gil, por el que se pretendía la declaración de nulidad de las normas dictadas por la Presidencia del Senado el 14 de febrero de 1984. En dicho Auto, tras entender el Tribunal que dicho acto impugnado es un acto interno de la Cámara que tiene por finalidad la regulaci6n de las relaciones que existen entre la Cámara y sus propios miembros, se afirma que es una característica propia de las Cámaras, en tanto que son órganos constitucionales. Asimismo, las Sentencias 90/1985, de 22 de julio, y 161/1988, de 20 de septiembre, y en cuanto a la multitud de Autos existentes reseñar, entre otros, los de 121/1986, de 15 de enero; 244/1986, de 12 de mayo y 173/1987, de 11 de marzo.

to por el Parlamento de las funciones impuestas en el artículo 66.2 del texto constitucional.

En realidad, al recogerse en el texto constitucional el principio de autonomía parlamentaria en su artículo 72, es la propia Constitución la que ha situado el origen de la autonormatividad parlamentaria en su propio texto. De este modo, parece que no existe otro límite para la creaci6n de las normas parlamentarias de auto organización, que el propio texto constitucional. Sin embargo, cuestión distinta es la de la aplicaci6n de esas normas de auto organización, que cómo señala Carretero Pérez, "*los dos puntos de vista que se encuentran en contradicción son el de la inviolabilidad de las Cortes proclamada en la constituci6n y el derecho a la tutela judicial efectiva de los ciudadanos, que obliga a que todo acto del Estado sea residenciable judicialmente*"[23]. El desarrollo de la limitaci6n al principio de autonomía parlamentaria, cuestión ampliamente desarrollada por la doctrina a la cual nos remitimos, debe pasar obligatoriamente por el análisis previo, concepto y estructura del denominado Derecho Parlamentario, como consecuencia inmediata de la autonomía de las cámaras y de su propia actividad.

## *3. Reflexión sobre el contenido y fuentes del Derecho Parlamentario*

Al formularse el principio de autonomía parlamentaria, se está admitiendo implícitamente la existencia de alguna entidad o unidad anterior, respecto de la cual el Parlamento es autónomo en algún sentido, dado que la autonomía supone la separación ordenada a un vínculo común con aquello respecto de lo que se la predica (término distinto al de independencia, la cual significa desvinculación absoluta, sin precisar referente alguno). El ordenamiento jurídico general parece ser esa unidad anterior, del cual quiere desvincularse el principio de autonomía parlamentaria, articulada per el sometimiento originario a la Constitución.

---

[23] Carretero Pérez, A., "La aplicación de los Reglamentos de las Cámaras", en la obra colectiva "Las Cortes Generales", coord. Dirección General del Servicio Jurídico del Estado, Vol. II, Instituto de Estudios Fiscales, Madrid, 1987, pp. 773-796.

La potestad de autonormación aparece como la traducción práctica de la autonomía —STC 101/1983, de 18 de noviembre, f. j. 3—, entendiendo en este sentido la capacidad que tendrán las Cámaras de dotarse de una organización propia y de una normativa específica, expresada en un sistema propio de fuentes del derecho sometido directamente a la Constitución. En lógica, este sistema propio de organización jurídica, constituirá un derecho particular y separado que denominaríamos Derecho parlamentario, refiriéndonos así a la organización de la Cámara y su funcionamiento, al estatuto de sus miembros, al procedimiento legislativo, al procedimiento de control del Gobierno y al ejercicio de las funciones que la Constitución confiere a las Cortes en sesión conjunta. Delimitando así el Derecho Parlamentario entendiendo este, al decir de Prelot, coma aquella parte del Derecho Constitucional que trata de las reglas seguidas en la organización, la composición, los poderes y el funcionamiento de las asambleas políticas. Desde esta concepción autonormativa del Derecho Parlamentario, defendida por Alzaga[24], se mantiene la idea de que "*si la Constitución por antonomasia es un dispositivo de control del poder, el Derecho Parlamentario, cuando es normativo y no solo nominal o semántico, no es sino el dispositivo que garantiza la autonomía funcional del parlamento, lo que es tanto como decir su autogobierno*".

A este respecto, conviene igualmente hacer constar la diferenciación hecha por García De Enterria, y que aludíamos anteriormente, al señalar que "*un ordenamiento, en cuanto a sus elementos normativos, es tal en la medida en que no es un conjunto de reglas más o menos separables de alto ordenamiento global, en la medida, pues, en que su posición no es*

---

24 Alzaga Villamil, O., "Contribución al estudio del derecho parlamentario", Madrid, 1984. A mayor abundamiento, el Derecho Parlamentario ha sido definido por Martínez ELIPE como "*el complejo de relaciones que mantiene entre si las fuerzas con representación parlamentaria, en las materias propias de la competencia del Parlamento; las de sus dos Cámaras, en su caso, y las de aquel con los demás centros institucionales del poder; así como el conjunto de normas relativas a la composición, organización y funcionamiento de las Cámaras y las que definen y regulan tales relaciones dirigidas a establecer un orden de convivencia conforme a los valores reflejados en la Constitución*", en "Dimensionalidad del Derecho y concepto del Derecho Parlamentario", vol. II, Publicaciones del Congreso de los Diputados, Madrid, 1985, p. 430; Torres del Moral, A., "Principios de Derecho Constitucional Español", vol. II, Atomo Ediciones, Madrid, 1986, pp. 88 y ss.

*explicable desde la perspectiva de su integración jerárquica en otro ordenamiento*". Por ello, podemos concluir que el principio de autonomía parlamentaria, entendido como auténtica potestad de autonormación parlamentaria derivada de la Constitución, da lugar al ordenamiento jurídico parlamentario, diferenciado del ordenamiento jurídico general, estructurándose en consecuencia las relaciones entre ambos ordenamientos en virtud de los principios de separación y competencia.

En conclusión pues, el principio de autonomiza parlamentaria significara autonormación parlamentaria. Ello entendido en el sentido de comprobar que es una potestad de autonormación, por cuanto es derivada directamente de la Constitución y, por lo tanto, producto de una autonomía originaria y no derivada. La Constitución reserva expresamente una serie determinada de materias normativas, las cuales dan lugar en su desarrollo a un ordenamiento jurídico general a través de los mencionados principios de separación y competencia. En lógica, la existencia de un ordenamiento parlamentario, implicará la existencia de un derecho parlamentario, cuyas fuentes y objeto trataremos de delimitar, para acabar viendo la naturaleza y origen de las llamadas prerrogativas parlamentarias.

Ante el intento de delimitar el objeto, el contenido de la autonormación parlamentaria estaría formado por tres factores de distinta ordenación: la actividad parlamentaria sobre materias en que participan las fuerzas políticas con representación parlamentaria, las relaciones del Parlamento con el resto de órganos constitucionales y de las Cámaras entre sí y por ultimo las normas que afectan a la composición, organización y funcionamiento interno de las Cámaras. Todo ello sin olvidar la interrelación que se produce entre la esfera jurídica y la realidad parlamentaria, que obliga a separar en cierta forma el fondo político desde el punto de vista material. Por ello se delimita, en consecuencia, el objeto del derecho parlamentario, a las relaciones de las fuerzas políticas con representación parlamentaria entre si y las del Parlamento con el resto de órganos constitucionales, en la medida en que afectan a la composición, organización y funcionamiento de las Cámaras. Se pretende bajo esta peculiaridad de carácter singular otorgada a los foros legislativos, el que estos se autoorganicen como garantía de su independencia y no el que creen un derecho autónomo de sustancialidad política, pues podría ser elemento distorsionador del principio de unidad del ordenamiento jurídico.

En este sentido, López GARRIDO ya vino a distinguir dos objetos diferenciados en el derecho parlamentario. En un primer sentido lo que denomina "*núcleo esencial del derecho parlamentario*", entendiendo por tal el conjunto de relaciones jurídicas en las que el actor y el sujeto pasivo de la normación viene referido a un mismo elemento, como sería la asamblea legislativa y sus órganos. Por otro lado, surgirán el conjunto de relaciones jurídicas que se derivan de la relaci6n del Parlamento con sujetos externos a él, es decir, las relaciones que se establecen con terceros, con los propios funcionarios de las Cámaras y con el resto de órganos del Estado[25].

De ahí, que el núcleo al que hacíamos referencia antes constituya el auténtico ordenamiento jurídico general en virtud del principio de separación, el exclusivo objeto del núcleo parlamentario. De las relaciones jurídicas surgidas de la Cámara, con terceros que no pertenecen a la misma, ya no puede proclamarse esa exclusividad y únicamente podríamos hacer valer, en defensa de la autonomía parlamentaria, el principio de competencia procedimental. Ello no debe conducirnos a la confusión de observar el hecho de que las cámaras, como titulares que son del ejercicio de la potestad legislativa, puedan afectar a su ordenación interna en virtud de varios procedimientos.

De ello podríamos deducir erróneamente que, cuando se regula la relación de un tercero con el Parlamento en forma de ley —sirva de ejemplo la ley orgánica 5/84, de 21 de mayo, de Comparecencia ante las Comisiones de Investigación del Congreso y del Senado— lo consideremos como una facultad de autonormaci6n, cuando realmente estamos ante la regulación por una norma general de las relaciones de los particulares con uno de los órganos constitucionales. O incluso, que consideremos autonormación el hecho de que las cámaras dicten el Estatuto del Personal de las Cortes Generales, cuando no se da la precisa identidad entre el sujeto creador del derecho y el

---

25 López Garrido, D., "La producción del Derecho Parlamentario: una nueva perspectiva sobre su naturaleza", en la obra colectiva I Jornadas de Derecho Parlamentario Vol. I, edit. Congreso de los Diputados 1984, Madrid, 175-180.

sujeto al que se destina ese derecho, lo que es presupuesto necesario de autonormación. En ambos supuestos, existe una reserva de procedimiento y no una reserva de autonormación —artículos 76.2 y 72.1 C.E., respectivamente—.

Delimitando pues el contenido esencial del Derecho Parlamentario, nos encontramos primeramente con que el sujeto productor del Derecho Parlamentario es, al mismo tiempo, el órgano titular de la potestad legislativa del Estado —artículos 66.2 y 72 C.E.—. De ello se deduce la necesidad de distinguir cuando realiza la actividad normativa con efectos exclusivamente internas, de cuando la realiza con efectos generales. De ello dependerá que el Parlamento quede vinculado en virtud de sus facultad de autonormación (art. 72 C.E.), o que lo haga en virtud de su sometimiento a la Constitución y al resto del ordenamiento jurídico (art. 9.1 en relación con el 66. 2 C.E.), con independencia del procedimiento normativo para cada materia por la Constitución.

Esta distinción viene apoyada por el reconocimiento que de la misma ha venido haciendo el Tribunal Constitucional, como es el caso del Auto 183/84, de 21 de marzo, ya referido anteriormente, y en cuyo fundamento jurídico núm. 2, afirma que "*...a esta consideración se suma la que es forzoso hacer teniendo en cuenta, ya no la estructura propia del acto impugnado, sino su ámbito de validez, su origen y sus destinatarios. La norma impugnada es, en efecto, un acto interno de la Cámara producido por las Presidencia de ésta y que tiene por finalidad la regulación de las relaciones de la Cámara con sus propios miembros. No es, por tanto, una norma que deba regular las relaciones de la Cámara con terceros vinculados con ella por relaciones contractuales o funcionariales, sino un acto puramente interno de un órgano constitucional*".

De igual forma, encontramos la misma línea de fundamentación en el Auto 12/86, de 15 de enero, en el que el Tribunal Constitucional no admitió a trámite la demanda de amparo formulada por el Diputado DURAN CORSANEGO, contra la Resolución del Presidente del Congreso de 24 de abril de 1985. En su fundamento jurídico núm. 2, tras especificarse que no toda violación de las normas internas de las Cámaras ha de suponer una violación de algún derecho fundamental, se sostiene que "*la organización de los debates y el procedimiento parlamentario es cuestión remitida en la Constitución, como se desprende de su art. 72, a la regulación y actuación independiente de las Cámaras legislativas y los actos puramente internos que adopten las mismas no podrían ser enjuiciados por este Tribunal, en cuanto que presuntamente lesivos de los Reglamentos parlamentarios, sin menoscabar aquella independencia*".

Enlazando pues con la delimitación del contenido que habíamos iniciado, indicar que el ordenamiento parlamentario será el único, dentro de los que conforman la pluralidad de ordenamientos de nuestro régimen constitucional, en el que se produce una perfecta correspondencia entre el sujeto productor de las normas y el sujeto destinatario de las mismas en el ámbito de su denominado "*núcleo esencial*", sin perjuicio de los posibles efectos que se produzcan en terceras personas. Existe pues una identidad entre sujeto productor y objeto del mismo, de igual forma que es también el mismo sujeto, la Cámara, el llamado a aplicarlo. La llamada "*jurisprudencia parlamentaria*" y la costumbre parlamentaria aparecerán como fuentes propias, donde la flexibilidad y dinamicidad caracterizarán su aplicación. Ello contribuye, como dice ALZAGA VILLAMIL, a que consideremos el Derecho Parlamentario como "*...el dispositivo que garantiza la autonomía funcional del Parlamento, lo que es tanto como decir su autogobierno*"[26], por lo que en su perfil habrá que tener presente ésta precisa funcionalidad, que de todos modos tendrá necesario reflejo en el particular sistema de fuentes del Derecho Parlamentario.

El hacer referencia entonces a ese particular sistema de fuentes, con carácter definitorio del Derecho Parlamentario, viene a suponer en principio la existencia de un elemento más en cuanto a la expresión de su necesaria independencia, al tiempo que surgirá en base a la peculiar configuración jurídica de lo que hemos denominado su "*núcleo esencial*".

---

26 Alzaga Villamil, O., "Contribución al estudio del derecho parlamentario. La Constitución y la práctica del derecho", en Rev. de Derecho Político, 2ª época, núm. 6, p. 20, y en "El proceso de elaboración de la Constitución" coord. por Aragón Reyes, M., Madrid, 1998, en "Dimensionalidad del Derecho y concepto del Derecho Parlamentario", vol. II, Publicaciones del Congreso de los Diputados, Madrid, 1985, p. 430. Respecto de la pluralidad de ordenamientos en el régimen constitucional español, García de Enterria, E. y Fernández, T. R., vol. I, *op. cit.*, pp. 282 y ss.

Si al abordar el tema de las fuentes, entendemos por tales aquellos actos o hechos jurídicos los cuales, en virtud de las normas sobre producción jurídica vigentes en un determinado ordenamiento, parece evidente que la indisponibilidad del resto de poderes del Estado de la normación interna parlamentaria tienen como efecto la creación, modificación o disposiciones o normas integradoras de aquel —requisito este preciso de su independencia—, pasa necesariamente porque las normas sobre producción jurídica de aquel ordenamiento tengan previstos, para la normación interna parlamentaria, una serie de actos y hechos jurídicos que contengan entre sus características, su intangibilidad por ningún otro poder que no sea el de las Cámaras. Nuestra Constitución, como norma sobre producción jurídica en nuestro ordenamiento, ha realizado esta previsión, con más énfasis, en el artículo 72.1. Lo cual permite sostener, como referencia a la funcionalidad antes apuntada, que la existencia de un sistema de fuentes privativo del Derecho Parlamentario está justificado constitucionalmente por el fin que —como garantía de la independencia de las Cámaras—, debe cumplir.

De otro lado, la singular configuración del Derecho parlamentario en su nucleo esencial, hace que en su configuración de las fuentes y principios básicos teóricos, se confundan el sujeto al que la Constitución atribuye la facultad de crear las normas parlamentarias, con el sujeto llamado a aplicarlas y el sujeto sobre el que se aplican. De ahí, la enorme flexibilidad que caracteriza la configuración de este particular sistema de fuentes. Por ello, con independencia de otras clasificaciones enunciadas, podemos considerar la ordenación de las normas parlamentarias diferenciando:

- las normas que son fruto de la potestad legislativa que ejercen como representantes del pueblo español y que, no obstante, inciden en la ordenación interna de estas, de
- las normas que son fruto de la potestad autonormativa de las Cámaras, caso del Reglamento parlamentario, las resoluciones de los presidentes de las mismas, los acuerdos de sus órganos rectores, la costumbre parlamentaria y la denominada "*jurisprudencia parlamentaria*"[27].

---

[27] Biglino Campos, P. M., "El derecho de participación política", en Lecciones de derecho constitucional II coord., 2022, pp. 613-635 y "La jurisprudencia consti-

Significar ante todo que, con la utilización de este criterio quedan fuera tanto la Constitución como las sentencias del Tribunal Constitucional, sin significar ello en absoluto que no sean fuentes del Derecho parlamentario, sino que los eran respecto del parlamento en el mismo sentido y con el mismo alcance que respecto del resto del ordenamiento jurídico general. En cualquier caso, es obvio incidir en la idea de que la Constitución aparece como fuente originaria del propio Derecho Parlamentario, dado que es ella la que lo dota de existencia.

Puntualizados estos contenidos, no debemos entrar ahora en le análisis de cada una de las citadas normas o actos, dado que el estudio de cada uno de los supuestos supondría una línea específica de elaboración que nos separaría de la inicialmente propuesta. No por ello, dejar en lógica significación la importancia que adquiere alguna de estas normas en concreto, como es el caso del Reglamento parlamentario sobre el cual y a través de sus preceptos, iremos delimitando el contenido, función y aplicación de las prerrogativas parlamentarias, y de la condición del diputado para el desarrollo y ejercicio de dichas prerrogativas.

## 4. *Acotación del Derecho Parlamentario a la figura del parlamentario en particular*

El Derecho parlamentario pues, si lo entendemos coma conjunto de normas que por su identidad material integran un sector específico en el seno del derecho constitucional que puede dar lugar a un tratamiento dogmático específico, a la vez que podrían incluirse las instituciones de las asambleas legislativas y cuyo estudio y desarrollo ha venido a significar una ampliación en el conocimiento de la norma fundamental.

---

tucional sobre el derecho de participación política del artículo 23", en Rev. Jurídica de Castilla-La Mancha, núms. 3 y 4, pp. 199 y ss.; Pizzorusso, A., "Lecciones de Derecho Constitucional", Centro Estudios Políticos y Constitucionales, 1984, Madrid, pp. 289 y ss.; Biscaretti di Ruffia, P., "Derecho Constitucional", Ediciones Jurídicas Olejnik, Santiago Chile, 2022, pp. 377 y ss.; Laferriere, J., "Manuel de Droit Constitutionnel", 2ª edic., Oomat Edit., París, 1947, entre otros muchos.

Ello sobre todo, dado que actúa de base para que junto a otras fuentes normativas, se desarrolle el conocimiento de estas instituciones, aplicando con mayor eficacia las normas y principios constitucionales que les afectan.

El sometimiento de los parlamentarios a la vigencia de la Constitución, con su establecido carácter vinculante de norma jurídica, es un postulado claro y preciso que viene a reafirmar la supremacía formal y material de la Constitución, aspecto este innecesario de desarrollar, sobre todo cuando anteriormente ya indicábamos la supeditación del Derecho parlamentario al dictado del texto constitucional. Ello parece haber alejado definitivamente la idea tan debatida de la soberanía de las cámaras, principio este sobre el cual se argumentaba o reivindicaba, para consolidar la posición de independencia de las cámaras que le permitiese actuar libremente, sin sujeción a control alguno y en base a principios de carácter general como el de división de poderes o al de la doctrina de los *acta interna corporis* acta[28].

Esta práctica de recurrir a principios de carácter general que sustente la reivindicación de actos parlamentarios no sujetos a control,

---

28 Acerca de la incidencia de las formulaciones tradicionales del reglamento parlamentario en su configuración actual, puede verse, Cillan García de Iturrospe, M. C., "Teoría General sobre la naturaleza de los Reglamentos parlamentarios", I Jornadas de Derecho Parlamentario, vol. I, Publicaciones del Congreso de los Diputados, Madrid, 1985, pp. 355-400; Gil Robles y Gil·delgado, J. M., "Los Reglamentos de las Cámaras", en la obra colectiva "Las Cortes Generales", Dirección General Servicio Jurídico del Estado. Instituto de estudios Fiscales, 1987, Madrid, pp. 248 y ss.; Cano Bueno, J., "El principio de autonormatividad de las Cámaras y la naturaleza jurídica del reglamento parlamentario", Rev. de Estudios Políticos, núm. 40, pegs. 85-100; Aragón Reyes, M., "Artículo 161. Sentencias del Tribunal Constitucional", en "Comentarios a las Leyes Políticas", tomo XI, dirigidos por Alzaga Villamil, O., Editorial Revista de Derecho Privado, Madrid, 1988, pp. 177; Pérez Serrano, N., "Naturaleza jurídica del Reglamento parlamentario", Revista de Estudios Políticos, núm. 105, p. 99-170; Von Gneist, R., en Rossi, L., "La inmunita dei deputati", en Archivo Giuridico, vol. III, Pisa, 1897, pp. 227 y ss.; Torres Muro, I., "Actos internos de las Cámaras y recurso de amparo. Un comentario al auto del Tribunal Constitucional de 21 de marzo de 1984", en Revista Española de Derecho Constitucional, núm. 12, 1984 p. 154; Gómez Corona, E., "La actividad de organización y funcionamiento interno de las Cámaras Parlamentarias en la Jurisprudencia del Tribunal Constitucional", en Cuadernos de Derecho Público, núm. 32, sept.-dic. 2007.

suele ser hecho habitual en distintos ordenamientos jurídicos. El elemento en común sería distinguir hasta qué punto pueden extenderse los controles ya establecidos, la amplitud de fiscalización y la sujeción en su actuación. El punto de apoyo restrictivo se encuentra en estos enunciados clásicos, que por supuesto no tienen por qué ser los más aceptables.

Podemos encontrar así casos como el británico, donde se argumenta la equivalencia al poder ilimitado del concepto de soberanía del parlamento, entendiéndola en su más amplio sentido[29].

El caso francés, con pilares básicos en su tradición constitucionalista como la soberanía parlamentaria, la cual se sustentaba en la representatividad de la nación que realiza el parlamento y a la cual no se establecía ningún control que no fuera de carácter interno, se ve sin embargo en la actualidad matizado e incluso sustancialmente modificado, con el establecimiento del *Conseil Constituionnel*, como órgano fiscalizador de la labor realizada[30], en el caso del recurso previo contra leyes orgánicas —sin que se confunda con la labor del Tribunal Constitucional—.

En Italia encontramos, sin embargo, posturas dispares, desde que la propia jurisprudencia de la *Corte Costituzionale* ha ido entrando en valoraciones de denuncias que hasta hace poco eran inalterables, como era la inviolabilidad de los *interna corporis*[31], o incluso hasta el reconocimiento de la imposibilidad por parte de los tribunales ordinarios de

---

29 Marshall, G., "Teoría Constitucional", Espasa Calpe, Madrid, 1982, pp. 61 y ss.

30 Renoux, T., "Le conseil Constitutionel et l'autorite judiciaire, l'elaboration d'un droit constitutionnel jurisdictionnel", P.U.F., París, 1984; Favreau, L., "Les grandes decisions du Conseil Constitutionel", París, 1974.

31 Acerca de la noción de interna corporis acta, enunciada por Rudolpf von Gneistm cfr. Bertolini, "Appunti sull'origene e sul significato originario della docttrina degli interna corporis", en Studiper il XX Anniversario dell'Assemblea Costituente, vol. V, Vallechi Editore, Florencia, 1969, pp. 27 y ss.; En esta misma línea se encuentran Torres Muro, I., "Los actos internos...", cit., p. 161 y Diez Picazo, L. M., "La autonomía de las Cámaras parlamentarias", Cuadernos de los Studia Albornotiana, Zaragoza, 1985, núm. 2, pp. 39 y ss.; Manzella, A., "Il Parlamento", Il Mulino, Bolonia, 2003 y Martines, T., "Diritto Costituzionale", Edi. Giuffrè, Milán, 1988, p. 329.

fiscalizar los actos de las comisiones parlamentarias[32]. Sin embargo, es claro que en la actualidad se apunta que es condición propia del parlamento la consideración de este como órgano constitucional, con la consiguiente proyección que de este reconocimiento se desprende.

Así pues comprobamos como cualquier aproximación o estudio del estatuto del parlamentario puede llevarnos a una cuestión previa en cuanto al análisis de los planteamientos clásicos que, aunque ya superados, siguen siendo utilizados por sectores doctrinales.

No es este, en principio, el objeto de nuestro estudio sino el de delimitar la posición jurídica de los miembros del parlamento y en concreto las prerrogativas que en general se derivan en favor del parlamentario tras la adquisición de su condición jurídica como tal. Planteamiento éste que requiere centrarse en el diseño de un status concreto y actual, y no en un replanteamiento de cuestiones ya superadas. Posturas que aparecieron en el inicio del constitucionalismo con respecto al estatuto del parlamentario, en cuanto a amplitud y contenido, y que chocaran con el dictado constitucional actual que tiende a concretar al máximo los privilegios otorgados, intentando incluso evitar en la medida de lo posible todo aquello que pueda parecer trato de favor o privilegio desmesurado.

No significa esto que nuestra postura pretenda ser restrictiva desde el inicio en el reconocimiento de estos privilegios de manera tajante; más bien, comenzamos por indicar que ese derecho común que se establece para todos los ciudadanos en general (principio de igualdad, no discriminación, tutela judicial efectiva) no debe albergar —o al menos no generalizar—, excepciones que vayan en detrimento de ese principio general. De ahí que las excepciones o privilegios que reciben los parlamentarios (garantías jurisdiccionales, ventajas derivadas del proceso político y similar) deban esgrimirse tan solo dentro del más estricto cumplimiento de la labor parlamentaria, debiendo dejar de tener valor cuando pretendan utilizarse contra derechos fundamentales del particular o se utilicen fuera del ámbito apuntado. Ello sobre todo en base a la posición jurídica del

---

32 Vergottini, G., "Las encuestas parlamentarias en la Constitución italiana", en Rev. de Política Comparada, núms. 10 y 11, Homenaje a Pablo Lucas Verdú, 1984.

parlamentario, de representante del propio particular y que no lo elige para otorgarle más posibilidad de actuación ilimitada en el ejercicio de su función, aunque si política, pero nunca particular o de perjuicio para los mismos representados.

Con ello se apunta —como hacen los clásicos en el caso de Montesquieu[33], hacia la noción de equilibrio tan necesaria en el derecho constitucional. Se trata a fin de cuentas de no establecer ni la inmunidad plena, ni una fiscalización externa muy rígida.

No obstante, a pesar de este elemento apriorístico ello no parece que permita descartar la posibilidad de adaptar a la realidad institucional actual dogmas anteriores que permitan otra interpretación o aplicación más actualizada. De ser así, podría incurrirse en una sujeción a la acción judicial de todas las relaciones internas y externas que establezcan las cámaras, sus órganos o sus miembros. En cuanto pues, y en base al doble núcleo que establece toda Constitución de garantizar los derechos fundamentales y la separación de poderes —históricamente ya lo hizo el art. 16 de la Declaración de Derechos del Hombre y del Ciudadano, de 26 de agosto de 1789—, se establece un equilibrio rígido a priori, pero permisivo a su vez, para el desarrollo de la labor del parlamentario. Un equilibrio, que no produzca una disfuncionalidad entre la representación ostentada y su aplicación, y que al mismo tiempo prefije de antemano su ámbito de sujeción a unas líneas de actuación que no rompan la armonía con el desarrollo de los derechos del particular.

## II. EL PARLAMENTARIO Y SU POSICIÓN JURÍDICA. EL PUNTO INICIAL DEL RECONOCIMIENTO DE LAS PRERROGATIVAS PARLAMENTARIAS

Los reglamentos de las Cámaras junto con el carácter general definidor de la Constitución, son las normas que en un primer sentido desarrollan las distintas situaciones jurídicas activas y pasivas que

---

33 Montesquieu, M., "De l'espirit de les lleis", Diputación de Barcelona, Edicions 62, 1983, Barcelona, pp. 396 y ss., donde defiende lo que se llama "*la balance des pouvoirs*" como el objetivo inmediato que persigue el principio de separación de poderes, como medio práctico para llevar a cabo la libertad política.

en su conjunto denominamos posición jurídica del parlamentario. Dentro de esta división de posiciones activas y pasivas, hay que entender por las primeras lo que propiamente se denominan garantías parlamentarias y que desde el punto de vista de las miembros de las asambleas legislativas se concentran en la inviolabilidad, inmunidad, acceso a la información y fuero, sin entrar en la polémica determinación conceptual de si son privilegios o prerrogativas parlamentarias. Ello nos induciría a catalogar la diferenciación genérica entre derechos y deberes según nos referimos a unas u otras, entendiendo que algunas de ellas delimitan una esfera de actuación y otras implican sujeción, restricciones e incluso límites.

El artículo 23 de nuestra norma constitucional considera el derecho de sufragio como un derecho fundamental de configuración legal. No se trata ahora de analizar toda la problemática inherente a este derecho fundamental de participación política, sino únicamente poner de relieve aquellas cuestiones que consideremos más relevantes para nuestro trabajo.

Como es sabido, la problemática actual de derecho de sufragio, prescindiendo ahora de precedentes doctrinales más remotos como pudiera ser en Roma la distinción entre el *ius sufragii* y el *ius civitatis*, arranca en los orígenes del liberalismo con la distinción entre el sufragio como derecho y el sufragio como función. La primera tesis parte de la concepción *roussoniana* que configura a la soberanía popular como una suma de soberanías individuales, concibiendo por tanto el sufragio como un derecho pre estatal que no precisa de ningún tipo de reconocimiento jurídico. La segunda tesis, la del electoradofunción es una consecuencia de la concepción de la nación como único titular de la soberanía, siendo por tanto las elecciones una mera técnica para designar a los representantes, los cuales deben de ser elegidos por y de entre las personas más capacitadas. Ambos planteamientos teóricos se van a desarrollar en el proceso revolucionario francés, siendo las Constituciones de 1791 y de 1793 las más representativas al respecto.

Ahora bien, como señalaba el propio Carre, uno de los grandes teorizadores de los postulados básicos del liberalismo, en su acepción precisa la palabra electoral no deja de ser una facultad individual, "*la facultad para el ciudadano elector de participar, por la emisión de su sufragio personal, en las operaciones por las cuales el cuerpo electoral precede a la designación de las autoridades a elegir*"[34].

Siguiendo otros postulados doctrinales, entre los cuales habría que mencionar a la doctrina alemana del Derecho Público, podemos afirmar que los ciudadanos no ejercen solo un poder o derecho subjetivo, sino que también, en alguna medida, cumplen una función estatal. Este planteamiento va a dar lugar a la configuración del cuerpo electoral, que en terminología del propio Duguit "*expresa directamente la voluntad soberana de la nación*". Es decir, el cuerpo electoral que para la doctrina liberal clásica debe diferenciarse de los individuos que componen la nación, él la considera "*el órgano formado por los sujetos con capacidad electoral activa*"[35].

Prescindiendo por lo tanto de una serie de cuestiones doctrinales, como podrían ser la definición del propio concepto de cuerpo electoral, en cuanto si es o no un cuerpo del Estado y de la problemática inherente a las causas de inelegibilidad y de incompatibilidad, vamos a centrarnos, en una referencia directa en la problemática específica del artículo 23 de la Constitución, el cual dispone:

> *"1. Los ciudadanos tienen el derecho a participar en los asuntos públicos, directamente o por medio de representantes, libremente elegidos en elecciones periódicas por sufragio universal. 2. Asimismo, tienen derecho a acceder en condiciones de igualdad a las funciones y cargos públicos, con los requisitos que señalen las leyes".*

---

34 Carre de Malberg, R., "Teoría General del estado", 2ª ed. trad. de José Lión Depetre, México, Fondo Cultura Económico-UNAM, Facultad de Derecho, Cuestiones Constitucionales núm. 1, 2° semestre 1999; de ello no quiere decir que Carre se muestre partidario de las tesis del electorado derecho, sino que es fuertemente crítico con sus planteamientos teóricos.

35 Duguit, L., "Manual de Derecho Constitucioal", ABC Editores Librería, Clásicos del Pensamiento Jurídico, Bogotá-Colombia, 2017; Así lo define Bastida, F., De Otto Pardo, I. y Punset Blanco, R., en la obra "Lecciones de Derecho Constitucional. Órganos constitucionales", Guiastur, Oviedo, 1980; y por su parte, De Carreras, F. y Valles, J. M., "Las elecciones", Edit. Blume, Colección Leviatán, núm. 7, 1977, p. 48, lo conciben como "*aquel conjunto de individuos que pueden votar, es decir, que tienen suficiente capacidad para ello y cumplen los requisitos previstos en la ley y que están inscritos en las listas electorales, en el censo electoral*".

La problemática de este precepto, invocado en todos los contenciosos planteados, afecta a un elevado número de cuestiones que no van a ser analizadas por nosotros por su gran extensión y complejidad[36].

Pensemos, a modo de ejemplo, en el propio concepto de representación y participación política que ha elaborado nuestra jurisprudencia constitucional, o las consecuencias que la misma ha deducido de este precepto en torno al significado del sistema electoral. Únicamente, vamos a centrarnos en una serie de aspectos puntuales.

Por lo que se refiere al ámbito del derecho de participación, el precepto habla del derecho a participar en los asuntos públicos y es de destacar como el artículo 23, en su párrafo segundo, contempla el derecho de acceso a "*las funciones y cargos públicos*". Se trata, por tanto, de determinar si con estas expresiones se concretiza, de algún modo, el ámbito de este derecho fundamental.

A este respecto, las posiciones doctrinales no son unánimes. Así, mientras algunos sectores doctrinales ponen en relación estas expresiones con la noción de poderes públicos, manteniendo una concepción amplia o extensiva en torno a su ámbito, otros, quizás más influidos por la orientación de nuestra jurisprudencia constitucional, optan por una concepción más restrictiva[37].

---

36 Sánchez Moron, M., "El principio de participación en la Constitución española", Revista de Administración Pública, núm. 89, 1979, pp. 171-206; Sánchez López, J., "La protecci6n jurisdiccional de los derechos de participación y asociación", Revista de la Facultad de Derecho de la Universidad Granada, núm. 4, 1984, pp. 121-130; Biglino Campos, P., "La jurisprudencia del Tribunal Constitucional sobre el derecho de participación política", Revista Jurídica de Castilla La Mancha, núms. 3 y 4, 1988, pp. 593 y ss.

37 Marrero García-Rojo, A., "El derecho a participar en los asuntos públicos y el acceso a cargo público representativo" y Beladiez Rojo, M., "El derecho fundamental a acceder en condiciones de igualdad a las funciones públicas", en la obra colectiva dirigida por Rodríguez-Piñero y Bravo-Ferrer, M. y Casas Baamonde, M. E. "Comentarios a la Constitución Española, Ed. Wolters Kluwer España, Madrid, 2018, pp. 674-721; Sánchez Blanco, A., "Los derechos de participación, representación y de acceso a funciones y cargos públicos; la correlación de la unilateral perspectiva política", en Revista Española de Derecho Administrativo, núm. 46, 1985, pp. 207-226; Aguiar de Luque. L., "El derecho a participar en los asuntos públicos" —comentarios al artículo 23.1—, en "Comentarios a la Constitución Española" dir. Alzaga Villamil, O., Tomo II, Edersa, Madrid, 2006, vol. II, pp. 647-664, entre otros.

En efecto, nuestra jurisprudencia constitucional ha procedido ya a efectuar una delimitación al respecto, manteniendo una posición sumamente restrictiva no exenta de un debate abierto. Así, en la sentencia 51/1984, de 25 de abril, se afirmaba que el derecho de participación en los asuntos públicos, "*es, en primera línea la que se realiza al elegir los miembros de las Cortes Generales, que son los representantes del pueblo, según el artículo 66 de la Constitución, y puede entender asimismo que abarca también la participación en el gobierno de las entidades en que el Estado se organiza territorialmente, de acuerdo con el artículo 137 de la Constitución*".

Y más adelante, añade: "*no se trata, como es manifiesto, de un derecho a que los ciudadanos participen en todos los asuntos públicos, cualquiera que sea su índole o condición, pues para participar en los asuntos concretos, se requiere un especial llamamiento o una especial competencia, si se trata de órganos públicos, o de una especial legitimación si se trata de entidades o sujetos de derecho privado, que la ley puede, en tal caso, organizar*".

Es decir, parece que esta concepción jurisprudencial niega que el derecho de participación política afecte a toda la problemática de los poderes públicos, incluida la Administración Pública y la Administración de Justicia, pues únicamente afecta a determinados poderes públicos, como son las Cortes Generales, las Comunidades Autónomas y las Entidades Locales —municipios y provincias—.

Así pues, de esta concepción jurisprudencial se desprende la idea de que cuestiones tales como la participación de los ciudadanos en la Administración de Justicia a través de la institución del jurado, o como el tema de la audiencia de los ciudadanos —directa o indirectamente—, en el proceso de elaboración de las disposiciones administrativas que les afecten y el acceso de los mismos a los archivos y registros administrativos, no pueden deducirse directamente del derecho de participación constitucionalizado en el artículo 23, sino de otros preceptos constitucionales donde expresamente aparecen mencionados.

Por lo que se refiere a la problemática del artículo 23.2., que contiene el derecho electoral pasivo, hay que afirmar que no debe ser considerado como un compartimento estanco en relación con el artículo 23.1., sino que como ha reconocido la ya citada sentencia

45/1983, de 25 de mayo, "*ambos derechos se encuentran en íntima conexión y, desde una consideraci6n objetiva del ordenamiento, se presuponen mutuamente*" *(STC. núm. 23/1985, de 21 de junio).* Ahora bien, el problema crucial radica en determinar que se entiende por cargos públicos.

A este respecto nuestra jurisprudencia constitucional, una vez destacada la conexión del 23.2 con el artículo 103 (STC. 50/1986, de 23 de abril), establece una diferenciación entre los cargos representativos y de los que carecen de esta condición. De este modo, la sentencia 23/1984, de 20 de febrero, afirma que el artículo 23.2 "*se refiere a los cargos públicos de representaci6n política, que son los que corresponden al Estado y a los entes territoriales en que se organiza territorialmente, de acuerdo con el artículo 137 de la Constitución*".

Es decir, nuestra jurisprudencia constitucional parece establecer, partiendo de la íntima conexión existente entre los dos párrafos del artículo 23, una cierta identidad en el contenido entre el derecho a participar en las asuntos públicos y el derecho de acceso a las funciones y cargos públicos. Junto a ello, nuestra jurisprudencia ha señalado que con el artículo 23.2., que no se garantiza una situación jurídica activa, así como tampoco el derecho efectivo del acceso al cargo, aunque si comprende también el derecho a permanecer. Así, la sentencia 161/1988, de 20 de septiembre, ha señalado que el artículo 23.2 garantiza, "*no solo el acceso igualitario a las funciones y cargos públicos sino también que los que hayan accedido a los mismos se mantengan en ellos sin perturbaciones ilegítimas y las desempeñen de conformidad con lo que la ley disponga, ya que en otro caso la norma constitucional perdería toda eficacia si, respetando el acceso a la función o cargo público en condiciones de igualdad, su ejercicio pudiera resultar impedido sin remedio jurídico*"[38].

[38] Cfr. a modo de ejemplo, las sentencias de 30 de marzo de 1981 en recurso amparo núm. 220/80; STC 49/1982, de 14 de julio; STC 58/1986, de 14 de mayo; STC 25/1987 de 26 de febrero; STC 12/1988 de 3 de febrero; STC 100/1988, de 7 de junio; STC 159/1989, de 6 de octubre, entre otras. Y es que como reiteradamente ha señalado nuestra jurisprudencia, mientras el principio de igualdad en la ley es de carácter material, dirigido a garantizar la identidad de trato a los iguales, el principio de igualdad en la aplicación de la ley es de carácter formal, pues su finalidad no es que la ley reciba siempre la misma interpretación, sino impedir que se emitan pronunciamientos arbitrarios por incurrir en desigualdad no justificada de cambio de criterio.

Así mismo se han expresado en esta línea las sentencias 32/1985, de 6 de marzo, 24/1989, de 2 de febrero y 67/1989, de 18 de abril. Se resalta no obstante el contenido fundamentado de la sentencia 47/1990, de 20 de marzo, donde se ha señalado que el artículo 23.2., "*no configura un derecho fundamental sustantivo de acceso a las funciones y cargos públicos... sino que garantiza una situación jurídica de igualdad de los ciudadanos en el acceso a los cargos y funciones públicas, con la consecuencia que no se pueden establecer requisitos para acceder a los mismos que tengan carácter discriminatorio*".

Es decir, la remisión al legislador o al autor de la correspondiente norma reglamentaria —pues también los requisitos pueden establecerse en este tipo de normas—, no es una remisión en blanco. Este planteamiento jurisprudencial del acceso igualitario a las funciones y cargos públicos, que en nuestro constitucionalismo histórico aparecía tipificado con las expresiones "*mérito y capacidad*", plantea el problema de las relaciones entre los artículos 14 y 23.

Desde estas perspectivas, la naturaleza de derecho de sufragio fue adquiriendo un especial relieve con la conflictividad de los contenciosos planteados a raíz de las elecciones generales de 1989, y que provocó el pronunciamiento a este respecto del Tribunal Constitucional y que ha seguido en las orientaciones de decisiones anteriores, manteniendo los mismos postulados que se pueden resumir en los siguientes planteamientos.

En primer lugar, ha afirmado que no estamos en presencia de un derecho a que los ciudadanos participen en todos los asuntos públicos, cualquiera que sea su índole o condición. Y ello, como señala la STC 10/1983, de 21 de febrero, porque "*el sentido democrático que en nuestra Constitución (artículo 1.2.) reviste el principio del origen popular del poder, obliga a entender que la titularidad de los cargos y oficios públicos sólo es legítima cuando puede ser referida, de manera mediata o inmediata, a un acto concreto de expresión de la voluntad popular*".

Por esta razón, pese a ser una concreción del artículo 14, el artículo 23.2. no contiene "*un derecho a la ocupación de cargos o al desempeño de funciones determinadas y ni siquiera el derecho a proponerse a candidato para los unos o los otros*". Y ello, porque el artículo 23.2., al conferir un derecho de carácter reaccional, lo que prohíbe es que las reglas del procedimiento para el acceso a cargos y funciones públicas se establezcan mediante referencias individuales y concretas[39].

Prescindiendo ahora de las consideraciones acerca de si el derecho de sufragio aparece como un posible deber moral y político, que tuvo su conocida plasmación en sentencias del Tribunal Supremo a propósito del contencioso planteado con motivo del referéndum sobre la OTAN, en los diversos contenciosos electorales posteriores planteados, el Tribunal Constitucional se ha reiterado en la jurisprudencia anterior y encontramos sentencias de referencia como la STC núm. 27/1990 de 22 de febrero, referida al contencioso de la circunscripción electoral de Avila, se apoya en la doctrina establecida en la anterior sentencia núm. 71/1981, de 20 de abril, donde se señala que el artículo 23.2, "*tiene como contenido esencial asegurar que accedan al cargo público aquellos candidatos que los electores, en quienes reside la soberanía popular, hayan elegido como sus representantes, satisfaciéndose por tanto dicho derecho, siempre que se mantenga la debida correlación entre la voluntad del cuerpo electoral y la proclamaci6n de los candidatos*". Y más adelante añade: "*por tanto, se vulnera el derecho de sufragio activo y pasivo —piedra angular del sistema democrático— cuando demostrada la votación mayoritaria de un candidato respecto de otro, se hace la proclamación de este último en virtud de una argumentación que contradice abiertamente el sistema electoral y la Ley Orgánica que lo regula*".

En otra ocasión el Tribunal Constitucional en su sentencia 24/1990, de 15 de febrero, va a establecer una doctrina más detallada en torno a esta problemática. Por lo que se refiere al contenido específico del artículo 23.2., el alto Tribunal parte de dos principios ya establecidos en otras decisiones anteriores: por un lado, y de acuerdo con lo establecido en la sentencia 23/1984, señala que el ámbito de éste precepto sólo hace referencia a los cargos y funciones representativas, es decir, a las que se accede por procedimientos electivos, y por otro, teniendo en cuenta lo señalado en reiteradas sentencias ya aludidas —entre otras las sentencias 5/1983, 10/1983, 21/1984, 5/1986, 148/1986 y 176/1986—, el citado precepto es aplicable a los cargos y funciones de todo orden siempre que se trate de cargos y funciones públicas.

---

39 Cfr., así mismo, las sentencias 50/1986, de 23 de abril; 18/1987, de 17 de febrero; 82/1987, de 27 de mayo; 169/1987, de 29 de octubre, entre otras.

Desde estas premisas, señala que "*no es el mismo el contenido de tal derecho cuando se predica de cargos funcionariales —o más ampliamente, no representativos—, que cuando hace relación a cargos que se alcanzan a través de la elección popular, y tienen por tanto naturaleza representativa*".

En el primer caso, tal y como señalaba la STC 50/1986, "*lo que como concreción del principio general de igualdad otorga el artículo 23.2 a todos los españoles es un derecho de carácter puramente reaccional para impugnar ante la jurisdicción ordinaria y, en último término ante este Tribunal, toda norma o aplicación concreta de una norma que quiebren la igualdad*".

Por el contrario, cuando se trata de cargos representativos, "*los requisitos que señalen las leyes solo serán admisibles en la medida que sean congruentes con esta naturaleza y en consecuencia, tanto las normas que lo establecen, come los actos de aplicación de estas, pueden ser traídos ante este Tribunal, no solo por quiebra de la igualdad, sino por cualquier otro género de inadecuación*".

Es decir, mientras que en el primer caso la cuestión únicamente puede ser examinada desde la perspectiva de la violación del principio de igualdad consagrado en el artículo 14, en el supuesto de que se trate de cargos representativos, es posible su examen también, por una presunta violación del artículo 23.2.

Esta doctrina del Tribunal, recogida en todas las sentencias ya aludidas por nosotros, apoyan "*la íntima relación que, en el caso de las cargos y funciones representativas, existe entre los derechos garantizados en los dos apartados del artículo 23, esto es, simplificando entre el derecho de sufragio activo y el pasivo, es lo que explica que al conocer un recurso de amparo en el que se impugna una decisión judicial recaída en un proceso contencioso-electoral, no hayamos de examinar la cuestión exclusivamente desde el ángulo de la igualdad, sino de la perspectiva más amplia, que exige que tanto el legislador, al establecer los requisitos cuyo cumplimiento es necesario para acceder al cargo, como el de aplicación de la norma, al interpretarla, aseguren al máximo la efectividad de los derechos fundamentales, que están en la base de los órganos representativos*".

Una vez establecida esta diferenciaci6n, el Tribunal analiza la problemática del derecho de sufragio como derecho fundamental de configuración legal. A este respecto, el Tribunal Constitucional, "*debe precisar, si a ello es instado en vía de amparo, si la interpretación de la realidad configuradora de los derechos fundamentales se ha llevado a cabo 'secundum Constitutionem' y en particular si, dados los hechos apreciados por el órgano judicial, la aplicación de la legalidad ha podido afectar a la integridad del derecho fundamental aquí comprometido*". Y más adelante, añade que "*de no ser así, los derechos fundamentales de configuración legal quedarían degradados al plano de la legalidad ordinaria y, por esta vía, excluidos del control de amparo constitucional*".

Con ello, el Tribunal aborda una cuestión sobre la cual no podemos pronunciarnos en estas páginas, en torno a los temas de dimensión constitucional y por tanto, sujetos a la competencia, o de simple legalidad ordinaria, exentos de su conocimiento. A este respecto, el Tribunal, siguiendo una doctrina ya consolidada, se muestra muy celoso de su competencia, adoptando una posición fuertemente criticable que parece situarle fuera del ámbito competencial que le atribuye el ordenamiento jurídico. Sin embargo, el Tribunal reitera su postura adoptada en otras decisiones anteriores, en el sentido de que las resoluciones judiciales deben aplicar la normativa legal en el sentido más favorable para la efectividad de los derechos fundamentales —al respecto STC núms. 34/1983, 17/1985 y 57/1985—, reiterando la doctrina mantenida en las sentencia 76/1987, en la que señala que, "*la Constitución ha introducido un principio de interpretación del ordenamiento jurídico en el sentido más favorable al ejercicio y disfrute de los derecho fundamentales que ha de ser tenido en cuenta por todos los poderes públicos y, muy especialmente, por los órganos jurisdiccionales en su función de aplicar las leyes. Esta consideración general es de especial relevancia en el proceso electoral, en donde se ejercen de manera efectiva los derechos de sufragio activo y pasivo, que por estar en la base de la legitimación democrática del ordenamiento jurídico, han de recibir un trato especialmente respetuoso y favorable, sin perjuicio del necesario respeto a la legislación electoral y de la diligencia que los partícipes activos en las elecciones han de tener en su actuación para posibilitar un ordenado y fluido proceso electoral*".

Es decir, en la interpretación de la legalidad infra constitucional, en este caso electoral, hay que respetar el contenido esencial del artículo 23.2. y ello, como recuerda el Tribunal, porque si bien los derechos constitucionalizados en el artículo 23.2. son diferentes del carácter general constitucionalizado en el 23.1., "*guardan con este íntima relación que no debemos olvidar a la hora de interpretarlos, pues el derecho de sufragio activo y pasivo son aspectos indisociables de una misma institución, nervio y sustento de la democracia: el sufragio universal, libre, igual, directo y secreto, que hace realidad el principio de toda democracia representativa, a saber, que los sujetos de las normas sean, por vía de la representación parlamentaria, los autores de las normas, o, dicho de otro modo, que los ciudadanos sean actores y autores del ordenamiento jurídico*".

Finalmente, el tema es abordado de nuevo en el contencioso de la circunscripción de Melilla, donde la sentencia del Tribunal Constitucional núm. 25/1990, de 19 de febrero, en relación con el artículo 23.2., señala que, "*si no la titularidad del derecho, si cabe reconocer a las propios partidos políticos un interés legítimo suficiente en que se respeten las adecuadas condiciones para el ejercicio del derecho de sufragio, atendida su condición de instrumento fundamental para la participación política que les atribuye el artículo 6 de la Constitución*". Y más adelante, reitera la tesis de que si bien nos encontramos en presencia de un derecho de configuración legal, no se puede olvidar que también es un derecho fundamental, no pudiendo los derecho fundamentales de configuración n legal quedar degradados al plano de la legalidad ordinaria y excluidos del amparo constitucional.

Esta misma remisión hay que hacerla extensiva a los distintos reglamentos de las asambleas legislativas, normas encargadas de enumerar los determinados derechos y deberes de sus integrantes. Aquí pues encontraríamos una primera cuestión a dilucidar sobre la normativa tanto de las Cortes Generales como de los parlamentos territoriales, con dos planteamientos iniciales:

En primer lugar, podríamos entender como manifestaciones de las potestades propias de las Cámaras, las distintas facultades que están ligadas a la función de diputados y que así se le reconocen, apareciendo de esta forma integradas en el conjunto de atribuciones propias del órgano complejo que es el parlamento. Según esta postura, el tema a dilucidar seria la competencia de su asignación y atribución, siendo entonces más bien el titular y ostentador del derecho subjetivo un órgano de la Cámara y no un individuo singularizado. Esta postura la encontraríamos en la interpretación del TS en la sentencia de 9 de junio de 1987, fundamento jurídico 3, al entenderse como una declaración de voluntad emitida por un órgano de la Cámara en el ejercicio de sus competencias reglamentarias, el traslado que el Presidente de la Cámara hace al Gobierno de una iniciativa originaria de un parlamentario, sin respetar la representación de cada uno de los miembros de aquella individualmente considerados[40]. Todo ello, sin perjuicio de encontrarnos calificaciones de distintos autores, donde aparece la calificación como derecho de los parlamentarios de la facultad que a estos se les reconoce para recabar datos e informes de las Administraciones Publicas[41].

Una segunda opción interpretativa, sería la de considerar esas facultades atribuidas a la función del parlamentario como derechos, o en un sentido más propio en voz del TC y su sentencia 161/1988, de 20 de septiembre —f.j. 7—, como "*un específico título para el desempeño de su cargo representativo cuya actualización depende sólo, en principio, de la voluntad del Diputado*". En este sentido, puede argumentarse en su favor el hecho de que estas capacidades, en dependencia directa de la voluntad de las diputados, se refuerza por el hecho de comprobar que su actuación se dirige al cumplimiento de las funciones propias del Parlamento, y no de cuestiones particulares o individualizadas que colisionarían con el cumplimiento del mandato constitucional asignado a la operatividad.

Incluso, la propia problemática del status del parlamentario viene a sustentar este planteamiento, entendidas tradicionalmente estas prerrogativas como un conjunto de medidas tendentes a preservar y salvaguardar la función de la institución y no tanto la figura personal del diputado considerado individualmente. Se fomenta la actividad de la persona que desempeña el cargo, en una proyección hacia la institución donde desarrolla su labor, por la razón de que ésta da sentido a este status especial. En este sentido, encontraríamos manifestaciones como las de TRAVERSA, que viene a considerar las garantías

---

40 De forma más extensa el texto de las STC de 9 de junio de 1987 y el cometario sobre la misma de Saiz Arnaiz, A., "Sobre la efectividad del derecho de los parlamentarios vascos a recabar información del Gobierno autónomo", en revista La Ley-Vol.: 1902, edit. La Ley, 1988, Madrid, p. 1 y ss.

41 En este sentido, entre otros, Santaolalla López, F. (1985). Sole Tura, J. y Aparicio Pérez, M.A., "Las Cortes Generales en el sistema constitucional" (recensión), Tecnos, Madrid, 1984, en Revista de las Cortes Generales, (6), 435-447, https://doi.org/10.33426/rcg/1985/6/1228; Torres del Moral, A., "Principios de Derecho Constitucional...", *op. cit.*, p. 107 y Álvarez Conde, E. "El Régimen Político español", Tecnos, 4ª edic., Madrid, 1990, pp. 334-358.

del parlamentario como "*derechos objetivo en relación con la función ejercitada por el órgano y con la posición que se le atribuye en el ordenamiento*"[42]. No obstante, este planteamiento adolece del defecto de intentar acoplar conclusiones extraídas del régimen jurídico de las garantías constitucionales, hacia la generalidad del estatuto de los miembros de las cámaras. Postura ciertamente difícil de mantener, dado que dicha generalización nos conllevara a imprecisiones a la hora de delimitar el contenido de las citadas garantías parlamentarias[43].

Distintos argumentos pueden ser utilizados para entrelazar los esferas de las garantías parlamentarias y el estatuto de los miembros de las cámaras, tales como considerar las garantías del parlamentario como derivaciones o repercusiones del establecimiento del derecho objetivo[44], o incluso invocar o justificar el interés legítimo que sustente su aplicación, en los supuestos no previstos[45]. En cualquier caso, siempre concluimos en la circunstancia de comprobar como facultades de garantía para el ejercicio de las funciones parlamentarias con un preeminente interés público, acaban incidiendo y sustentando el status del diputado.

---

42 Cfr. al respecto el comentario de Mancisidor Artaraz, E., "El derecho de los parlamentarios a recabar información (comentario a la STC 161/1988, de 20 de septiembre)", en Rev. Vasca de Administración Pública (RVAP) núm. 24, 1989, pp. 161-206; cfr., Traversa, S., "Immunità parlamentari", voz en Enciclopedia del Diritto, vol. XX, Giuffré, Milan, 1970, pp. 185 y ss.; así mismo, Virga, P., "Diritto Costituzionale", Edizioni Universitarie, Palermo, 1955, pp. 212 y ss.

43 Cfr. Gómez Sánchez, Y., "Sobre las garantías parlamentarias", en Revista de Derecho Político, núm. 23, 1986, pp. 67 y ss.; Fernández Miranda y Campoamor, A., "Inviolabilidad e inmunidad parlamentarias", en 'Comentarios a las Leyes Políticas' dirigidos por Alazaga Villamil, O., Constitución Española de 1978, Edersa, Madrid, 1989, tomo VI, pp. 303 y ss.; Morales Arroyo, J. M., "Las prerrogativas parlamentarias a la luz de la jurisprudencia constitucional", en Rev. de las Cortes Generales, núm. 12, 1987, pp. 189 y ss.; Revenga Sánchez, M., "Prerrogativas parlamentarias y derechos fundamentales", en Rev. Jurídica de Castilla-La Mancha, núms. 3 y 4, 1988, pp. 761 y ss.

44 Lo que viene a denominar el Tribunal Constitucional como derechos reflejos en su Sentencia 9/1990, de 18 de enero, f.j.3.; al respecto cfr. Casetta, E., voz "Diritti pubblici subbiettivi", en Enciclopedia del Diritto, vol. XII, Giuffrè, Milan, 1964, pp. 792 y ss.

45 Fernández Miranda y Campoamor, A., "La inmunidad...", *op. cit.*, pp. 213-215; Punset Blanco, R., "Las Cortes Generales", Centro de Estudios Constitucionales, Madrid, 1983, p. 153.

Así pues, aun no reconociendo en la misma figura del parlamentario la existencia de los derechos especialmente atribuidos son, sin embargo, las normas jurídicas que establecen tales privilegios las que con su aplicación limitan el poder del Estado, en beneficio de las personas que desempeñen los cargos de parlamentario. Ello permite ampliar su capacidad de acción, y la actividad subsiguiente que se deriva llega incluso a convertirse en pretensión jurídica dirigida al reconocimiento de tal ampliación de status, y la consiguiente limitación de los actos estatales que puedan menoscabarlo[46].

Partiendo pues de esta idea y recordando al mismo tiempo la crítica que se realiza contra la noción de interés legítimo que acaba dirigiendo dichos supuestos a la categoría de los derechos subjetivos[47], concluiríamos en la consideración de valorar los aspectos más problemáticos del estatuto de los parlamentarios como derechos de los mismos en último término; no habría entonces dificultad para reconocer como tales, las facultades cuyo ejercicio dependa en última instancia de la voluntad individual del diputado. Todo ello sin entrar a cuestionar el principio de que las garantías parlamentarias sean consideradas irrenunciables —valga recordar el caso de Senador Barral—, al igual que otros derechos, dado que en este supuesto hablamos de derechos funcionales en los cuales confluyen elementos objetivos y subjetivos, de intereses públicos y privados, que vienen a dar forma al derecho fundamental reconocido en el art. 23.2. de la Constitución.

Al igual que señalábamos antes, y abundando algo más en este sentido, el Tribunal Constitucional los matiza al definirlos coma los *ius ad officium*, en su sentencia 161/1988, de 20 de septiembre, f.j. num. 7, al referirse en similitud con la anterior sentencia reseñada —en aquel caso era del Tribunal Supremo—, sobre la facultad de los miembros de las Cortes de Castilla-La Mancha de

---

46 García López, E., "Inmunidad parlamentaria y Estado de partidos", Temas clave de la Constitución Española, Tecnos, Madrid, 1989.

47 Cfr. García de Enterria Martínez-Carande, E. y Fernández Rodríguez, T. R., "Curso de Derecho Administrativo", vol. II, Civitas Thomson Reuters, 2022, pp. 30 y ss., donde se consideran estos supuestos como derechos reaccionales.

recabar información de la Administración autonómica. La sentencia señala textualmente que "...*nos encontramos, por ello, ante una función parlamentaria de posible ejercicio individual cuyo sentido propio, como tal derecho funcional, se encuentra en el reconocimiento por el Reglamento —de nuevo en favor de todos y de cada uno de los Diputados—, de facultades de control respecto de las cuales el derecho de recabar información que crea el art. 12.2. tiene un carácter claramente instrumental*"[48].

Queda patente pues que en estos casos se establece una estrecha relación entre el derecho a participar en las asuntos públicos, garantizado por el art. 23.1. de la Constitución, y el de acceder a los cargos públicos, garantizado por el art. 23.1. de la Constitución y el de acceder a los cargos públicos electivos y permanecer en ellos en condiciones de igualdad de acuerdo con las leyes. El propio Tribunal viene a señalar que "la norma contenida en el artículo 23.1. resulta inseparable de la del 23.2., cuando se trata de un recurso de amparo deducido por un representante parlamentario en defensa del ejercicio de sus funciones, ya que ello comporta defender el derecho mismo de los ciudadanos a participar a través de la institución de la representación en los asuntos públicos"[49].

Establecido este planteamiento, la cuestión siguiente a estudiar seria el delimitar puntualmente el contenido del estatuto del parlamentario y los elementos que los integran —derechos, deberes y garantías—, pero centrados exclusivamente en el acceso a la información requerida desde la posición del parlamentario.

---

48 En este sentido, se pronunció igualmente la Mesa del Parlamento de Cataluña en su sesión de 20 de enero de 1987, adoptando un acuerdo interpretativo según el cual el derecho de información contenido en el artículo 13 de su reglamento "es un derecho reconocido 'intuitu personae' a los Diputados en el ejercicio de su función" —cfr., el punto 2.D de los antecedentes de la STC 181/1989.

49 Cfr. STC. 161/1988 (f.j.4) y STC. 181/1989 (f.j.5); sobre la misma cuestión, la STC 10/1983, de 21 de febrero, sobre conexión de los apartados del artículo 23 de la Constitución. Además, sobre este mismo planteamiento, víd. ROMANO, S., "Principii di diritto costituzionale generale", Giuffrè, Milán, 1947, pp. 112 y ss.

## III. LAS GARANTÍAS CONSTITUCIONALES DE LOS CIUDADANOS Y SU PROYECCIÓN EN EL ESTATUTO JURÍDICO Y EN LAS GARANTÍAS PARLAMENTARIAS DE DIPUTADOS Y SENADORES Y SU DERECHO A ACCEDER A LA INFORMACIÓN

Las prerrogativas parlamentarias entendidas como un status especial que tiene como finalidad el poder garantizar el ejercicio adecuado de las funciones representativas de los parlamentarios (art. 71 CE), y que tuvieron su origen en el parlamentarismo inglés con la desprotección que supuso la muerte del diputado Thomas Haxley por criticar a la Corte Real en 1397 y su posterior plasmación en la *Bill of Rights* a través de la defensa que realizó Thomas Moro de la libertad en la expresión de los parlamentarios, sus debates y sus actuaciones dentro de la institución parlamentaria, nos ha llevado hoy en día a plantearnos si continúa teniendo sentido ésta prerrogativa frente al poder del Ejecutivo o de la Administración, o si por el contrario su configuración e, incluso su existencia, han de someterse a debate en un sistema democrático.

Es evidente que el actual sistema constitucional encierra en su núcleo uno de los principios más determinantes para evitar cualquier posible actuación en contra del propio texto constitucional y del resto del ordenamiento jurídico vigente: proclamar la subordinación de todos los poderes públicos a ese ordenamiento jurídico y constitucional, haciendo que los partidos políticos se consoliden como un elemento clave del sistema constitucional, al actuar como correa de transmisión entre el Gobierno y el Parlamento y proyectando su organización y funcionamiento a través de los Grupos Parlamentarios, que son hoy, y no los diputados y senadores singularmente considerados, los que desempeñan las funciones más relevantes[50].

50 Kelsen, H., De la esencia y valor de la democracia —traducc. Requejo Pagés, J. L.—, Krk Ediciones, Oviedo, 2006, pp. 119 y 120 con una antológica defensa del parlamentarismo ante los momentos de crisis profunda de la democracia parlamentaria y la potenciación del Estado de partidos y la evidencia de lo indebida del transfuguismo político, el obstruccionismo parlamentario, la necesaria democratización de la Administración y una más estable y profunda educación para la democracia.

## *1. Las prerrogativas parlamentarias como el Derecho a la Información en un Estado Social y Democrático de Derecho. Su razón de ser en un sistema de igualdad real: prerrogativa o privilegio*

La pregunta de si es compatible una prerrogativa con un Estado social y democrático de derecho, que proclama como algunos de los valores superiores de su ordenamiento la igualdad y la justicia, es el auténtico punto de debate en esta materia. El hecho de que no se pueda inculpar ni procesar a un parlamentario sin el previo otorgamiento o autorización de la Cámara a la que pertenece a través del suplicatorio, o que no pueda ser detenido más que en caso de flagrante delito, o que se le permita el acceso a información directa de la actividad de cualquier órgano del Estado, ha incurrido ya desde hace tiempo en la consideración de ser un privilegio anacrónico como ya definía Kelsen y que ha ido generando un distanciamiento paulatino y progresivo en la consideración de la gente hacia un status difícilmente justificable más allá de la necesidad real y objetiva de necesitar y obtener lo necesario para realizar su trabajo ordinario. Es decir, la tantas veces invocada justificación del equilibrio de poderes y la necesaria instauración de medidas y herramientas que en la práctica permitan evitar la preeminencia de un poder sobre el resto —la invocada siempre desconfianza a la Administración de Justicia o a la estructura del Gobierno—, ha ido cayendo en consistencia y legitimación y en la práctica ha producido un paulatino desapego y distanciamiento de la ciudadanía en una institución donde el ciudadanos no comparte los status y privilegios diferenciados al acceder a dicha condición.

Sin embargo, esta tendencia constatada y comprobable en muchos sistemas parlamentarios, no ha afectado tan directamente a la configuración parlamentaria en nuestro sistema constitucional, sobre todo cuando comprobamos como la inmunidad parlamentaria sigue siendo un blindaje para la condición de parlamentario —algo difícilmente justificable en una sociedad democrática avanzada, cuando hay países que la han limitado mucho en su justificación como Suecia, Irlanda, Francia, Finlandia, o ya la han retirado de sus ordenamientos como Alemania o Países Bajos—, o como el derecho a la información tiene un efecto multiplicador en la actualidad con mecanismos y procedimientos usados con toda habitualidad para realizar la labor de control político[51]. En este mismo sentido, la prerrogativa de la inviolabilidad considerada como una exención absoluta y total de responsabilidad por las opiniones y actos realizados en el ejercicio de las funciones parlamentarias, plantea la problemática de su encaje y aplicación a los términos constitucionalmente previstos, es decir, cabe una interpretación de la prerrogativa de forma restrictiva y, como ya ha señalado el Tribunal Constitucional, no puede valer como un campo absoluto impermeable para la actuación de carácter total sin incurrir en infracción o acción delictiva cuando los actos hayan sido realizados por su autor en calidad de ciudadano o de "político" incluso, fuera del ejercicio de competencias y función que le pudieran corresponder como parlamentario, es decir, actuando además de ser parlamentario actúa jurídicamente como tal —STC 51/1985, de 31 de octubre, f.j. 6—[52].

---

51 El propio Tribunal Constitucional en su sentencia 9/1990, de 18 de enero (F.J. 9) señala que "la inmunidad parlamentaria se manifiesta inapropiada para impedir el curso de una demanda civil interpuesta contra un parlamentario, pues el sentido propio de las palabras empleadas por el artículo 71 de la Constitución y la razón misma de la institución excluyen, con absoluta claridad, que su protección se extienda a procesos que no sean penales; es decir, que no entrañen la eventualidad de que sean utilizados con la intención de perturbar el funcionamiento de la Cámara o alterar su composición, mediante la posible privación de la libertad del parlamentario". Es decir, va vaciando el sentido y alcance de la inmunidad a supuestos que son la base de sustento de esta prerrogativa aún sabiendo que los supuestos justificativos difícilmente pueden darse en la práctica hoy en día con el sentido y la dimensión que históricamente dieron lugar a ellos.

52 No es cuestión pacífica en la doctrina, ni siquiera en la misma jurisprudencia del propio Tribunal Constitucional, el cual en su sentencia 9/1990, de 18 de enero (f.j. 9) y en la sentencia 30/1997, de 24 de febrero, vino a matizar y comenzar a limitar la extensión de las prerrogativas por parte de los parlamentarios y a no considerarlo un cheque en blanco, pues aunque era suficiente que un parlamentario hubiese hecho unas declaraciones en el transcurso de una sesión de la Cámara a la que pertenecía para que no se pudiera abrir un procedimiento contra él, sin embargo cuando comenzaron a realizarse sobre cuestiones no encuadrable en el ejercicio de su función representativa y que afectaban a particulares o terceros, comenzaba a decaer esa amplitud de conceptualización teórico justificativa de las prerrogativas. *El debate académico ha llevado a posturas diversas y enfrentadas:* Punset Blanco, R., "Sobre la extensión del ámbito personal de las prerrogativas parlamentarias", en *Revista Española de Derecho Constitucional*, núm. 3, 1981, pp. 93 y ss.; "Inmunidad parlamentaria y Jurisprudencia Constitucional" de Varios Autores, Centro de Estudios Constitu-

En cualquier caso, parece que estamos abocados a uno de los muchos temas que quedan anotados para una más que posible reforma constitucional que pasaría en el plano normativo por una sencilla reforma en el procedimiento a seguir previsto en el artículo 167 de la Constitución, para que en el artículo 71 bien se elimine directamente el procedimiento del suplicatorio por un lado, así como que la inmunidad de los parlamentarios o, cuanto menos, se condicione a que su disfrute sea exclusivamente ante supuestos o hechos ordinarios y siempre en ejercicio de sus funciones representativas. Es decir, la imposibilidad de su detención limitarla a los casos de delitos menores, pues si los llamados representantes quedan blindados para el ejercicio de sus funciones fruto de una reminiscencia histórica no encajable hoy al cien por cien con el entramado de principios constitucionales básicos basados en la igualdad y en la equidad, habrá que establecer en consecuencia el modo en el que deben ejercer su función en términos y características del entramado democráticos, y determinar si cumplen en términos objetivos y cotejables las premisas que justifican su existencia en un sistema democrático basado en principios constitucionales intangibles como señalábamos anteriormente, como son la libertad y la igualdad. Es evidente que a este planteamiento teórico, hay que añadir que la actual configuración de las prerrogativas parlamentarias explica, como ya señalara Kelsen, que el parlamentarismo de nuestro tiempo no se haya granjeado las simpatías ciudadanas. Más bien, todo lo contrario.

Es indiscutible que el derecho a la información de los parlamentarios es un aspecto fundamental dentro del marco de la democracia representativa y el funcionamiento de los órganos legislativos. Este derecho se enmarca en varios principios y normas jurídicas que garantizan su ejercicio efectivo. Pero adquiere especial trascendencia el

---

cionales, Madrid, 1994; Fernández-Miranda Campoamor, A., "Origen histórico de la inviolabilidad e inmunidad parlamentarias", *Revista de la Facultad de Derecho Universidad Complutense,* núm. Extra 10, 1986, pp. 175 y sigs.; Fernández Segado, F., "Las prerrogativas parlamentarias en la jurisprudencia constitucional"; *Revista de las Cortes Generales,* núm. 38, 1996, pp. 7 y ss.; Martínez Elipe, L., "Prerrogativas parlamentarias", *Rev. Teoría y Realidad Constitucional,* núm. 5, 2000, pp. 43 y ss.; Gema Rosado Iglesias: *"Prerrogativas parlamentarias y Tribunal Constitucional"* y Cátala i BAS, A. H., *El futuro ¿incierto? de las prerrogativas parlamentarias, Temas de las Cortes Valencianas,* Valencia, núm. 14, 2007.

delimitar la naturaleza jurídica de este derecho y tratar de sustentarlo en los elementos ensamblados que lo sostienen. A saber:

1. La consideración como Derecho Fundamental y que lleva en consecuencia a considerar el derecho a la información de los parlamentarios como un eje vertebral en la proyección práctica de su actividad de control sobre las acciones del ejecutivo, al tiempo que adquiere la condición de un derecho fundamental más, ya que es esencial para el cumplimiento de sus funciones de representación del electorado, del conjunto de ciudadanos ejercientes de la soberanía nacional y que ha de otorgarle las máximas garantías para el desempeño de su función legislativa. En muchas constituciones y marcos legales, este derecho está explícitamente reconocido para asegurar la transparencia y la rendición de cuentas del gobierno como causa de justificación general.

2. La consideración como Derecho Instrumental es otra de las características a destacar, desde el momento en que con la consideración amplia de la misma, al convertirse esta acción en derecho su carácter se delimita como instrumental en el sentido de que se transforma como una herramienta necesaria para el desempeño eficaz de las funciones parlamentarias en manos de aquellos que tienen que cumplir con las funciones asignadas. Es evidente que los parlamentarios requieren acceso a información precisa y completa que les permita la preparación, estudio y utilización de datos precisos y veraces que conlleven una toma en consideración adecuada a la exigencia del nivel técnico necesario en la técnica legislativa. Igualmente será una base fundamental para la adopción y toma de decisiones informadas, así como formular contenidos para la elaboración de leyes adecuadas y por supuesto, realizar un control efectivo sobre las acciones del gobierno en una de las funciones que devienen en determinantes en el equilibrio de funciones bajo la dependencia de una división de poderes.

3. La consideración como Derecho Público Subjetivo, es una característica que se genera desde la consideración inicial del derecho a la información de los parlamentarios con una dimensión proyectada como derecho público subjetivo, lo que significa que es un derecho individual que puede ser exigido por cada parlamentario en función de sus responsabilidades y deberes constitucionales. Este derecho no

es solo una prerrogativa, sino que por su carácter fundamental y determinante como eje y base de otras prerrogativas, también puede ser defendido ante los tribunales en caso de negación o restricción injustificada.

4. En esta perspectiva, no hay que olvidar que toda acción jurídica que conlleva la existencia de una actitud que arrastra en esencia la necesaria contestación con una acción positiva por parte del requerido o interpelado, nos sirve para comprobar la importancia de su contenido ya que servirá para el cumplimiento de la materia, contenido, datos o documentación que se le haya solicitado, convirtiéndose su actitud y grado de cumplimiento en el elemento que determina el grado de atención y evacuación de los trámites requeridos y que se derivan de la obligación de atenderlos. Nos lleva a la conclusión en consecuencia de que todo derecho de esta naturaleza conlleva la obligación correlativa del Poder Ejecutivo de cumplir con lo solicitado y expresado en los procedimientos establecidos, sin posibilidad de quedarse al margen por un hipotético interés político en su atención o desatención según interese. El derecho a la información de los parlamentarios implica una obligación correlativa del poder ejecutivo y otros órganos del estado de proporcionar la información solicitada de manera oportuna y completa. Esto se traduce en mecanismos legales y administrativos que aseguran que los parlamentarios puedan acceder a la información sin obstáculos indebidos.

5. La base para sustentar la naturaleza de esta prerrogativa se basa en el principio de Transparencia y Rendición de Cuentas que ha de exigirse a las instituciones públicas y órganos fundamentales del Estado, máxime en los momentos en que nos encontramos donde los principios que mantienen la credibilidad del sistema político, se nutre de todas aquellas acciones, procedimientos y mecanismos conducentes a obtener los datos y justificaciones que evidencien el correcto proceder de órganos e instituciones. Y esto se produce debido a que, aún teniendo la base de su existencia y configuración en el texto constitucional, es la clara intencionalidad política de partidos y grupos parlamentarios la que acaba evidenciando el buen uso de la institución y el correcto funcionamiento de sus herramientas, sin caer en la imagen proyectada de un uso partidista e incluso interesado que desvirtúe y desnaturalice las piedras angulares del sistema político institucional.

El ejercicio del derecho a la información por parte de los parlamentarios está estrechamente vinculado con los principios de transparencia y rendición de cuentas. Estos principios son fundamentales en una democracia, asegurando que las acciones del gobierno sean abiertas al escrutinio público y que los responsables de la administración pública sean responsables de sus decisiones y acciones.

6. No obstante lo dicho, no puede concluirse con un carácter absoluto del derecho a la información por parte de los parlamentarios. Más bien habría que indicar la necesidad de acotar unas limitaciones y equilibrios en su conceptualización, sobre todo al confluir razones de seguridad nacional, privacidad, confidencialidad y otros intereses legítimos del estado. Estas limitaciones deberán estar claramente definidas y justificadas para evitar abusos y garantizar que no se restrinja injustificadamente el acceso a la información como auténtico objetivo de la prerrogativa.

De esta manera, el derecho a la información de los parlamentarios se convierte en un pilar esencial para el funcionamiento democrático y el estado de derecho. Lejos de ser un privilegio en sí mismo considerado, su naturaleza jurídica combina elementos de derecho fundamental, de derecho público subjetivo, a la vez que como instrumentos de transparencia y rendición de cuentas de la labor política realizada por el ejecutivo, entre otros. Su ejercicio adecuado permite a los parlamentarios cumplir con sus deberes de manera efectiva y contribuye al fortalecimiento de la democracia y la confianza pública en las instituciones, de la que estamos últimamente tan necesitados. Su proclamación en el artículo 23 CE garantizando la participación política de los ciudadanos a través de sus representantes, ha permitido que la propia jurisprudencia constitucional haya blindado este derecho —junto con los mecanismos singulares que han ido incorporando los reglamentos parlamentarios de las Cámaras—, hasta el punto de abrir la vía a la jurisdicción contencioso administrativa en los casos de incumplimiento por parte de la administración de los requerimientos que se le realicen, en ambos casos tratando de proteger y facilitar que los parlamentarios puedan obtener la información necesaria para la realización de su labor y además cumplir en la práctica con el fin constitucional del mencionado artículo 23 CE.

En esta línea, es de destacar que la jurisprudencia relacionada con el derecho a la información —y su referencia constitucional en el artículo 105.b. CE—, ha evolucionado significativamente en los últimos años especialmente en el contexto del acceso a la información pública, como podemos comprobarlo con las disposiciones de la Ley 19/2013, de 9 de diciembre, de transparencia, acceso a la información pública y buen gobierno.

## IV. CONSIDERACIÓN FINAL: UNA REFLEXIÓN PARA REDIMENSIONAR LAS PRERROGATIVAS COMO USO PRIVILEGIADO DE UN ESTATUTO SINGULAR. EL USO APROPIADO Y OBJETIVO DE LAS PRERROGATIVAS PARLAMENTARIAS Y SU DEFORMACIÓN Y TRANSFORMACIÓN HACIA EL BLINDAJE COMO PRIVILEGIO.

Las prerrogativas parlamentarias como la inviolabilidad, la inmunidad, el derecho de acceso a la información o el fuero, ya nos hemos referido a ellas como situaciones o blindajes especiales que a los parlamentarios les ha permitido verse bajo la cobertura de unas coberturas privilegiadas, cuyo uso —y abuso en algunos casos—, ha permitido diseñar en nuestro sistema jurídico y más en concreto dentro del entramado constitucional, una serie de situaciones de excepcionalidad en el desempeño de sus obligaciones y funciones que permiten a los parlamentarios evitar el procedimiento legalmente establecido y aplicable para el resto de ciudadanía.

Esta diferenciación en la exigencia de conductas debidas y el consiguiente debate en torno a si en lógica deberían considerarse privilegios en favor de los parlamentarios más que prerrogativas, se ha de centrar en una problemática conceptual previa, cual es la concreción de unas figuras jurídicas que tienen como objetivo garantizar el ejercicio y la dimensión práctica adecuada de concretas funciones públicas. De esta manera, la inviolabilidad, la inmunidad, el acceso a la información y el fuero jurisdiccional, que parte del hecho histórico acontecido a finales del S. XIV en el seno del Parlamento inglés y en concreto al hecho documentado de la condena a la pena capital al diputado Thomas Haxley por una crítica exacerbada a la Corte Real, en torno a 1397. De este hecho nació lo que posteriormente Thomas Moro planteó y desarrolló como elemento esencia y fundamental para que los parlamentarios no se vieran sujetos a situaciones de extorsión e incluso atentatorias contra su integridad y con su capacidad de poder expresarse con libertad. Ello se tradujo en un reconocimiento expreso y en una positivización clara y evidente en 1689 con la redacción explícita y la proclamación de la "*libertad de expresión, debate y procedimientos en el Parlamento*", en la trascendental e importante *Bill of Rights.* Valga una base conceptual de las situaciones y acciones que inicialmente han dado lugar a las prerrogativas parlamentarias:

1.La inviolabilidad como protección dirigida a preservar la figura institucional del parlamentario en sí misma, y que conlleva en su naturaleza la exención total de la posible responsabilidad en los ámbitos tanto penal, civil, administrativo, como laboral, por las opiniones, manifestaciones y actos que se puedan llevar a cabo en el desempeño de las funciones de carácter representativo otorgadas, con el carácter temporal de la perpetuidad, por lo que no se puede demandar al parlamentario una vez que ha dejado el cargo por la manifestaciones realizadas en el ejercicio de su función.

Con ello se destaca y queda evidenciado que la protección gira y se fundamenta en torno a los fines que abarca la figura del parlamentario, con independencia de la persona que ostente la condición jurídica de tal —por ejemplo, no serán perseguibles las declaraciones realizadas en una sesión parlamentaria, aunque puedan resultar ofensivas—. Esta argumentación es la que sustenta conceptualmente la condición de prerrogativa o garantía como función básica en la actuación del parlamentario, dejando aparte a la persona por cuanto hasta el propio Tribunal Constitucional ha venido a enfatizar que si la condición distintiva operase sobre la persona y no el cargo, nos encontraríamos ante un privilegio otorgado a la persona de forma impropia, pues los actos que se realizan fuera del ejercicio de las funciones de parlamentario, entran en la esfera de la condición de ciudadano —sí se hacen declaraciones en una comparecencia, en una rueda de prensa o en un mitin—. Como tal disfruta y es titular del cuadro de derechos y libertades análogos a cualquier otro ciudadano, parámetro que le habilita para la equiparación con toda la ciudadanía, y que ni tan siquiera ejerciendo la condición de político le serviría para reivindicarla y esgrimirla con la intención de obtener una condición diferenciadora del resto de derechos que disfrutan la ciudadanía en general.

En conclusión, lo que se hace con la prerrogativa o garantía es proteger la función y no a la persona física en si mismo considerada, lo que evidentemente devendría en un privilegio, pues como señala el alto tribunal "*cuando los actos hayan sido realizados por su autor en calidad de ciudadano —de "político" incluso—, fuera del ejercicio de competencias y función que le pudieran corresponder como parlamentario*".

En esta misma línea, habría que hacer al menos una breve referencia a la diferenciación de ésta prerrogativa con la que disfruta el Jefe del Estado la cual, aun partiendo de una base conceptual idéntica, tiene un alcance y una proyección muy distinto, pues la Constitución parece ir más allá, a tenor de la redacción del artículo 56.3 que dispone literalmente que "*la persona del Rey es inviolable y no está sujeta a responsabilidad*". Con esta literalidad queda evidenciado que todos los actos del Rey —tanto los institucionales, como los personales— estarían protegidos. Tan sólo, cuando finalizase en el ejercicio de sus funciones constitucionales abdicando su condición de monarca, los actos que realice a partir de ese momento en el ámbito particular y cotidiano, estarán sujetos a la misma responsabilidad como a la que están sujetos el resto de ciudadanos. Se plantea debate si, ante esta situación, una vez ha abdicado el monarca cabría exigirle responsabilidad por hechos realizados cuando ostentaba la condición de jefe del Estado, entendiendo en este plano que su inviolabilidad —al igual que la que hemos acotado para los parlamentarios—, la respuesta sería negativa y esa conclusión no ofrece dudas respecto de sus actos institucionales, pues a excepción de los nombramientos civiles y militares de la Casa Real todos los actos han llevado aparejado la figura del refrendo como objetivación de la responsabilidad política de todos ellos para exigir las responsabilidades políticas al órgano y persona responsable de la función política bajo cuyo enunciado ha actuado el monarca. Tan sólo ante la situación —y no es cuestión pacífica—, está tan clara la respuesta si se trata de actos privados que hayan podido lesionar los derechos de otras personas, pues no serían propios de "la persona del Rey" y la negativa radical a investigarlos afectaría al derecho de todas las personas "a la tutela judicial efectiva" prevista en el art. 24.1 CE.

2. Destacar en segundo lugar una referencia a la prerrogativa de la inmunidad parlamentaria, que protege a los parlamentarios prohibiendo su detención salvo "*en caso de flagrante delito*" y su procesamiento "*sin la previa autorización de la Cámara respectiva*" (art. 71.2 CE) —lo que es sabido que se conoce como suplicatorio—. En origen, estas prerrogativas persiguen garantizar que el parlamentario no sea apartado de sus funciones con finalidades meramente políticas (evitar que participe en una votación, por ejemplo). La inmunidad surte efectos mientras la persona ostenta la condición de parlamentario y es lo que genera la percepción de entenderla como una prerrogativa que tiende a cubrir el ejercicio de las funciones propias con todas las garantías que generen una cobertura real y efectiva. Sin embargo en todo caso, así configurada la inmunidad, es cierto que se percibe como algo impropio en un Estado democrático moderno y como un privilegio sin sentido, pues además de incluir cualquier delito como elemento objetivo de activación de la prerrogativa, se puede comprobar como en otros ordenamientos jurídicos europeos vigentes se tiene en cuenta la gravedad del hecho primero y, con posterioridad a su ponderación, se determinará su aplicación analizando primero su grado de autoría en los hechos —caso de Francia—. Se ha llegado incluso a excluir en algunos ordenamientos la tipificación de la inmunidad como prerrogativa —caso de Países Bajos—, o también se ha llegado a matizar en la inmunidad la tramitación del suplicatorio con requisitos que han quedado en meros trámites procesales o incluso, llegar a desaparecer por su consideración de situación privilegiada que quiebra la igualdad con el resto de ciudadanos —caso de países como Alemania, Francia, Finlandia, Irlanda, Italia, Luxemburgo o Suecia que han eliminado de su configuración de las prerrogativas parlamentarias el suplicatorio para el status de los parlamentarios—.

3. En esta misma línea, la tercera prerrogativa tradicional en este estatuto del parlamentario es el denominado fuero especial o aforamiento, que la Constitución española reserva a los procesos penales y para los miembros de las Cortes Generales —así como integrantes del Gobierno que no sean parlamentarios—, y que implica que serán

juzgados por el Tribunal Supremo a través de su Sala 2ª de lo Penal y no por el órgano jurisdiccional que conocería normalmente de esos hechos. Esta concepción restrictiva se ha visto desbordada y superada en su concepción, por cuanto el legislador, especialmente a través de la Ley Orgánica del Poder Judicial ha extendido el aforamiento a los pleitos civiles y, sobre todo, ha incluido numerosas figuras asimiladas por su trascendencia e importancia funcional, como son los Presidentes del Tribunal Supremo y del Tribunal Constitucional, los Vocales del Consejo General del Poder Judicial y los Magistrados del Tribunal Constitucional, los del Tribunal Supremo, de la Audiencia Nacional y de los Tribunales Superiores de Justicia, el Fiscal General del Estado, el Presidente y miembros del Tribunal de Cuentas y un largo listado de cargos y organismos, si bien matizado por el hecho de que muchas de ellas serán juzgadas por los Tribunales Superiores de Justicia de las Comunidades Autónomas. No obstante, se ha venido a concluir respecto de este largo listado de cargos e instituciones, que esta prerrogativa que otorga la condición de aforados carece de sentido material cuando pretende sustraerse al principio general de la competencia de la potestad jurisdiccional que corresponde exclusivamente a los juzgados y tribunales y no a otras instancias u órganos no insertados en el cuadro de potestades jurisdiccionales como pretende argumentarse en su conceptualización —máxime comprobados los principios expuestos a nivel constitucional en el artículo 117.3—. Y de igual forma no está justificada tampoco por la función que cumplen los parlamentarios el convertir la prerrogativa en privilegio personal, ya que en el ámbito penal el aforamiento no se limita a los hechos cometidos en el ejercicio del cargo y en el civil no se aprecia qué menoscabo padecen las funciones institucionales por el hecho de que las demandas de responsabilidad sean competencia de los tribunales naturales. El propio Tribunal Constitucional ha rechazado que estas prerrogativas pueden pretender usarse para evitar el procedimiento que cualquier otro ciudadano estaría sujeto a su cumplimiento y a someterse a lo dispuesto en las disposiciones procedimentales. Un debate largamente proyectado y mantenido en el tiempo.

El derecho de acceso a la información no es absoluto y puede estar sujeto a limitaciones, siempre que estas sean proporcionales y justificadas, como son los casos de:

1.La divulgación de información que pueda afectar o vulnerar conceptos y áreas tan sensibles como la seguridad nacional, los elementos de privacidad identificativos de las personas o el carácter de confidencialidad de datos, hechos o informaciones que supongan dejar en evidencia.

2.Un pretendido acceso abierto y de carácter absoluto a la Información Pública, que incluso el propio Tribunal Supremo lo interpreta como amplio y cuya limitación sólo puede hacerse por cuestiones específicas como la protección de otros intereses legítimos —sentencia STS de 16 de diciembre 2019 (rec. 316/18) que estableció la no existencia de límites temporales siempre que sea información que se encuentra en poder de las entidades públicas y haya sido elaborada o generada en ejercicio de sus funciones—.

3.Existirá siempre una doble esfera de distinción entre 'Información Privada e Información Sensible' entendiéndose por estos aspectos la información referida, o que contiene, datos personales y sensibles como la salud, el origen racial o la orientación política que al estar protegidos por leyes específicas, hace que solo puede accederse a ellas bajo determinadas condiciones

4.Es uno de los objetivos y fines fundamentales del Estado, hasta el punto de convertirse en uno de los elementos de referencia fundamentales para comprobar la transparencia y difusión de esta actividad institucional, el llamado derecho de acceso a la información y el llamado derecho de petición.

En conclusión, y salvo las excepciones o limitaciones relacionadas, la solicitud de información pública en España se ha convertido en una de las herramientas prácticas para hacer valer el concepto transparencia como derecho ejercitable por cualquier persona ante la administración pública, como exigencia esgrimible frente a una actuación oscura o susceptible de ilegalidad por parte de esa misma administración pública. La simple comparecencia ante el denominado Portal de Transparencia con los datos identificativos propios y su correspondiente tramitación electrónica o incluso su solicitud a través de oficinas de correos, registros públicos, ante el mismo organismo requerido e incluso a través de embajadas o consulados si se está fuera de territorio español. Esta vía ha hecho en la práctica que se haya convertido esta utopía de acceso a la información en una realidad ejercitable por cualquier persona que busque así materializar la trasparencia y la comprobación directa del conocimiento de los asuntos públicos.

En esta línea, la que fuese Presidenta del Congreso de los Diputados Meritxell Batet, tuvo una reacción frontal —y hasta visceral podríamos decir—, en defensa de la integridad y de la imagen de la Cámara Baja en un intento desesperado de no desprestigiar ni degradar la imagen de ésta, con la actitud mostrada por los parlamentarios en un claro plano de debate agrio y descarnado que llevó a transmitir un mal uso de la consideración singular que tienen sus señorías en el desempeño de sus funciones parlamentarias, hasta el punto de perder la objetividad, el decoro y respeto que se marca en el Reglamento Parlamentario y que se debe tanto a los integrantes de la Cámara, como a la propia institución en sí.

A nadie sorprende ya a estas alturas ver como la tensión y la confrontación política e ideológica entre las distintas formaciones políticas —y sus grupos parlamentarios correspondientes—, ha llevado el debate a una especie de lucha sin cuartel por ganar una batalla mediática donde aparecer siempre como "*fuerza política vencedora*", como si de una competición deportiva a los puntos se tratase, sin pararse a analizar y priorizar aquellos argumentos realmente válidos, de contenido y con auténtica vocación de convertirse en proyectos políticos realizables. Hasta tal punto se ha ido degradando el uso de las prerrogativas y privilegios parlamentarios, que hasta la propia Presidenta aludida actuó contundentemente ante una serie de sesiones nada ejemplarizantes, llevándole a realizar publicas reprimendas y llamadas al orden debido al uso incorrecto por parte de los parlamentarios de su especial status, pidiéndoles que la desagradable tensión política proyectada no se repitiese y que existiese "más respeto y más educación" y dejaran de usar de forma reiterada "los insultos y las ofensas". Tal está siendo el grado de deformación que se la llegando incluso a desobedecer las decisiones disciplinarias de la presidencia como fue el caso de la expulsión de un parlamentario tras los reiteradas y preceptivas llamadas al orden por uso de calificativos impropios e inadecuados. Batet llegó a recriminar y exigir textualmente que "*las decisiones de la presidencia en la dirección de los debates deben ser acatadas*".

Lo que siempre se ha entendido como debates dialécticos, confrontación de planteamientos ideológicos, incluso enfrentamientos que han rozado la indignidad por la singular institución donde se han llevado a cabo, han llevado la situación a un clima político irrespirable y a una imagen institucional más que criticable que está repercutiendo a la etiqueta social peyorativa que se le está aplicando por la ciudadanía en general. Un llamamiento al diálogo, a la moderación, a la ponderación en las intervenciones, es ya el cántico o lamento habitual de quien administra el desarrollo de los debates, cuando debería ser la alusión extrema en momentos puntuales de enfrentamiento dialéctico desmedido.

La inusual reconvención pública, apelando a la imagen institucional, dirigida a los 350 parlamentario de la cámara baja, ha llevado incluso a la elaboración y lectura pública de un dictamen institucional a semejanza de una llamada al orden colectivo de la cámara y una advertencia de aplicación y exigencia absoluta de cumplimiento del Reglamento de la Cámara y a quienes lo aplican desde el órgano de dirección de la Mesa, tratando así de abordar a la conciencia personal de cada uno de los parlamentarios como elemento administrador de la imagen y el decoro que cada cual proyecta a título particular de forma externa. La Presidenta lamentó de una forma contundente el ambiente político hostil y degradante que se estaba viviendo en el Congreso y recriminó con crudeza el mal uso de las prerrogativas parlamentarias como la libertad de expresión de los parlamentarios que "*ha acabado siendo utilizada de manera inadecuada proyectando insultos y ofensas a personas e instituciones. No nos lo podemos permitir como representantes de toda la sociedad española*".

Esta situación nos lleva a pensar y reflexionar si los integrantes de los partidos políticos han llegado a pensar en las consecuencias de sus posturas y posicionamientos extremos y si realmente se analiza cuáles son las consecuencias del mal uso de unas prerrogativas que acaban volviéndose en contra de ellos mismos. Las prerrogativas parlamentarias no pueden servir para blindar un mal uso o un uso indebido, o buscar un un fin indebido y unas formas deleznables en lo que en su conjunto hacen que pasen a entenderse como privilegios al no estar sujetos ni siquiera a elemento sancionador, que sin embargo sí es exigible y que sí es aplicable al resto de la sociedad.

Escuchar decir a una autoridad de primer orden —como es la Presidenta de una Cámara—, que sus señorías "*deben dar ejemplo en esta casa y adecuar la manera de expresarse en la tribuna y deben respetarse a sí mismos y a los demás. No voy a ser neutral en la defensa del Parlamento de España, de las instituciones de este país y de la democracia. Las decisiones de la Presidencia deben ser acatadas tal y como establece el reglamento*", son la prueba evidente de esa degradación en el uso de algunas prerrogativas que lejos de cumplir un supuesto fin político, solo consigue la crítica, la degradación y la configuración distorsionada de la institución parlamentaria. Actitudes como la desobediencia a las resoluciones de la Mesa de la Cámara no pueden acabar con una mera reprimenda oral y una simple reconvención al cambio de actitud, cuando el calado y la proyección de las mencionadas posturas, deberían tener proporcionalmente una sanción más acorde a la trascendencia de los hechos. La continua y progresiva escalada en el fragor de los debates le ha llevado a suplicar, pedir e incluso exigir que "*se ha permitido la expresión de toda posición política por parte de los grupos porque así creo que debe ser, todos debemos tener la libertad de expresar las opiniones políticas que defendemos, pero en demasiadas ocasiones el uso de esa libertad de expresión ha sido inadecuado, proyectando insultos y ofensas a personas e instituciones y eso no lo podemos permitir como representantes de la soberanía popular y de toda la sociedad española. Los insultos y las ofensas deben quedar fuera de esta Cámara para el buen funcionamiento y la buena representación del Parlamento*" con la imperiosa necesidad de que exista "*más respeto y educación*" por parte de los portavoces como responsables de los grupos y de los propios parlamentarios.

El debate sobre el encaje y aplicación de sanciones más duras —como la expulsión temporal o incluso la retirada del acta parlamentaria—, han sido argumentos esgrimidos por los propios parlamentarios y sus grupos parlamentarios, para instalar un sistema represivo de aquellas actitudes y en concreto aquellas manifestaciones que lejos de ser una expresión de la inviolabilidad parlamentaria, degeneran en un uso y abuso fuera de parámetros de una legalidad exigible acorde con nuestro ordenamiento jurídico, pero en la paradójica situación de comprobar que la condición jurídica de parlamentario exime de responsabilidad alguna por el contenido de las mismas, más allá del régimen disciplinario interno de la norma de la cámara. Ni siquiera en manifestaciones muy severas y extremas como han quedado reflejadas en las fórmulas de acatamiento a la Constitución utilizadas por los parlamentarios, dejando constancia algunos de ellos de su posicionamiento fuera del marco constitucional y de la vigencia incluso del ordenamiento jurídico. Así es cómo se ha conseguido que la inviolabilidad se haya proyectado mucho más allá del debate parlamentario en sí, para constituirse en un escudo protector para cubrir aquellas actitudes, fundamentos u objetivos políticos, con independencia de su contenido ajustable o no al ordenamiento vigente.

Concluyó en su alocución la presidenta del Congreso con una reflexión con la cual nos identificamos plenamente, cuando pretendiendo afear las conductas arrastradas en los últimos años, fue pidiendo que fueran conscientes de "*lo que proyectamos y estamos trasladando especialmente a los más jóvenes, las nuevas generaciones que escuchan los debates parlamentarios y a los políticos. Si se hacen esa reflexión no dudo de que todos llegarán a la conclusión de que no estamos manteniendo los debates en los términos adecuados en absoluto, ni estamos proyectando lo que queremos para nuestra sociedad, una sociedad capaz de escuchar al otro, que sea capaz de entender las posiciones del otro, de relacionarse con aquellos que piensan distinto, y nosotros debemos empezar dando ejemplo en esta casa. Por eso defenderé el decoro y la dignidad del Parlamento y no me queda más remedio que pedirles más respeto y más educación a la hora de tomar la palabra, ojalá piensen antes de tomar la palabra que quieren respetarse a ustedes mismos y a los demás. La dureza parlamentaria es perfectamente compatible con la educación y no tiene que derivar en ofensa*"[53]. Unos ideas importantes para reflexionar.

## V. BIBLIOGRAFÍA

Aranda Álvarez, E., "*El caso Junqueras: comentarios a la Sentencia C-502/19, del Tribunal de Justicia de la Unión Europea, de 19 de diciembre de 2019, sobre la inmunidad de los diputados al Parlamento Europeo*", en Revista de las Cor-

---

53 https://elpais.com/espana/2021-09-28/ Hermida, Xosé y Casqueiro, Javier / la-presidenta-del-congreso-estalla-y-exige-a-los-diputados-acabar-con-las-ofensas-y-los-insultos.html

tes Generales, núm. 108, 2020, pp. 457-467, https://doi.org/10.33426/rcg/2020/108/1502

Baño León, J. Mª., "Comentario al Estatuto de Autonomía de la Comunidad Valenciana" direct. Baño León, J. Mª., Cizur Menor: Thomson-Civitas, 2007

Biglino Campos, P., "*Las facultades de los parlamentarios ¿son derechos fundamentales?*", en Revista de las Cortes Generales, núm. 30, Madrid, 1993

Caamaño Domínguez, F. M., "*Mandato parlamentario y derechos fundamentales (notas para una teoría de la representación 'constitucionalmente adecuada')*", en Revista Española de Derecho Constitucional, núm. 36, 1992, pp. 123-150.

ci) Castello Boronat, F., "*El control parlamentario: las preguntas al presidente del gobierno*", en Corts: Anuario de Derecho Parlamentario, núm. 4, 1997, pp. 87-105

cii) Catala i Bas, A. H., "*Artículo 23.3: Prerrogativas parlamentarias, en Comentarios al Estatuto de Autonomía de la Comunitat Valenciana (según redacción dada por Ley Orgánica 1/2006, de 10 de abril, de Reforma de Ley Orgánica 5/1982, de 1 de julio, de Estatuto de Autonomía de la Comunidad Valenciana)*", Valencia, Tirant lo Blanch, 2013, pp. 449-460

Embid Irujo, A., "*Actos políticos del Gobierno y actos políticos de las Cámaras Parlamentarias: reflexiones en torno a su control por la jurisdicción contencioso-administrativa*", en Revista de las Cortes Generales, núm. 13, 1988; "*El derecho a la información del Parlamento y de los Parlamentarios: nuevas reflexiones a la luz de las innovaciones del ordenamiento jurídico*", en Anuario Jurídico de La Rioja, núm. 2, 1996, pp. 289-320

Garrido Mayol, V., "*Comentarios al Estatuto de Autonomía de la Comunitat Valenciana (según redacción dada por Ley Orgánica 1/2006, de 10 de abril, de Reforma de Ley Orgánica 5/1982, de 1 de julio, de Estatuto de Autonomía de la Comunidad Valenciana)*" direct. Garrido Mayol, V., Valencia, Tirant lo Blanch, 2013; "*Instituciones Autonómicas de la Comunidad Valenciana*" coord. Garrido Mayol, V., Valencia, Fundación profesor Manuel Broseta, D. L., 2000; "*Política y Gobierno en la Comunitat Valenciana*" con Martín Cubas, J. y Reig i Berenguer, R. M. (directores), Tirant lo Blanch, 2020

Gómez Corona, E., "Las prerrogativas parlamentarias: inviolabilidad, inmunidad y sus límites constitucionales", Teorder, 2021, núm. 31, pp. 50-69, https://doi.org/10.36151/td.2021.021

González-Juliana, A., "El acceso a la información de las comisiones de investigación en el derecho español y portugués: la necesidad de transparencia de las actividades parlamentarias", UNED Revista de Derecho Político, núm. 117, 2023, pp. 251-276

Guichot Reina, E., "El acceso de los representantes políticos a la información y la nueva normativa sobre transparencia y acceso a la información pública: en especial, la posibilidad de presentar reclamaciones ante las autoridades de transparencia", en Revista de Estudios de la Administración Local y Autonómica (nueva época), núm. 8, 2017, pp. 27-48

Iturbe Mach, A., "Algunas notas sobre el acceso a la documentación parlamentaria", en Revista de las Cortes Generales, núm. 43, 1998, pp. 407-428

Jiménez Campo, J., "Sobre los derechos fundamentales de los parlamentarios" en Parlamento y justicia constitucional-IV jornadas de la Asociación Española de Letrados de Parlamentos, Pau i Vall, F. (coord.), Aranzadi, Pamplona, 1997

Lavilla Rubira, J. J., "Congreso de los Diputados y demás poderes públicos: información, control y responsabilidad", Estudios sobre la Constitución española en homenaje a E. García de Enterría, Vol. 3, 1991; pp. 2003-2056

ciii) Marco Marco, J. J., "*Les Corts Valencianes (III)*", en Instituciones políticas de la Comunitat valenciana, Valencia, Tirant lo Blanch, 2022, pp. 155-180

Martín-Retortillo Baquer, L., "*El control por el Tribunal Constitucional de la actividad no legislativa del parlamento*", en Revista de Administración Pública, núm. 107, 1985, pp. 79-146

civ) Martínez Corral, J. A., "*Les Corts valencianes: autonomía, control jurisdiccional y rendición de cuentas*", en Las instituciones de autogobierno de la Comunidad Valenciana en el sistema político español, Cizur Menor: Thomson Reuters Aranzadi, 2021, pp. 39-76

Martínez Sospedra, M., "*Las prerrogativas de los parlamentarios territoriales: notas sobre la inmunidad limitada de los diputados de los Parlamentos autónomos*", en Rev. Corts Anuario de Derecho Parlamentario, 1995, núm. 1, pp. 88 y ss.

Martínez Vázquez, F., "El control parlamentario de los secretos oficiales", en Revista de las Cortes Generales, núm. 104, 2018, pp. 395-490

Matía Portilla, E., "Derecho a la información de los representantes políticos, protección de datos y transparencia", en Revista Jurídica Castilla y León, núm. 42, 2017, pp. 128-150

Messía de la Cerda Ballesteros, J. A., "Consideraciones sobre la protección de los datos personales y la función de control de la actividad parlamentaria", en Revista Parlamentaria de la Asamblea de Madrid, núm. 22, 2010, pp. 363-379

Ortega Gutiérrez, D., "El triple carácter del derecho a la información", en Revista Parlamentaria de la Asamblea de Madrid, núm. 8, 2003, pp. 313-324

cv) Punset Blanco, R., "La designación de senadores por las Comunidades Autónomas (a propósito de la sentencia del Tribunal Constitucional de 18 de diciembre de 1981)", en Revista Española de Derecho Constitucional, núm. 8, 1983, pp. 161-185

Razquin Lizarraga, M. M., "Límites del derecho de información de los diputados", en Revista Española de Derecho Constitucional núm. 113, 2018, pp. 37-69.

Saiz Arnaiz, A., "Sobre la efectividad del derecho a los parlamentarios vascos a recabar información del Gobierno autónomo. Comentario a la STS (Sala 5ª) de 9 de junio de 1989", La Ley, 1988

Santaolalla López, F., "Derecho Parlamentario Español", 3ª ed. Dykinson, Madrid, 2013; "Nuevas manifestaciones de actos exentos de control judicial", en Revista Aranzadi Doctrinal núm. 7, 2011, pp. 45-53; "Información parlamentaría, derechos de diputados y control jurisdiccional", en Revista de las Cortes Generales, núm. 89, 2013, pp. 89-133

Soriano Hernández, E., "El derecho a la información de los Diputados: el artículo 7 del Reglamento de las Cortes Valencianas", en Revista de las Cortes Generales, núm. 26, 1992, pp. 43-68

Visiedo Mazón, F. J., "El transfuguismo en las Corts Valencianes", en Transfuguismo político, escenarios y respuestas, Cizur Menor-Civitas-Thomson-Reuters, 2009, pp. 375-392; "El auxilio técnico a las comisiones", Vitoria-Gasteiz Eusko Legebiltzarra = Parlamento Vasco, 1994.

# *LA COMPETENCIA DE LA COMUNIDAD VALENCIANA EN DERECHO CIVIL: DISCREPANCIAS SOBRE UNA INTERPRETACIÓN CONSTITUCIONAL ERRADA E INCOMPATIBLE CON EL ESTADO AUTONÓMICO*

**REMEDIO SÁNCHEZ FERRIZ**
*Catedrática emérita de la Universitat de Valencia*

**Sumario**: I. La vieja añoranza nunca superada. II. El régimen constitucional interpretado desde las compilaciones franquistas. III. Letra de la Constitución y su debida interpretación desde todas las perspectivas. IV. La letra de la Constitución y el Código Civil. IV. El Tribunal Constitucional en 2016. V. Posibilidades de futuro. VI. Nota bibliográfica

## I. LA VIEJA AÑORANZA NUNCA SUPERADA

Recientemente Pilar García Trobat nos ofreció una obra[1] realmente interesante en la que su claridad, sin abandonar el rigor de todo escrito científico, y la utilización de un lenguaje "amable" permite que no sean innecesarios previos conocimientos históricos de especialista que faciliten la comprensión del texto. Su lectura fácil y lo inesperado y satisfactorio de sus contenidos para quienes creímos que, en efecto, no se habían reclamado los fueros suficientemente,

---

1 Pilar García Trobat. La nostalgia de los fueros perdidos. La eterna reivindicación del derecho civil valenciano, Valencia, Tirant Lo Blanch, 2020.

me alentaron a hacer del mismo una reseña con la que aprendí interesantes elementos del viejo debate que ponen una vez más en evidencia el sinsentido de un trato injusto a la Comunidad valenciana[2] que, ya entonces, pero sobre todo hoy en un ordenamiento democrático e igualitario, al menos jurídicamente, es indudablemente discriminatorio y en otro lugar ya he explicado que, a mi juicio[3], sin la base constitucional que el TC ha querido sostener (con la salvedad del Voto particular de Xiol Rius[4]).

En efecto, por más intentos históricos que podamos considerar, es lo cierto que todo ha sido inútil y la cuestión, sigue viva hoy, es objeto multidisciplinar de preocupación: desde el derecho civil, desde la historia del derecho y, por supuesto, desde el derecho constitucional (en el que han sido tan pocas las aportaciones desde esta perspectiva, aunque me precio de haber intentado una aproximación —en 2013— sobre la que después Ignacio Durbán ha profundizado con su Tesis doctoral[5]).

Si lo más destacable en el enfoque consuetudinario que sí aceptó el TC ya en 1992, García Trobat se hace eco de los muchos y numerosos casos de costumbre vinculada a las relaciones agrarias y familiares[6]; pero el TC solo ha aceptado las agrarias anulando todo intento de legislar en materia de familia. Pese a todo no cabe negar que ha faltado convicción como Comunidad autónoma hoy, como históricamente tambien la defensa de los fueros solía hacerse por sociedades

---

2 Entre las aportaciones del libro que acabo de citar, personalmente destaco la constatación de que no se derogaron todos los fueros, sino que se mantuvieron vivos los que comportaban privilegios y en especial las regalías que beneficiaban al Rey que cuidó bien de su interesada permanencia.

3 Sánchez Ferriz, Remedio. Lectura "constitucional" del artículo 149.1.8ª de la Constitución: (sobre la competencia de la Generalitat Valenciana en materias de derecho civil), Valencia: Tirant lo Blanch, 2013.

4 Votos particulares interpuestos en las SSTC que anulan las leyes valencianas "de relaciones familiares de los hijos e hijas cuyos progenitores no conviven" (sent.192/2016, de 16 de noviembre), de Uniones de hecho formalizadas en la Comunidad Valenciana (sent. 110/2016, de 9 de junio) y de Régimen Económico Matrimonial Valenciano (82/2016, de 28 de abril).

5 Estado autonómico y pluralidad de legislaciones civiles en España, Tesis doctoral, premiada por la Fundación Manuel Giménez Abad en 2018, y publicada en Tirant Lo Blanch en 2019.

6 García Trobat, *op. cit.*, pp. 146 y sgtes.

o grupos minoritarios, en especial limitados a la ciudad de Valencia. Es obvia la falta el sentimiento de región, no ya política; también cultural e histórica, y falta arraigo popular porque no hay mentalización ni movimientos que solo la convicción política (y el liderazgo) suele ser capaz de organizar y sostener.

## II. EL RÉGIMEN CONSTITUCIONAL INTERPRETADO DESDE LAS COMPILACIONES FRANQUISTAS

No es pacífico el debate tras la entrada en vigor de la Constitución. Bastante ajenos los constitucionalistas a la cuestión, quienes más se aproximaron (Garrido y Mari) negaron jurídicamente[7] la competencia al sostener que los fueros estaban derogados. Y, en efecto, si observamos el posicionamiento del TC tampoco ve razones jurídicas para aceptar la competencia. Por mi parte he sostenido que es un error que se haya querido apoyar la existencia de nuestro derecho en su realidad histórica, pues solo del texto constitucional puede derivar tal derecho.

Si nos centramos en el texto constitucional podemos ver que la Historia se ha aceptado en él como presupuesto, nunca como principio legitimador (desde el principio así sostenido por el prof Lucas Verdú). Por más que ello era comúnmente aceptado, la polémica Sent. 31/2010, en su F. j. 10, lo vuelve a subrayar: debe negarse toda referencia histórica pretendidamente fundamentadora, pues es indiscutible la normatividad constitucional cuya legitimación es de carácter exclusivo. Cuestión distinta es el reconocimiento (y si se quiere revalorización) que la propia Constitución contiene por sus referencias a hechos y realidades históricas tanto en el Art. 143[8].

---

7 Ello sin perjuicio de defender nuestras particularidades: "que ha seguido conservando sus propias particularidades o, en terminología al uso, sus propios "hechos diferenciales", que lo singularizan en el contexto español". Cfr. Garrido El ordenamiento jurídico valenciano. Perspectiva de futuro. Conferencia pronunciada en el Colegio de Registradores de la Propiedad de Valencia, el día 28 de marzo de 2003, en el curso sobre el pasado y el presente del Derecho Valenciano.

8 Art. 143. 1: "En el ejercicio del derecho a la autonomía reconocido en el artículo 2 de la Constitución, las provincias limítrofes con características históricas, culturales y económicas comunes, los territorios insulares y las

Tampoco el propio CC, en su art. 3 ignora las realidades históricas: "las normas se interpretarán según el sentido propio de sus palabras, en relación con el contexto, *los antecedentes históricos y legislativos*, y la realidad social del tiempo en que han de ser aplicadas, atendiendo fundamentalmente al espíritu y finalidad de aquéllas".

Pues, se quiera o no, la Constitución innova todo el ordenamiento jurídico, pero ni desconoce la Historia ni pretende suplantarla haciendo *tabula rasa* de todo lo anterior y en este sentido cabe afirmar que en el caso valenciano pesaron, sin duda, los antecedentes, pero solo los legislativos y no los históricos. Nadie desconoce la derogación de los Fueros por Felipe V[9]. Y ello durante 3 siglos suponiendo que el constitucionalismo liberal no hubiera hecho *tabula rasa* no solo para nosotros sino para todo el territorio nacional.

Pero sin duda, más que la propia realidad histórica ha pesado en nuestro caso la inexistencia de Compilación[10], un elemento más que avala la posición de quienes niegan la competencia[11]. En cambio, no se han considerado en absoluto los elementos HISTÓRICOS a punto

---

provincias con entidad regional histórica podrán acceder a su autogobierno y constituirse en Comunidades Autónomas con arreglo a lo previsto en este Título y en los respectivos Estatutos".

9 Aunque no es baladí la duda planteada por Mario Clemente sobre si ello era tan fácil y posible tratándose de derecho paccionado.

10 Garrido, El ordenamiento jurídico.... Ya cit.: "Téngase en cuenta que tras algunas iniciativas académicas y considerando que el derecho privado se encontraba muy alejado de los problemas políticos, se aceptó durante el franquismo la redacción de unas compilaciones de derecho civil en cada territorio que lo conservaba: la de Vizcaya y Alava se aprobó en 1959, sin que fuera aplicable en Bilbao, Orduña y otras 12 villas; la de Cataluña, en 1960; la de Baleares fue aprobada en 1961; dos años después, la de Galicia; la de Aragón fue redactada en 1967; y la más extensa de Navarra, en 1973. En casi todas las compilaciones figuraban ciertas normas de derecho de familia y sucesiones y también eran frecuentes algunas regulaciones sobre contratos agrarios.... Y precisamente por ello, hoy, las Comunidades autónomas de Aragón, Baleares y Cataluña, como también Navarra, el País Vasco y Galicia, gozan de la potestad de conservar, actualizar, o modificar su específico derecho civil". De esta forma, se estableció una discriminación entre Comunidades Autónomas, al distinguir entre las que contaban con compilaciones de derecho civil y las que no.

11 Marí Olano, 2013, p. 914.

de cumplir 8 siglos de una realidad histórica que configura la identidad propia (o, si se quiere, al menos 5 siglos[12]).

En principio nada habría que oponer si así lo dispone la Constitución. Pero del complejo art. 149.1.8ª no cabe deducirlo tan fácilmente como se ha pretendido El 149.1.8 CE (precepto de gran complejidad y no exclusividad para el Derecho civil) es reconocido como muy difícil de interpretar y, puestos a recordar la lectura del TC cabe observar que no aplica en nuestro caso los criterios interpretativos y menos aún el del "tiempo presente". Al respecto, afirma E. Roca Trias sobre STC 31/2010[13]: el galimatías que constituye el artículo 149.1.8 CE, con sus indefiniciones y las excepciones de las excepciones... Imposibilidad a fecha de hoy de saber cuál es el contenido del desarrollo...". Por su parte, Ragel Sánchez afirma: "ni son todos los que están ni están todos los que son" (no se olvide que del 148 derivan materias civiles...)[14]

En lo que se refiere a menciones estatutarias tampoco es fácil su interpretación Así lo afirma sobre la expresión "Como existan" María Pilar Ferrer Vanrell[15] Por su parte, Talavera[16]: considera que el art. 7 ECV 2006 es un principio rector. Pero Blasco[17] no tiene dudas y lo expresa con extraordinaria claridad: "...Per a això no cal reclamar els Furs de fa segles, sinó la competència legislativa en matèria de dret civil en el marc de l'article 149-1-8 de la Constitució espanyola i després desenvolupar-la d'acord amb els principis i les sensibilitats del nostre país i del nostre temps".

Marí no duda del valor del art. 149.1,8ª, pues apenas exista un fundamento de la foralidad civil, dicho precepto constituye la *garantía política* para que el ejercicio de la competencia legislativa de la

---

12 Blasco.

13 http://www10.gencat.net/eapc_revistadret/recursos_interes/especial%20estatut/documents%20especial%20estatut/cast/11_e_Roca_es.pdf, p. 347 y ss.

14 Ragel Sánchez, Luis Felipe, "Las competencias legislativas en materia de derecho civil..., 6.

15 Compet. exclusiva en legislación civil versus asunción de la competencia en derecho civil balear. El art. 30.27 EAIB, en http://www.raco.cat/index.php/InDret/article/viewFile/124272/172245

16 El sentido del artículo 7 del Estatut d'Autonomía....

17 Blasco (2019, 83).

Comunidad correspondiente este plenamente legitimada constitucionalmente[18]

## III. LETRA DE LA CONSTITUCIÓN Y SU DEBIDA INTERPRETACIÓN DESDE TODAS LAS PERSPECTIVAS DE LA INTERPRETACIÓN

Por lo que ya acabamos de sostener, es obvio que la cobertura constitucional de la competencia se halla en el art. 149.1,8. CE. No Els Furs[19]. Dicho precepto dispone:

> *"1. El Estado tiene competencia exclusiva sobre las siguientes materias: … 8. Legislación civil, sin perjuicio de la conservación, modificación y desarrollo por las Comunidades Autónomas de los derechos civiles, forales o especiales,* ***allí donde existan.*** *En todo caso, las reglas relativas a la aplicación y eficacia de las normas jurídicas, relaciones jurídico-civiles relativas a las formas de matrimonio, ordenación de los registros e instrumentos públicos, bases de las obligaciones contractuales, normas para resolver los conflictos de leyes y determinación de las fuentes del Derecho, con respeto, en este último caso, a las normas de derecho foral o especial".*

Toda la cuestión deriva de la expresión "allí donde existan". Y de todas las interpretaciones posibles se aplica a Valencia la más pacata y restrictiva que puede resumirse así: Su derecho esta derogado. No acudió al proceso compilado. En un régimen centralizado y con fuentes institucionales propias cegadas, no cabía más que "la nostalgia de los Fueros" … y, por ello, se razona, el constituyente excluyó a Valencia…

El silogismo parece ser tan claro y evidente que se repite por tantos autores la misma idea sin que yo, en cambio, la haya podido entender porque creo que se ha interpretado con una elemental y hasta

---

18 Marí Olano, *op. cit.* p 917.

19 Como tampoco, tal como por algunos se ha pretendido creando con ello mayor confusión y sobre todo mayor rechazo por los poderes centrales, cabe invocar la Disp. Adicional 1ª exclusivamente referida a los derechos de los territorios históricos.

burda interpretación que en absoluto ha tenido en cuenta las reglas tradicionales de la interpretación que cabe hallar en el propio CC.

Comencemos por afirmar lo indiscutible del discutido precepto: está claro que la solución constitucional no es generalizable como la de la Constitución española de 1931, sino que se permitirá en algunos casos y no en tofdos. Entonces hoy hemos de preguntarnos ¿Quiénes hallan cobertura en el precepto transcrito? Y la consabida respuesta inicial fue: SOLO QUIENES TIENEN COMPILACIÓN. Si preguntamos ¿por qué? Nos responderán PORQUE LO DICE LA CONSTITUCIÓN.

Y aquí es donde se inicia mi radical discrepancia. En absoluto dice la Constitución tal cosa; en mi opinión, y desde una perspectiva estrictamente constitucional, la Constitución ni lo dice, ni lo insinúa, ni ofrece indicios que permitan deducir tal automatismo. Trataré de resumirlo:

| | |
|---|---|
| • Las primeras interpretaciones civilistas se justifican plenamente:<br>• Insignes juristas que eran hasta 1978 los EXPERTOS EN FUENTES<br>• Y<br>• Han vivido y protagonizado el proceso COMPILADOR<br>Pero desde 1978 las fuentes se interpretan con LA CONSTITUCIÓN<br>• POR LO QUE seguir hoy con tales planteamientos SOLO SE EXPLICA POR INERCIA | LOS INDICIOS.... Tal como se ha expuesto *supra* tienen cierta lógica CIVILISTA.<br>Su punto de mira parte de las relaciones del CC con los derechos especiales.<br>Los derechos forales han cuajado en las compilaciones = allí están vigentes.<br>A partir de la Const. solo ella cuenta y solo ella legitima debiendo interpretarla en forma integral y federalizante. Y Valencia no carece de indicios como alguna otra CA, mas allá de la falta de compilación. |

## IV. LA LETRA DE LA CONSTITUCIÓN Y EL CÓDIGO CIVIL

Naturalmente, la Constitución no ha derogado en absoluto el Código civil pero no podemos interpretar el Texto Fundamental desde este cuerpo legislativo ni desde las relaciones derecho común y especiales, que, como hemos dicho ya, son propias de los estudios civilistas. Sí, en cambio, hemos de detenernos en la naturaleza compuesta del Estado y la filosofía que la inspira. ¿Acaso no ha cambiado la

Constitución todo el sistema de fuentes y ha dotado de parlamentos propios a los territorios?

Higuera[20] nos recuerda el fenómeno de la mutación (por no hablar de la extraordinaria transformación) que el nuevo régimen democrático ha supuesto: "la existencia" de Derecho Foral se convierte de este modo en un "hecho de relevancia constitucional", que funciona como elemento legitimador de la competencia (por que así lo dispone la Constitución) e identificador de las Comunidades Autónomas que la pueden asumir. Y, también, hay mutación constitucional en lo que se refiere a las otras CCAA que comenzaron con breves reconocimientos y han llevado su propio desarrollo civil mas allá de lo que el constituyente hubiera imaginado.

Como en el cuadro anterior, trataré de sintetizar lo más posible el problema:

| Art. 13.2 del Código civil afirma con toda claridad sobre la vigencia: | Art. 3.1 CC: |
|---|---|
| ..."con pleno respeto a los derechos especiales o forales de las provincias o territorios en que **están vigentes**, regirá el Código Civil como derecho supletorio..." | "Las normas se interpretarán *según el sentido propio de sus palabras*, en relación con el *contexto*, los *antecedentes* históricos y legislativos, y la *realidad social del tiempo* en que han de ser aplicadas, atendiendo fundamentalmente al *espíritu y finalidad* de aquellas". |
| ¿Aplicamos la CE a partir CC o este a partir de aquella?[21] | ¿Por qué no se han aplicado estos criterios a la CE? |
| Federalización 🡸 | De aplicarse, no cabe desconocer su realidad |

Si, por lo tanto, leemos con **perspectiva constitucional** el complejo texto del art. 149.1.8ª, podemos aplicar las **técnicas que el Código civil nos ofrece**; pero como técnicas, no como imposición por encima de la Constitución y su interpretación integral. Recordemos alguna de las técnicas del CC:

1ª.- Así, sobre "*el sentido propio de las palabras*", reza el art. 3 CC. Y, en este sentido, hay que precisar:

---

20

21 Esta cuestión es simple pero decisiva. De algún modo nos recuerda el silogismo del Juez Marshal en 1803.

Lo que exactamente dice la Constitución: "EXISTAN", no que estén vigentes. Y no cabe ignorar la impropiedad del verbo "existir" (que se predica de cosas); y, como recuerda Xiol en sus famosos VVPP, a lo sumo de costumbres.... En cambio, "VIGENTE" es "dicho de una ley, de una ordenanza, de un estilo o de una costumbre" y significa "Que está en vigor y observancia".

Lo que no quiso decir la Constitución es "q. estén vigentes", pues, pese a haberse intentado en varias ocasiones, fue rechazado en las constituyentes. ¿Cómo lo dijo? En subjuntivo[22]: "allí donde *existan*". No dice allí donde existen.

2ª.- También en el mismo art. 3 CC habría que considerar el nuevo orden constitucional. como *contexto* en el que se ha de aplicar esa expresión de "allí donde existan".

El art. 149.1,8 ha de interpretarse en el marco de un Estado plural y compuesto en el que los DDFF vinculan a todos los poderes públicos (en este sentido razona Higuera sobre la derogación de las Compilaciones llevada a cabo en 1978 por la Constitución). Ello pone de relieve la insuficiencia de la doctrina civilista "restrictiva" o negacionista y obliga a una relectura constitucional como la propuesta. Y, por cierto, asumida por XIOL en cada uno de los VV.PP. puestos a las 3 sentencias conque el TC anuló nuestras leyes en 2016. Dicho de otro modo, el automatismo de la relación CE-Compilaciones debe ser desmentido por la sola literalidad constitucional y por el nuevo orden constitucional iniciado en 1978.

Pero también el problema ha de interpretarse desde un sistema de fuentes absolutamente nuevo: el problema ha de ser analizado desde esta perspectiva presidida por la Constitución normativa y no desde la que previamente venia ofreciendo el Código civil en su convivencia y/o confrontación con los derechos especiales. El nuevo orden tiene una finalidad normativa hasta entonces desconocida cual fue la de distribuir competencias (y/o materias) entre legisladores del mismo rango.

---

22 Ya lo he explicado con detenimiento en otra ocasión: Sánchez Ferriz, R. Lectura "constitucional" del artículo 149.1.8ª...2013.

Si, desde estos planteamientos, releemos las rigurosas aportaciones aludidas observamos que todas ellas están ausentes del razonamiento que lleva a la exigencia de Compilación. Es cierto que la STC 121/1992 abrió una posibilidad restringida al derecho consuetudinario[23] y que las SSTC posteriores (referidas a otras Comunidades Autónomas) han ofrecido ideas aprovechables, aunque todo ello ha sido inútil a la hora de reconocer la competencia en derecho civil a la Comunidad valenciana.

La existencia y/o dependencia de una competencia legislativa de lo acontecido en el régimen anterior (por cierto iniciado en plena postguerra civil), tiene un punto de extrañeza… (Higuera) Y no solo (que también) de orden político y por supuesto jurídico: Arrieta recordó el papel de las CORTES… y Clemente se pregunta si puede derogarse ("por conquista") el derecho paccionado, como ya *supra* he recordado. ¿Quién fue el legislador de las Compilaciones y con qué concreta finalidad y margen? Los colegas civilistas saben responder mejor, pero nada de democrático tenía ni su origen ni su formalización.

Mi conclusión es muy simple: se emprendió un camino errado y muy poco constitucional por más que el TC lo asuma: el de sobreponer el Código Civil y sus relaciones con los derechos especiales a los dictados, a la filosofía y a las estructuras jurídicas que nacen con la Constitución en 1978.

## IV. EL TRIBUNAL CONSTITUCIONAL EN 2016

En el año 2016 el TC declaró, no sin importantes errores incluso de carácter procesal, la nulidad de nuestras leyes civiles, recurridas por el gobierno, salvo la agraria. No voy a entrar en detalles tan consabidos y comentados por todos. Creo que Talavera lo resume bien con la idea de trivialidad: "A la vista de lo expuesto hasta ahora, resulta fácil concluir que la superficialidad con la que el TC ha trivializado las exigencias del art. 7.1 EACV conducen a una singular paradoja a la hora de interpretar el sentido y el alcance del principio

---

23 Por todos, Blasco, 2008, 48 y ss.

de foralidad..."[24]. Toda la STC 82, viene a decirnos, es una paradoja superficial y trivial.

> "A esta misma conclusión paradójica llega también el voto particular discrepante de la Sentencia formulado por el magistrado J. A. Xiol, el único que ha captado la dimensión y relevancia del art. 7.1 EACV, en conexión con la DT 3ª y que considera contradictorio su vaciamiento y trivialización. Xiol entiende —como resulta evidente a todas luces— que "la modificación del año 2006 del Estatuto de Autonomía de la Comunitat Valenciana ha alterado sustancialmente la competencia de esta comunidad autónoma en materia civil, pues (i) en general para todas las competencias, el art. 7.1 dirige un mandato a la Generalitat para "la recuperación de los contenidos correspondientes de los Fueros del histórico Reino de Valencia"; (ii) específicamente en materia civil, la disposición transitoria tercera realiza de manera expresa una consagración de la "competencia exclusiva" sobre el "Derecho civil foral valenciano", ejercida "a partir de la normativa foral del histórico Reino de Valencia, que se recupera y actualiza al amparo de la Constitución Española"; y (iii) en el art. 49.1.2 reconoce la competencia de la Comunidad para la "[c]onservación, desarrollo y modificación" del Derecho civil valenciano, ahora calificado reiteradamente a lo largo del nuevo de Estatuto de Autonomía (en las seis ocasiones en que aparece) como "foral", frente a ninguna en el texto originario".

Las tres sentencias son semejantes y lo importante son sus efectos: la nulidad de nuestras leyes sin que la argumentación del Alto Tribunal haya convencido a nadie ni haya sido capaz de llevar a cabo una interpretación jurídica y constitucional. Por tanto, me sumo a las palabras de Carolina Castillo:

> "En definitiva, la previsión de recuperación competencial a través del expediente de una revisión interpretativa por parte del Tribunal Constitucional resulta prácticamente inviable y, en cualquier supuesto, demandaría una ulterior actuación legislativa autonómica que permitiera al Tribunal Constitucional replantearse su ya consolidado criterio, o bien, en otro sentido, confiar en que la misma quedara, a último, vigente al cobijo de la azarosa circunstancia de que las nuevas normas no resultaran recurridas, o, en su caso, fundar la regulación jurídico-privada en títulos competenciales distintos de la legislación civil aunque a este último respecto, además de no ser la vía más ortodoxa para legislar en la materia,..."[25].

---

24 Talavera Fernández, Pedro Agustín. El sentido del artículo 7 del Estatut d'Autonomía... ya cit.

25 Castillo Actualidad Jurídica Iberoamericana Nº 12, febrero 2020, 884.

## V. POSIBILIDADES DE FUTURO

En mi opinión, puestos a leer la Constitución en su contexto territorial como forma de estado compuesta la expresión "allí donde existan" puede aplicarse a nuestro caso (pues significaría que puedan existir..., u otro sinónimo derivado del modo verbal) derecho civil especial que conservar, modificar o desarrollar ...se hará por el Parlamento correspondiente... (eso es lo que dice la Constitución) que en este caso sería el parlamento valenciano en atención a sus instituciones tradicionales.

Puedo aceptar que la CV no tenga la competencia discutida (libre fue el constituyente para decidirlo). Y nada impedía en principio que se hubiera adoptado el fenómeno compilador como parámetro de vigencia, desde luego, pero en el caso de que así lo hubiera hecho expresamente el constituyente. Pero ni se hizo con claridad ni quienes realizan tal interpretación nos explican la fundamentación constitucional que les lleva a sus propias conclusiones negacionistas, que yo, por todo lo expuesto, no comparto por la superficialidad del argumento y la falta de consideración al nuevo sistema de fuentes introducido por la Constitución.

El Estatuto de Autonomía de la Comunidad Valenciana (LO 5/1982, de 1 de julio) en artículo 31.2 y 3 reconocía la competencia exclusiva de la Generalitat Valenciana para "la conservación, modificación y desarrollo del derecho civil valenciano". Por su parte, el Estatuto de Autonomía de la Comunidad Valenciana (LO 1/2006, de 10 de abril) art. 49.4 asume la competencia exclusiva en "la conservación, modificación y desarrollo del derecho civil foral valenciano"; la Disposición Transitoria Tercera que reitera y dirige la forma y el contenido de la competencia asumida, puntualizando que "la competencia exclusiva sobre el Derecho civil foral valenciano se ejercerá, por la Generalitat, en los términos establecidos por este Estatuto, a partir de la normativa foral del histórico Reino de Valencia, que se recupera y actualiza, al amparo de la Constitución Española". Es cierto que no pocos autores le han dado gran relevancia a estos precentos (incluso Xiol en sus VVPP) pero yo me situo mas en la línea de Mari:

ni siquiera hacia falta la mención de la foralidad que ha podido resultar mas complejo, innecesario y hasta contraproducente[26].

**Soluciones propuestas:**

1. La más exagerada e inviable sería la de una reforma constitucional: la defiende Durban y que también fue el planteamiento inicial de RAGEL), aunque a mi juicio es inviable por las dificultades y también por no ser necesario más que interpretar debidamente el texto actual sin recurrir a su reforma. Las propias Cortes valencianas han hecho una propuesta en este sentido y recientemente, en 4/10/2023, Esquerra Republicana (ERC) ha llevado al Congreso una proposición no de ley, llamando al Gobierno a modificar la disposición adicional segunda de la Constitución para la reintegración en la Comunitat Valenciana del derecho civil propio. que ello entraña
2. Propuesta de les Corts para aprovechar la voluntad de reformar al tiempo que el art. 49, la Dip. Adic 2ª en los términos a que me acabo de referir, ha pasado como era de esperar sin pena ni gloria.
3. También se ha sugerido, tal vez con alguna mayor coherencia en la materia la reforma de la Disp. Adic 3ª referida al régimen fiscal de Canarias…
4. Por último Garrido sostiene lo que sería el procedimiento más fácil y por lo demás no desconocido, cual es el uso de la Ley prevista en 150. 2 que ya fue utilizada en el caso de la LOAPA. De querer resolver la cuestión, esta seria sin duda una la solución más fácil y posible.

Mi posición creo que ha quedado clara (y según he dicho ya compartida recientemente por Carolina Castillo): Si realmente quieren les Corts deben seguir legislando hasta hacer ver el error jurídico grave. (que puso de relieve el voto particular de Xiol)…se ha de seguir legislando.

---

26 Marí, *op. cit.*, pp. 926 y ss.

Es bien sabido que la discriminación ejercida con la Comunidad valenciana no es solo la de carácter histórico sino las varias ocasiones en que el Gobierno ha recurrido leyes que no han sido recurridas en otras Comunidades con no mayor legitimidad que la nuestra. Y lo que es peor, por el procedimiento de haber retirado para otros los recursos interpuestos el Gobierno ha permitido casos exagerados de desarrollo del derecho civil.

## VII. NOTA BIBLIOGRÁFICA

Blasco Gascó F. El dret civil i l'autogovern valencià, en Anuari de L'agrupació Borrianenca de Cultura, 30. 2019.

Blasco Gascó F. Comentari juridicopolític a les sentències politicojurídiques del Tribunal Constitucional sobre la competència de la Generalitat Valenciana en matèria de Dret civil valencià: (o l'artifici de com reconéixer-t'ho tot i no donar-te res) en Els valencians, poble d'Europa: l'horitzó federal / coord. por Joan Alfred Martínez i Seguí, August Monzón i Arazo, Javier Palao Gil, 2019, pp. 253-280.

Blasco Gascó, F. El Desarrollo del Derecho Civil Valenciano: La Ley De Régimen Económico Matrimonial Valenciano, en Revista Jurídica de Navarra julio-diciembre 2008, Nº 46. Páginas 45-68.

Castillo Martínez, Carolina, Actualidad Jurídica Iberoamericana Nº 12, febrero 2020, 884ss.

Clemente Meoro, Mario, "Las competencias de la Comunidad Autónoma Valenciana en materia de Derecho civil", en Revista General de Derecho, n.º 596 (1994), pp. 4923-4945.

Ferrer Vanrell. María Pilar. Compet. exclusiva en legislación civil versus asunción de la competencia en derecho civil balear. El art. 30.27 EAIB, en http://www.raco.cat/index.php/InDret/article/viewFile/124272/172245

García Trobat, Pilar. La nostalgia de los fueros perdidos. La eterna reivindicación del derecho civil valenciano, Valencia, Tirant Lo Blanch, 2020.

Garrido Mayol, Vicente. Las competencias de la Generalitat Valenciana en materia de Derecho Civil: perspectivas de futuro, en Revista valenciana d'estudis autonòmics, Nº 41-42, 2003.

Garrido Mayol, V. (dir.). Comentarios al Estatuto de Autonomía de la Comunitat Valenciana: (según redacción dada por Ley Orgánica 1/2006, de 10 de abril, de Reforma de Ley Orgánica 5/1982, de 1 de julio, de Estatuto de Autonomía de la Comunidad Valenciana). Tirant lo Blanch, 2013.

Garrido Mayol, V. La deconstrucción del Estado autonómico, en Teoría y realidad constitucional, Nº 24, 2009, pp. 383-408.

Lucas Verdú, Pablo, "Penetración de la historicidad en el derecho constitucional español. El art. 149.1.8ª y la Disposición Adicional Primera de la Constitución". En Primer Congreso de Derecho Vasco. La actualización del Derecho Civil, Oñati, Instituto Vasco de Administración Pública, 1983, pp. 19-71.

Marí Olano, José, "Artículo 49.1.2ª" del EAV, en Garrido Mayol, Vicente (dir.) Comentarios al Estatuto de Autonomía de la Comunidad Valenciana. Valencia Tirant lo Blanch, 2013, pp. 911 y ss

Palao Gil, J. Del derecho foral al derecho civil valenciano: historia y evolución de una reivindicación secular, en Revista valenciana d'estudis autonòmics, Nº 51, 2008.

Palao Gil, Javier, "Leyes y costumbres en la recuperación del Derecho foral valenciano", Droit et Moeurs. Implication et influence des moeurs dans la configuration du droit, Jaén, Universidad de Jaén, 2011.

Peset, Mariano Historia y codificación civil, en Revista Valenciana d' Estudis Autonomics, 2010, num 54, 97-128.

Ragel Sánchez, Luis Felipe, "Las competencias legislativas en materia de derecho civil y su deseable reforma constitucional", en Revista de Derecho Privado, n.º 7-8 (2005), pp. 3-18

Roca Trías, Encarnación, "La competencia en materia de derecho civil", en Revista de dret català, núm. especial dedicado a la sentencia del Estatuto, disponible en http://www10.gencat.net/eapc_revistadret/recursos_interes/especial%20estatut/documents%20especial%20estatut/cast/11_e_Roca_es.pdf.

Talavera Fernández, Pedro Agustín. El sentido del artículo 7 del Estatut d'Autonomía de la Comunitat Valenciana después de la stc 82/2016, de 28 de abril, en Revista de derecho civil Valenciano, Nº. 20, 2016.

Tomás Villarroya, Joaquín, "Las fuentes del derecho en las Comunidades Autónomas", en La Constitución española y las Fuentes del Derecho... Madrid, I.E.F., 1979, vol. I, pp. 141-178.

Sánchez Ferriz, Remedio. Lectura "constitucional" del artículo 149.1.8ª de la Constitución: (sobre la competencia de la Generalitat Valenciana en materias de derecho civil), Valencia: Tirant lo Blanch, 2013.

Viglione, Filippo. El derecho privado regional en el sistema de fuentes: vacilantes posicionamientos del tribunal constitucional italiano, en Revista Valenciana d' Estudis Autonomics, num 59, 2014, 5-37.

Viglione, F. Il principio di non discriminazione nei rapporti tra privati: quali spazi per la legislazione regionale?, in Le Regioni, 2012, 192 ss.

# *LOS DERECHOS RECONOCIDOS Y SUPRIMIDOS DE LOS VALENCIANOS: ¿CÓMO RECUPERARLOS?*

**PILAR MARÍA ESTELLÉS PERALTA**
*Universidad Católica de Valencia "San Vicente Mártir"*



## I. REPLANTEAMIENTO DE LA CUESTIÓN

El reconocimiento Derecho civil de los valencianos, es un problema que no es nuevo, sino que tiene su base en la guerra de Sucesión española y en los Decretos de Nueva Planta de 1707. Esta etapa de la Historia de España fue determinante para Valencia, pues supuso la supresión de nuestro derecho foral en aquel entonces y la imposibilidad para legislar sobre el Derecho civil valenciano, actualmente.

Para el adecuado conocimiento de esta cuestión debemos desarrollar un análisis de dos premisas fundamentales: la competencia de Comunidad Valenciana para legislar en materia de Derecho civil y, en consecuencia, de la eficacia de sus leyes aprobadas en la materia, ya se ha hecho; y la supresión de estas leyes y el cierre de posibilidades a las que nos abocaron las sentencias del TC que seguidamente comentaré. Y otra premisa no menor: la falta de voluntad política para que los valencianos recuperen su Derecho civil mientras se transfieren otras competencias (no propias de las Comunidades Autónomas de acuerdo con la Constitución española) y se cede a todo tipo de peticiones a algunas muy concretas Comunidades Autónomas en un claro ejercicio de discriminación legal y política.

Para poner todo ello de manifiesto, me propongo analizar las siguientes cuestiones: 1) la competencia de la Comunidad Valencia para legislar en la materia. 2) Los intentos legislativos en materia autonómica para desarrollar las instituciones civiles propias que se centran en la Ley 6/1986, 15 diciembre, de Arrendamientos Históricos Valencianos (en adelante LAHV); la Ley 10/2007 de Régimen Económico Matrimonial Valenciano (en adelante LREMV); la Ley 5/2011, de 1 de abril, de Relaciones Familiares de los Hijos e Hijas cuyos Progenitores no Conviven (en adelante Ley de custodia compartida); y la Ley 5/2012, de 15 de octubre, de Uniones de Hecho Formalizadas de la Comunidad Valenciana (en adelante LUHFCV) y la inconstitucionalidad de las leyes civiles autonómicas valencianas en materia de Derecho de familia dictada por el Tribunal Constitucional: la argumentación del Tribunal Constitucional y la "eficacia" de tales leyes y el análisis de los votos particulares y el agravio jurídico comparativo. 3) Las posibles vías de recuperación (o no) de nuestro Derecho y el frustrante resultado y fin del reconocimiento del Derecho civil valenciano. Al menos de momento, porque el juego continúa.

## II. LOS INDISCUTIBLES ORÍGENES DEL REINO DE VALENCIA

No soy historiadora del Derecho y por ello no voy a analizar esta cuestión ni en profundidad ni superficialmente. Tendrá que remitirse el lector a los verdaderos especialistas en la materia[1] pero no puedo resistirme a enunciar algunas verdades contrastadas.

---

1 *Vid.* García Edo, V.: "Origen i expansió dels Furs o Costum de València durant el regnat de Jaume I", *Boletín de la Sociedad Castellonense de Cultura*, 69, 1993, pp. 175-200; "La redacción y promulgación de la 'Costum' de Valencia", *Anuario de*

En primer lugar, que el Reino de Valencia fue el único —subrayo "único"— territorio de la península ibérica creado a partir del s. XIII con el título de reino —título muy importante para la época con consecuencias y connotaciones relevantes—[2]. El único con leyes, instituciones administrativas y organismo de autogobierno muy poderosos en igualdad de condiciones que algunos territorios europeos (y a diferencia de otros territorios de la península Ibérica, algunos ahora muy reivindicativos)[3]. Sin embargo, es el ordenamiento jurídico propio del Reino de Valencia lo que me interesa destacar, *els Furs*.

*Els Furs* o la *Costum* del Reino de Valencia (1238) no fueron un simple fuero local sino la norma que debía regir en el nuevo reino conquistado por Jaime I[4]. Se trataba de implementar un ordenamiento jurídico particular y distinto de los existentes hasta la fecha: único para el Reino de Valencia y muy extenso. Unido a ello, se consolidó un sistema político con instituciones reales propias que permitieron el ejercicio de un cierto autogobierno que se prolongaría hasta inicios del s. XVIII cuando Felipe V de Borbón abolió nuestros Fueros e instituciones[5].

Así pues, la aprobación de los Decretos de Nueva Planta, el primero datado el 29 de junio de 1707, supuso para Valencia la abolición

---

*Estudios Medievales*, 26, 1996, pp. 713-728; "La 'Costum de la ciutat i regne de València' de 1238", *Anuari de l'Agrupació Borrianenca de Cultura*, 30, 2019, pp. 9-21. Baydal Sala, V.: "La importancia de dir-se Regne i voler ser´ho. Els origens de l'autogovern valencià a l'edat Mitjana (1231-1419) en *De l'autogovern valencià en la memoria col·lectiva al Dret civil valencià i el ancoratge col·lectiu i singular en la globalització* (dir. por P. M. Estellés Peralta), Valencia, Tirant lo Blanch, 2021, pp. 17-50. Guinot E.: "De los fueros locales al Fuero de Valencia en el marco del proceso de instauración de la sociedad feudal del siglo XIII en el Reino de Valencia", *Studia historica. Historia medieval*, 35-2, 2017, pp. 37-62. López Rodríguez, C.: "El Archivo Real y General del Reino de Valencia", *Cuadernos de Historia Moderna*, 17, 1996, pp. 175-192. Palomo, C.: "Noves perspectives per a una qüestió no resolta: per què Catalunya fou un principat i no un regne?", *Anuario de Estudios Medievales*, 50/1, 2020, pp. 323-352, entre otros.

2 *Vid.* Reynolds, S.: *Kingdoms and communities in Western Europe, 900-1300*, Oxford, Clarendon Press, 1984.

3 Baydal Sala, V.: "La importancia", cit., p. 17.

4 García Edo, V.: "La redacción", cit., pp. 713-728; y Baydal Sala, V.: "La importancia", cit., p. 21.

5 Baydal Sala, V.: "La importancia", cit., p. 45.

de todo el Derecho foral que se completó con un segundo Decreto de 29 de julio de ese mismo año[6], mediante los que Felipe V —invocando el derecho de conquista— derogó el ordenamiento jurídico valenciano, privado y público, así como todas las instituciones, legislativas, ejecutivas y judiciales, las cuales conformaban el gobierno del antiguo Reino de Valencia; por tanto, de todos los territorios que se rebelaron contra Felipe de Anjou y apoyaron la causa del Archiduque Carlos, sólo el Antiguo Reino de Valencia lo perdió todo en un claro ejemplo del primer y mayor agravio comparativo sufrido por los valencianos a nivel jurídico e histórico[7].

## III. A VUELTAS CON EL DERECHO CIVIL VALENCIANO Y LA CUESTIÓN DE LA COMPETENCIA

La insistencia legislativa de la Comunidad Valenciana en materia civil viene amparada en el Estatuto de Autonomía. Consecuentemente, la Comunidad Valenciana ha llevado a cabo varios intentos legislativos en materia autonómica con el fin de desarrollar las instituciones civiles propias y más próximas al valenciano[8] y que han culminado

---

6 Peset Reig, M.: "Notas sobre la abolición de los Fueros de Valencia", *Anuario de Historia del Derecho Español*, núm. 42, 1972, pp. 657-716, p. 659 y ss.

7 *Vid.* en el mismo sentido Amat Llombart, P.: "La competencia legislativa en materia de Derecho civil del artículo 149.1.8ª de la Constitución Española. Disfunciones en torno al Derecho civil valenciano e interpretación del Tribunal Constitucional", *Indret*, 4/2017, p. 5 y Blasco Gascó, F.: "La competencia legislativa de la Generalitat Valenciana en materia de Derecho civil", *Revista Jurídica de la Comunidad Valenciana*, núm. 33, 2010, pp. 7-30, p. 8.

8 Inicialmente, el párrafo segundo del artículo 31 del Estatuto de Autonomía de la Comunidad Valenciana de 1982 establecía la competencia exclusiva en materia de "conservación, modificación y desarrollo del Derecho civil valenciano". Dicho precepto fue completado con el artículo 1 de la Ley Orgánica 12/1982, de 10 de agosto de transferencia de competencias a la Comunidad Autónoma Valenciana en materia de titularidad estatal. No obstante, la citada Ley Orgánica fue derogada tras la reforma del Estatuto de Autonomía cuando se asumió plenamente la competencia exclusiva para legislar en materia de Derecho civil. Posteriormente, la Ley Orgánica 1/2006, de 10 de abril, reformó nuevamente el Estatuto de Autonomía, en adelante EACV. Concretamente, el artículo 49.1.2 EACV establece como competencia exclusiva de la Generalitat la conservación, desarrollo y modificación del Derecho civil foral valenciano. En particular, di-

incluso con una infructuosa proposición de reforma constitucional para su tramitación por el Congreso. Esta insistencia legislativa de la Comunidad Valenciana viene amparada en varios e importantes preceptos del Estatuto de Autonomía de la Comunidad Valenciana tanto en su redacción actual tras la reforma de 2006[9] como en su redacción originaria de 1982[10] y que atribuyen la competencia exclusiva sobre el Derecho civil valenciano a la Generalidad Valenciana. Así:

a) El art. 7.1 EACV, según el cual: "El desarrollo legislativo de las competencias de la Generalitat procurará la recuperación de los contenidos correspondientes de los Fueros del histórico Reino de Valencia en plena armonía con la Constitución y con las exigencias de la realidad social y económica valenciana. Esta reintegración se aplicará, en especial, al entramado institucional del histórico Reino de Valencia y su propia onomástica en el marco de la Constitución Española y de este Estatuto de Autonomía". Este precepto se halla en consonancia con la propia Exposición de Motivos de la Ley Orgánica 1/2006 que reformó el Estatuto de Autonomía de la Comunidad Valenciana y que plantea la finalidad de la Generalidad en aras a recuperar los contenidos de "Los Fueros del Reino de Valencia", los cuales fueron abolidos por la promulgación del Decreto de 29 de junio de 1707, de acuerdo con la realidad social actual de la economía y sociedad valencianas[11].

---

cha competencia exclusiva se ejercerá, según la disposición transitoria tercera, a partir de la normativa foral del histórico Reino de Valencia, que se recupera y actualiza. En virtud de los preceptos anteriores, el legislador autonómico ha promulgado diversas normas, entre ellas, las Leyes en materia de familia tristemente derogadas.

9 Ley Orgánica 1/2006, de 10 de abril, de Reforma de la Ley Orgánica 5/1982 (BOE núm. 86, de 11/04/2006).

10 Ley Orgánica 5/1982, de 1 de julio, de Estatuto de Autonomía de la Comunidad Valenciana (BOE núm. 164, de 10/07/1982).

11 Así, la Exposición de Motivos de la Ley Orgánica 1/2006, vigente, que reformó el Estatuto de Autonomía valenciano y que señaló que el desarrollo legislativo de las competencias de la Generalitat, en plena armonía con la Constitución Española, procurará la recuperación de los contenidos de "Los Fueros del Reino de Valencia", los cuales fueron abolidos por la promulgación del Decreto de 29 de junio de 1707. Asimismo, el preámbulo de la Ley 10/2007, en el que se señala lo siguiente: "el Derecho civil alumbrado en el ejercicio de la competencia del artículo 49.1.2.a) del Estatuto entronca incuestionablemente con el que

b) El artículo 49.1.2º EACV, que establece que: "La Generalitat tiene competencia exclusiva sobre [...] conservación, desarrollo y modificación del Derecho civil foral valenciano ". Conviene señalar que con anterioridad, el antiguo art. 31.2 EACV reconocía la competencia, en relación con el "Derecho civil valenciano", de modo que la reforma de 2006 añadió el adjetivo "foral". No obstante, el Tribunal Constitucional en su STC, 121/1992, de 28 de septiembre (*Tol 80731*), en relación con diversos preceptos de la Ley 6/1986, de 15 de diciembre, sobre Arrendamientos Históricos valencianos, se posicionó afirmando que el adecuado entendimiento del artículo 149.1.8º CE queda plasmado en el artículo 31.2 del Estatuto de Autonomía de la Comunidad Valenciana, dado que la competencia exclusiva que allí se atribuye a la Generalidad en orden a la "conservación, modificación y desarrollo del Derecho civil valenciano" sólo puede estimarse referida al Derecho consuetudinario que subsistiera en el territorio de la Comunidad Autónoma, siendo notoria la inexistencia de toda regla escrita que, antes de la Ley hoy impugnada, ordenara en dicho ámbito cualquier instituto civil de modo especial respecto al Derecho común, tras la abolición de los Fueros y hasta nuestros días; por tanto, competencia exclusiva sobre conservación, desarrollo y modificación del Derecho civil foral valenciano pero limitada al Derecho consuetudinario subsistente como presupuesto y límite de la competencia de la Generalidad Valenciana: escasa por tanto, la materia sobre la que poder conservar, desarrollar y modificar. En este sentido, BERCOVITZ[12] que el Tribunal

---

fuera nuestro Derecho Foral civil, del que se separa solo en aquello en lo que se debe dar respuesta a las exigencias más urgentes de nuestra sociedad y en lo que exige el respeto a los valores y principios de nuestra Constitución, la cual opera, precisamente, desde esos mismos principios y valores, como causa irrenunciable de la reintegración a los valencianos del que fue su Derecho Foral civil, llenando así, con esta actualizada y constitucionalizada reintegración, una parte del contenido de la competencia que el artículo 49.1.2.a) del Estatuto de Autonomía reconoce en exclusiva a la Generalitat, de acuerdo con lo establecido en el artículo 7 y la Disposición Transitoria tercera de este mismo texto legal...Esta Ley es el primer paso en la recuperación del Derecho Foral valenciano, con el objetivo y la intención de poder desarrollar en el futuro un Código de Derecho Foral valenciano que englobe las distintas leyes sectoriales que se promulguen".

12 Bercovitz Rodríguez-Cano, R.: "La conservación, modificación y desarrollo de los derechos civiles, forales o especiales, allí donde existan", *Derecho Privado y Constitución*, 1, 15-82.

Constitucional, en vez de declarar inconstitucional el Estatuto de Autonomía valenciano —no era el momento oportuno—, optó por admitir, la competencia legislativa de la Comunidad con respecto a un tema muy concreto y relativamente menor y se plantea si una vez abierta la puerta, los legisladores autonómicos permitirán que la misma permanezca entreabierta únicamente para conservar un derecho consuetudinario sobre arrendamientos rústicos o si optarán por abrirla del todo, ejerciendo todas las competencias que permiten en principio esos artículos 149.1.8 CE y 31.2 Estatuto de la Comunidad Valenciana, algo que sí ocurrió con las leyes de familia valencianas, porque para el citado autor, aunque se trate de una competencia basada en la preexistencia de una costumbre, esta solo es posible si la costumbre constituía previamente un Derecho civil foral. Y eso es lo que no constituía la costumbre valenciana en materia de arrendamientos históricos, puesto que —ha quedado claramente expuesto—, la doctrina admitía unánimemente la supresión de semejante Derecho foral en todas sus manifestaciones, a partir del Decreto de Felipe V de 1707. En opinión de Blasco Gascó[13], mucho más contundente, la cuestión de los arrendamientos históricos puede ser una cuestión de Derecho civil pero no es una cuestión de derecho foral, puntualizando que no se trata de una costumbre foral que haya sobrevivido a la derogación de los Fueros, sino de una institución de raíz consuetudinaria y decimonónica y, en su opinión, es más que dudoso que se pueda hablar de una costumbre foral entre otros motivos porque el Decreto abolicionista *dels Furs* alcanzaba expresamente a las costumbres y prácticas observadas hasta el momento; por su parte Díez-Picazo[14], se muestra muy crítico con esta cuestión señalando que sería aconsejable que los órganos de gobierno de la Comunidad valenciana no ejercieran las competencias o las ejercieran mínimamente, "porque lo que no tiene sentido es crear *ex novo* un Derecho literario nunca vivido, nacido de la ocurrencia de juristas ociosos". Tiene gracia el comentario del eminente jurista.

c) La Disposición Transitoria Tercera, que prevé que "la competencia exclusiva sobre el Derecho civil foral valenciano se ejercerá,

---

13 Blasco Gascó, F.: "La competencia", cit., pp. 23-24.

14 Díez-Picazo, L.: "A vueltas con el Derecho civil valenciano. ¿Una milagrosa resurrección?", en *Estudios jurídicos en homenaje a Vicente L. Montés Penadés* (coord. por F. Blasco Gascó), Valencia, Tirant lo Blanch, 2011, p. 878.

por la Generalitat, en los términos establecidos por este Estatuto, a partir de la normativa foral del histórico Reino de Valencia, que se recupera y actualiza, al amparo de la Constitución Española". Respecto a esta norma y con relación al art. 7.1, la doctrina es muy crítica, así para MARÍ OLANO[15] en la medida en que estos preceptos no pueden oponerse al artículo 149.1.8ª de la Constitución ni tampoco modificar o condicionar la interpretación del mismo que realiza el intérprete supremo de la misma, no es posible servirse de ellos en ningún caso, para legitimar una superación en el marco competencial que delimitan los arts. 149.1.8.ª de la Constitución y 49.1.2º del Estatuto reformado en la interpretación de dicho marco que realiza el Tribunal Constitucional y con los condicionamientos competenciales que de dicha interpretación se derivan; para VERDERA SERVER[16], que la vía consuetudinaria fuera insuficiente y que se pretendiera restituir a la Comunidad Valenciana de un ordenamiento jurídico-privado que se respetó en los otros territorios de la Corona de Aragón, no justifican en modo alguno que la vía foralista sea la solución más adecuada, además de los problemas que genera, señalando la conveniencia de la exploración de otras fórmulas.

Así las cosas, y pese a lo antedicho, la reforma del Estatuto reforzó el reconocimiento del derecho de la Comunidad Valenciana a legislar en materia de Derecho civil[17]. Esta reforma de 2006, reconoce el derecho de la Comunidad Valenciana a legislar en materia de Dere-

---

15 Marí Olano, J.: "Art. 49.1.2ª EACV", en *Comentarios al Estatuto de Autonomía de la Comunitat Valenciana.* (dir. por V. Garrido Mayol), Valencia, Tirant lo Blanch, 2013, p. 926.

16 Verdera Server, R.: "¿Hacia dónde va el Derecho civil valenciano?", en *¿Hacia dónde van los derechos civiles autonómicos? El futuro de los derechos civiles autonómicos* (coord. por L. Gázquez Serrano), Madrid, Difusión Jurídica, 2011, p. 296.

17 Para un sector doctrinal, las sentencias del TC tienen gran importancia y relevancia, no solo en la declaración de inconstitucionalidad de la legislación civil autonómica valenciana en materia de derecho de familia, sino también en que, con ellas, queda desautorizada la tesis según la cual la modificación del Estatuto de Autonomía de la Comunidad Valenciana (EACV) llevada a cabo por la Ley Orgánica 1/2006, de 10 de abril, autorizaba a esta para legislar sobre cualquier materia que hubiera formado parte del derecho histórico del Antiguo Reino de Valencia: *Vid*, en tal sentido De Verda, J. R.: "¿Qué es lo que queda del Derecho civil valenciano en materia de familia?", *Derecho Privado y Constitución,* 31, enero/diciembre, 2017, pp. 111-162, pp. 12 y 13.

cho civil (puede, pero no está obligada a ello). Y quisiera señalar que este reconocimiento estatutario, es decir, el Estatuto de Autonomía de la Comunidad Valenciana, no ha sido recurrido por inconstitucional[18] aunque sí el desarrollo de las leyes de familia que analizaré.

En consecuencia, y en base a todo ello, se dictaron tres leyes valencianas de familia: la LREMV; la Ley de custodia compartida; y la LUHFCV, en ejercicio de lo que por un sector doctrinal[19] y, evidentemente, por el legislador valenciano se entendió como un salto cualitativo en materia competencial, en base a los preceptos transcritos del Estatuto, que permitía superar el estrecho margen de maniobra concedido a la Comunidad Valenciana por la STC 121/1992, de 28 septiembre (*Tol 80731*), la cual, como se ha señalado, limitó el ejercicio de su capacidad legislativa en el ámbito civil, exclusivamente, a las materias que, al tiempo de la entrada en vigor de la Constitución española (CE), estuvieran reguladas por una costumbre probada y vigente en su ámbito territorial[20]. No obstante, el Tribunal Constitucional no ha aceptado este planteamiento[21] al entender que la competencia de la Comunidad Valenciana solo alcanza a la costumbre foral, sin tener en cuenta la reforma de EACV operada en 2006 y que

18 Blasco Gascó, F.: "La competencia", cit., p. 23.

19 Amat Llombart, P.: "La competencia", cit., p. 5 y ss.

20 Es interesante, en este sentido, traer a colación la STC 182/1992, de 16 de noviembre, que declararía conforme a la Constitución española, la Ley del Parlamento de Galicia, Ley 2/1986 de 10 de diciembre, de prórroga en el régimen de arrendamientos rústicos para Galicia y que señala que "siendo cierto que la vigente Compilación del Derecho civil de Galicia no contiene regla alguna, directa y expresa, sobre el arrendamiento rústico, no lo es menos —como consideración de principio— que la competencia autonómica para la "conservación, modificación y desarrollo" del propio Derecho civil puede dar lugar, según ya dijimos en la reciente STC 121/1992, de 28 de septiembre (*Tol 80731*), (FJ 2), a una recepción y formalización legislativa de costumbres y usos efectivamente vigentes en el respectivo territorio autonómico, eventualidad, esta última, que resulta aún más clara visto el enunciado del referido art. 27.4 EAG, pues en la idea de "institución" jurídica, presente en tal precepto, se integran o pueden integrar, con naturalidad, posibles normas consuetudinarias", consolidando la doctrina, según la cual, y de acuerdo con el art. 149.1,8ª, CE, el Derecho civil especial o foral que debía preexistir al tiempo de la promulgación de la CE, no era, exclusivamente, el regulado en las compilaciones, sino también el contenido en normas consuetudinarias.

21 De Verda, J. R.: "¿Qué es", cit., p. 116.

en los arts. 3, 7, 35, 37.2, 49.1 y 2, 52.2 y 71.1, así como DT 3ª, hace referencia a la competencia en materia de Derecho civil: demasiados artículos para regular tan sólo una costumbre foral como parece entender posteriormente el Tribunal Constitucional. De ser así deberían de haberse declarado inconstitucionales estos preceptos pero no ha sido así y por el contrario, se frustró la iniciativa valenciana tras la declaración de inconstitucionalidad de las leyes de familia mencionadas[22]. Al decir de PALAO, la cuestión entraña una dificultad de interpretación que ha entendido perfectamente el magistrado XIOL RIUS en su voto particular que tiene una finura jurídica de mucho calado y que plantea cuestiones nuevas muy sugerentes respecto del Derecho civil. Y aún así, consideran los magistrados "que la suya es la única interpretación razonada, como si las demás fuesen arbitrarias"[23]. Lo cierto es que la interpretación del Tribunal Constitucional es la mayoritaria y, por tanto, la aplicable, pero no es menos cierto que es también discutible, debatible, controvertida y provocadora para los derechos de los valencianos. Demasiados artículos del EACV para regular sólo la vía consuetudinaria. Para PALAO "es una burla volver a interpretarlo como una referencia a la costumbre, que ni siquiera es foral. Los magistrados y la ponente han hecho posible lo imposible, y se han saltado sin rubor el tenor literal del Estatut"[24].

Las consecuencias de esta postura del Tribunal Constitucional van más allá de la declaración de inconstitucional de unas leyes de familia aprobadas en base a nuestro Estatuto; van más allá de los intentos legislativos en materia autonómica para desarrollar las instituciones

---

22 En este sentido, Xiol Rius, J. A.: "Reflexiones sobre la competencia en Derecho civil en el Siglo XXI", en la obra colectiva *La Constitución Española y los Derechos Civiles Españoles cuarenta años después. Su evolución a través de las sentencias del Tribunal Constitucional*, Valencia, Tirant lo Blanch, 2019, p. 207 y ss., pone de manifiesto que del art. 149.1.8º CE resulta el reconocimiento constitucional de un sistema de Derecho civil autonómico que está sometido, en primer lugar, al requisito de la asunción de la competencia autonómica por parte del correspondiente estatuto de autonomía de la CA, que es una LO del Estado, tal y como recoge el EACV, cabe añadir.

23 Palao Gil, F. J.: "El Derecho civil foral valenciano: una historia reciente", en *De l'autogovern valencià en la memoria col·lectiva al Dret civil valencià i el ancoratge col·lectiu i singular en la globalització* (dir. por P. M. Estellés Peralta), Valencia, Tirant lo Blanch, 2021, pp. 87-128, en p. 122.

24 Palao Gil, F. J.: "El Derecho", cit., p. 123.

civiles propias. Una de las consecuencias, de las graves consecuencias derivadas de esta postura, es que una de las grandes apuestas que introdujo la reforma de 2006 en materia de autogobierno ha sido erradicada sin el menor miramiento jurídico en un acto de "trivialización" de la reforma del EACV y anulando completamente dos leyes valencianas y gran parte de la tercera "de lo que apenas hay antecedentes en la historia reciente de España". ¿Se repite el castigo que nos infligió Felipe V en 1707?[25] Puede ser, de lo que no hay duda es del agravio comparativo sin igual, comparado con otras Comunidades Autónomas y de la incomprensible tolerancia cero con la Comunidad Valenciana[26]. Sorprende el tratamiento injusto y asimétrico que ha sufrido la Comunidad Valenciana al respecto, teniendo en cuenta que otras Comunidades Autónomas en situación semejante han visto consolidad sus leyes por no recurrirse por inconstitucionalidad o por haberse retirado los recursos al efecto. Sorprende también la falta de interpretación evolutiva del art. 149.1-8° CE por parte del Tribunal Constitucional: en concreto de la expresión "allí donde existan" si tenemos en cuenta el art. 3 CC. Es decir, que el TC podía haber llevado a cabo una interpretación evolutiva de este precepto constitucional pero no quiso; no obstante, constituye un agravio comparativo la interpretación de las leyes del País Vasco que tan sólo se aplicaban a una parte del territorio vasco y el Tribunal Constitucional no tuvo impedimento en que se extendieran territorialmente a todo el País Vasco.

Si consideramos que el Derecho civil valenciano es una seña de identidad del pueblo valenciano; que tiene su fundamento en los *Furs*, en la *Costum*; que el Derecho civil es plural en España porque coexisten derechos civiles en seis Comunidades Autónomas junto al Código Civil, pretender el reconocimiento del Derecho civil valenciano no supone —ni se pretende— una quiebra de la Nación española sino la aplicación de un derecho cercano al valenciano, como lo hacen en otras comunidades autónomas con menos raigambre histórica.

---

25 *Vid.* Palao Gil, F. J.: "El Derecho", cit., p. 123.

26 Yzquierdo Tolsada, M.: "El Tribunal Constitucional declara nulos todos los artículos de la Ley, 10/2007, de 20 de marzo, de Régimen Económico Matrimonial Valenciano", *Cuadernos de Derecho Transnacional*, vol. 8, nº 2, 2016, pp. 330 y ss.

Por ello, sorprende e indigna las tres sentencias del Tribunal Constitucional dictadas en el año 2016 y que afectaron grave e irreversiblemente a la Comunidad Valenciana en materia de derecho de familia porque las SSTC 82/2016, de 28 de abril (*Tol 5792094*), 110/2016, de 9 de junio (*Tol 5753921*), y 192/2016, de 16 de noviembre (*Tol 5922198*)[27], declararon nulas por inconstitucionales la LREMV, la LUHFCV y la Ley 5/2011, de custodia compartida, respectivamente, y conllevaron la supresión del Derecho civil valenciano, en general, y del Derecho civil valenciano de familia, particularmente[28].

## *1. Las interpretaciones doctrinales y jurisprudenciales de los "derechos civiles, forales o especiales", del "allí" y del "existan"*

Si analizamos la competencia de la Comunidad Valenciana en materia de Derecho civil, debe tenerse en cuenta, por una parte, el artículo 149.1.8ª CE, y por otra, la norma que determine la asunción de competencias en el ámbito autonómico valenciano. El precepto constitucional, de compleja y criticada redacción, ha sido objeto de diversas interpretaciones doctrinales y jurisprudenciales por parte

27 STC 82/2016, de 28 de abril (*Tol 5792094*), la STC 110/2016, de 9 de junio (*Tol 5753921*) y la STC 192/2016, de 16 de noviembre (*Tol 5922198*), respectivamente.

28 Anteriormente, la STC núm. 121/1992 (*Tol 80731*), deroga el art. 2 la ya derogada Ley 6/1986, 15 diciembre, de Arrendamientos Históricos Valencianos (LAHV) cuya vigencia finalizó el 20/08/2013, por la ley 3/2013, de 26 de julio, de la Generalitat, de Contratos y otras Relaciones Jurídicas Agrarias, que la derogó completamente y ha dado a esta institución una nueva normativa que regula, por un lado, en su título I, las modalidades especiales del contrato de compraventa, prestando atención a las tradicionales venta a ojo y al peso junto con la figura del corredor y/ *alfarrassador*; y por otra, en su título II, la figura del arrendamiento histórico, anteriormente regulado por la antigua LAHAV. Junto a ello, se regulan también los censos (título III) y la costumbre del *tornallom*, en el título IV. Curiosamente, se respeta la vigencia y constitucionalidad de esta Ley de Contratos Agrarios que regula *ex novo* estas materias por lo que se advierte una postura contradictoria del Tribunal Constitucional que declara inconstitucionales las leyes de familia pero no la de contratos agrarios, en todo caso tan inconstitucionales como las otras. Parece que el Alto Tribunal ha admitido únicamente la *vía agro consuetudinaria*, con algunas licencias, como indica Blasco Gascó, F.: "La competencia", cit., pp. 23-24.

del Tribunal Constitucional que, como ya hemos señalado, conviene reseñar en lo que nos afecta a los valencianos.

Gran parte de la doctrina ha realizado un análisis sobre cuáles serían los "derechos civiles, forales o especiales" a los que la Constitución permite dictar normas de conservación, modificación o desarrollo, entendiendo la "existencia" del Derecho civil foral como vigencia actual y el "allí" como la porción de territorio donde estaba vigente a la entrada en vigor de la Constitución[29]; otra interpretación más amplia y que parece que sigue el Tribunal Constitucional es la que entiende que el adverbio "allí" se refiere a la presencia del Derecho civil foral en cada Comunidad Autónoma, por lo que ésta podría legislar sobre Derecho civil foral o especial siempre que en todo o en parte de su territorio hubiera uno vigente, sin tener que limitarse al ámbito territorial en que lo está[30]. Tal fue la postura del Tribunal Constitucional en la STC 182/1992, de 16 de noviembre (*Tol 81962*), en la que se resuelve el recurso de inconstitucionalidad planteado contra la Ley 2/1986, de 10 de diciembre, de prórroga en el régimen de arrendamientos rústicos para Galicia, al admitir una interpretación amplia y flexible de la expresión constitucional "derechos civiles, forales o especiales", y concluyendo que alcanza no sólo a aquellos Derechos civiles especiales que habían sido objeto de compilación al tiempo de la entrada en vigor de la Constitución, sino también a normas civiles de ámbito regional o local y de formación consuetudinaria preexistentes a la Constitución, por más que fueran aquellos derechos ya legislados, sin duda, los que se situaron como referencia principal para el constituyente a la hora de articular, en este punto, las competencias del Estado y las que pudieran ser asumidas por las Comunidades Autónomas en los Estatutos respectivos[31]. De acuerdo con esta postura jurisprudencial, los derechos civiles forales o especiales englobarían no sólo las normas escritas o recogidas en Compilaciones sino también las de origen consuetu-

---

29 *Vid.* Garrido Mayol, V.: "La competencia autonómica sobre Derecho civil. El singular caso valenciano", en *Libro homenaje al profesor Ubaldo Nieto de Alba* (dir. por U. Nieto Carol), vol. 3, Valencia, Tirant lo Blanch, 2020, p. 115-151.

30 *Vid.* en tal sentido, Amat Llombart, P.: "La competencia", cit., p. 7 y ss.

31 En la misma línea se pronunció el Tribunal Constitucional en la STC 121/1992, de 28 de septiembre (*Tol 80731*), sobre la constitucionalidad de determinados preceptos de la LAHV.

dinario, hasta donde debe entenderse el alcance y significado de la expresión "allí donde existan"; y es en este sentido, como debe entenderse el FJ 1 de la STC 88/1993, de 12 de marzo (*Tol 82111*)[32] cuando afirma que "el citado precepto constitucional, tras atribuir al Estado competencia exclusiva sobre la legislación civil, introduce una garantía de la foralidad civil a través de la autonomía política, garantía que no se cifra, pues, en la intangibilidad o supralegalidad de los derechos civiles especiales o forales, sino en la previsión de que los Estatutos de las Comunidades Autónomas en cuyo territorio aquéllos rigieran a la entrada en vigor de la Constitución puedan atribuir a dichas Comunidades competencia para su "conservación, modificación y desarrollo".

En consecuencia —y el dato no es menor— podría entenderse que la existencia de un Derecho foral no significa necesariamente vigencia actual sino que incluye, asimismo, una vigencia pasada[33] o al menos, es lo que se argumenta en la resolución de los recursos de otras Comunidades Autónomas distintas a la valenciana. Así el propio Tribunal Constitucional, en la STC 31/2010, de 28 de junio (*Tol 1880189*), sobre el Estatuto de Autonomía de Cataluña, avaló la actualización de derechos históricos en materia de Derecho privado cuando se incorporan a un Estatuto de Autonomía (al catalán sí, pero al valenciano no) aun cuando el régimen foral no esté vigente en el momento de la entrada en vigor de la Constitución, en lo que constituye un claro agravio respecto a la situación valenciana. La posición del Tribunal Constitucional no es de fácil comprensión en esta sentencia, porque si respecto a los derechos históricos vigentes en esta fecha no cabe hablar de actualización o recuperación de derechos históricos, sino simplemente de conservación, no se comprende por qué la sentencia admite la actualización de los no vigentes. No se comprende que Cataluña tenga a día de hoy un Código Civil repleto de normas sobre instituciones no vigentes en ese territorio cuando entró en vigor la Constitución y la Comunidad Valenciana no ¿otro agravio?[34].

---

32 STC, 88/1993, de 12 de marzo (*Tol 82111*), contra la Ley de las Cortes de Aragón 3/1988, de 25 de abril, sobre equiparación de los hijos adoptivos.

33 En el mismo sentido, Amat Llombart, P.: "La competencia", cit., p. 8.

34 En este sentido Xiol Rius, J. A.: "Reflexiones sobre", cit., p. 212 y ss., pone de manifiesto que dentro de la concepción residual, una vez reconocido el sistema de

No se comprende respecto del derecho valenciano, la argumentación del Tribunal Constitucional porque discurre de un modo totalmente opuesto al establecido para Cataluña; señala el Alto Tribunal en la mencionada STC 121/1992, de 28 de septiembre (*Tol 80731*), que la competencia de la Comunidad Valenciana para elaborar leyes civiles, se circunscribe a aquellas materias que fueran reguladas por normas forales consuetudinarias vigentes en el

---

Derecho civil autonómico, la jurisprudencia del TC compensa en cierto sentido su carácter estricto siguiendo un criterio muy amplio para determinarlas competencias normativas de las comunidades autónomas, fundada en el concepto constitucional de "desarrollo", que se interpreta como desarrollo orgánico; desarrollo fundado en la conexión con las instituciones forales; o desarrollo que tiene por objeto una innovación de las instituciones forales de acuerdo con los principios del Derecho foral. En su opinión, la Constitución permite que los Derechos civiles especiales o forales preexistentes puedan ser objeto no ya de "conservación" y "modificación", sino también de una acción legislativa que haga posible su crecimiento orgánico y reconoce, de este modo, no sólo la historicidad y la actual vigencia, sino también la vitalidad hacia el futuro, de tales ordenamientos preconstitucionales. [...] El término "allí donde existan" a que se refiere el art. 149.1.8 CE, al delimitar la competencia autonómica en la materia, ha de entenderse más por referencia al Derecho foral en su conjunto que a instituciones forales concretas. Entiende que las competencias autonómicas para "desarrollar", en lo que aquí interesa, el propio Derecho civil pueden dar lugar a la actualización y crecimiento orgánico de este y, en concreto, a la regulación de materias que, aun ausentes del texto originario de la Compilación correspondiente (en este caso de las Illes Balears), guarden una relación de conexión suficiente con institutos ya disciplinados en aquella o en otras normas integrantes del propio ordenamiento civil. Por lo que cabe que las Comunidades Autónomas dotadas de Derecho civil foral o especial regulen "instituciones conexas" con las ya reguladas en la Compilación, dentro de una actualización o innovación de los contenidos de esta según los principios informadores peculiares del Derecho foral. Cabe, pues, que las Comunidades Autónomas dotadas de Derecho civil foral o especial regulen instituciones conexas con las ya reguladas en la Compilación dentro de una actualización o innovación de los contenidos de esta según los principios informadores peculiares del Derecho foral. Así analizado formalmente, la vinculación del desarrollo orgánico del derecho propio con la existencia de una relación de conexión con las instituciones de derecho foral o especial se mantiene constante en la jurisprudencia constitucional. Pero no en todos los casos el Tribunal Constitucional alberga la misma concepción acerca del concepto de conexión. En los casos de Navarra, Aragón y Cataluña ha aplicado un concepto amplio de conexión entendida como relación con las materias reguladas en el sistema foral, recogidas posteriormente en las compilaciones.

momento de la entrada en vigor de la CE, así como a las que, sin estar previamente reguladas, estuvieran conectadas a ellas, es decir, que la recuperación y actualización de los antiguos Fueros, según el Tribunal Constitucional, no autoriza al legislador autonómico a exceder la competencia en materia de legislación civil que le permite la Constitución a las Comunidades Autónomas con Derecho civil propio, puesto que el ejercicio de las competencias propias y exclusivas del Estado, son indisponibles para el legislador estatutario. Al parecer, la Comunidad Valenciana no ha logrado probar la existencia de costumbres forales en materia de régimen económico matrimonial, uniones de hecho o relaciones paterno-filiales, luego las leyes civiles autonómicas que las regulan son inconstitucionales, por falta de competencia de la comunidad para legislar sobre ellas. Sin embargo, otras Comunidades Autónomas en situación semejante han visto consolidadas sus leyes al no haberse recurrido por inconstitucionalidad o por haberse retirado los recursos al efecto, hecho que obedece, sin duda, a la innegable arbitrariedad de los distintos gobiernos nacionales en la interposición y retirada de los recursos de inconstitucionalidad en la materia, lo que constituye, asimismo, un nuevo agravio a los valencianos[35].

---

35 En este sentido, resulta muy interesante el análisis de Cervilla Garzón, Mª. D.: *Una mirada al Derecho civil*, Valencia, Tirant lo Blanch, 2020, p. 246, para quien ciertamente, la situación actual en nuestro país precisa de una actuación contundente por parte de los órganos encargados de ello que no se constriñe únicamente a invitar al Tribunal Constitucional a cambiar su doctrina, poco clara, ambigua, y con resultados tan lamentables. A ello hay que unir las normas que regulan la legitimación para accionar ante el Tribunal Constitucional que han producido que, al mismo tiempo que normas dictadas por parlamentos autonómicos han sido declaradas total o parcialmente inconstitucionales por haber sido impugnadas, otras, con idéntico contenido, se encuentran actualmente vigentes, por no haber sido cuestionada su constitucionalidad, todo ello debido, en algunos casos, a la búsqueda de apoyos electorales o, posteriormente, socios de gobierno y que han convertido que esta materia se utilice como una "zanahoria" o "moneda de cambio". La autora critica que los recursos se interponen o se retiran por causas ajenas a las que deben guiar a los legitimados para ello, a los que la LOTC le "presume" la seriedad y el rigor que no han demostrado. Ni que decir tiene la incertidumbre que se genera y, en cualquier caso, la perplejidad para el ciudadano.

No se comprende tampoco, la falta de interpretación evolutiva por parte del Alto Tribunal, de la expresión "allí donde existan" del art. 149.1-8º CE si lo ponemos en relación con el art. 3 CC. Es decir, que el Tribunal Constitucional podía haber llevado a cabo una interpretación evolutiva (criterio de temporalidad) de este precepto constitucional pero no quiso. Aunque sí quiso, por el contrario, realizar una interpretación territorialmente extensiva de las leyes del País Vasco que tan sólo se aplicaban a una parte del territorio vasco. Pero en este caso, el Tribunal Constitucional no tuvo impedimento en que se extendieran territorialmente a toda esta Comunidad Autónoma. Y es nuevamente esta postura jurisprudencial la que genera un nuevo agravio comparativo. En tal sentido, MAS BADÍA, critica que el Tribunal se niegue a reinterpretar el art. 149.1.8ª CE sin considerar otras pautas más ajustadas al criterio sociológico del art. 3.1 CC y sin ofrecer resquicio alguno a la penetración en sus planteamientos tradicionales de la acción legislativa del Parlamento Autonómico y de las orientaciones revisadas en las nuevas versiones de los Estatutos de Autonomía, en concreto el valenciano. La evolución de la realidad social del tiempo en que debe ser aplicada la norma podría haber llevado a sustentar un cambio de orientación en la referida jurisprudencia constitucional, con una variación de criterio en teoría posible, aunque no probable en el momento de sentenciar si atendemos a todos los indicios[36].

---

36 Mas Badía, Mª. D.: "Luces y sombras de la ley de régimen económico matrimonial valenciano tras su declaración de inconstitucionalidad", *Revista Derecho Civil Valenciano*, núm. 19, 2016, p. 2, quien, añade que el Tribunal Constitucional no se encuentra autovinculado por sus propias decisiones de un modo absoluto, aunque la seguridad jurídica exige que no se aparte sin fundamento de la doctrina que haya establecido. Este fundamento podría encontrarse en la evolución de la realidad social, a la que no puede ser ajena la interpretación de las normas constitucionales. Antes bien, su adaptación a la misma puede ser garantía de su estabilidad. Podría en un momento dado llegar a plantearse el Alto Tribunal si la evolución de la cuestión, influida ¿por qué no? por la acción legislativa de las CCAA o, si se prefiere, manifestada en ésta, justifica, asimismo, una evolución de su interpretación del art. 149.1.8ª CE en un sentido autonomista o más autonomista, todo ello a salvo, por supuesto, de una eventual reforma constitucional.

## IV. PANORAMA PASADO Y PRESENTE DE LAS NORMAS DE DERECHO DE FAMILIA EN LA COMUNIDAD VALENCIANA

El panorama no puede ser más desalentador. Quizás debamos aplicar a esta cuestión la famosa frase de Dante Alighieri escrita en la puerta del infierno, en este caso, del infierno del Derecho civil valenciano: "Perded toda esperanza, vosotros los que entráis aquí"[37]. No es pesimismo, es realidad jurídica, parlamentaria y jurisprudencial.

### *1. El primer intento y la demoledora "tesis agro-consuetudinaria"*

Indiscutiblemente, el primer intento de regulación de una norma de Derecho civil foral valenciano lo constituye la LAHV. Aquí ya la Comunidad Valenciana sufrió un importante revés al señalar el Tribunal Constitucional en su STC 121/1992, de 28 de septiembre (*Tol 80731*), que el adecuado entendimiento del artículo 149.1.8° CE queda plasmado en el (antiguo) art. 31.2 del EACV, dado que la competencia exclusiva que allí se atribuye a la Generalidad en orden a la "conservación, modificación y desarrollo del Derecho civil valenciano" sólo puede estimarse referida al Derecho consuetudinario que subsistiera en el territorio de la Comunidad Autónoma, siendo notoria la inexistencia de toda regla escrita que antes de la Ley hoy impugnada, ordenara en dicho ámbito cualquier instituto civil de modo especial respecto al Derecho común, tras la abolición de los Fueros y hasta nuestros días; por tanto, el Tribunal Constitucional reconoce la competencia exclusiva sobre conservación, desarrollo y modificación del Derecho civil foral valenciano pero limitada al Derecho consuetudinario subsistente como presupuesto y límite de la competencia de la Generalidad Valenciana. Así la potestad de la Comunidad Valenciana quedó en vía muerta al permitirse que sólo se pueda legislar sobre una costumbre probada y del ámbito mínimo y estrictamente agrícola[38]. Así no es posible construir un derecho civil

---

37 Alighieri, D.: Divina Comedia, 1304-1308.

38 Los arrendamientos históricos, algunas compras de la naranja (venta *al ull* o estimada y venta *per arrovat* o al peso) y *res més* (nada más, en lengua valenciana).

valenciano por la vía exclusiva de las costumbres forales conservadas y probadas[39].

## 2. *Segundo y frustrante intento*

Así las cosas, el segundo intento aunque el primero de regulación de una norma de Derecho de familia valenciana lo constituye la LREMV[40] que fue redactada conforme a la competencia legislativa de la Comunidad Valenciana en relación con la recuperación del Derecho civil foral valenciano contenido tanto en el artículo 7 y 49 del vigente Estatuto de Autonomía de la Comunidad Valenciana, como en su Disposición Transitoria Tercera y constituye un claro ejemplo de recuperación o relanzamiento del Derecho Civil histórico valenciano[41]. Supuso para los valencianos, el cambio del régimen matrimonial supletorio de la sociedad legal de gananciales, al de separación de bienes. A su vez, con esta ley de régimen económico matrimonial se regulaba no sólo una tradición histórica del derecho valenciano[42] al recoger el tradicional régimen de germanía (comunidad conjunta o en mano común de bienes pactada entre los esposos en carta de nupcias o capitulaciones matrimoniales antes de contraer matrimonio, con ocasión de éste, o bien en cualquier momento con posterioridad, modificando o complementando aquellas, según el art.

---

39 Palao Gil, F. J.: "El Derecho", cit. pp. 87-128.

40 Posteriormente modificada por la Ley 8/2009, de 4 de noviembre, de modificación de la LREMV.

41 En el mismo sentido, *vid.* Amat Llombart, P.: "La competencia", cit., p. 14. Asimismo, Estellés Peralta, P. M.: "Los constantes intentos de mantener y desarrollar instituciones propias del Derecho civil y el suma y sigue del agravio jurisprudencial valenciano", en *De l'autogovern valencià en la memoria col·lectiva al Dret civil valencià i el ancoratge col·lectiu i singular en la globalització* (dir. por P. M. Estellés Peralta), Valencia, Tirant lo Blanch, 2021, pp. 148-188.

42 En la misma, el sistema económico matrimonial valenciano se apoyaba en tres presupuesto básicos del sistema: en primer lugar, la necesidad de cada matrimonio de regirse por un régimen económico matrimonial (arts. 3, 6 y 44 LREMV); en segundo lugar, que tal régimen económico matrimonial es el pactado por los futuros cónyuges o los ya cónyuges antes o durante el matrimonio(art. 4); y finalmente, que en defecto de pacto capitular o frente a su ineficacia, el régimen económico matrimonial de carácter legal y supletorio, sería el de separación de bienes (arts. 6 y 44 y ss.).

38.1 LREMV), adaptada a los principios constitucionales de igualdad entre los cónyuges, sino una evolución en los roles de la pareja del siglo XXI como ponen de manifiesto las estadísticas en materia de régimen económico matrimonial que indican una tendencia al cambio desde el régimen legal de gananciales al de separación de bienes. Además, la LREMV mantenía una conexión con el Derecho Foral valenciano constante a lo largo de todo su articulado y no sólo con referencia a figuras históricas como la germanía, las donaciones *propter nupcias* y universales o la carta de nupcias[43], sino que les daba carácter especial valenciano y singularidad histórica en un claro intento de recuperación de los contenidos de los Fueros del Reino de Valencia en plena armonía con la Constitución y realidad social y económica valenciana[44].

---

43 Como pone de manifiesto Clemente Meoro, M.: "Sobre el posible régimen económico matrimonial valenciano" en *Un Derecho civil valenciano posible. Propuestas legislativas y proyección de futuros* (dir. por J. Palao Gil), Valencia, Tirant lo Blanch, 2021, pp. 77 y ss., p. 88.
La novedad más importante introducida por la LREMV, fue la instauración de un régimen de separación de bienes como régimen legal supletorio de primer y único grado, sobre la base del entronque con el Derecho foral valenciano. Pero como la propia Exposición de Motivos de la LREMV señalaba, el régimen económico de nuestro Derecho foral no era simplemente el de separación absoluta, sino un régimen dotal, esto es, un régimen en el que no había un patrimonio común, pero sí una masa patrimonial, aportada por la mujer u otra persona por ella, para hacer frente al levantamiento de las cargas del matrimonio. Su origen estaba en el matrimonio *sine manu* romano, en que, al igual que en el Derecho catalán, balear y valenciano, el marido era el único obligado al levantamiento de las cargas del matrimonio, pero para ello se constituía por la mujer o por otra persona en s nombre la dote o *exovar*, constituida por bienes que administraba el marido y que tenían que ser restituidos a la mujer u otros sujetos a la disolución del vínculo. Por su parte, también existía la dote del marido, aumento de dote o contradote, denominada *creix* en los Furs, que era la cantidad que aquel prometía a la mujer por razón de su virginidad —estaba prohibida desde 1329 para el matrimonio con mujer viuda— y que seguía la suerte de la dote, pues se pagaba a la mujer al disolverse el matrimonio, en un claro ejemplo de discriminación hacia la mujer, propia de aquellos tiempos.

44 *Vid.* Moliner Navarro, R.: "El razonable ejercicio de la competencia por parte del legislador valenciano en materia de Derecho civil: las tres primeras leyes civiles forales", en F. J. Palao Gil *et. al.*, *Cuatro estudios sobre la competencia de la Generalitat Valenciana para legislar en materia de Derecho civil*, Valencia, Tirant lo Blanch, 2013, pp. 217-380, y Amat Llombart, P.: "La competencia", cit., p. 15, para quien la adecuación a la realidad social del tiempo presente podría estar

Pese a ello, se declaró inconstitucional por la STC 82/2016, de 28 de abril (*Tol 5792094*). Señala la Sentencia que declara su nulidad total, que la citada competencia legislativa autonómica únicamente se refiere a la "conservación" que permite "la formalización legislativa de costumbres efectivamente vigentes en el propio ámbito territorial", a la "modificación" que posibilita la reforma de esa norma anterior y al "desarrollo" que habilita para "una ordenación legislativa de ámbitos hasta entonces no normados por aquel Derecho", entendiendo, por ende, que se regulen instituciones conexas a las ya existentes[45] dentro de una tarea de actualización o innovación de sus contenidos, pero sin que ello signifique una competencia legislativa civil ilimitada que iría en contra de lo dispuesto en el artículo 149.1.8 CE[46]. Así las cosas, el Tribunal Constitucional se planteó, si el régi-

---

representada por la reinstauración del régimen de separación de bienes como derecho supletorio de primer grado, a falta de capitulaciones o carta de nupcias, para los matrimonios entre valencianos, en sustitución de lo que resultaba de la aplicación del Derecho civil común, esto es, la sociedad de gananciales.

45 Milz Ramón, J.: "¿Derecho civil valenciano? Hay que cambiar el artículo 149.1.8° de la Constitución" en ValenciaPlaza, 15/11/2016, en https://valenciaplaza.com/derecho-civil-valenciano-hay-que-cambiar-el-articulo-14918-de-la-constitucion (consultado el 10/febrero/2023), se pregunta ¿qué grado de conexión debe exigirse con la normativa foral ya existente? Nos está diciendo el Tribunal Constitucional que la regulación, por ley o costumbre, de una sola institución, o de varias, como es el caso de los arrendamientos históricos, no bastará para regular cualquier otra institución de Derecho civil. Y de nuevo surge la pregunta de ¿cómo se define el grado de conexión con las instituciones preexistentes que autoriza a regular otra? Porque en Galicia, los cuatro artículos que al derecho de labrar y poseer dedicaba su Compilación de Derecho civil, vigente al tiempo de promulgarse la Constitución española, han permitido una casi completa regulación de la materia hereditaria en dicha Comunidad; y ... en otras Comunidades, las iniciales especialidades que antes de la Constitución recogían sus normas de Derecho civil, al socaire de la expresión "conservación" y "desarrollo" se han convertido en la génesis de un completo sistema de Derecho civil propio. Entonces, ¿cómo interpretar dicha conexión? ¿dónde está el límite? Por qué no plantearnos, en una reducción al absurdo, que, siendo el arrendamiento un contrato, podría éste servir de conexión para regular cualesquiera otros contratos y obligaciones, y si dando lugar aquél a una relación posesoria, nos permitiría regular ésta y consecuentemente también el dominio y otros derechos reales, etc.

46 Guillen Catalán, R.: "La inconstitucionalidad del régimen económico matrimonial valenciano. Comentario a la STC 82/2016, de 28 de abril", *Revista Derecho Civil Valenciano*, núm. 19, 2016, pp. 1-14.

men económico matrimonial, o bien otra institución civil diferente a la regulada pero "conexa" con ella, pertenecía o no a su derecho consuetudinario y entendió que no quedaba acreditada la vigencia de las costumbres contenidas en la LREMV[47]. Por consiguiente, declaró la falta de competencia de la Comunidad Valenciana para regular la materia comprendida en la Ley recurrida al no concurrir los requisitos que exige el artículo 149.1.8 CE y, por tanto, la inconstitucional de la LREMV y con ello, se truncó la reinstauración de la tradición jurídica del que hubiera sido el régimen matrimonial de los valencianos de no haberse producido de abolición de los Fueros en 1707 por los Decretos de Nueva Planta[48].

Sin embargo, si atendemos a la Disposición final 4ª de dicha LREMV que estableció que su entrada en vigor debía de producirse el día 25 de abril de 2008, coincidiendo con el aniversario de la Batalla de Almansa (25 de abril 1707), dicha entrada en vigor se tuvo que demorar varios meses como consecuencia del recurso de inconstitucionalidad presentado por el Gobierno de España. Cuando el recurso fue admitido a trámite por el Tribunal Constitucional el 17 de abril de 2008, de acuerdo con lo dispuesto en el art. 30 de la Ley Orgánica del Tribunal Constitucional, ello provocó la suspensión cautelar de la entrada en vigor de la LREMV. Suspensión que se levantó apenas dos meses después, en virtud del Auto de 12 de junio de 2008, de suerte que la LREMV comenzó a regir en la Comunidad Valenciana a partir del día siguiente de la publicación de este Auto en el BOE (núm. 157) de 30 de junio de 2008, esto es, entrando en vigor desde 1 julio 2008 hasta el día 31 de mayo de 2016[49]. En consecuencia, los matrimonios celebrados en la Comunidad Valenciana, sin capitulaciones, hasta el día 30 de junio de 2008, se celebran bajo el régimen

---

47 Así el FJ 6 de la STC 82/2016, de 28 de abril (*Tol 5792094*): "En suma, a la vista de las circunstancias concurrentes y de las razones expuestas, hemos de concluir que en este caso no se ha aportado prueba que permita apreciar la concurrencia de los requisitos que el art. 149.1.8ª CE exige a la Comunidad Autónoma de Valencia para legislar un régimen económico matrimonial propio, en uso de su competencia para conservar, desarrollar o modificar su propio Derecho civil valenciano".

48 En el mismo sentido, Amat Llombart, P.: "La competencia", cit., p. 15.

49 Téngase en cuenta que la sentencia que anula la LREMV es de fecha 28 de abril de 2016.

legal de gananciales del Código Civil; los celebrados entre el 1 de julio de 2008 y 31 de mayo de 2016, lo son en régimen legal valenciano de separación de bienes; y, finalmente, los celebrados a partir del 1 de junio de 2016 en adelante, se sujetan al régimen de gananciales del Código Civil nuevamente. Así pues, la norma se aplicó durante varios años por lo que en relación a los efectos producidos por la inconstitucionalidad de esta norma y su consecuente nulidad, el propio Tribunal Constitucional resolvió que no afectara a las situaciones jurídicas consolidadas, es decir, que no afectara a los matrimonios contraídos durante la vigencia de la norma. El razonamiento de esta medida descansó al entender del Tribunal Constitucional, en que si durante la vigencia de la LREMV que se declaró inconstitucional, los cónyuges sujetos al Derecho civil foral valenciano no hicieron uso de su facultad de capitulación, se debe a su voluntad de someterse al régimen subsidiario de primer grado (separación de bienes) que aquélla establecía[50].

### *3. Tercer intento fallido*

Un nuevo intento para legislar en materia civil por la Comunidad Valencia, lo constituye la Ley 5/2011, de 1 de abril, de Relaciones Familiares de los Hijos e Hijas cuyos Progenitores no Conviven conocida como Ley de custodia compartida por motivos obvios. Fue una ley pionera en España cuyo propósito era regular las relaciones de los progenitores con sus hijos cuando no convivan con ellos, principalmente en aquellas situaciones que deriven de una ruptura matrimonial. La Ley se aparta para ello de la regulación del Código Civil, intentando, al mismo tiempo que se apliquen los principios de igualdad entre los progenitores e interés del menor[51], por lo que parte de que inicialmente ambos progenitores son los que deben establecer las pautas de convivencia que sean necesarias para relacionarse con

---

50 *Vid.* sobre esta cuestión, Mas Badía, Mª. D.: "Las leyes civiles valencianas declaradas inconstitucionales siguen produciendo efectos" en *De l'autogovern valencià en la memoria col·lectiva al Dret civil valencià i el ancoratge col·lectiu i singular en la globalització* (dir. por P. M. Estellés Peralta), Valencia, Tirant lo Blanch, 2021, pp. 274-304.

51 *Vid.* al respecto, Mas Badía, Mª. D.: "Las leyes", cit.

sus hijos puesto que se entiende que ello es lo más conveniente para el desarrollo psicológico y afectivo del menor. Únicamente, a falta de pacto expreso entre ambos progenitores, cuando no haya acuerdo, que se atribuirá la custodia a uno de ellos por parte de la autoridad judicial, previa presentación del pacto de convivencia familiar. Así pues, puede afirmarse que la Ley de custodia compartida fue una ley pionera que estableció la custodia compartida como regla general en lugar de la custodia monoparental poniendo el acento en el interés superior del menor valenciano. Esta ley supuso un avance en las relaciones paterno-filiales en situación de crisis familiar. Tal es así que el Tribunal Supremo en su interpretación del art. 92 CC la valoró como normal y deseable[52].

Sin embargo, la STC 192/2016, de 16 de noviembre (*Tol 5922198*), privó a la Comunidad Valenciana de una norma reguladora de soluciones más avanzadas[53] que la normativa del Código Civil en favor de los menores en los casos de crisis familiar[54], la Ley 5/2011, de custodia

---

52 Estellés Peralta, P. M.: "Reflexiones en torno a la situación actual del Derecho foral valenciano en materia de familia: estudio especial de la patria potestad y la custodia compartida del menor valenciano", en *De l'autogovern valencià en la memoria col·lectiva al Dret civil valencià i el ancoratge col·lectiu i singular en la globalització* (dir. por P. M. Estellés Peralta), Valencia, Tirant lo Blanch, 2021, pp. 245-273.

53 Fue una ley pionera que estableció la custodia compartida como regla general en lugar de la custodia monoparental poniendo el acento en el interés superior del menor valenciano. A este respecto, se pretendió aportarle la mayor seguridad en los aspectos concernientes a su entorno y a su vida afectiva y social, evitando simultáneamente que el menor se convirtiera en moneda de cambio entre ambos progenitores, pretendiendo finalmente, una adecuación de la normativa a la realidad de las relaciones familiares. El propósito del primer precepto de esta Ley fue regular los aspectos concernientes a la convivencia y a las relaciones familiares, así como a las cuestiones patrimoniales derivadas de dicha situación, siempre que se tratase de menores, sin importar el vínculo previo que unía a los progenitores. El criterio que inspiró a la Ley valenciana es que ambos progenitores debían tener derecho a visitar o guardar a sus hijos, en el desarrollo de una relación afectiva y personal con ellos, sin que se les pongan trabas o impedimentos para poder compartir el mayor tiempo posible con sus hijos.

54 Estellés Peralta, P. Mª.: "Presente y futuro en la búsqueda del interés del niño valenciano en situaciones de crisis familiar" *Revista Boliviana de Derecho*, núm. 24, julio 2017, pp. 76-97, p. 78, pone de manifiesto que tras estas tres sentencias del Tribunal constitucional, la Comunidad Valenciana, pionera en materia de corresponsabilidad parental ha quedado privada total y definitivamente de sus avanzadas normas de Derecho de familia y de la posibilidad de regular otras nuevas.

compartida, se derogó por la imposibilidad de probar la pervivencia y aplicación de especiales reglas en materia de relaciones paterno-filiales en vigor al tiempo de aprobarse la Constitución. Resultó insuficiente, al efecto, la conexión entre los antiguos y derogados *Furs* del Reino de Valencia y las relaciones paterno-filiales reguladas en la ley impugnada, pues lo que debía probarse era la pervivencia en 1978 de las costumbres que pudieran servir de punto de conexión, cuestión que no fue demostrada, lo que condujo inevitablemente a la declaración de inconstitucionalidad del conjunto de la Ley[55]. Así, la doctrina de nuestro Tribunal Constitucional sobre el sentido de los términos "conservación", "modificación" y "desarrollo", resultó demoledora porque reiteró que el techo competencial en materia de Derecho civil lo constituía el art. 149.1.8 de la Constitución sin que pudiera ser alterado por disposiciones estatutarias, jerárquicamente subordinadas a la Constitución española, que autorizasen a un ejercicio más amplio de la competencia legislativa sobre Derecho civil, esto es, más allá del conservar, modificar y desarrollar que pueden acometer aquellas Comunidades Autónomas donde existiera un Derecho civil propio al tiempo de promulgarse la Constitución. De ahí que —al decir del Tribunal—, "la llamada a recuperar y actualizar los antiguos Fueros no autorizaba al legislador autonómico a exceder la competencia en materia de legislación civil que el art. 149.1.8ª CE permite a las Comunidades Autónomas con Derecho civil propio, más allá del cual se encuentra la competencia indisponible del Estado"[56].

---

55 No exento de polémica, asimismo, el voto particular del Magistrado J. A. Xiol Ríus, que discrepa del sentir mayoritario de la Sala, argumentando las mismas razones que ya expuso en las anteriores STC 82/2016, de 28 de abril (*Tol 5792094*) y STC 110/2016, de 9 de junio (*Tol 5753921*), y que pueden sintetizarse en los siguiente: a) que la regulación normativa valenciana ahora controvertida se funda en una competencia reconocida inequívocamente en la reforma del Estatuto de Autonomía de la Comunidad Valenciana; b) que los derechos históricos en materia de instituciones privadas son reconocidos por el Tribunal Constitucional cuando se consagran en un estatuto de autonomía, y c) que aunque no fuera así, dentro de las competencias ordinarias en materia de Derecho civil, la Comunidad Valenciana puede regular esta materia.

56 Fundamento jurídico 4 de la STC 192/2016, de 16 de noviembre (*Tol 5922198*). Como se señala en la STC 82/2016, de 28 de abril (*Tol 5792094*) en su FJ 6, "tal competencia legislativa sólo puede tener por objeto las probadas y subsistentes costumbres forales que se hayan observado en deter-

## *4. Penúltimo intento*

Y por último, la Ley 5/2012 de uniones de hecho formalizadas de la Comunidad Valenciana o LUHFCV, que fue una norma dictada al amparo de las competencias exclusivas que el artículo 49.1.1ª y 2ª del Estatuto de Autonomía de la Comunidad Valenciana que otorga a la Generalitat la competencia exclusiva sobre la conservación, desarrollo y modificación del Derecho civil foral valenciano, así como competencia sobre "organización de sus instituciones de autogobierno, en el marco de este Estatuto"[57]. Pese a ello, la STC, 110/2016, de 9 de junio (*Tol 5753921*), estimó en parte el indicado recurso de inconstitucionalidad y declaró la inconstitucionalidad y nulidad de varios, pero curiosamente, no todos los artículos de la Ley 5/2012, de 15 de octubre, de uniones de hecho formalizadas de la Comunidad Valenciana; concretamente, los preceptos de contenido civil, esto es, los arts. 1.1, 2, 6, 7, 8, 9, 10, 11, 12, 13 y 14; el resto del articulado de la Ley queda en vigor al considerarse "competencialmente neutros" o referirse a otras competencias autonómicas de carácter sectorial. En el FJ 4, c) de la citada sentencia se señala que la llamada a recuperar y actualizar los antiguos fueros no autoriza al legislador autonómico a exceder la competencia en materia de legislación civil que el art. 149.1.8ª CE permite a las Comunidades Autónomas con derecho civil propio, más allá del cual se encuentra la competencia indisponible del Estado[58]. Esta sentencia, recoge a su vez la argumentación esgrimida por el Tribunal Constitucional en la STC 82/2016, de 28 de abril (*Tol 5792094*), muy cercana en el tiempo, y que se reitera en la necesidad de la preexistencia de un Derecho civil propio

---

minadas zonas del territorio autonómico, siendo vetado a la Comunidad Autónoma valenciana, crear un Derecho civil *ex novo*".

57 Como antecedentes normativos de la vigente Ley 5/2012 figura, en primera instancia, el Decreto 250/1994, de 7 de diciembre, por el que se creó el Registro de uniones de hecho formalizadas de la Comunidad Valenciana, que fue desarrollado mediante Orden de 15 de febrero de 1995, de la Conselleria de Administración Pública. Más tarde, la Ley 1/2001, de 6 de abril, de la Generalitat, por la que se regularon las uniones de hecho, reguló esta materia y no fue objeto de ningún recurso ni declaración de inconstitucionalidad.

58 Conviene señalar que no hay actualmente una ley nacional que regule las uniones de hecho; tan sólo leyes sectoriales como las que regulan el derecho a la subrogación en el arrendamiento o la pensión de viudedad de la pareja de hecho.

anterior a la entrada en vigor de la Constitución Española de 1978, bien se trate de normativa foral en forma de ley compilada o bien de normas consuetudinarias subsistentes en la Comunidad Autónoma; y concluye el Tribunal que en relación con la Comunidad Valenciana, la existencia de un régimen consuetudinario previo de una determinada institución, la convivencia *more uxorio* en este caso, se erige a la vez en presupuesto y límite para el ejercicio de la competencia en materia de Derecho civil[59]. Por tanto, continúa argumentando el Tribunal Constitucional, en su FJ 6 que la primera de esas dos posibilidades puede claramente descartarse en este caso porque el propio legislador reconoce en el primer párrafo del preámbulo de la Ley recurrida, Ley 5/2012, que las formas de convivencia *more uxorio* han aparecido solamente en los últimos años y por tanto, sería inútil buscar en los antiguos fueros, o en las costumbres de ellos derivadas, una institución legitimadora de la regulación. En cuanto a la mención que se hace en ese mismo preámbulo a la Ley 1/2001, de 6 de abril, de la Generalitat, por la que se regulan las uniones de hecho, como antecedente de la Ley 5/2012, esa Ley previa tampoco puede servir de cobertura a la nueva, pues también la "modificación" del Derecho civil foral o especial está sujeta al presupuesto y límite general de la preexistencia de un régimen consuetudinario sobre la institución impuesto con carácter general por la Constitución. Ciertamente, en este caso, es la razonable la argumentación jurisprudencial debido a la ausencia de costumbre probada preexistente a la Constitución porque a diferencia de lo sucedido con los arrendamientos históricos, la existencia y contenido de esas costumbres sí es aquí "dudosa".

A la vista de lo analizado, podemos sintetizar que no sólo se ha producido la declaración de inconstitucionalidad de la legislación civil autonómica valenciana, especialmente, en materia de derecho de familia, sino la imposibilidad para legislar sobre cualquier materia que hubiera formado parte del Derecho histórico del Antiguo Reino de Valencia, que, como es sabido, fue derogado por Felipe V a través del Decreto de Nueva Planta de 29 de junio de 1707. Y todo ello pese al reformado Estatuto de Autonomía por la Ley Orgánica 1/2006, de 10 de abril, si al tiempo de la entrada en vigor de la Constitución

---

59 *Vid.* Amat Llombart, P.: "La competencia", cit. p. 20.

española no estuviera regulada por una costumbre probada y vigente en su ámbito territorial.

En consecuencia, y pese a los reiterados intentos de la Comunidad Valenciana para regular de manera correcta y adecuada cuestiones relacionadas con el Derecho de familia de los valencianos, ello ha resultado ser un esfuerzo ímprobo por consolidar la competencia de la Generalidad en materia de Derecho civil foral valenciano pese a su reconocimiento por nuestro Estatuto de Autonomía. El resultado ha sido muy negativo debido a las sentencias comentadas[60]. En ellas, el planteamiento del Tribunal Constitucional no cuestionó el contenido, conveniencia e idoneidad de las normas de Derecho valenciano que anuló sino que se limitó a anularlas por la falta de competencia de la Comunidad Valenciana para regular estas materias, con un claro resultado de agravio comparativo con otras comunidades autónomas más favorecidas y con una indiscutible pobreza argumental que se desprende, no sólo de la escasísima extensión de la fundamentación jurídica de las sentencias sino también del cuestionable trasfondo político de las resoluciones emanadas del Tribunal Constitucional[61].

---

60 Destaca la opinión de Izquierdo Tolsada, M.: "Sentencia del Tribunal Constitucional 31/2010, de 28 de junio de 2010 (Competencia en materia civil de la Generalitat Catalana)", en *Comentarios a las sentencias del Tribunal Constitucional en materia civil* (coord. por L. Martínez Vázquez De Castro y P. Escribano Tortajada), Valencia, Tirant lo Blanch, 2016, pp. 571-619, p. 335, para quien no deja de llamar la atención que Cataluña tenga a día de hoy un Código Civil repleto de normas sobre instituciones que ni de lejos formaban parte del Derecho que estaba vivo en ese territorio cuando llegó la Constitución. Ni en ese "acervo normativo o consuetudinario" previo ni en "otra institución civil diferente a la regulada pero conexa con ella" encontrábamos allí normas sobre clases de posesión, o sobre el derecho de retención, o sobre las categorías de bienes o de frutos, por ejemplo.

61 *Vid.* al respecto Castillo Martínez, C. del C.: "Derecho foral valenciano y Derecho civil valenciano. Reflexiones para una recuperación y desarrollo constitucional de nuestro derecho", *Actualidad Jurídica Iberoamericana*, núm. 12, febrero 2020, pp. 866-889, p. 868.

## V. ¿CÓMO RECUPERAR LOS DERECHOS RECONOCIDOS Y SUPRIMIDOS?

Es una evidencia que el Derecho Civil valenciano se aplicó por virtud de la LREMV, de la Ley de custodia compartida y de la LUHFCV, entre 2008 y 2016 y que todavía afecta a 300.000 valencianos que constituyeron relaciones jurídicas al amparo de estas leyes. A saber, los 250.000 casados entre el 1 de julio de 2008 y el 31 de mayo de 2016 mantienen el régimen económico matrimonial de separación de bienes previsto en la LREMV; además, a 15.000 parejas se les continúa aplicando la Ley valenciana de custodia compartida y más de 25.000 valencianos que conviven como unión de hecho, mantienen efectos civiles, de los cuales carecen las nuevas uniones de hecho constituidas a partir del 15 de julio de 2016.

Por otra parte, la Constitución, tanto en su literalidad como en su espíritu, reconoce el foralismo y el ejercicio de la competencia en Derecho Civil foral contemplando dos niveles competenciales: los de las comunidades autónomas con Derecho Civil propio y las que no tienen. Es la interpretación rígida del Tribunal Constitucional la que ha hecho del Derecho Civil foral valenciano un tercer nivel, un caso único en el que existe el reconocimiento, pero es prácticamente inaplicable fuera del ámbito agrario[62]. El Tribunal Constitucional realiza una lectura de la Constitución que parte de unas premisas historicistas, por las que los valencianos no tenemos derecho a recuperar y actualizar el Derecho Civil foral porque, a diferencia de otras comunidades autónomas a las que se devolvió la normativa foral propia, a nosotros no se nos devolvieron los Fueros tras el Decreto de Nueva Planta, aunque nunca se ha dejado de pedir por los juristas, políticos e historiadores valencianos de diferentes tendencias. El resultado ha sido la nulidad de las leyes civiles valencianas y el vaciamiento de facto de los contenidos del EACV respecto a la capacidad

---

62 En la Exposición de Motivos de la Proposición de Reforma, BOCG-14-B-61-1, 28 de febrero de 2020. *Vid.*, asimismo, Chirivella Vila, J. R.: "La reforma constitucional, singularidad y motivación de la vía elegida por les Corts Valencianes para legislar en materia civil", en *De l'autogovern valencià en la memoria col·lectiva al Dret civil valencià i el ancoratge col·lectiu i singular en la globalització* (dir. por P. M. Estellés Peralta), Valencia, Tirant lo Blanch, 2021, pp. 207-244, en p. 232.

legislativa civil. Todo ello desvirtúa la competencia en Derecho civil y da lugar a una grave contradicción con la literalidad de las previsiones estatutarias, con fuerza normativa de ley orgánica, como el preámbulo y los arts. 7, 49 y la Disposición Transitoria 3°, que aluden a que el desarrollo legislativo de la Generalitat Valenciana "procurará la recuperación de los contenidos de los Fueros del histórico Reino de Valencia"[63].

Es por ello que, tras las sentencias dictadas por el Tribunal Constitucional, son posibles varias vías en defensa del Derecho Civil foral valenciano para cumplir con el mandato del EACV.

## *1. ¿Por qué y para qué recuperar el Derecho civil valenciano?*

La recuperación del Derecho civil valenciano, que ha sido negada reiteradamente, supondría un avance para los valencianos pues el Derecho civil es el derecho más cercano al ciudadano, a la persona, a sus relaciones familiares. Como ya analizamos, el Derecho civil valenciano es una seña de identidad del pueblo valenciano. Tiene su fundamento en los *Furs*, en la *Costum* del siglo XIII. No supone un privilegio ni un trato diferenciado ni preferente para los valencianos porque el derecho civil es plural en España: Ya he mencionado que coexisten derechos civiles en seis Comunidades Autónomas junto al Código Civil, por lo que tampoco supone —ni se pretende— una quiebra de la Nación española sino la aplicación de un derecho cercano al valenciano, como lo hacen en otras comunidades autónomas con menos raigambre histórica. Este no es un problema de nacionalismos ni separatismos, ni mucho menos. Se trata de la reivindicación del reconocimiento de unos derechos (civiles forales) en el marco de la Constitución española y la legalidad vigente, también del Estatuto de Autonomía de la Comunidad Valenciana, que es ley orgánica.

---

63 En Chirivella Vila, J. R.: "La reforma", cit., p. 233. Asimismo, García Mengual, F.: "La reivindicació del Dret civil valencià en l'ambit parlamentari: de l'estudi a la reforma constitucional", en *De l'autogovern valencià en la memoria col·lectiva al Dret civil valencià i el ancoratge col·lectiu i singular en la globalització* (dir. por P. M. Estellés Peralta), Valencia, Tirant lo Blanch, Valencia, pp. 189-206, en p. 205.

## 2. *Posibilidades de solución y recuperación del Derecho civil valenciano*

Tras la aprobación del EACV de 2006 y las leyes civiles forales valencianas en ejercicio de la competencia que aquel otorgaba, la interposición de los distintos recursos de inconstitucionalidad contra las leyes valencianas por los Presidentes de los sucesivos Gobiernos de España provocan un sentimiento de agravio y decepción en los valencianos. En consecuencia, se inicia una etapa reivindicativa de las Cortes Valencianas que exige la retirada de los recursos y el respeto a las competencias dimanantes del EACV[64]. No sirvió de nada.

Como consecuencia de este vaciamiento competencial y de las trabas jurídico políticas a la viabilidad de las competencias de la Comunidad Valenciana en este ámbito, se encargó por Les Corts a la Comisión de Codificación Civil Valenciana un estudio/informe sobre la viabilidad de las posibles vías para garantizar y desarrollar dichas competencias. Al efecto, se replantearon otras posibles vías alternativas[65] (Ley Marco del art. 150.1 CE, Ley de Transferencia o delegación de competencias estatales contempladas en el art. 150.2 CE, la reforma constitucional de la redacción del art. 149-1-8ª o de la Disposición Adicional 2ª CE)[66]. Otro sector doctrinal apunta a una posible derogación del Decreto de Nueva Planta que abolió los *Furs* (29 junio 1707), pretensión sin fundamentos ni consecuencias jurídicos.

---

64 García Mengual, F.: "La reivindicació", cit., p. 205.

65 "Informe técnico sobre las posibles opciones jurídicas para garantizar la competencia de les Corts Valencianes para legislar y desarrollar el Derecho civil propio en virtud del ejercicio del autogobierno" de 23 de febrero de 2017.

66 La utilización de cualquiera de estas vías supone para Chirivella Vila, J. R.: "Tentativas de reforma constitucional en la XIV Legislatura de las Cortes Generales: devenir parlamentario de la reforma constitucional para la reintegración efectiva del Derecho civil foral valenciano en el periodo 2020-2023", en *Ensanchando los horizontes del autogobierno* (coord. por M. Vivancos Comes), Valencia, Tirant lo Blanch, 2024, pp. 337-403, en p. 365, ir en contra de los actos propios, puesto que implica aceptar la doctrina actual del Tribunal Constitucional, y, por tanto, en puridad, consentir que se trata de una competencia estatal, pese a que el Estatuto está vigente y no se recurrió su contenido material respecto a su naturaleza como competencia "propia".

## A) La vía de las transferencias o cesión de competencias (art. 150.2 CE)

El Estado puede transferir o delegar en las Comunidades Autónomas, mediante ley orgánica, facultades correspondientes a materia de titularidad estatal (art. 150. 1 y 2 CE). Pero para realizar la transferencia, no basta con que la competencia sea estatal, sino que la materia debe poder ser transferible por su naturaleza. Además, en estos casos no se trataría de una competencia propia de la Comunidad Valenciana por lo que podría ser revocada en cualquier momento[67].

De aceptarse esta vía, un sector doctrinal considera que la objeción más relevante a la misma es que se trataría de una actuación contraria a la unanimidad política y social existente hasta la fecha. Además, la aceptación de la delegación de competencias para legislar en materia de derecho civil constituiría una cesión de autogobierno. Asimismo, se considera que aceptar la transferencia conllevaría una reforma encubierta del Estatuto de Autonomía, con el consiguiente incumplimiento de los trámites previstos en el artículo 81 EACV[68]. Lo cierto es que con las leyes de delegación o transferencia, se transfiere el ejercicio de la competencia pero ¿no sigue siendo la titularidad del Estado?

## B) La vía de la reforma constitucional

Así las cosas, la vía de la adecuación del texto constitucional es uno de los caminos que puede utilizar el legislador valenciano (el más lento pero más seguro o garantista, de llevarse a cabo) para corregir la incongruencia de disponer de una competencia nominal prácticamente vacía de contenido y corregir una injusticia histórica en el ámbito del Derecho privado, que conservaron Mallorca y Cataluña y recuperó Aragón en 1711 pese a la Nueva Planta[69].

---

67 *Vid.*, Chirivella Vila, J. R.: "Alternativas a la reforma constitucional para la reintegración efectiva del Derecho civil foral valenciano", Revista Jurídica de la Comunidad Valenciana, núm. 86, 2023, pp. 9-56.

68 Chirivella Vila, J. R.: "Tentativas de", cit., p. 365.

69 Chirivella Vila, J. R.: "La reforma", cit., p. 234.

Los partidarios de esta vía pretenden una reforma constitucional limitada: que no afecta a la estructura institucional ni supone asumir mayor autogobierno, sino que se trata de recuperar la competencia para legislar en materia de Derecho civil, que es derecho privado, y que sí se permite a otras comunidades autónomas. De esta manera, se plantea una reforma bien de la redacción del artículo 149.1.8ª CE[70] o bien incorporando un nuevo apartado 3 a la Disposición Derogatoria de la Constitución[71] o mediante una nueva redacción de la Disposición Adicional Segunda, todo ello sin perjuicio de poder acudir transitoriamente a los apartados 1 o 2 del artículo 150 de la Norma Suprema, con preferencia, en tal caso, por el instrumento de la ley orgánica de transferencias o delegación.

Cualquiera de estas reformas pretende garantizar la viabilidad y eficacia de un Estatuto de Autonomía aprobado por Congreso y Senado que dota de capacidad legislativa civil plena a les Corts Valencianes, atendiendo a las demoledoras sentencias dictadas por el Tribunal Constitucional, la vía más adecuada (y difícil) que tenemos los valencianos y las valencianas en defensa de nuestro Derecho Civil foral valenciano y de nuestro autogobierno. La vía elegida como más aceptable por Les Corts fue la de dar nueva redacción a la Disposición Adicional Segunda de la Constitución[72] como la mejor opción

---

70 Con la siguiente redacción: "Legislación civil; sin perjuicio de la conservación, modificación y desarrollo por las Comunidades Autónomas de los derechos civiles, forales o especiales, allí donde existan o hayan existido con general aplicación en los territorios de los que sean herederas las Comunidades Autónomas a los que les fue derogado como consecuencia directa de acontecimientos históricos incompatibles con los principios y valores constitucionales siempre que tales Comunidades hubieran asumido la competencia en sus respectivos Estatutos de Autonomía que ejercerán a partir de las instituciones civiles forales debidamente adaptadas a los principios y valores constitucionales. En todo caso,…".

71 "En tanto en cuanto pudiera conservar alguna vigencia, se considera definitivamente derogados los Decretos de 29 de junio y de 29 de julio de 1707 en lo que pudieran afectar a la Comunidad Autónoma Valenciana" (propuesta de V. Domínguez, en Chirivella Vila, J. R.: "Tentativas de", cit. p. 364).

72 El Boletín Oficial de las Cortes Generales nº 61 del 28 de febrero del año 2020 publica la Proposición de Ley 101/000003, de reforma de la disposición adicional segunda de la Constitución española para la reintegración efectiva del Derecho civil valenciano, presentada por les Corts Valencianes. *Vid.*, asimismo, Chirivella Vila, J. R.: "La reforma", cit., p. 242.

jurídica[73]. Dicha reforma se puede impulsar por iniciativa de la sociedad civil[74] o por iniciativa del legislador valenciano.

## VI. UN PENÚLTIMO FRACASO EN LA RECUPERACIÓN DEL DERECHO CIVIL VALENCIANO

En relación con ello, en 2020 se presentó al Congreso una Proposición de ley de reforma constitucional de la Disposición Adicional 2ª CE añadiendo un nuevo párrafo para la recuperación del Derecho civil y planteada por les Corts Valencianes al Congreso de los Diputados, que estuvo más de treinta meses de infructuosa espera.

Una nueva oportunidad surge cuando en marzo de 2021, el Gobierno de España presentó un Proyecto de reforma Constitucional para modificar el art. 49 CE relativo a la protección y promoción de los derechos de las personas con discapacidad en España, que obviamente, nada tiene que ver con el Derecho civil valenciano, pero que se pretendió como la puerta de entrada, hoy por hoy, para su recuperación.

A tal fin se presentó una enmienda de adición[75] de un segundo párrafo a la Disposición Adicional segunda de la Constitución, con la propuesta de la siguiente redacción: "La competencia legislativa civil de las comunidades autónomas, asumida a sus propios estatutos conforme al artículo 149.1.8.ª de la Constitución, se extenderá a la recuperación y la actualización de su derecho privado histórico de acuerdo con los valores y los principios constitucionales". De nuevo, una larga espera.

---

73 Chirivella Vila, J. R.: "Tentativas de", cit., p. 362.

74 Actualmente, sindicatos, organizaciones empresariales, colegios profesionales, universidades, asociaciones culturales y de consumidores, 541 ayuntamientos que representan a más 5 millones de valencianos, diputaciones y la Federación Valenciana de Municipios y Provincias apoyan la reforma constitucional en defensa de un Derecho civil propio que plantea la Asociación de Juristas Valencianos.

75 Enmienda la núm. 4 de 30 septiembre 2021, presentada por el diputado Sr. J. Baldoví Roda (Grupo Parlamentario Plural).

Un tiempo más tarde se plantea una nueva posibilidad mediante la tramitación conjunta, por economía procesal, de la reforma del Disposición Adicional segunda y de otra reforma, la del art. 49 CE que permitiría la recuperación de la capacidad normativa en materia civil de Les Corts Valencianes[76].

A pesar de que el procedimiento de tramitación para la reforma propuesta que se pretendía era el del art. 167 CE, esto es el procedimiento simplificado, que ha sido el utilizado hasta la fecha en las escasas reformas de nuestra Carta Magna[77], el asunto no avanzó en la dirección adecuada y el proyecto de reforma del art. 49 CE presentado por el Gobierno caducó por la disolución de la Cámaras tras la convocatoria de elecciones generales el 23 julio de 2023 y la propuesta quedó estancada[78]. Así, la reforma del art. 49 y de las competencias de Les Corts en materia de Derecho civil vuelven a quedar en el aire por segunda vez en cinco años.

Finalmente, en febrero de 2024 se aprueba la nueva redacción del art. 49 CE que reemplaza el término "disminuidos físicos, sensoriales y psíquicos" por "personas con discapacidad" sin más. Nada sobre las competencias de la Comunidad Valenciana en relación con su Derecho civil foral. ¿fin de partida o se transitarán nuevas opciones para recurar esa competencia? El optimista debería pensar en un penúltimo fracaso únicamente. Ya *vorem.*

## BIBLIOGRAFÍA

Amat Llombart, P.: "La competencia legislativa en materia de derecho civil del artículo 149.1.8ª de la Constitución Española. Disfunciones en torno al derecho civil valenciano e interpretación del Tribunal Constitucional", *Indret*, 4/2017, p. 5 y ss.

---

76 Así se plantea, en el Informe de Luis Higuera de 2 de noviembre de 2016 para la Asociación de Juristas Valencianos.

77 Chirivella Vila, J. R.: "Alternativas a", cit.

78 Al disolverse las Cortes españolas porque se convocan las elecciones del 23 julio de 2023, decaen todas las iniciativas legislativas en curso, lo que significa que cualquier intento de reforma constitucional en la próxima legislatura tendrá que empezar de cero.

Baydal Sala, V.: "La importancia de dir-se Regne i voler ser'ho. Els origens de l'autogovern valencià a l'edat Mitjana (1231-1419) en *De l'autogovern valencià en la memoria col·lectiva al Dret civil valencià i el ancoratge col·lectiu i singular en la globalització* (dir. por P. M. Estellés Peralta), Valencia, Tirant lo Blanch, 2021, pp. 17-50.

Bercovitz Rodríguez-Cano, R.: "La conservación, modificación y desarrollo de los derechos civiles, forales o especiales, allí donde existan", *Derecho Privado y Constitución,* núm. 1, 15-82.

Blasco Gascó, F.: "La competencia legislativa de la Generalitat Valenciana en materia de Derecho Civil", *Revista Jurídica de la Comunidad Valenciana,* núm. 33, 2010, pp. 7-30.

Castillo Martínez, C. del C.: "Derecho foral valenciano y derecho civil valenciano. Reflexiones para una recuperación y desarrollo constitucional de nuestro derecho", *Actualidad Jurídica Iberoamericana,* núm. 12, febrero 2020, pp. 866-889.

Cervilla Garzón, Mª. D.: *Una mirada al Derecho civil,* Valencia, Tirant lo Blanch, 2020.

Chirivella Vila, J. R.: "Alternativas a la reforma constitucional para la reintegración efectiva del Derecho civil foral valenciano", Revista Jurídica de la Comunidad Valenciana, núm. 86, 2023, pp. 9-56.

- "La reforma constitucional, singularidad y motivación de la vía elegida por les Corts Valencianes para legislar en materia civil", en *De l'autogovern valencià en la memoria col·lectiva al Dret civil valencià i el ancoratge col·lectiu i singular en la globalització* (dir. por P. M. Estellés Peralta), Valencia, Tirant lo Blanch, 2021, pp. 207-244.
- "Tentativas de reforma constitucional en la XIV Legislatura de las Cortes Generales: devenir parlamentario de la reforma constitucional para la reintegración efectiva del Derecho civil foral valenciano en el periodo 2020-2023", en *Ensanchando los horizontes del autogobierno* (coord. por M. Vivancos Comes), Valencia, Tirant lo Blanch, 2024, pp. 337-403.

Clemente Meoro, M.: "Sobre el posible régimen económico matrimonial valenciano" en *Un derecho civil valenciano posible. Propuestas legislativas y proyección de futuros* (dir. por J. Palao Gil), Valencia, Tirant lo Blanch, 2021, pp. 77 y ss.

De Verda, J. R.: "¿Qué es lo que queda del derecho civil valenciano en materia de familia?", *Derecho Privado y Constitución,* 31, enero/diciembre, 2017, pp. 111-162.

Díez-Picazo, L.: "A vueltas con el derecho civil valenciano. ¿Una milagrosa resurrección?", en *Estudios jurídicos en homenaje a Vicente L. Montés Penadés* (coord. por F. Blasco Gascó), Valencia, Tirant lo Blanch, 2011.

Estellés Peralta, P. M.: "Los constantes intentos de mantener y desarrollar instituciones propias del Derecho Civil y el suma y sigue del agravio jurisprudencial valenciano", en *De l'autogovern valencià en la memoria col·lectiva al Dret civil valencià i el ancoratge col·lectiu i singular en la globalització* (dir. por P. M. Estellés Peralta), Valencia, Tirant lo Blanch, 2021, pp. 148-188.

- "Reflexiones en torno a la situación actual del Derecho foral valenciano en materia de familia: estudio especial de la patria potestad y la custodia compartida del menor valenciano", en *De l'autogovern valencià en la memoria col·lectiva al Dret civil valencià i el ancoratge col·lectiu i singular en la globalització* (dir. por P. M. Estellés Peralta), Valencia, Tirant lo Blanch, 2021, pp. 245-273.
- "Presente y futuro en la búsqueda del interés del niño valenciano en situaciones de crisis familiar" *Revista Boliviana de Derecho*, núm. 24, julio 2017, pp. 76-97.

García Edo, V.: "La 'Costum de la ciutat i regne de València' de 1238", *Anuari de l'Agrupació Borrianenca de Cultura*, 30, 2019, pp. 9-21.

- "La redacción y promulgación de la 'Costum' de Valencia", *Anuario de Estudios Medievales*, 26, 1996, pp. 713-728.
- "Origen i expansió dels Furs o Costum de València durant el regnat de Jaume I", *Boletín de la Sociedad Castellonense de Cultura*, 69, 1993, pp. 175-200.

García Mengual, F.: "La reivindicació del Dret civil valencià en l'ambit parlamentari: de l'estudi a la reforma constitucional", en *De l'autogovern valencià en la memoria col·lectiva al Dret civil valencià i el ancoratge col·lectiu i singular en la globalització* (dir. por P. M. Estellés Peralta), Valencia, Tirant lo Blanch, 2021, pp. 189-206.

Garrido Mayol, V.: "La competencia autonómica sobre Derecho Civil. El singular caso valenciano", en *Libro homenaje al profesor Ubaldo Nieto de Alba* (dir. por U. Nieto Carol), vol. 3, Valencia, Tirant lo Blanch, 2020, p. 115-151.

Guillen Catalán, R.: "La inconstitucionalidad del régimen económico matrimonial valenciano. Comentario a la STC 82/2016, de 28 de abril", *Revista Derecho Civil Valenciano*, núm. 19, 2016, pp. 1-14.

Guinot E.: "De los fueros locales al Fuero de Valencia en el marco del proceso de instauración de la sociedad feudal del siglo XIII en el Reino de Valencia", *Studia historica. Historia medieval*, 35-2, 2017, pp. 37-62.

Izquierdo Tolsada, M.: "Sentencia del Tribunal Constitucional 31/2010, de 28 de junio de 2010 (Competencia en materia civil de la Generalitat Catalana)", en *Comentarios a las sentencias del Tribunal Constitucional en materia civil* (coord. por L. Martínez Vázquez De Castro y P. Escribano Tortajada), Valencia, Tirant lo Blanch, 2016, pp. 571-619.

– "El Tribunal Constitucional declara nulos todos los artículos de la Ley, 10/2007, de 20 de marzo, de Régimen Económico Matrimonial Valenciano", *Cuadernos de Derecho Transnacional*, vol. 8, nº 2, 2016, pp. 330 y ss.

López Rodríguez, C.: "El Archivo Real y General del Reino de Valencia", *Cuadernos de Historia Moderna*, 17, 1996, pp. 175-192.

Marí Olano, J.: "Art. 49.1.2ª EACV", en *Comentarios al Estatuto de Autonomía de la Comunitat Valenciana.* (dir. por V. Garrido Mayol), Valencia, Tirant lo Blanch, 2013, p. 926.

Mas Badía, Mª. D.: "Las leyes civiles valencianas declaradas inconstitucionales siguen produciendo efectos" en *De l'autogovern valencià en la memoria col·lectiva al Dret civil valencià i el ancoratge col·lectiu i singular en la globalització* (dir. por P. M. Estellés Peralta), Valencia, Tirant lo Blanch, 2021, pp. 274-304.

– "Luces y sombras de la ley de régimen económico matrimonial valenciano tras su declaración de inconstitucionalidad", *Revista Derecho Civil Valenciano*, núm. 19, 2016, p. 2 y ss.

Milz Ramón, J.: "¿Derecho civil valenciano? Hay que cambiar el artículo 149.1.8º de la Constitución" en ValenciaPlaza, 15/11/2016, en https://valenciaplaza.com/derecho-civil-valenciano-hay-que-cambiar-el-articulo-14918-de-la-constitucion.

Moliner Navarro, R.: "El razonable ejercicio de la competencia por parte del legislador valenciano en materia de derecho civil: las tres primeras leyes civiles forales", en *Cuatro estudios sobre la competencia de la Generalitat Valenciana para legislar en materia de Derecho Civil* (dir. por F. J. Palao Gil), Valencia, Tirant lo Blanch, 2013, pp. 217-380.

Palao Gil, F. J.: "El Derecho civil Foral valenciano: una historia reciente", en *De l'autogovern valencià en la memoria col·lectiva al Dret civil valencià i el ancoratge col·lectiu i singular en la globalització* (dir. por P. M. Estellés Peralta), Valencia, Tirant lo Blanch, 2021, pp. 87-128.

Palomo, C.: "Noves perspectives per a una qüestió no resolta: per què Catalunya fou un principat i no un regne?", *Anuario de Estudios Medievales*, 50/1, 2020, pp. 323-352.

Peset Reig, M.: "Notas sobre la abolición de los Fueros de Valencia", *Anuario de Historia del Derecho Español*, núm. 42, 1972, pp. 657-716.

Reynolds, S.: *Kingdoms and communities in Western Europe, 900-1300,* Oxford, Clarendon Press, 1984.

Verdera Server, R.: "¿Hacia dónde va el derecho civil valenciano?", en *¿Hacia dónde van los derechos civiles autonómicos? El futuro de los derechos civiles autonómicos* (coord. por L. Gázquez Serrano), Madrid, Difusión Jurídica, 2011, p. 296 y ss.

Xiol Rius, J. A.: "Reflexiones sobre la competencia en Derecho Civil en el Siglo XXI", en la obra colectiva *La Constitución Española y los Derechos Civiles Españoles cuarenta años después. Su evolución a través de las sentencias del Tribunal Constitucional.* Tirant lo Blanch, 2019, p. 207 y ss.

# *ANÁLISIS DE LAS AYUDAS SOCIALES: RENTA DE INCLUSIÓN Y DEPENDENCIA EN LA COMUNIDAD VALENCIANA*[1]

**JORGE CASTELLANOS CLARAMUNT**
*Profesor Titular de Derecho constitucional*
*Universitat de València*

**Sumario**: I. Introducción. II. Las ayudas sociales. III. Renta de inclusión en la Comunidad Valenciana. IV. Dependencia en la Comunidad valenciana. V. Conclusiones. Bibliografía.

## I. INTRODUCCIÓN

En la Comunidad Valenciana encontramos a personas y familias que enfrentan dificultades socioeconómicas y de salud que les impiden satisfacer adecuadamente sus necesidades básicas. Ante esta realidad, la administración autonómica ha implementado diversos programas de ayudas sociales con el objetivo de garantizar un nivel mínimo de bienestar y promover la inclusión social de los colectivos más vulnerables.

No cabe duda de que las ayudas sociales desempeñan un papel crucial en la protección de los derechos sociales y en la reducción de las desigualdades en la Comunidad Valenciana por lo que estas medidas no solo tienen un impacto directo en la calidad de vida de los ciudadanos que las reciben, sino que también contribuyen al for-

1 Este trabajo se ha realizado en el marco del grupo de investigación: "GIUV2016-270 Régimen jurídico constitucional de las libertades, el gobierno abierto y el uso de las nuevas tecnologías – clrfoguit" de la Universitat de València.

talecimiento del tejido social y al fomento de la cohesión y la solidaridad en la región. De hecho, puede concluirse que la salud de las democracias también puede medirse por la atención que prestan a sus sectores más desfavorecidos, generando así una respuesta colectiva ante las dificultades que pueden atravesar grupos especialmente vulnerables que integran la sociedad. Al satisfacer esas necesidades básicas se fortalece, en consecuencia, el grado de bienestar colectivo de la sociedad y, por tanto, sus cimientos democráticos y asistenciales.

El presente trabajo tiene como objetivo analizar dos de las principales ayudas sociales en la Comunidad Valenciana: la renta de inclusión y la ayuda a la dependencia. Se pretende examinar con detalle la estructura, funcionamiento, alcance y efectividad de estos programas, así como identificar las dificultades que enfrentan en su implementación. A través de este análisis, se busca contribuir al debate público sobre la política social en la región y ofrecer recomendaciones para mejorar la eficacia y la equidad de las ayudas sociales en beneficio de toda la sociedad valenciana.

## II. LAS AYUDAS SOCIALES

Las ayudas sociales se refieren a los programas y políticas implementados por el Estado y las administraciones autonómicas para proporcionar apoyo económico y/o servicios a individuos y familias que se encuentran en situación de vulnerabilidad o necesidad. Estas ayudas tienen como objetivo principal garantizar el acceso a derechos básicos, como la vivienda, la alimentación, la salud y la educación, y promover la inclusión social y la igualdad de oportunidades. Como la Comunidad Valenciana no es una excepción en su entorno, los problemas a los que se enfrenta son similares al resto de comunidades autónomas: el desempleo, la pobreza, la exclusión social y el envejecimiento de la población, y todos estos elementos hacen necesaria la existencia de políticas de protección social efectivas.

En el ámbito de las ayudas sociales, tanto el gobierno central como la Generalitat Valenciana han promulgado leyes y normativas específicas para regular la prestación de servicios y la asignación de recursos a las personas en situación de vulnerabilidad. Estas normativas están diseñadas para proteger y garantizar los derechos de las personas más desfavorecidas y para asegurar que reciban el apoyo necesario para mejorar sus condiciones de vida. A nivel nacional, entre las principales leyes y normativas en este ámbito se encuentra la Ley General de Derechos de las Personas con Discapacidad y de su Inclusión Social[2], que tiene como objetivo garantizar el derecho a la igualdad de oportunidades y la no discriminación de las personas con discapacidad. Esta ley establece medidas para asegurar su inclusión plena en la sociedad y regula la accesibilidad universal[3].

Otra normativa clave es la Ley de Dependencia, formalmente conocida como Ley de Promoción de la Autonomía Personal y Atención a las Personas en Situación de Dependencia[4], que crea un sistema para la autonomía y atención de las personas en situación de dependencia, facilitando el acceso a servicios y prestaciones económicas para mejorar su calidad de vida[5]. Asimismo, la Ley Orgánica de Protección de la Infancia y la Adolescencia[6] tiene como objetivo proteger los derechos de los menores y garantizar su bienestar y desarrollo integral, incluyendo medidas específicas para la protección de menores en situaciones de vulnerabilidad[6].

---

2 Real Decreto Legislativo 1/2013, de 29 de noviembre, por el que se aprueba el Texto Refundido de la Ley General de derechos de las personas con discapacidad y de su inclusión social. Disponible en: https://www.boe.es/buscar/pdf/2013/BOE-A-2013-12632-consolidado.pdf

3 Muñoz García, C. "Ley General de derechos de las personas con discapacidad y de su inclusión social (1)", *Diario La Ley*, núm. 8221, 2014; Pérez Bueno, L.C. "Balance crítico de la Ley General de Derechos de las Personas con Discapacidad y de su inclusión Social (2013-2023)", en R. de Lorenzo García y L.C. Pérez Bueno (coords.), *La Ley General de Derechos de las Personas con Discapacidad y de su Inclusión Social (2013-2023): balance crítico*, Aranzadi, Cizur Menor (Navarra), 2023, pp. 391-405.

4 Ley 39/2006, de 14 de diciembre, de Promoción de la Autonomía Personal y Atención a las personas en situación de dependencia. Disponible en: https://www.boe.es/buscar/pdf/2006/BOE-A-2006-21990consolidado.pdf

5 Cavas Martínez, F. "Aspectos fundamentales de la Ley de Promoción de la Autonomía Personal y Atención a las Personas en Situación de Dependencia", *Aranzadi social*, núm. 5, 2006, pp. 181-222. [6] Ley Orgánica 8/2021, de 4 de junio, de protección integral a la infancia y la adolescencia frente a la violencia. Disponible: https://www.boe.es/buscar/pdf/2021/BOE-A-2021-9347-consolidado.pdf

6 Ravetllat Ballesté, I., y Cabedo Mallol, V. (eds.). *Estudios sobre la Ley orgánica de protección integral a la infancia y la adolescencia frente a la violencia*, edUPV, Editorial Universitat Politècnica de València, Valencia, 2023.

Por su parte, la Ley Integral contra la Violencia de Género[7] establece un conjunto de medidas para prevenir, sancionar y erradicar la violencia de género, así como para proporcionar protección y asistencia a las mujeres víctimas de esta violencia[9]. En el ámbito laboral, también subrayamos la importando del Real Decreto-ley 8/2019[8], que incluye diversas medidas para mejorar la protección social de los trabajadores y combatir la precariedad laboral, con especial atención a los colectivos más vulnerables.

En el contexto más reciente, el 28 de febrero de 2024, el ministro de Derechos Sociales, Consumo y Agenda 2030, Pablo Bustinduy, presentó en el Consejo de Ministros la Ley de Familias[9], que tiene como objetivos reconocer las diferentes situaciones familiares en España, mejorar la protección social de las familias y garantizar el derecho a conciliar la vida familiar con la laboral.

El ministro enfatizó la necesidad de reducir la brecha de género, señalando que España es el país de la Unión Europea con mayor número de mujeres que retrasan la decisión de tener hijos hasta después de los 40 años. La Ley de Familias incluye varias medidas específicas para abordar estas cuestiones, siendo una de ellas la prestación por crianza, que otorga una asignación mensual de 100 euros a familias con hijos de cero a tres años. Además, se implementarán medidas de protección para familias monoparentales, que recibirán un título de acreditación oficial y tendrán acceso preferente a servicios públicos, incluyendo 16 semanas de educación infantil gratuita para los primeros 24 meses del hijo. Estas familias también verán equiparados sus derechos a los de las familias numerosas si tienen dos hijos.

---

7 Ley Orgánica 1/2004, de 28 de diciembre, de Medidas de Protección Integral contra la Violencia de Género. Disponible en: https://www.boe.es/buscar/pdf/2004/BOE-A-2004-21760-consolidado.pdf [9] Tirado Márquez, R. "Estudio sobre la Ley integral contra la Violencia de género", *La Toga*, núm. 157, 2006, pp. 1-24.

8 Real Decreto-ley 8/2019, de 8 de marzo, de medidas urgentes de protección social y de lucha contra la precariedad laboral en la jornada de trabajo. Disponible en: https://www.boe.es/boe/dias/2019/03/12/pdfs/BOE-A-2019-3481.pdf

9 Disponible en: https://www.congreso.es/public_oficiales/L15/CONG/BOCG/A/BOCG-15-A-11-1.PDF

En cuanto a las familias numerosas, se reconocerán como de categoría especial aquellas con cuatro o más hijos, o con tres en caso de parto múltiple. También se reducirá el umbral de ingresos para acceder a este estatus, y en casos de separaciones con custodia compartida, ambos progenitores podrán beneficiarse de los derechos asociados. La ley también introduce protecciones para familias migrantes, asegurando un NIE para los niños cuyos progenitores se encuentren en situación irregular.

Las familias con personas con discapacidad también se beneficiarán, ya que se equipararán los derechos de las familias numerosas a aquellas con un miembro con una discapacidad del 33% o más, y se garantizará la atención temprana y apoyos educativos para menores con discapacidad. Además, se equipararán los derechos de las parejas de hecho a los de los matrimonios, incluyendo el derecho a pensión de viudedad y acceso al Fondo de Garantía de Pago de Alimentos en caso de disolución. Para facilitar estos procesos, se creará un Registro Estatal de Parejas de Hecho. Finalmente, se ampliará el umbral de acceso y la cantidad del Fondo de Garantía de Pago de Alimentos, que podrá llegar a los 500 euros mensuales.

Asimismo, es destacable la Ley del Ingreso Mínimo Vital[10], que establece una prestación económica destinada a garantizar un nivel mínimo de ingresos a las personas y familias en situación de vulnerabilidad económica[11]. Finalmente, el Plan Estatal de Vivienda, aunque no es una ley, incluye medidas y programas para facilitar el acceso a la vivienda a personas y colectivos vulnerables, como ayudas al alquiler y programas de rehabilitación de viviendas. Estas leyes y normativas son fundamentales para asegurar que las personas en situación de

---

10 Real Decreto-ley 20/2020, de 29 de mayo, por el que se establece el ingreso mínimo vital. Disponible en: https://www.boe.es/buscar/pdf/2020/BOE-A-2020-5493-consolidado.pdf

11 Delgado del Rincón, L.E. "El derecho a la prestación social del ingreso mínimo vital: algunas consideraciones sobre sus elementos y problemas competenciales", *Revista de Derecho Político*, núm. 116, 2023, pp. 47-76; de la Quadra-Salcedo Janini, T. "La competencia sobre la gestión del Ingreso Mínimo Vital: ¿una competencia exclusiva del Estado susceptible de traspaso?", *Revista general de derecho constitucional*, núm. 37, 2022.

vulnerabilidad en España reciban el apoyo y los recursos necesarios para vivir con dignidad y mejorar sus condiciones de vida.

Además de las leyes nacionales, las comunidades autónomas tienen competencias en materia de servicios sociales y pueden establecer sus propias normativas para complementar las leyes estatales. En la Comunidad Valenciana, por tanto, también existen diversas leyes y normativas específicas que regulan la prestación de servicios y la asignación de recursos a las personas en situación de vulnerabilidad. Entre las principales leyes y normativas en este ámbito se encuentra la Ley de Servicios Sociales Inclusivos de la Comunidad Valenciana[12], que tiene como objetivo garantizar el derecho a los servicios sociales a todas las personas, promoviendo su autonomía y bienestar. En ella se establece un sistema público de servicios sociales que incluye prestaciones económicas, servicios de atención primaria y especializada, y medidas para la inclusión social.

Por su parte, la Ley de Garantía de los Derechos de la Infancia y la Adolescencia[13] busca proteger y garantizar los derechos de los menores, asegurando su bienestar y desarrollo integral. Cabe destacar que incluye medidas específicas para la protección de menores en situaciones de vulnerabilidad y para la promoción de su participación en la sociedad[14]. Y, por supuesto, la Ley de Renta Valenciana de Inclusión[17], que establece una prestación económica destinada a garantizar unos ingresos mínimos a las personas y familias en situación de vulnerabilidad económica, e incluye medidas de apoyo para la inclusión social y laboral de los beneficiarios. Sobre esta ley incidiremos especialmente más adelante.

---

[12] Ley 3/2019, de 18 de febrero, de servicios sociales inclusivos de la Comunitat Valenciana. Disponible en: https://www.boe.es/buscar/pdf/2019/BOE-A-2019-3489-consolidado.pdf

[13] Ley 26/2018, de 21 de diciembre, de derechos y garantías de la infancia y la adolescencia. Disponible en: https://www.boe.es/buscar/pdf/2019/BOE-A-2019-1986-consolidado.pdf

[14] Ravetllat Ballesté, I., y Moncada Miranda, A. (coords.). *Comentarios a la ley sobre garantías y protección integral de los derechos de la infancia y la adolescencia*, Tirant Lo Blanch, Valencia, 2022. [17] Ley 19/2017, de 20 de diciembre, de renta valenciana de inclusión. Disponible en: https://www.boe.es/buscar/pdf/2018/BOE-A-2018-371-consolidado.pdf

También debemos destacar la presencia de la Ley Integral contra la Violencia sobre la Mujer[15], que aborda la prevención, protección y asistencia a las mujeres víctimas de violencia de género. En su normativa se incluye un conjunto de medidas para erradicar la violencia de género y proporcionar apoyo a las víctimas y sus hijos. Y, por otro lado, aunque no es una ley, el Plan de Acción para la Inclusión y Cohesión Social[19] incluye diversas estrategias y programas para promover la inclusión social y mejorar la calidad de vida de las personas en situación de vulnerabilidad, coordinando acciones de diferentes departamentos y entidades para abordar de manera integral las necesidades de estos colectivos.

Cabe destacar asimismo la Ley de Políticas Integrales de Juventud[16], que tiene como objetivo promover el desarrollo personal, social y profesional de los jóvenes, con especial atención a aquellos en situación de vulnerabilidad. Esta ley incluye medidas para facilitar el acceso a la educación, el empleo y la vivienda. Por último, el Decreto 18/2023, de Creación del Sistema Público Valenciano de Servicios Sociales[17], desarrolla el sistema público de servicios sociales en la Comunidad Valenciana, estableciendo la organización y funcionamiento de los servicios, así como las prestaciones y programas disponibles para las personas en situación de vulnerabilidad.

Estas leyes y normativas son fundamentales para asegurar que las personas en situación de vulnerabilidad, tanto en el conjunto de España como en concreto en la Comunidad Valenciana reciban el apoyo y los recursos necesarios para vivir con dignidad y mejorar sus condiciones de vida. Enmarcada la cuestión en las ayudas sociales,

---

15 Ley 7/2012, de 23 de noviembre, integral contra la violencia sobre la mujer en el ámbito de la Comunitat Valenciana. Disponible en: https://www.boe.es/buscar/pdf/2012/BOE-A-2012-14978-consolidado.pdf [19] Plan Valenciano de Inclusión y Cohesión Social 2017-2022. Disponible en: https://inclusio.gva.es/documents/610754/172351863/PVICS+Castellano.pdf/eca0aa76-9c4e-4671-a3c9ab93b03e622a

16 Ley 15/2017, de 10 de noviembre, de políticas integrales de juventud. Disponible en: https://www.boe.es/buscar/pdf/2017/BOE-A-2017-15372-consolidado.pdf

17 Decreto 18/2023, de 3 de marzo, del Consell por el que se regula la Calidad en el Sistema Público Valenciano de Servicios Sociales. Disponible en: https://dogv.gva.es/portal/ficha_disposicion_pc.jsp?sig=002381/2023&L=1

centraremos nuestra atención en dos elementos concretos, la renta de inclusión valenciana y la cuestión relativa a la dependencia.

## III. RENTA DE INCLUSIÓN EN LA COMUNIDAD VALENCIANA

La renta de inclusión es un programa de asistencia social dirigido a personas y familias en situación de vulnerabilidad económica. Esta ayuda tiene como objetivo proporcionar un ingreso mínimo garantizado que permita cubrir las necesidades básicas de subsistencia, como la vivienda, la alimentación y los gastos de primera necesidad.

Para acceder a la renta de inclusión, los solicitantes deben cumplir ciertos criterios de elegibilidad, que pueden incluir aspectos como el nivel de ingresos, el tamaño y composición del hogar, la situación laboral y el grado de vulnerabilidad social. Estos requisitos varían según las normativas establecidas y se actualizan periódicamente para adaptarse a las condiciones socioeconómicas y las necesidades de la población.

Los beneficiarios de la renta de inclusión pueden ser personas solas, familias monoparentales o familias nucleares que se encuentren en situación de necesidad económica. La cobertura del programa alcanza a un amplio espectro de la población en riesgo de exclusión social, incluyendo desempleados de larga duración, personas con discapacidad, mayores de edad dependientes y otros colectivos vulnerables.

Aterrizando ya en la situación concreta de la Comunidad Valenciana, la Renta Valenciana de Inclusión (en adelante, RVI) se constituye como una prestación tanto económica como profesional, diseñada para asistir a las personas en situación de riesgo de exclusión social en la Comunidad Valenciana. Se trata de una prestación cuya competencia recae en la Generalitat Valenciana, aunque parte de su gestión es compartida con los Ayuntamientos, otras Entidades Locales y las Direcciones Territoriales de cada una de las provincias.

Este instrumento busca no solo proporcionar apoyo financiero, sino también fomentar la inclusión social y laboral de sus beneficiarios. Así, la RVI se estructura en dos tipos principales de prestaciones, basadas en la existencia o ausencia de ingresos previos, de manera que diferenciamos entre la Renta Complementaria y la Renta de Garantía, cada una de las cuales se subdivide en dos subtipos específicos. La Renta Complementaria, destinada a complementar los ingresos del trabajo, está actualmente en proceso de implementación. Cabe, en todo caso, destacar que la RVI, en cualquiera de sus modalidades, es compatible con el Ingreso Mínimo Vital proporcionado por el Estado. Esta compatibilidad permite a los beneficiarios recibir un apoyo económico adicional, fortaleciendo así su capacidad para superar situaciones de vulnerabilidad. Las cantidades percibidas bajo el concepto de RVI pueden verse incrementadas para cubrir gastos específicos, entre los que se incluyen los gastos derivados del alquiler o la cuota hipotecaria de la vivienda habitual, así como los costos necesarios para garantizar los suministros energéticos. Esta medida busca asegurar que los beneficiarios puedan mantener una calidad de vida digna y una estabilidad habitacional adecuada.

La RVI entra en vigor con la Ley 19/2017, de 20 de diciembre, de la Generalitat, y con ella se establece un derecho subjetivo que se concreta a través de una prestación económica y/o una prestación profesional. Esta normativa está dirigida a la realización de un proceso de inclusión social que cubra las necesidades básicas, garantizando la calidad de vida y combatiendo la exclusión y la vulnerabilidad social. La Ley 19/2017 es desarrollada por el Decreto 60/2018, de 11 de mayo, del Consell, que despliega las disposiciones establecidas en dicha ley.

Analizando la citada normativa, cabe indicar que en el preámbulo de la Ley 19/2017 se hace una alusión directa a la Declaración Universal de Derechos Humanos (en adelante, DUDH), de manera que se construye la necesidad de la norma en relación con el artículo 25 DUDH y diversos instrumentos relacionados que reconocen el derecho de toda persona a un nivel de vida adecuado que asegure su salud y bienestar, incluyendo alimentación, vestido, vivienda, asistencia médica y servicios sociales necesarios. Así, este derecho, reflejado también en el artículo 11 del Pacto Internacional de Derechos Económicos, Sociales y Culturales, fundamenta la protección social en casos de vulnerabilidad o exclusión social, estableciendo la responsabilidad de los poderes públicos hacia las personas en tales situaciones.

También se sostiene que la estrategia europea para la protección y la inclusión social (Estrategia Europea 2020) propone un enfoque integral para la integración de las personas desfavorecidas mediante tres pilares: mercados laborales inclusivos, un complemento de recursos adecuado y el acceso a servicios de calidad. En esta línea, la Resolución 70/1, de 25 de septiembre de 2015, de la Asamblea General de Naciones Unidas, aprobó la Agenda 2030 para el desarrollo sostenible, que incluye objetivos como reducir la desigualdad y promover la inclusión social, económica y política de todas las personas. Asimismo, se alude a la Carta de Derechos Fundamentales de la Unión Europea, de 7 de diciembre de 2000, que proclama el derecho a una ayuda social y a una ayuda a la vivienda para garantizar una existencia digna a quienes carecen de recursos suficientes. En consonancia, las necesidades de las personas exigen una respuesta inmediata y adecuada de los poderes públicos, según los principios de política social y económica de la Constitución española, desarrollando acciones de prevención, tutela e intervención para el bienestar social y la justicia distributiva.

En el ámbito autonómico, el Estatuto de Autonomía de la Comunitat Valenciana establece en su artículo 15 el derecho de los ciudadanos valencianos en estado de necesidad a una renta de ciudadanía. Cabe poner de relieve que el antecedente de la ley que estamos analizando, la Ley 9/2007, de 12 de marzo, de la Generalitat, de renta garantizada de ciudadanía de la Comunitat Valenciana, y su reglamento desarrollado mediante el Decreto 93/2008, de 4 de julio, del Consell, fueron superados por las nuevas realidades sociales. De hecho, la renta derivada de la ley de 2007 fue abiertamente criticada por la academia ya que dicha renta se presentó como la renta mínima más restrictiva de todo el Estado, siendo la que menos protegía económicamente y la que menos apoyaba socialmente, tanto por sus requisitos como por el procedimiento que comportaba[18]. Además, no incluía el perfil profesional de trabajadores sociales ni contempla-

---

[18] Caravantes López de Lerma, G.M., Uceda i Maza, F.X., y Martínez Martínez, L. "La renta valenciana de inclusión", *Actas del VII Congreso de la Red Española de Política Social (REPS): 'políticas sociales ante horizontes de incertidumbre y desigualdad"*. A. Gentile, A.L. Hernández Cordero, y B. Miranda Larré (coords.), Zaragoza, 2018, pp. 1217-1229. [23] *Ibídem*.

ba programas que reforzaran y apoyaran los procesos de incorporación social. En este sentido, la Renta Valenciana de Inclusión apuesta por el derecho subjetivo, desterrando prácticas caritativas y asistenciales mediante el reconocimiento de un doble derecho: la garantía de ingresos mínimos y la inclusión social, por lo que con la nueva ley se enfoca la cuestión tanto a las personas en situación de exclusión por carencia de ingresos económicos, como a aquellas que perciban una prestación o ingresos del trabajo insuficientes[23].

En cualquier caso, superada la normativa anterior, el artículo 17 de la Ley 4/2012, de 15 de octubre, por la que se aprueba la Carta de Derechos Sociales de la Comunitat Valenciana, ya garantizaba una renta mínima configurada como una prestación económica universal para la inserción sociolaboral de las personas sin recursos suficientes. Por lo que todo el conglomerado normativo que estamos analizando trata de dar respuesta a la cuestión a la situación de pobreza y riesgo de exclusión en la Comunitat Valenciana, que se caracterizaría por altos índices de desempleo, reducción de salarios, aumento de la desigualdad y carencia de ingresos básicos, afectando especialmente a jóvenes y mujeres. Esto requería un nuevo modelo de renta que favoreciera la inclusión social y laboral de las personas vulnerables, superando las limitaciones de la renta garantizada de ciudadanía precedente.

Con la ley de 2017 se define la promoción de la inclusión social como una prestación básica de los servicios sociales locales, dotada de medios profesionales, programas y prestaciones económicas, consolidando el sistema público de servicios sociales en toda la Comunitat Valenciana. La ley apuesta por el municipalismo, reconociendo a los municipios como actores principales en la inclusión social, garantizando la coordinación entre las administraciones públicas y promoviendo la participación de entidades sociales sin ánimo de lucro.

Continuando con el análisis, indicaremos que la renta valenciana de inclusión se apoya en tres ejes: una prestación económica para cubrir necesidades básicas, el derecho a la inclusión social y nuevos procesos administrativos más eficientes y transparentes. La ley, elaborada con la participación de la ciudadanía y diversas entidades, responde a la realidad social con principios de necesidad, eficacia, proporcionalidad, seguridad jurídica, transparencia y eficiencia. En línea con lo antedicho, la ley establece un régimen jurídico para la renta valenciana de inclusión, regula instrumentos de inclusión social y laboral, define el papel de los servicios sociales locales y fomenta la coordinación entre las administraciones públicas. La financiación se asegura mediante créditos presupuestarios ampliables y posibles aportaciones de las diputaciones provinciales. La ley también incluye normas para la planificación, coordinación, calidad y evaluación de las políticas del Consell en la lucha contra la pobreza y la exclusión social, consolidando un sistema de garantía de ingresos mínimos para superar la pobreza grave y severa que se dé en la Comunitat Valenciana.

Como consecuencia de todo lo antedicho, la renta de inclusión ha sido objeto de diversos estudios y evaluaciones que han analizado su impacto en la reducción de la pobreza, la mejora de las condiciones de vida y la promoción de la inclusión social en la Comunidad Valenciana. Estas evaluaciones han permitido identificar tanto los logros alcanzados como los desafíos pendientes en la implementación del programa, así como proponer recomendaciones para su mejora continua.

Y lo cierto es que la implementación de la Renta Valenciana de Inclusión ha marcado un hito significativo en la lucha contra la pobreza y la promoción de la inclusión social en la Comunidad Valenciana. Esta medida, que busca garantizar un nivel mínimo de ingresos a aquellos hogares en situación de vulnerabilidad económica, ha generado un impacto positivo notable en la reducción de la pobreza y la mejora de las condiciones de vida de miles de familias valencianas.

Uno de los aspectos más destacados de la Renta Valenciana de Inclusión es su enfoque integral, que va más allá de la simple transferencia de ingresos. Además de proporcionar apoyo económico a los hogares necesitados, el programa también ofrece una serie de servicios complementarios, como asesoramiento socio-laboral y acceso a programas de formación y empleo. Esta combinación de recursos económicos y sociales ha demostrado ser efectiva en la reducción de las barreras que impiden la plena participación en la sociedad.

En términos de reducción de la pobreza, los resultados son alentadores. Según datos recientes, la tasa de pobreza en la Comunidad Valenciana ha disminuido de manera significativa desde la implementación de la Renta Valenciana de Inclusión[19]. Este beneficio ha permitido a muchas familias cubrir sus necesidades básicas, como alimentación, vivienda y salud, lo que ha contribuido a mejorar su calidad de vida de manera sustancial.

Además, la Renta Valenciana de Inclusión ha tenido un impacto positivo en la promoción de la inclusión social. Al proporcionar recursos económicos a aquellos que se encuentran en situación de vulnerabilidad, el programa ha ayudado a reducir la brecha entre los grupos más desfavorecidos y el resto de la sociedad. Esto no solo beneficia directamente a los beneficiarios del programa, sino que también contribuye a fortalecer el tejido social en su conjunto, fomentando la cohesión y la solidaridad.

Sin embargo, a pesar de los logros alcanzados, aún quedan desafíos por abordar. La pobreza y la exclusión social son problemas complejos y multifacéticos que requieren un enfoque integral y sostenido a largo plazo. Por este motivo, es necesario seguir trabajando en la identificación de las necesidades específicas de los grupos más vulnerables y en el diseño de políticas y programas que aborden estas necesidades de manera efectiva.

## IV. DEPENDENCIA EN LA COMUNIDAD VALENCIANA

La atención a la dependencia en la Comunidad Valenciana se enmarca dentro de un sistema integral de servicios sociales que tiene como objetivo principal garantizar la atención y el cuidado de las personas en situación de dependencia[25]. Este sistema se basa en la Ley de Promoción de la Autonomía Personal y Atención a las Personas en Situación de Dependencia, que establece los derechos y las prestaciones a las que tienen acceso las personas dependientes.

La Ley 39/2006, de Promoción de la Autonomía Personal y Atención a las personas en situación de dependencia, constituye un de-

---

19 https://www.eapn.es/estadodepobreza/ARCHIVO/documentos/avance-resultados-mayo-2023.pdf 25 Holgado González, M. "Derecho a los cuidados de las personas en situación de dependencia", *Asuntos Constitucionales*, núm. 0, 2021, pp. 105-116.

sarrollo de los servicios sociales en España. Esta ley busca ampliar y complementar la acción protectora del sistema, promoviendo un modelo de Estado social que la Constitución Española consagra. Para ello, fomenta el compromiso de todos los poderes públicos en dotar los recursos necesarios para un sistema de servicios sociales de calidad, garantista y universal. En este marco, el Sistema de Atención a la Dependencia se erige como un instrumento clave para mejorar los servicios sociales, atendiendo las necesidades de dependencia y promoviendo la autonomía personal, la calidad de vida y la igualdad de oportunidades.

Lo cierto es que después de casi dos décadas de funcionamiento, el procedimiento establecido por la Ley de Dependencia ha demostrado ser completamente ineficaz, provocando listas de espera inasumibles. Las dificultades principales que subrayan los investigadores se centran en las trabas procedimentales, las carencias en la profesionalización de los cuidados, la descoordinación sociosanitaria, y la falta de atención a las dimensiones preventiva de la dependencia y personal del cuidado[20]. Esta situación, agravada por la pandemia, ha dado lugar al Plan de Choque para la Dependencia 2021-2023 y al Plan de Reducción de las Listas de Espera. En línea con estos planos, varias Comunidades Autónomas están emprendiendo una reforma profunda del procedimiento, simplificando las fases, lo cual debería redundar en el cumplimiento de los objetivos[21].

La Ley 39/2006 establece las condiciones básicas para promover la autonomía personal y atender a las personas en situación de dependencia, garantizando un nivel mínimo de protección definido y financiado por la Administración General del Estado. Además, contempla un segundo nivel de protección mediante un régimen de cooperación y financiación entre la Administración General del

---

20 Dalli Almiñana, M. "El cuidado de personas en situación de dependencia: Encaje constitucional, marco jurídico actual y carencias normativas", *Teoría y derecho: revista de pensamiento jurídico*, núm. 33, 2022 (Ejemplar dedicado a: Derecho y personas mayores), pp. 164-190.

21 Maldonado Molina, J.A. "La simplificación del procedimiento para el reconocimiento del grado y prestaciones por dependencia", *Revista Internacional de Doctrina y Jurisprudencia*, núm. 28, 2022 (Ejemplar dedicado a: diciembre), pp. 27-45.

Estado y las Comunidades Autónomas, a través de convenios para desarrollar y aplicar las prestaciones y servicios previstos en la ley. Las Comunidades Autónomas, si lo consideran oportuno, pueden desarrollar un tercer nivel.

El Real Decreto 1050/2013, de 27 de diciembre, regula el nivel mínimo de protección establecido en la Ley 39/2006. Este decreto define los criterios para la asignación y el procedimiento de abono de dicha protección a las comunidades autónomas, considerando variables como el número de beneficiarios, el grado de dependencia y el tipo de prestaciones.

Por otro lado, el Real Decreto 1051/2013, también de 27 de diciembre, unifica y actualiza las normas relativas a las prestaciones y servicios del Sistema para la Autonomía y Atención a la Dependencia. Este decreto establece la regulación de las prestaciones, determinando las intensidades de protección, compatibilidades e incompatibilidades entre los servicios, y asegurando la excepcionalidad de la prestación de cuidados en el entorno familiar. Las comunidades autónomas pueden dictar las disposiciones normativas necesarias.

El Real Decreto 291/2015, de 17 de abril, modifica el Real Decreto 1051/2013 para introducir la regulación del servicio de promoción de la autonomía personal para personas con grados II y III de dependencia. Este servicio tiene como objetivo desarrollar y mantener la capacidad de las personas para controlar su vida diaria, mejorando su calidad de vida y autonomía personal.

Asimismo, el Real Decreto 174/2011, de 11 de febrero, aprueba el baremo de valoración de la situación de dependencia establecida en la Ley 39/2006. Este baremo determina los criterios objetivos para valorar el grado de autonomía y la necesidad de apoyo en personas con discapacidad intelectual o enfermedad mental, considerando los informes de salud y del entorno de la persona. Incluye instrucciones de aplicación, un protocolo con procedimientos y técnicas, y la determinación de los intervalos de puntuación para cada grado y nivel de dependencia.

Finalmente, el Real Decreto 675/2023, de 18 de julio, actualiza las cantidades del nivel mínimo de protección, considera la teleasistencia como derecho subjetivo y establece un calendario de mejoras en las prestaciones económicas y servicios de atención a la dependencia.

Así, el sistema de atención a la dependencia clasifica a las personas en diferentes niveles de dependencia en función de su grado de autonomía y capacidad funcional. Estos niveles van desde el grado I al grado III, siendo el grado III el más alto. A cada nivel de dependencia le corresponden una serie de prestaciones y servicios, que pueden incluir atención domiciliaria, ayuda personal, servicios de teleasistencia, centros de día, y residencias de mayores, entre otros.

En el contexto estrictamente valenciano, subrayamos la existencia de alguna normativa de referencia. Así, el Decreto 62/2017, de 19 de mayo, del Consell, establece el procedimiento para reconocer el grado de dependencia de las personas y el acceso al sistema público de servicios y prestaciones económicas en la Comunitat Valenciana, en concordancia con la Ley 39/2006. Este decreto asigna a las comunidades autónomas la responsabilidad de determinar los órganos de valoración de la situación de dependencia y de establecer los procedimientos tanto para el reconocimiento de dicha situación y el derecho a las prestaciones del sistema como para la creación del Programa Individual de Atención.

La normativa implica la integración de los servicios municipales de atención a la dependencia en los servicios sociales generales, eliminando el modelo paralelo y de duplicidad que se desarrollaba en los municipios. Este enfoque busca proporcionar una respuesta más eficaz a la ciudadanía, permitiendo que los servicios sociales generales, por ser los más próximos y conocedores de las situaciones de dependencia, se encarguen de la tramitación de la solicitud, la elaboración del informe social y la valoración de la persona en situación de dependencia

Para garantizar la seguridad jurídica, el decreto regula de manera detallada los servicios y prestaciones económicas destinadas a la promoción de la autonomía personal y atención a las personas en situación de dependencia, destacando la Prestación Vinculada de Garantía, que asegura que ninguna persona será privada del derecho a obtener un recurso residencial por falta de recursos. Además, se establece un régimen de compatibilidad entre los distintos servicios y prestaciones para cubrir todas las posibles situaciones de dependencia, facilitando el desarrollo personal y la máxima autonomía.

El decreto también introduce un nivel adicional de protección de las prestaciones, financiado con fondos propios de la Generalitat, y regula el procedimiento para el reconocimiento de la dependencia, la composición y funciones de los órganos competentes para su valoración, y los requisitos, condiciones y compatibilidad de los servicios y prestaciones.

A continuación, el Decreto 102/2022, de 5 de agosto, modifica el Decreto 62/2017 para fomentar la autonomía de las personas en situación de dependencia mediante servicios y prestaciones que promuevan la permanencia en su entorno y favorezcan la desinstitucionalización, garantizando la libre elección de las personas ante la cartera de servicios. A raíz de la jurisprudencia del Tribunal Superior de Justicia de la Comunitat Valenciana, se enfatiza el derecho de las personas dependientes a decidir libremente sobre el ingreso en un centro residencial, respetando sus preferencias siempre que sea posible.

Este decreto amplía la figura del Asistente Personal Profesional y aclara su tipología, requisitos y tipos de prestaciones, incluyendo la regulación del Profesional de Asistencia Terapéutica Infantil. Mejora la intensidad del Servicio de Ayuda a Domicilio y la importación de su Prestación Vinculada para facilitar la permanencia de las personas dependientes en su entorno. Además, impulsa un plan para que los cuidadores familiares que deseen integrarse laboralmente en el sector profesionalizado de atención a personas dependientes puedan obtener la cualificación profesional necesaria a través de la conselleria con competencias en la materia.

El Decreto 18/2023, de 3 de marzo, regula la calidad en el Sistema Público Valenciano de Servicios Sociales y modifica el Decreto 62/2017 para establecer un nivel adicional de protección que garantiza el acceso de todas las personas en situación de dependencia por razón. de diversidad funcional a programas de promoción de la autonomía personal desarrollados en vida.

Por último, cabe indicar que las personas que deseen solicitar la ayuda a la dependencia en la Comunidad Valenciana deben seguir un procedimiento establecido por la Generalitat, que incluye la presentación de una solicitud y la realización de una valoración de la situación de dependencia por parte de profesionales especializados. Esta valoración determinará el grado de dependencia y las prestaciones a las que tiene derecho el solicitante.

## V. CONCLUSIONES

La sociedad valenciana ha experimentado una evolución constante en su enfoque hacia la atención y el apoyo a los colectivos más vulnerables. La crisis económica y los cambios demográficos han puesto de manifiesto la necesidad de establecer sistemas de protección social más sólidos y eficientes. En este contexto, las ayudas sociales, la renta de inclusión y la atención a la dependencia adquieren un papel primordial.

El sistema de ayudas sociales en la Comunidad Valenciana se fundamenta en la premisa de garantizar un nivel mínimo de bienestar a todos los ciudadanos. La renta de inclusión, en particular, se presenta como un instrumento clave para combatir la pobreza y la exclusión social. Esta renta proporciona un apoyo económico a quienes se encuentran en situaciones de vulnerabilidad económica, permitiéndoles cubrir sus necesidades básicas y participar activamente en la sociedad.

No obstante, es crucial abordar la renta de inclusión desde una perspectiva integral. No se trata solo de un apoyo financiero, sino también de un acompañamiento que promueva la inclusión laboral, la formación y la reinserción social. Además, es esencial garantizar la transparencia y la accesibilidad en los procesos de solicitud y evaluación para asegurar que llegue a quienes realmente lo necesitan.

En general, los progresos en esta materia han sido notables en el marco de la Comunidad Valenciana y ello es un aliciente para seguir trabajando en la misma dirección.

Por su parte, la temática de la dependencia ha generado no pocos problemas en cuanto a su implementación y gestión. Se atisban severas dificultades para llevar a cabo la ambiciosa normativa existente, lo cual si bien es plausible por el interés de la administración de dar un servicio cada vez más necesario en nuestra sociedad, también descubre las limitaciones de una estructura de gestión manifiestamente mejorable en la que la burocratización de los procesos, su lentitud congénita y, en ocasiones, la dificultad de dar una respuesta acorde a las necesidades de la población nos abocan a tener una perspectiva menos optimistas que con la RVI. En todo caso, los propósitos de mejora para implementar estas medidas son explícitos, sea cual sea la administración gobernante.

En conclusión, en la Comunidad Valenciana, las ayudas sociales, la renta de inclusión y la atención a la dependencia son piezas clave en la construcción de una sociedad más justa y cohesionada. Estas medidas no solo representan una inversión en el bienestar individual, sino también en el desarrollo social y económico de la región. Es vital seguir impulsando políticas que fortalezcan estos pilares, adaptándolos a las cambiantes realidades sociales y económicas, y promoviendo la participación activa de todos los actores involucrados en su implementación. Solo a través de un esfuerzo conjunto podremos avanzar hacia una sociedad más inclusiva y solidaria en la Comunidad Valenciana.

## BIBLIOGRAFÍA

Caravantes López de Lerma, G.M., Uceda i Maza, F.X., y Martínez Martínez, L. "La renta valenciana de inclusión", *Actas del VII Congreso de la Red Española de Política Social (REPS): 'políticas sociales ante horizontes de incertidumbre y desigualdad"*. A. Gentile, A.L. Hernández Cordero, y B. Miranda Larré (coords.), Zaragoza, 2018, pp. 1217-1229.

Cavas Martínez, F. "Aspectos fundamentales de la Ley de Promoción de la Autonomía Personal y Atención a las Personas en Situación de Dependencia", *Aranzadi social*, núm. 5, 2006, pp. 181-222.

Dalli Almiñana, M. "El cuidado de personas en situación de dependencia: Encaje constitucional, marco jurídico actual y carencias normativas", *Teoría y derecho: revista de pensamiento jurídico*, núm. 33, 2022 (Ejemplar dedicado a: Derecho y personas mayores), pp. 164-190.

de la Quadra-Salcedo Janini, T. "La competencia sobre la gestión del Ingreso Mínimo Vital: ¿una competencia exclusiva del Estado susceptible de traspaso?", *Revista general de derecho constitucional*, núm. 37, 2022. Delgado del Rincón, L.E. "El derecho a la prestación social del ingreso mínimo vital: algunas consideraciones sobre sus elementos y problemas competenciales", *Revista de Derecho Político*, núm. 116, 2023, pp. 47-76.

Holgado González, M. "Derecho a los cuidados de las personas en situación de dependencia", *Asuntos Constitucionales*, núm. 0, 2021, pp. 105-116.

Maldonado Molina, J.A. "La simplificación del procedimiento para el reconocimiento del grado y prestaciones por dependencia", *Revista Internacional de Doctrina y Jurisprudencia*, núm. 28, 2022 (Ejemplar dedicado a: diciembre), pp. 27-45.

Muñoz García, C. "Ley General de derechos de las personas con discapacidad y de su inclusión social (1)", *Diario La Ley*, núm. 8221, 2014.

Pérez Bueno, L.C. "Balance crítico de la Ley General de Derechos de las Personas con Discapacidad y de su inclusión Social (2013-2023)", en R. de Lorenzo García y L.C. Pérez Bueno (coords.), *La Ley General de Derechos de las Personas con Discapacidad y de su Inclusión Social (2013-2023): balance crítico*, Aranzadi, Cizur Menor (Navarra), 2023, pp. 391-405.

Ravetllat Ballesté, I., y Cabedo Mallol, V. (eds.). *Estudios sobre la Ley orgánica de protección integral a la infancia y la adolescencia frente a la violencia*, edUPV, Editorial Universitat Politècnica de València, Valencia, 2023.

Ravetllat Ballesté, I., y Moncada Miranda, A. (coords.). *Comentarios a la ley sobre garantías y protección integral de los derechos de la infancia y la adolescencia*, Tirant Lo Blanch, Valencia, 2022.

Tirado Márquez, R. "Estudio sobre la Ley integral contra la Violencia de género", *La Toga*, núm. 157, 2006, pp. 1-24.

# *ADMINISTRACIÓN ELECTRÓNICA E INTELIGENCIA ARTIFICIAL: RETOS Y DESAFÍOS*

**ENRIQUE FLIQUETE LLISO**
*Vicepresidente Consell Jurídic Consultiu Comunitat Valenciana*
*Profesor Derecho Constitucional Universitat de Valencia*



## I. INTRODUCCIÓN

Los cambios que ha experimentado el mundo desde la irrupción de los medios electrónicos han supuesto una nueva forma de entender las relaciones sociales, institucionales e internacionales. La progresiva incorporación de la red global como principal fuente del conocimiento y forma de comunicación preferente, y también como herramienta para la actividad ordinaria en todos los sectores, tanto públicos como privados, ha supuesto una revolución a nivel mundial. La sociedad de la información es una sociedad postindustrial donde las tecnologías de la información y de la comunicación (TIC), asumen una posición central. Lo importante no es la información en sí misma, sino la capacidad para generar y obtener conocimiento.

Los primeros pasos en ese sentido, se dieron con la consideración de los medios electrónicos como una herramienta al servicio de la sociedad. La utilización de programas informáticos que permitían la edición de textos, el almacenamiento de datos, su sistematización, y el acceso a los conocimientos en red, permitieron la optimización de recursos y una mayor eficiencia. Pero, también, la necesidad de contar con los instrumentos necesarios para su utilización. La incorporación de los nuevos medios tecnológicos en la dos últimas décadas del S. XX, de modo generalizado en todos los sectores, determinó un escenario nuevo y diferente. Y la administración pública se tuvo que sumar al nuevo entorno de las relaciones electrónicas con los ciudadanos.

En España, el uso de las TIC y la aparición de la administración electrónica ha sido un proceso que ha evolucionado a lo largo de varias décadas, con el objetivo de modernizar la gestión pública, mejorar la eficiencia y facilitar la relación entre ciudadanos y administraciones. Este fenómeno responde a un contexto global de avance tecnológico y también a la necesidad de responder a las demandas de una sociedad cada vez más digitalizada, que comienza a cobrar fuerza a finales del siglo XX.

La administración electrónica en España es, por tanto, resultado de un conjunto de factores sociales, tecnológicos y jurídicos, los cuales afirman la necesidad de modernizar la administración pública, combinada con la creciente digitalización impulsada por el avance de las TIC y por un contexto internacional favorable, sentando las bases para el cambio en la forma de relacionarse los ciudadanos y las administraciones. No obstante, debe señalarse que el sector público no ha sido pionero en el avance de la sociedad de la información, sino, por el contrario, ha actuado arrastrado por las exigencias sociales impuestas por la utilización de medios electrónicos en el sector privado, especialmente en las necesidades de interacción entre administración y ciudadanos.

Así, en la administración pública en España, las primeras manifestaciones se producen con la incorporación de las nuevas tecnologías a los procesos internos y las comunicaciones: 1) la utilización de programas informáticos para generar documentos que, posteriormente, eran impresos e incorporados al expediente administrativo en formato papel (hojas de cálculo, procesadores de textos, bases de datos), que permitieron la mejora de la productividad y la optimización de los recursos, así como la reducción del tiempo de tramitación de expedientes; 2) la comunicación telemática, inicialmente a través de medios electrónicos para la transmisión e intercambio de información y, posteriormente —con la aparición de la red global (WWW)—, con las páginas web de las administraciones públicas, aunque como vía de información, sin opción de interactuar con los ciudadanos.

El desarrollo de internet trajo consigo la globalización de las conexiones a nivel mundial, y advirtió la necesidad de modernizar las estructuras administrativas, para adecuarse al nuevo marco de la revolución digital, transformando la mera transmisión de la información, en su gestión, mediante las nuevas tecnologías. Las posibilidades de comunicación entre las administraciones públicas y los ciudadanos, y la realización de trámites y prestación de servicios a través de los medios electrónicos, determinaron un cambio de paradigma en la relación entre poderes públicos y administrados: el paso hacia una administración pública al servicio de los ciudadanos.

Sin embargo, los retos a los que se enfrenta la administración electrónica, tanto en su modelo teórico, como en su aplicación efectiva, distan de estar resueltos, puesto que los avances tecnológicos no pueden ir en detrimento de los derechos de los ciudadanos y sus garantías: la brecha digital, el tratamiento de los datos personales y protección de la privacidad, falta de transparencia, las dificultades de acceso, las desigualdades sociales por el desequilibrio en el conocimiento de nuevas tecnologías (cultura digital), la deshumanización de la administración y el déficit de las garantías jurídicas, son algunos problemas que se plantean con la implantación del modelo de administración electrónica. Y a tales problemas se une el avance de la inteligencia artificial y su incorporación al ejercicio de las potestades jurídico-públicas, así como el encaje de las herramientas de software predictivo y sus algoritmos en el nuestro ordenamiento jurídico.

En definitiva, con la implantación de la administración electrónica se permite la prestación de los servicios de forma más eficaz y de mayor calidad, la atención permanente y el acceso directo e inmediato del ciudadano a la administración, ahorrar costes, reducir los plazos y mejorar la transparencia de los procesos; la administración electrónica ofrece oportunidades para mejorar la eficiencia y accesibilidad de los servicios públicos. Pero es necesario abordar los problemas que plantea su uso para garantizar el respeto y la protección de los derechos de los ciudadanos.

## II. LA ADMINISTRACIÓN ELECTRÓNICA

El documento de la UNESCO "Gobernabilidad electrónica. Fortalecimiento de capacidades de la gobernabilidad electrónica", nos aproxima un concepto sobre la gobernabilidad electrónica, indicando que *"se refiere al uso de las tecnologías de la información y la comunicación por parte del sector público con el objetivo de mejorar el suministro de información y el servicio proporcionado. De esta manera, se trata de estimular la participación ciudadana en el proceso de toma de decisiones, haciendo que el gobierno sea más responsable, transparente y eficaz"* y avanza sobre un contenido en el cual deberá considerarse ínsito el derecho a una buena administración electrónica.

El derecho a una buena administración se encuentra reconocido en la Carta de los derechos fundamentales de la Unión Europea, que fue proclamada en Niza en diciembre de 2000, y adquirió carácter vinculante con la entrada en vigor del Tratado de Lisboa el 1 de diciembre de 2009. En el art. 41 de la Carta de Niza, intitulado "derecho a una buena administración", se establece que toda persona *"tiene derecho a que las instituciones y órganos de la Unión traten sus asuntos imparcial y equitativamente y dentro de un plazo razonable"* (apartado 1°), y se exponen algunos contenidos que integran el derecho a la buena administración en el ámbito de la Unión (audiencia y defensa, acceso a expedientes y motivación de las decisiones), junto al derecho al resarcimiento por los daños que se causen a los particulares por parte de las instituciones y sus agentes en el ejercicio de sus funciones (responsabilidad patrimonial de la Unión).

De ello cabe afirmar el derecho a una buena administración electrónica, dado que no son escindibles del concepto de buena administración los medios en los que ésta pueda ejercerse. La administración electrónica se configura así como un elemento necesario para la efectividad del derecho a la buena administración y, por ello, las garantías para la protección de los derechos de los ciudadanos en sus relaciones con los poderes públicos, son igualmente aplicables a todos los entornos en los que se vehiculizan tales relaciones. En otras palabras, el uso de las herramientas TIC no puede suponer una limitación de los derechos de los administrados, sino al contrario, la administración electrónica debe ser una garantía del derecho a la buena administración, en todas sus dimensiones.

La administración electrónica no se configura, por tanto, como un nuevo género de administración ajeno a la configuración constitucional de las relaciones entre administración pública y administrados, sino como un nuevo entorno en el cual tales relaciones deben desarrollarse. Las herramientas TIC son instrumentos al servicio de una buena administración, pero no una administración en sí misma, y tienen carácter transversal ordenado al cumplimiento de los intereses públicos y la efectividad de los derechos de los ciudadanos.

Así entendida, la administración electrónica requiere de instrumentos jurídicos que garanticen que el uso de las herramientas TIC permitan la plenitud de los derechos de los administrados, y permita un avance hacia una mayor eficiencia en la actuación de la administración pública. El carácter transformador del uso de medios electrónicos debe mantener un equilibrio necesario con las garantías que reconoce el ordenamiento a los particulares al relacionarse con los poderes públicos.

## *1. Marco internacional*

El protagonismo que han adquirido las tecnologías TIC en las relaciones con el poder público ha sido objeto de atención por parte de las más altas instituciones internacionales. La agenda "Transformando nuestro mundo: la Agenda 2030 para el Desarrollo Sostenible" aprobada en la Cumbre de la ONU de Nueva York en septiembre de 2015, incluye la administración electrónica como uno de los objetivos relevantes en relación con la eficiencia y la transparencia en la gestión pública (Objetivo 16: Paz, Justicia e Instituciones Sólidas; Objetivo 9: Industria, Innovación e Infraestructura; Objetivo 17: Alianzas para lograr los objetivos y la Inclusión Digital). En ellos, se considera que la digitalización y el desarrollo de infraestructura tecnológica son fundamentales para mejorar la administración pública y ofrecer servicios electrónicos de calidad.

En el ámbito de la Unión Europea la legislación sobre administración electrónica se centra en la promoción de servicios públicos digitales y la interoperabilidad entre los estados miembros, a través del impulso en su implantación tanto en las propias instituciones europeas como en los gobiernos nacionales, en todos los niveles de administración (local, regional y nacional). De esta forma, se han sucedido diferentes regulaciones integradas en la "Agenda Digital para Europa", entre las que cabe destacar el Plan de Acción sobre Administración Electrónica de la UE (2011-2015 y 2016-2020) y la Declaración de Tallin, de octubre 2017.

La "Agenda Digital para Europa", busca impulsar el crecimiento económico y mejorar la calidad de vida mediante el uso de tecnologías digitales. Lanzada en 2010 como parte de la Estrategia Europa 2020. La Agenda tiene como objetivos 1) La conectividad de todos los ciudadanos a internet y a los servicios digitales, reduciendo la brecha digital; 2) Fomentar la Economía Digital; 3) Modernizar los servicios públicos con la digitalización; 4) La seguridad cibernética y protección de datos en el entorno digital; 5) La inclusión digital de todos los ciudadanos.

La promoción de la digitalización de las administraciones públicas por parte de la Unión Europea alentando la adopción de medidas para la modernización y el acceso a servicios digitales en los estados miembros, tiene un corpus normativo en el cual cabe destacar:

1. Reglamento (UE) 910/2014 también conocido como eIDAS, Reglamento sobre la identificación electrónica y los servicios de confianza para las transacciones electrónicas en el mercado interior), que establece un marco normativo para la identificación electrónica y autenticación en línea, facilitando el uso de servicios electrónicos en la Unión Europea.

2. Directiva (UE) 2016/2102 sobre accesibilidad de los sitios web y aplicaciones móviles de los organismos del sector público, que tiene como objetivo garantizar que la información y los servicios en línea proporcionados por las entidades del sector público sean accesibles para todas las personas, incluidas aquellas con discapacidades.

3. Reglamento (UE) 2018/1724 sobre acceso a la información del sector público, el cual facilita el acceso a la información pública en línea y establece un marco para la creación de un punto de acceso único europeo para que los ciudadanos y las

empresas accedan a información y servicios en línea relacionados con el mercado único de la Unión Europea.

4. Directiva (UE) 2018/1972 establece un marco para el desarrollo de un Código Europeo de Comunicaciones Electrónicas, que tiene como objetivo modernizar y armonizar la regulación de las telecomunicaciones en la Unión Europea. Se incluyen disposiciones para mejorar la infraestructura digital, lo que a su vez apoya la administración electrónica.

Es por tanto un marco legal dirigido a modernizar la administración pública, y a mejorar la eficiencia, transparencia y accesibilidad de los servicios públicos.

## 2. *La administración electrónica en España*

La administración pública española tiene su punto de inflexión en el proceso de transición hacia la democracia y la actualización del modelo administrativo que estuvo vigente hasta ese momento. El diseño de una administración pública de carácter descentralizado, a partir del reconocimiento del estado autonómico, y la caracterización de la administración general en las tres entidades territoriales con autonomía garantizada constitucionalmente, supuso el nacimiento de una nueva administración pública. O, cuanto menos, evidenció la necesidad de una administración al servicio de una sociedad moderna que queda sometida a unos principios constitucionales y que debe estar al servicio del interés público.

No cabe obviar que el constituyente previó en su art. 18.4 la posible incidencia de la informática en el contenido esencial del derecho al honor y a la intimidad, así como las restricciones en los derechos de los ciudadanos que pudiera causar el uso de la informática, estableciendo la necesidad de un desarrollo a través de ley para su protección. Y a tal previsión no escapa el ejercicio de las potestades jurídico públicas por parte de la administración, y las posibles contingencias de un modelo previsiblemente tecnológico —de ignorada dimensión en 1978— en el cual pudieran desarrollarse instrumentos y herramientas digitales susceptibles de interferir en el ámbito de los derechos fundamentales de los ciudadanos.

De esta forma, el proceso de modernización de la administración pública tuvo que tener en cuenta la incidencia de las nuevas tecnologías en la sociedad y las posibilidades que las mismas representaban, en unos momentos en los que las herramientas TIC tan solo eran un instrumento para agilizar el trabajo interno de la administración, pero que ya advertían del avance que llegarían a suponer en el ámbito jurídico-público.

La Ley 30/1992, de 26 noviembre, de Régimen Jurídico de las Administraciones Públicas y del Procedimiento Administrativo Común (LRJPAC), en su redacción original de su art. 45.1, ya regulaba el uso por las administraciones públicas de técnicas y medios electrónicos, informáticos y telemáticos para el desarrollo de su actividad. Los apartados 2, 3 y 4 (derogados por la disposición derogatoria única de la Ley 11/2007, de 22 de junio, de acceso electrónico de los ciudadanos a los Servicios Públicos) del mismo artículo, permitían la posibilidad de que los ciudadanos se relacionasen con la administración pública para el ejercicio de sus derechos mediante "*técnicas y medios electrónicos, informáticos o telemáticos con respeto de las garantías y requisitos previstos en cada procedimiento*"; la tramitación de procedimientos en soporte informático, siempre garantizando "*la identificación y el ejercicio de la competencia por el órgano que la ejerce*"; y la necesidad de previa aprobación "*de los programas y aplicaciones electrónicos, informáticos y telemáticos que vayan a ser utilizados por las Administraciones Públicas*".

No cabe duda de que la LRJPAC ya avanzaba hacia un modelo de administración electrónica donde el uso de herramientas TIC sería progresivamente implantado para el desarrollo de la actividad administrativa, y donde las relaciones con los ciudadanos serían en un futuro de carácter telemático. Ahora bien, siempre con la salvaguarda de los derechos y las garantías del procedimiento administrativo común, y la necesidad de previa autorización de las herramientas a utilizar por parte de las administraciones públicas. Especial mención merece que el uso de tales herramientas no debería afectar al carácter personal de la atribución de las potestades jurídico-públicas a los órganos administrativos, lo que determina la necesaria intervención de empleados públicos en durante todo el trámite del procedimiento administrativo, y la garantía del ejercicio de las competencias por los órganos administrativos:

El control de las herramientas TIC, el respeto a las garantía del procedimiento, y la no sustitución del órgano que debe ejercer las competencias, eran corolarios de la nueva administración electrónica en la LRJPAC. Y, progresivamente, las nuevas necesidades que fueron surgiendo con el desarrollo y la implementación de la incipiente administración electrónica requirieron de un marco jurídico que pudiese regular ese nuevo escenario —y adaptarse al mismo—.

Con el Real Decreto Ley 14/1999, de 17 de septiembre, sobre firma electrónica, se incorporó al ordenamiento público español, antes incluso de su promulgación y publicación, la Directiva 1999/93/CE del Parlamento Europeo y del Consejo, de 13 de diciembre de 1999, por la que se establece un marco comunitario para la firma electrónica. En el mismo se regulaba el uso de la firma electrónica, su eficacia jurídica y los servicios de certificación. El citado Decreto Ley se tramitó como proyecto de ley en la siguiente legislatura, dando como resultado la Ley 59/2003 de Firma Electrónica, que regula, el concepto, expedición y validez de la firma electrónica en todos los ámbitos.

De forma coetánea, las "Recomendaciones formuladas por la Comisión Especial de Estudio para el Desarrollo de la sociedad de la información" de 1 de abril de 2003, incidían en la apuesta por la administración electrónica y el liderazgo de las administraciones públicas en el desarrollo de la sociedad de la información. De igual forma, la "Ponencia del Consejo Asesor de las Telecomunicaciones y de la sociedad de la información", de junio de 2005, insistía en el fortalecimiento de los servicios públicos digitales a través de herramientas TIC, para conseguir *"servicios públicos mejores, más democráticos y más transparentes"*, lo que iba a exigir un nuevo diseño de la organización y procesos en las administraciones públicas, para *"garantizar el derecho de ciudadanos y empresas a relacionarse electrónicamente con las AAPP"*.

Estas iniciativas para el impulso de la administración electrónica —junto a otras, como el "Plan de acción INFO XXI", o bien el "Programa de Actuaciones para el Desarrollo de la Sociedad de la Información en España"—, se integrarían en el "Plan 2006-2010 de desarrollo de la Sociedad de la Información y Convergencia con Europa y entre Comunidades Autónomas y Ciudades Autónomas" de la Secretaría de Estado de Telecomunicaciones y la sociedad de la información del Ministerio de Industria, Turismo y Comercio del Gobierno de España.

Pero fue la Ley 11/2007, de Acceso Electrónico de los Ciudadanos a los Servicios Públicos, la que impulsó la administración electrónica, modificando el carácter facultativo que la LRJPAC predicaba en la relación por medios electrónicos con los ciudadanos, a establecerse el carácter obligatorio de tales relaciones que, a la postre, va a exigir la implantación de las TIC de forma generalizada por parte de todas las administraciones públicas. De esta forma se reconoce como derecho de los ciudadanos la comunicación con las administraciones públicas a través de medios electrónicos, y la consiguiente obligación de las administraciones de dotarse de los medios necesarios para la efectividad del ejercicio de tal derecho.

La Ley 11/2007, pretendió dar un impulso a la administración electrónica, con el establecimiento del uso de las tecnologías de la información en las relaciones entre la administración y los particulares. Tal finalidad, se sometía a los límites del pleno respeto a los derechos de los ciudadanos, y a unos principios generales que redundaban en tal protección, que operarían como límite a la aplicación de la administración electrónica.

Tales principios son: El respeto al derecho a la protección de datos de carácter personal y a los derechos al honor y la intimidad personal y familiar; El principio de igualdad para evitar discriminaciones para los ciudadanos que se relacionen con las Administraciones Públicas por medios no electrónicos; El principio de accesibilidad universal a la información y a servicios por medios electrónicos; El principio de legalidad en el mantenimiento de la integridad de las garantías jurídicas de los ciudadanos ante las Administraciones Públicas; El principio de cooperación en la utilización de medios electrónicos por las Administraciones Públicas al objeto de garantizar la interoperabilidad; El principio de seguridad en la utilización de los medios electrónicos; Los principios de proporcionalidad, responsabilidad y calidad; Principios de neutralidad tecnológica y adaptabilidad al progreso de técnicas y sistemas de comunicaciones electrónicas; El principio de simplificación administrativa; y el principio de transparencia y publicidad del procedimiento (art. 4).

A partir de tales principios se articulan una serie de derechos del ciudadano en su relación con las administraciones públicas (art. 6), los mecanismos para la defensa de tales derechos (art. 7), y la obligación de prestación de los servicios por parte de las administraciones públicas (art. 8). Para pasar a regular la sede

electrónica, la identificación electrónica, la interoperabilidad, comunicaciones y notificaciones, documentos electrónicos, y gestión electrónica del procedimiento administrativo. Destacando la creación de la red SARA (Sistema de Aplicaciones y Redes para las Administraciones), en su art. 43, que permitió la interconexión de los sistemas de información de las diferentes administraciones, facilitando el intercambio de información y la implementación de servicios en línea con el fin de crear una red de comunicaciones, así como la interconexión con las redes de las Instituciones de la Unión Europea y de otros Estados Miembros.

El impacto que la ley 11/2007 supuso en la actividad administrativa en todos los niveles y ámbitos territoriales de las administraciones públicas y determinó un intenso despliegue normativo tanto estatal como autonómico: el Real Decreto 1671/2009, que desarrollaba parcialmente la Ley 11/2007 en la administración del Estado; el Real Decreto 4/2010 por el que se regula el Esquema Nacional de Interoperabilidad para asegurar la interoperabilidad a través de estandarización tecnológica, ínsito en el Marco Europeo de Interoperabilidad; y el Real Decreto 3/2010 que reguló el Esquema Nacional de Seguridad, desarrollando el artículo 42.2 de la Ley 11/2007.

La disposición final octava de la Ley 11/2007, establecía que para el desarrollo y aplicación de la ley correspondería a la comunidades autónomas, en el ámbito de sus respectivas competencias, dictar las disposiciones necesarias. Así, en la Comunitat Valenciana, y de conformidad con la competencia de la Generalitat para abordar tal desarrollo reglamentario, según lo dispuesto en el art. 149.1.18 CE, y el título competencial que ostenta la Generalitat en la materia, en virtud de los arts. 9 y 49.3.16ª del Estatuto de Autonomía de la Comunitat Valenciana, se aprobó el Decreto 220/2014 de 12 diciembre, del Consell, del Reglamento de administración electrónica de la Comunitat Valenciana, con el objetivo de hacer efectivos los principios reconocidos en la Ley.

Una vez transcurridos ocho años desde la aprobación de la Ley 11/2007, resultó necesario acometer una regulación integral de la administración electrónica en el seno del procedimiento administrativo común y no como una especialidad del mismo. La normalización de la administración electrónica como medio habitual en las relaciones de las administraciones públicas con los ciudadanos, llevó a establecer una nueva regulación de la misma, a través de la Ley 39/2015, de 1 de octubre, del Procedimiento Administrativo Común de las Administraciones Públicas (LPA) y la Ley 40/2015, de 1 de octubre, de Régimen Jurídico del Sector Público (LRJSP). Y no puede obviarse que la opción por una regulación integral de administración electrónica ínsita en el procedimiento administrativo común implica asunción expresa del nuevo modelo de relación entre poderes públicos y los ciudadanos con carácter general, y para todas las administraciones.

La LPA y la LRJSP configuran así el marco jurídico que regula la administración electrónica en España en la actualidad, estableciendo ésta como la actuación habitual de las administraciones públicas en su gestión interna, la relación con los ciudadanos y la relación de aquellas entre sí. Ambas normas se integran en el Plan de Transformación digital de la Administración General del Estado y sus Organismos Públicos (Estrategia TIC 2015-2020).

Las principales novedades que establece la LPA se encuentran en la asunción de los medios electrónicos como vía preferente —y en algunos casos única— en la gestión administrativa. La producción y la emisión de los actos administrativos por escrito, a través de tales medios, sustentan la apuesta del legislador por una administración electrónica integral, unificando en una norma el procedimiento en papel y el electrónico, con preeminencia de lo electrónico (la "Administración sin papel", según la dicción de la parte expositiva de la LPA). Justificado en los principios de eficacia y eficiencia, ahorro de costes, garantías de los interesados y una mejor transparencia. Igualmente reconoce un catálogo de derechos de los ciudadanos en sus relaciones con la administración.

Por su parte, la LRJSP se ha encargado de regular la organización y relaciones internas en el seno de la administración, y entre las distintas administraciones, a través de sistemas de identificación electrónica, firma electrónica, intercambio de datos y el archivo electrónico de documentos. La obligatoriedad de una sede electrónica en cada administración y la de relacionarse entre administraciones a través de medios electrónicos con sistemas electrónicos de información mutua son parte del Esquema Nacional de Interoperabilidad y del Esquema Nacional de Seguridad.

## *3. Problemática de la administración electrónica en el ámbito de los derechos de los ciudadanos*

La administración electrónica en España se enfrenta a problemas generales que distan de estar resueltos en la actualidad. De una parte, las carencias respecto a la interoperabilidad de los sistemas de las administraciones públicas impiden la eficacia de las previsiones sobre información mutua y comunicación. A ello se suman los problemas de seguridad y privacidad —en particular respecto a la protección de datos personales y la ciberseguridad—, y la resistencia al cambio y la falta de formación adecuada de los empleados públicos y la ciudadanía.

Pero sin duda, las desigualdades en la disponibilidad de medios para el acceso a los entornos digitales son el principal problema al que se enfrenta el cambio hacia una administración electrónica integral. La "brecha digital" no sólo tiene un componente económico —en términos de acceso a los medios necesarios— sino que, fundamentalmente, tiene raíz generacional y cultural. Existe una brecha digital que afecta a personas mayores, con discapacidad o sin acceso a internet, limitando su capacidad para poder interactuar con la administración a través de medios electrónicos.

Las asimetrías en cuanto al acceso a la administración electrónica resultan muy acusadas entre unas generaciones y otras; el uso de las nuevas tecnologías por parte de las personas situadas en la franja de edad entre los 18 y 50 años suele ser habitual y ordinario. Sin embargo, en las generaciones de mayor edad pasa a ser un medio más infrecuente —conforme se avanza en edad— hasta llegar a ser casi desconocido para las personas a partir de los 70 años. La situación no sólo tiene que ver con la falta de formación, sino también tiene un trasunto cultural y social: la resistencia al cambio y la inseguridad que provoca lo desconocido en las personas de más edad dificultan la implantación de la nueva administración electrónica en todos los segmentos de la sociedad. Y no puede concebirse una administración pública —en la que los ciudadanos se encuentran en igualdad de derechos— únicamente diseñada para las personas habituadas al uso de nuevas tecnologías.

Precisamente, la aplicación de la LPA y su modelo de administración electrónica ha supuesto en las comunicaciones electrónicas fuente de conflicto permanente entre la administración y los ciudadanos. De una parte, porque la generalización de la práctica de las notificaciones electrónicas en la sede electrónica no había previsto la necesidad de una formación previa de los administrados para su uso y para el conocimiento de sus consecuencias jurídicas; las previsiones de la LPA supusieron la implantación de un sistema de comunicación electrónica de forma obligatoria para algunos colectivos (art. 14.2 LPA) partiendo de la presunción de que tales obligados disponían de los medios y conocimientos suficientes para la relación electrónica con la administración.

De otra parte, porque se producen disfunciones técnicas, tanto en los sistemas de la administración pública, como en los de los ciudadanos. Los problemas de conectividad, la caída de redes o defectos de software o de hardware que pueden inhabilitar la comunicación con la sede electrónica o retrasarla. Y todo ello va a generar consecuencias jurídicas en la esfera de los derechos de los ciudadanos (preclusión de trámites, prescripción de acciones, archivo del procedimiento, y otros muchos).

Surgen múltiples problemas interpretativos sobre los efectos jurídicos acerca de la impericia, falta de conocimientos tecnológicos o los defectos técnicos. Algunos de ellos ya resueltos, como la posibilidad de subsanación de defectos en aquellas solicitudes presentadas por vía telemática, en particular, la ausencia de firma. El Tribunal Supremo, Sala Tercera, en sentencia de 31 de mayo de 2021 (Rec. núm. 6119/2019), consideró que *"el deber de dar un plazo de diez días para la subsanación de las solicitudes que hayan omitido la "firma del solicitante o acreditación de la autenticidad de su voluntad expresada por cualquier medio", en palabras del vigente art. 66.1.e) de la Ley 39/2015, está expresamente previsto por el art. 68 del mismo cuerpo legal. Y que la vigente legislación de procedimiento administrativo ha sido pensada para la llamada "Administración electrónica" resulta evidente de la simple lectura de la citada Ley 39/2015, para la que el modo tendencialmente normal de comunicación entre la Administración y los particulares es el electrónico".* En los mismos términos, la sentencia de la misma Sala, de 15 de enero de 2024 (Rec. núm. 1905/2021).

Otros, sin embargo, están pendientes de ser resueltos, como la del cómputo del plazo a partir de la puesta a disposición de la notificación en la sede electrónica de la Administración o en la dirección electrónica habilitada única, en particular en los procedimientos sancionadores (pendiente de pronunciamiento de la Sala Tercera del Tribunal Supremo, según Auto de admisión de Recurso de Casación 923/2024, de 10 de julio de 2024). O la notificación electrónica a las personas jurídicas, en el caso en el que dicha persona jurídica no se haya dado de alta en el sistema de dirección electrónica habilitada y no haya designado un medio de aviso de la puesta a disposición de las notificaciones electrónicas (pendiente de pronunciamiento de la Sala Tercera del Tribunal Supremo por Auto de admisión de Recurso de Casación 11050/2024, de 18 de septiembre de 2024).

## III. ADMINISTRACIÓN ELECTRÓNICA E INTELIGENCIA ARTIFICIAL

Entre las herramientas TIC al servicio de las administraciones públicas hay una que requiere un mayor análisis, atendida la trascendencia de la misma y el reto que supone para el presente y el futuro de la actividad de los poderes públicos. Se trata de la Inteligencia Artificial (IA), como tecnología de la información y las comunicaciones con sustantividad propia, pues no es tan sólo un recurso para la mejora de los servicios públicos sino que también está dotada de la capacidad de analizar elementos fácticos, integrarlos en el ordenamiento jurídico aplicable, y establecer unas conclusiones.

## *1. La eficacia de la administración pública como justificación de la inteligencia artificial*

El uso de las TIC determina seguir el proceso de transformación técnica de tales herramientas, y también evolucionar con los cambios tecnológicos en las que se ven inmersos. No estamos, pues, en el momento final de su desarrollo, sino que están en un constante avance en el cual no se advierte un límite, y que exige de una adaptación continua. Así la administración electrónica, en el diseño que se prevé en la LPA y la LRJSP, responde a una foto fija, a un momento concreto en atención al estado de la tecnología en el tiempo en que fueron aprobadas. Pero la realidad está empezando a superar a la ficción. Lo que pudiera parecer, hace una década, inalcanzable, en la actualidad forma parte de lo ordinario.

De esta forma, la imparable revolución de las tecnologías conduce a un cambio del modelo en el cual éstas se implementan. Y el ejemplo más elocuente es el de la IA, que va a suponer una transformación digital necesaria en la organización, estructura y actuación de los poderes públicos y, además, en el reconocimiento de derechos y obligaciones en su relación con los ciudadanos. La revolución digital es también, una revolución cultural y organizativa para la administración pública. Y atendido el mandato constitucional de sometimiento pleno a la ley y al derecho, el nuevo escenario va a requerir de una regulación habilitante para afrontar tales cambios, pues el marco jurídico actual no resulta suficiente para darles plena cobertura.

Ahora bien, las dificultades que presenta determinar un marco regulatorio que pudiese dar amparo a la actual situación tecnológica, tienen también su causa en la naturaleza evolutiva del progreso de las TIC. Así, el ordenamiento jurídico estaría condenado a la misma obsolescencia que la tecnología que se pretende regular, pues nada queda inmóvil en la transformación digital. Ello conduce a la necesidad de establecer unas bases normativas que permitan ser referencia para la adaptación de la administración pública a los cambios tecnológicos.

En particular, la IA supone, en la actualidad, uno de los mayores retos a los que se enfrenta la administración pública. Su utilización produce un incremento de la eficacia de la actuación de los poderes públicos, y tiene, por ello, encaje en el mandato del art. 103.1 CE. Sin embargo, no todo lo que supone una mejora en la eficacia de la administración tiene plena cobertura normativa; justificar todo medio en la consecución de una mayor eficacia, podría ir en demérito de otros principios constitucionales, incluso vaciarlos de contenido. Es por ello que la misión del Derecho se torna determinante para el respeto de los principios que determinan el actuar de la administración, y especialmente para las garantías de los derechos de los administrados, pues no es el servicio al interés general el que debe regir en su actuación.

Por el contrario debe considerarse que el constituyente previó en el art. 18.4 CE la necesidad de una regulación que limitase el uso de la "informática" (dicción propia de los tiempos en el que fue aprobada la Constitución) para así garantizar los derechos fundamentales *"al honor y la intimidad personal y familiar de los ciudadanos y el pleno ejercicio de sus derechos"*. De una parte, se advierte el lógico temor por el uso de unas herramientas —de alcance desconocido en 1978— y su incidencia en los derechos fundamentales. Y, de otra parte, se deduce una necesidad de control sobre tales herramientas, que deberán tener como límite el pleno ejercicio de los derechos de los ciudadanos.

En consecuencia, el principio de eficacia del art. 103 CE deberá equilibrarse con el pleno ejercicio de los derechos por parte de los ciudadanos y las restricciones respecto al uso de la informática que prevé el art. 18.4 CE. A ello deberá unirse, necesariamente, la previsión del art. 53.1 CE, esto es, la vinculación positiva de todos los poderes públicos a los derechos fundamentales del Capítulo II, Título I. De ello cabe establecer que el uso de las herramientas TIC, y en particular, de la IA, solo es admisible si se respetan tales derechos y se implementan garantías suficientes para su ejercicio, sin que en ningún caso pueda alterar los principios que conforman el diseño constitucional de la administración pública, en los que el procedimiento se erige como una garantía de tales derechos. Sin olvidar que la administración pública asume una posición *potentior persona* respecto a los ciudadanos.

## 2. *¿Qué es la inteligencia artificial?*

Conforme al art. 3 del Reglamento (UE) 2024/1689, del Parlamento Europeo y del Consejo, de 13 de junio 2024, por el que se establecen normas armonizadas en materia de inteligencia artificial, se definen el sistema de IA como *"un sistema basado en una máquina que está diseñado para funcionar con distintos niveles de autonomía y que puede mostrar capacidad de adaptación tras el despliegue, y que, para objetivos explícitos o implícitos, infiere de la información de entrada que recibe la manera de generar resultados de salida tales como predicciones, contenidos, recomendaciones o decisiones, que pueden influir en entornos físicos o virtuales"*.

De tal definición, se extrae una primera aproximación del concepto, a partir de los elementos que la conforman:1) Dispone de ciertos niveles de autonomía; 2) Tiene capacidad de adaptación; 3) Recibe una información de entrada, y de ella genera resultados de salida como predicciones, contenidos, recomendaciones o decisiones.

De los tres elementos señalados, el correspondiente a la "génesis de resultados" va a estar determinado por el empleo de algoritmos y por el uso de datos desde los cuales se ejecuta el procesamiento de la información. Así la IA no es sino un

software que utiliza algoritmos para establecer resultados, según la información de entrada que se facilita y los datos de que se sirva para ello. Y todo algoritmo tiene un código fuente que, de conformidad con el Consejo de Transparencia y Buen Gobierno de la Administración General del Estado (Resolución 701/2018, de 18 de febrero de 2009) es un *"archivo o conjunto de archivos que tienen un conjunto de instrucciones muy precisas basadas en un lenguaje de programación, que se utiliza para poder compilar los diferentes programas informáticos que lo utilizan y se puedan ejecutar sin mayores problemas"*.

Así, la IA no es, en puridad, "inteligencia", sino un sistema informático, a través del cual se realiza un análisis de datos y se establecen unas conclusiones sobre los mismos cuya exactitud va a depender del grado de garantía que ofrezcan los algoritmos en los cuales se basa el procedimiento de análisis para la obtención de dichos resultados. Es decir, el núcleo de la IA es una aplicación informática que analiza grandes cantidades de datos a través de algoritmos, y que dan como resultado unas predicciones o juicios (Huergo, 2021).

El elemento determinante, por tanto, para la certeza de los resultados de salida del proceso será el algoritmo que se utilice, una cuestión de especial importancia cuando se use la IA en el ámbito de las administraciones públicas. Así, dada la posible dimensión jurídico-pública de los resultados de la aplicación de IA en el sector público se hace necesario establecer un régimen jurídico respecto a los algoritmos y un sistema de garantías para los ciudadanos como destinatarios de la actividad administrativa (Berning-Prieto, 2023). Lo relevante del uso de IA es, por tanto, la afección de ésta a la esfera de los derechos de los administrados y a los principios que rigen la actividad de la administración pública, pero no la técnica en sí misma.

## *3. La inteligencia artificial en la actividad administrativa*

No toda actividad administrativa se puede ver afectada en la misma medida por el uso de la IA. Las diferentes formas de ejercicio de las potestades públicas por la administración (las potestades regladas y las discrecionales; actos de trámite y actos resolutorios), permiten distinguir entre la admisibilidad plena, parcial o la inadmisibilidad del uso de IA. Para ello, es exigible un canon de diligencia en cuanto a la identificación del tipo de actividad administrativa a que se ejecutará y el papel que podrá desempeñar la IA en la ejecución, mediante la ponderación de los intereses a los que pretende servir y las garantías que deberán regir en el ejercicio de tal actividad, especialmente en la esfera de los derechos.

Es por ello que se pueden encontrar ámbitos vedados a la utilización de IA en la actividad administrativa; otros en los que puede coadyuvar en la toma de las decisiones; y otros en los cuales el resultante de la utilización de IA puede ser el que conforme la resolución propiamente dicha. La IA permite la objetivación de la actividad de la administración, alejándola de todo sesgo o subjetivación condicionante de la decisión. No obstante, la actividad administrativa no sigue siempre unas pautas estrictamente objetivas en su actuar, pues la valoración de los intereses públicos a los que debe servir, requiere de la intervención de la persona. Las decisiones de la administración se mueven en la incertidumbre, y si no fuese así y las decisiones pudieran responder a idénticos parámetros y a reglas y patrones estandarizados, no existiría ni la discrecionalidad ni, tampoco, sería necesaria IA (Huergo, 2021). Lo que resulta innegable es que la utilización de IA, y en particular los algoritmos que la configuran, puede predeterminar la decisión del poder público. Surgen de todo ello, diferentes posiciones doctrinales para determinar la naturaleza jurídica del algoritmo.

De una parte, las que afirman que los algoritmos son normas reglamentarias en un sentido jurídico material, puesto que conforman el contenido resolutorio del acto administrativo e incluso, son un acto en sí mismo (Boix, 2020). Es entender el código informático como un código jurídico que establece los parámetros para interpretación de la ley y, en tal sentido, configuran el acto administrativo. A tal planteamiento cabría obstar que el algoritmo —como fórmula matemática— no es, más que un sumatorio de operaciones y factores, y carecen de las características de las fuentes del derecho, y tampoco quedan sometidos a ellas. La conjunción de operaciones que servirán para integrar un supuesto de hecho en el sistema jurídico, a partir de una referencia probabilística y un conjunto de datos, no es un sistema jurídico, sino un elemento que sirve a la aplicación del derecho. Pero no es derecho.

De tal planteamiento, se llegaría a la afirmación de que el resultante del uso de IA por parte de la administración pública sería un verdadero acto administrativo aunque careciese de intervención humana, pues sería aplicación directa de una norma reglamentaria. Igualmente, la ausencia de sometimiento a los principios para su integración en el sistema de fuentes (legalidad, jerarquía, competencia, publicidad, fiscalización jurisdiccional, participación), obstarían a considerarla como tal fuente. En realidad el algoritmo requiere de una disposición de carácter general que determine las pautas que deberán seguirse para su configuración y sus límites. Pero sería ésta —la norma que predetermine la elaboración de todo algoritmo— la que gozaría de la condición de reglamento, pero no compartiría tal naturaleza con el resultante de la aplicación de esa norma (el algoritmo). Así, y siguiendo al Consejo de Estado italiano: *"la regla técnica que gobierna cualquier algoritmo no deja de ser en cualquier caso una regla administrativa general"* que es elaborada por un humano, aunque se aplique por una máquina (De la Sierra, 2021).

Compartiendo tal planteamiento, se puede considerar que la norma que regule la creación del algoritmo será una norma jurídica que se encontrará sometida a los principios para el ejercicio de la potestad reglamentaria por parte de los poderes públicos (proporcionalidad publicidad, transparencia, etc.), por lo que el algoritmo será aplicación de una previa previsión normativa.

Otro sector doctrinal considera el algoritmo como un acto administrativo (Patiño y Vergara, 2020), concretamente "acto administrativo unilateral algorítmico" o "acto administrativo informático". Tal naturaleza requeriría de una norma previa que determinase el contenido del algoritmo, por lo que sería admisible asumir la naturaleza del algoritmo como un acto aplicativo del derecho. Ahora bien, se debe deslindar con claridad el algoritmo (creado a partir de unas reglas jurídicas previas) del resultante de la aplicación del algoritmo (la utilización y uso que del algoritmo que pudiese hacerse en la actividad administrativa). Porque no puede considerarse que los resultados de salida del proceso de aplicación de la IA sea, por el mero hecho de emanar de un algoritmo, un acto administrativo.

Es por ello que cabe entender que la IA, el software y el algoritmo, deban estar conformados a partir de unas pautas jurídicas previas, en una norma en la que se discipline su creación y utilización. Pero cuestión distinta es la consideración del resultado de su uso como acto administrativo, de forma automática, puesto que en realidad no es sino una herramienta —sometida a previas normas para su génesis— que arroja unos determinados resultados. Éstos resultados pueden —o no—, condicionar o predeterminar el contenido de un acto administrativo, pero no son propiamente "acto administrativo".

La cuestión debe situarse, así, en el uso de los resultados de la aplicación de la IA en la actividad administrativa, previo el control normativo sobre el algoritmo que permite llegar a tales resultados. El algoritmo es "algoritmo" (Martín, 2023) sin que sea esencial impetrar en la naturaleza jurídica de la fórmula matemática que lo compone. Y ello porque resulta esencial incorporar la aplicación de la IA en el seno del procedimiento administrativo, y no considerarlo como un *tertium genus,* como un nuevo procedimiento. En su consecuencia, la naturaleza del resultante de aplicar la IA en la actividad administrativa está condicionada por los efectos que éste tenga en el seno del procedimiento. Y las posibilidades que pueden plantearse son tres: a) IA como herramienta; b) IA como sustitución de la decisión del titular del órgano administrativo; c) la IA investida de potestades jurídico-públicas.

El acto administrativo debe ser dictado por un órgano administrativo (arts. 34.1 LPA) investido de competencia (art. 8 LRPJSP). *"El acto administrativo es la declaración de voluntad, de juicio, de conocimiento o de deseo realizada por la Administración en ejercicio de una potestad administrativa distinta de la potestad reglamentaria"* (Zanobini, Garrido Falla, García De Enterría, Santamaría Pastor, entre otros). Tal definición advierte que toda la actividad de la administración requiere, para la producción de efectos jurídicos, de personas que ejerzan las competencias asignadas a los órganos.

Así, toda actividad administrativa se debe imputar a un órgano administrativo, y es el titular del órgano el que asume la utilización de IA como una herramienta al servicio de tal actividad. Aunque el proceso de toma de decisiones —el que va a determinar la génesis del acto— se automatice, la decisión, el acto resolutorio, y la trascendencia jurídico-pública de tal decisión, debe tener a la persona como autora de la misma.

La utilización de IA por tanto, no puede suplir la necesaria intervención humana en el procedimiento; fundamentalmente porque la aplicación de un algoritmo no permite considerar que ésta conforme una declaración de voluntad, ni que el algoritmo esté dotado de potestad para dictar un acto administrativo. Es por ello que el uso de IA sólo puede suponer una herramienta, pero en ningún caso puede sustituir a la persona en la emisión del acto administrativo. Siguiendo a Martín, resulta imprescindible una "reserva de humanidad" (Martín, 2009) para la génesis del acto administrativo.

Llegados a este punto, debe trasladarse el producto de la aplicación de la IA a alguna de fases del procedimiento a efecto de determinar su encaje jurídico. Y para ello, la posibilidad más plausible sería el tratamiento como un informe de los previstos en la sección 3.ª del capítulo IV del título IV de la LPA, emitido por la propia administración pública (art. 80, LPA). Tal consideración, permitiría la participación de los interesados en el trámite de audiencia —con carácter previo a la propuesta de resolución—, y la posibilidad de impugnación del resultante de la aplicación del algoritmo, del propio algoritmo, o incluso del software en el que se implementa. La asunción por el instructor del expediente del resultante de aplicar IA, le dotaría de los requisitos formales necesarios para su incorporación al expediente administrativo y puede ser el fundamento de la resolución que se dicte (art. 88.6 LPA).

Sea como fuere, resulta necesario avanzar en un marco regulatorio suficiente, en el cual se puedan garantizar los derechos de los ciudadanos. Tanto sobre el diseño de los algoritmos, como sobre el valor jurídico del resultante de aplicarlo en el procedimiento administrativo. Una regulación que debe incidir tanto en la transparencia, como en la necesidad de motivación, y en el establecimiento de mecanismos de control sobre la aplicación de IA.

En el particular relativo a la transparencia, cabe señalar la Ley 1/2022, de 13 de abril, de Transparencia y Buen Gobierno de la Comunitat Valenciana, la cual incluye como "información de relevancia jurídica" a los sistemas de inteligencia artificial, señalando expresamente como tal información relevante los *"sistemas automatizados y sistemas de inteligencia artificial de uso general cuyo empleo impacte de manera significativa en los procedimientos administrativos o en la prestación de los servicios públicos"* (art. 16.1.l). La información a facilitar debe incluir: descripción del diseño, funcionamiento y lógica del sistema, finalidad, incidencia en las decisiones públicas, nivel de riesgo que implica, importancia, consecuencias previstas para la ciudadanía, punto de contacto al que dirigirse, y en su caso, el órgano u órganos competentes a efectos de impugnación.

## IV. CONCLUSIONES

1. La administración electrónica es un elemento necesario para la efectividad del derecho a la buena administración y, por ello, las garantías para la protección de los derechos de los ciudadanos en sus relaciones con los poderes públicos, son igualmente aplicables a todos los entornos en los que se vehiculizan tales relaciones. El uso de las herramientas TIC no puede suponer una limitación de los

derechos de los administrados, sino al contrario, la administración electrónica debe ser una garantía del derecho a la buena administración, en todas sus dimensiones. La administración electrónica no es un nuevo género de administración ajeno a la configuración constitucional de las relaciones entre administración pública y administrados, sino un nuevo entorno en el cual tales relaciones deben desarrollarse. Las herramientas TIC son instrumentos al servicio de una buena administración, pero no son una administración en sí misma.

2. La LPA y la LRJSP configuran en la actualidad el marco jurídico que regula la administración electrónica en España, estableciendo ésta como la actuación habitual de las administraciones públicas en su gestión interna, la relación con los ciudadanos y la relación de aquellas entre sí. La regulación de la administración electrónica en el seno del procedimiento administrativo común implica asunción expresa del nuevo modelo de relación entre poderes públicos y los ciudadanos con carácter general, y para todas las administraciones

3. La administración electrónica en España se enfrenta a problemas aun no resueltos: 1) las carencias respecto a la interoperabilidad de los sistemas de las administraciones; 2) los problemas de seguridad y privacidad —en particular respecto a la protección de datos personales y la ciberseguridad—; 3) la resistencia al cambio y la falta de formación adecuada de los empleados públicos y la ciudadanía; 4) Las desigualdades en la disponibilidad de medios para el acceso a los entornos digitales. A ello se suma la problemática sobre las comunicaciones electrónicas entre la administración y los ciudadanos, por falta de formación previa de los administrados y por las disfunciones técnicas, tanto en los sistemas de la administración pública, como en los de los ciudadanos, que generan consecuencias jurídicas en la esfera de los derechos de los ciudadanos.

4. Las dificultades que presenta determinar un marco regulatorio que pudiese dar amparo a la actual situación tecnológica para la aplicación de la IA, tienen también su causa en la naturaleza evolutiva del progreso de las TIC. Así, el ordenamiento jurídico estaría condenado a la misma obsolescencia que la tecnología que se pretende regular, pues nada queda inmóvil en la transformación digital. Ello conduce a la necesidad de establecer unas bases normativas que per-

mitan ser referencia para la adaptación de la administración pública a los cambios tecnológicos.

4. El uso de IA se fundamenta en el principio de eficacia del art. 103 CE, pero debe equilibrarse con el pleno ejercicio de los derechos por parte de los ciudadanos El uso de las herramientas TIC, y en particular, de la IA, solo es admisible si se respetan tales derechos y se implementan garantías suficientes para su ejercicio, sin que en ningún caso pueda alterar los principios que conforman el diseño constitucional de la administración pública, en los que el procedimiento se erige como una garantía de tales derechos.

5. Los algoritmos que la configuran la IA pueden predeterminar la decisión del poder público. Surgen así diferentes posiciones doctrinales para determinar la naturaleza jurídica del algoritmo:

a) Las que afirman que los algoritmos son normas reglamentarias en un sentido jurídico material, puesto que conforman el contenido resolutorio del acto administrativo. Sin embargo, el algoritmo es una fórmula matemática que carecen de las características de las fuentes del derecho. Sólo la norma que regule la creación del algoritmo será norma jurídica sometida a los principios para el ejercicio de la potestad reglamentaria y el algoritmo será aplicación de tal previa previsión normativa, pero no es una norma reglamentaria. La IA, el software y el algoritmo, deban estar conformados a partir de unas pautas jurídicas previas, en una norma en la que se discipline su creación y utilización.

b) Las que consideran al algoritmo como un acto administrativo. Pero tal naturaleza requeriría de una norma previa que determinase el contenido del algoritmo y en tal caso, sería admisible afirmar que el algoritmo es un acto aplicativo del derecho. Ahora bien, se debe deslindar con claridad el algoritmo (creado a partir de unas reglas jurídicas previas) del resultante de la aplicación del algoritmo (la utilización y uso que del algoritmo que pudiese hacerse en la actividad administrativa). No puede considerarse que los resultados de salida del proceso de aplicación de la IA sea, por el hecho de emanar de un algoritmo, un acto administrativo.

6. La utilización de IA no puede suplir la necesaria intervención humana en el procedimiento administrativo, porque la aplicación de un algoritmo no permite considerar que ésta conforme una declaración de voluntad, ni que el algoritmo esté dotado de potestad para dictar un acto administrativo. Es por ello que el uso de IA sólo puede suponer una herramienta, pero en ningún caso puede sustituir a la persona en la emisión del acto administrativo. Aunque el proceso de toma de decisiones —el que va a determinar la génesis del acto— se automatice, la decisión, el acto resolutorio, y la trascendencia jurídico-pública de tal decisión, debe tener a una persona como autora de la misma.

7. Debe trasladarse el producto de la aplicación de la IA a alguna de fases del procedimiento a efecto de determinar su encaje jurídico. Para ello, la posibilidad más plausible sería su tratamiento como informe de los previstos en la sección 3.ª del capítulo IV del título IV de la LPA, emitido por la propia administración pública (art. 80, LPA). Tal consideración, permitiría la participación de los interesados en el trámite de audiencia —con carácter previo a la propuesta de resolución—, y la posibilidad de impugnación del resultante de la aplicación del algoritmo, del propio algoritmo, o incluso del software en el que se implementa. La asunción por el instructor del expediente del resultante de aplicar IA, le dotaría de los requisitos formales necesarios para su incorporación al expediente administrativo y puede ser el fundamento de la resolución que se dicte (art. 88.6 LPA).

## V. BIBLIOGRAFÍA

Berning Prieto, A. (2023) "El uso de sistemas basados en inteligencia artificial por las Administraciones públicas estado actual de la cuestión y algunas propuestas ad futurum para un uso responsable", en *Revista de Estudios de la Administración Local y Autonómica: Nueva Época,* núm. 20, Universidad Pablo de Olavide, 2023

Boix Palop, A. (2020) "Los algoritmos son reglamentos: La necesidad de extender las garantías propias de las normas reglamentarias a los programas empleados por la administración para la adopción de decisiones" en *Revista de Derecho Público: teoría y método,* núm. 1, 2020

De la Sierra Morón, S. (2021) "Control judicial de los algoritmos: robots, administración y estado de derecho", El derecho.com, https://elderecho.com/control-judicial-de-los-algoritmos-robots-administracion-y-estado-de-derecho, último visionado 01/10/2024

Esteban Patiño, J. y Guevara Zapata, H. (2020) "Los actos administrativos unilaterales algorítmicos: una conceptualización necesaria para tiempos modernos" en *Academia & Derecho,* núm. 21, 2020

Gamero Casado, E. (2010) "La ley de administración electrónica comentario sistemático a la Ley 11-2007, de 22 de junio, de acceso electrónico de los ciudadanos a los servicios públicos", Ed. Thomson Reuters Aranzadi, 2010

Huergo Lora, A. (2021) "Administraciones Públicas e inteligencia artificial ¿más o menos discrecionalidad?", en *El Cronista del Estado Social y Democrático de Derecho,* núm. 96-97 (octubre-noviembre, ejemplar dedicado a discrecionalidad de los reguladores), Universidad de Oviedo, 2021

Martín Delgado, I. (2023) "La aplicación del principio de transparencia a la actividad administrativa algorítmica" en "Inteligencia artificial y sector público: retos, límites y medios", coord. Gamero Casado, E., Pérez Guerrero, F.L.,2023,

Martín Delgado, I. (2009) "Naturaleza, concepto y régimen jurídico de la actuación administrativa automatizada", en *Revista de Administración Pública,* núm. 180, 2009.

# ESTADO DE LA CUESTIÓN. GRADO DEL CUMPLIMIENTO DEL ESTATUTO DE AUTONOMÍA DE LA COMUNIDAD VALENCIANA EN LO CORCENIENTE A LA UNIÓN EUROPEA Y LA ACCIÓN EXTERIOR

**RAFAEL RIPOLL NAVARRO**
*Profesor Doctor de Derecho Europeo de la Universidad Católica San Vicente Mártir*

**Sumario**: I. Estado de la cuestión; contenido estatutario sobre el ordenamiento jurídico de la UE y acción exterior. II. Artículo 61, de las relaciones con la Unión Europea. III. Artículo 62, de la acción exterior. Conclusiones. Bibliografía consultada

**Resumen**

Los contenidos del Estatuto de Autonomía de la Comunidad Valenciana (ECV) relativos a la UE y la acción exterior están contenidos en dos títulos, conformados cada cual, por un solo artículo, 61 y 62 respectivamente. A estos títulos, les anteceden sendas menciones con carácter programático, tanto en el preámbulo, como en el título primero, a modo de referencia expresa a la asunción y defensa de los valores de la integración europea.

Analizamos los contenidos de los preceptos citados y su grado de realización, desde la aprobación del Estatuto en primera y segunda generación.

**Abstract**

The contents of the Statute of Autonomy of the Valencian Community relating to the EU and external action are contained in two titles, each comprising a single article, 61 and 62 respectively. These titles are preceded by programmatic mentions, both in the preamble and in the first title, as an express reference to the assumption and defence of the values of European integration.

We analyse the contents of the aforementioned precepts and their degree of implementation, since the first and second generation of the Statute was approved.

**Key Words:** Unión Europea. Estatuto de Autonomía. Acción Exterior. Principio de subsidiariedad. Comité de las Regiones de la UE.

## I. ESTADO DE LA CUESTIÓN; CONTENIDO ESTATUTARIO SOBRE EL ORDENAMIENTO JURÍDICO DE LA UNIÓN EUROPEA Y ACCIÓN EXTERIOR.

El Estatuto de Autonomía de la Comunidad Valenciana contiene significativas referencias al rol autonómico en la integración europea y la acción exterior autonómica. Estos contenidos están básicamente desarrollados en dos artículos, 61 y 62[1]. El primero constituye el Título de Relaciones con la Unión Europea, y el segundo, el Título referente a la Acción Exterior.

No obstante, observamos diversas menciones a título programático y ejecutivo al margen de los mencionados títulos. Concretamente, tanto en el preámbulo y título primero sobre La Comunidad Valenciana (CV), concernientes a valores transversales, como en los artículos 22 k[2] y 49.4[3], en cuanto a funciones de las Cortes y competencias exclusivas de la Generalitat respectivamente.

Con relación al preámbulo, el texto autonómico menciona explícitamente la integración europea. En concreto, establece que son objetivos del Estatuto procurar:

---

1 Estatuto de Autonomía de la Comunidad Valenciana, Ley Orgánica 1/2006 de 10 de abril, de reforma de la Ley Orgánica 5/1982, de 1 de julio. Título VI de Relaciones con la UE (Artículo 61), Título VII de Acción Exterior (Artículo 62). Ver al respecto, Rafael Ripoll Navarro (2024)," Integración europea y gobernanza multinivel; una reflexión desde España", en Molina del Pozo, Carlos, "Estudios sobre ciertos aspectos de la Presidencia española del Consejo de la Unión Europea" Colex Reader, p. 198.

2 Estatuto de la Comunidad Valenciana, Título III, Capítulo II de les Corts Valencianes (Artículo 22.K). Son funciones de les Corts: "Recibir información, a través del Consell, debatir y emitir opinión respecto de los tratados internacionales y legislación de la Unión Europea en cuanto se refieran a materias de particular interés de la Comunitat Valenciana, de acuerdo con la legislación del Estado"

3 Estatuto de la Comunidad Valenciana, Título IIII de las Competencias. Artículo 49.4.

> *"La integración en Europa y la asunción de los valores de la Unión Europea y el velar por el incumplimiento de sus objetivos...firmar convenios ...con las regiones europeas, parar participar en la acción exterior del Estado en el ámbito de sus competencias, y la participación en el proceso de celebración de tratados internacionales..."*

Como segunda aportación en el ámbito de la UE, observamos una alusión directa en el Título primero, artículo primero punto cuarto. En concreto, el precepto citado indica que:

> *"La Comunidad Valenciana, como región de Europa, asume los valores de la Unión Europea y velará por el cumplimiento de sus objetivos y por la defensa de los derechos de todos los ciudadanos europeos".*

Vislumbramos un común denominador entre los textos citados, ambos coinciden en la asimilación de los valores de la integración europea y la referencia explícita a la UE, como entidad supranacional que fideliza esos valores. Igualmente, se define a la Comunidad Valenciana como región de Europa, cuestión, que valoramos más como institucional, que de índole geográfico, en alusión precisamente a su estatus de región como ámbito activo de la integración europea pretendida. En todo caso, se trata de una consideración exclusivamente del estatuto valenciano reiterada en su art. 61.

Los valores de la UE están reflejados en el art. 2 TUE y circunscritos al respecto de la dignidad humana, libertad, democracia e igualdad, así como al imperio de la ley en su formato de estado de derecho. El estatuto valenciano consagra todos estos principios que son garantizados tanto en la Constitución española, como en su propio articulado.

Concretamente, el preámbulo estatutario menciona como derechos propios los contemplados en la Convención Europea de Derechos del Hombre y Libertades Fundamentales, así como la Carta Social Europea. Se indica específicamente que, los poderes públicos velarán por todos los derechos previstos en dichos Tratados. En definitiva, La ejecución cotidiana de todas las políticas y principios contemplados en el texto autonómico garantizan la observación del citado art. 2 TFUE.

Por último, la Carta de Derechos Fundamentales[4] fue incorporada al derecho originario de la UE vía Tratado de Lisboa el año 2009, tres años después de la segunda formulación del estatuto. No obstante, tanto la letra como el espíritu del texto autonómico recogen sustancialmente lo contenido en la citada Carta que, sitúa a la persona en el centro de su actuación.

## II. DE LO CONCERNIENTE A LAS RELACIONAES CON LA UNION EUROPEA

Nos disponemos analizar el artículo 61 en cada uno de sus puntos y contenidos con objeto de valorar su situación actual.

### *61.1. Delegación autonómica en Bruselas*

Consideramos que este primer punto tendría que contener aspectos más transversales, tipo los previstos en el punto tres, que no instrumentales como la delegación autonómica en Bruselas.

En todo caso, las oficinas autonómicas de representación en Bruselas han de circunscribirse a lo previsto en la histórica sentencia del tribunal constitucional al respecto. Fue el fallo del Alto Tribunal[5], el que delimite la adecuación de la Delegación valenciana a estos efectos.

El TC delimita la labor de las oficinas autonómicas representativas, al seguimiento de la legislación de la UE. Resulta significativa que esta encomienda, validada por el TC, esté justificada según se valora en el fallo, por la condición del ordenamiento jurídico de la UE como derecho interno. El límite del seguimiento resulta marcado por el ámbito competencial de las propias comunidades autónomas.

---

4 Tratado de la UE. Carta de los Derechos Fundamentales de la UE, adoptada el 12 de diciembre de 2007. Publicada en el Diario Oficial C303, de 14 de diciembre de 2007, y C83, de 30 de marzo de 2010.

5 Sentencia del Tribunal Constitucional de 26 de mayo 165/1994 (BOE num. 151, de 25 de junio de 1994)

En ningún caso, estas delegaciones ostentan un estatus de bilateralidad ante las instituciones de la UE, organismo supranacional cuyos únicos signatarios son los 27 estados miembros.

El estatuto define correctamente el estatus de la delegación, calificándola de *"órgano administrativo de representación"*. Sin embargo, consideramos que sus funciones, calificadas como *"de defensa y promoción de sus intereses"*, requeriría de una reformulación conforme al citado fallo judicial. Sugerimos a modo de lege ferenda un texto alternativo como:

- Seguimiento, valoración y comunicación interna del contenido del ordenamiento jurídico de la UE que afecte a las competencias autonómicas.

La delegación, en su funcionamiento operativo, se adapta a lo indicado en el estatuto, es decir, actúa como resorte administrativo en relación con sus intereses multisectoriales, en tanto estos, quedan subsumidos en su abanico de competencias, se trata pues, de un organismo de derecho público.

No obstante, la delegación de la C.V. adoptó un formato instrumental muy flexible. Nos referimos a la creación ad hoc de una fundación como mecanismo adecuado para aglutinar los citados intereses multisectoriales y promover la colaboración publico privada. En el caso de la CV, la fundación ostenta una denominación acorde con el estatuto, Fundación Comunidad Valenciana Región Europea. Es un modelo ya activado en su día por algunos lander alemanes, en la medida que la República Federal de Alemania, como estado federal, tiene en sus lander actores muy activos en el rol de la integración europea.

El grado de cumplimiento de la Delegación de la Comunidad Valenciana en Bruselas puede considerarse de activo y con una a amplia experiencia como elemento dinamizador de la gobernanza multinivel. La delegación, actúa de forma proactiva con el entramado institucional de la Generalitat valenciana, al tiempo que desarrolla una permanente monitorización del ordenamiento jurídico de la UE. A estos efectos, participa en el engranaje de la CORE (Acuerdo de coordinación de Oficinas Regionales españoles de 2002), lo que le permite a su vez interrelacionar con la Representación Permanente de España ante la UE (Reper), tanto con sus consejeros de carácter autonómico, como con aquellos adscritos a las áreas de mayor incidencia del ordenamiento de la UE en el ámbito territorial valenciano. Su formato flexible como fundación, le facilita igualmente cercanía con la sociedad civil valenciana, espacio académico o sectores empresariales, especialmente participe e impulsora de oficio de las políticas de integración de la Unión.

No obstante, como se analizará a continuación, el propio formato del Comité de las Regiones o la diversidad de mecanismos de cogobernanza, dese la Comitología, o formaciones en el Consejo, a la deficiente implementación del sistema de Alerta Temprana, hacen de la delegación un mecanismo tan imprescindible como necesitado de potenciación.

### *61.2. Red de oficinas de promoción de negocios*

Este apartado, incluido igualmente en el Título de relaciones con la UE, merece dos consideraciones apriorísticas. En primer término, consideramos que su ubicación en todo caso no es la correcta. El precepto hace referencia a un concepto tan abstracto como el de promoción de negocios, no inserto en el ámbito del derecho institucional referido a la UE. De otra parte, no se trata de una acción circunscrita al ámbito territorial sino de dimensión generalista en relación con la dinámica empresarial.

La globalización ha puesto de alguna manera limite y contenido a esta consideración de los ochenta. La acción de promoción exterior como veremos al abordar el artículo 62, forma parte del elenco de competencias validadas por el TC en varios de sus fallos al respecto[6]. En todo caso, esa promoción habrá de ceñirse a las competencias atribuidas, no solaparse con la acción exterior única que detenta el estado, ni inmiscuirse en la acción comercial exterior que constituye una de las competencias exclusivas de la Comisión Europea.

---

6 Fallo de inicio referencia: Sentencia del Tribunal Constitucional de 28 de junio 31/2010 (BOE num. 172 de 16 de julio de 2010)

Actualmente, la acción exterior autonómica, incluida la de carácter comercial o empresarial, no se contempla sobre la base de estructuras logísticas permanentes, tipo red de oficinas de negocio. Por el contrario, se abarca mediante misiones puntuales con objetivos determinados y se opera sobre la base del seguimiento de estas promociones externas. De otro lado, se procura sumar sinergias con las oficinas comerciales de las embajadas de España en países, tanto terceros como de la propia UE y en su caso, coordinar acciones desde las Delegaciones de la Comisión Europea en el mundo.

### *61.3ª. Control del principio de subsidiariedad*

El control del principio de subsidiariedad[7] representa uno de los principales mecanismos de participación subestatal en la estructura institucional de la UE. El principio es, en sí mismo, un mecanismo para garantizar el respeto los órganos de gobierno más cercanos a los ciudadanos, legitimando mediante su aportación democratizadora y eficacia normativa, su rol en la integración europea.

El principio de subsidiariedad[8], institucionalizado en el derecho original de la UE, vela pues porque las estructuras estatales y europeas concilien via la gobernanza multinivel la participación regional. Así pues, se concede a los entes regionales un ámbito para el control o garantía de que la subsidiariedad, como elemento de gobierno para la cogobernanza, sea sistemáticamente respetado. Dicho control esta pautado en el protocolo del principio de subsidiariedad[9]. En el mismo, se faculta para que se informen a las cortes regionales sobre las iniciativas legislativas de la CE. El propósito de dicho caudal informativo es obtener el criterio de los órganos legislativos regionales a efectos de hacerlos participes en la formación de la norma,

---

7 Ver al respecto Rafael Ripoll Navarro (2013)," Las regiones en Europa, el principio de subsidiariedad" en Canales Aliende y Menéndez Alzamora, El sistema político y administrativo valenciano, Tirant lo Blanch, p. 416/444.

8 Fichas técnicas sobre la Unión Europea-2021. Véase al respecto en: www.europarl.europa.eu/factsheets.es

9 Tratado de la Unión Europea (TUE); Protocolo sobre la aplicación de los Principios de Subsidiariedad y Proporcionalidad, tal cual ha sido adoptado por el Tratado de Lisboa (Protocolo nº2).

la llamada fase ascendente. El sistema se conoce como programa de Alerta Temprana y faculta a los órganos legislativos subestatales, no en defecto de los ejecutivos regionales, pero si con voluntad de facultar preferentemente al poder legislativo regional.

En el Estatuto de la CV (art. 61, 3a) esta facultad de control está prevista con el siguiente formato:

> *"La Comunitat Valenciana, como región de la Unión Europea, sin perjuicio de la legislación del Estado:*
> *a) Participará en los mecanismos de control del principio de subsidiariedad previsto en el Derecho de la Unión Europea".*

El texto nos sugiere dos observaciones iniciales sobre las menciones al Estado y al Derecho de la Unión. Esta última pone en evidencia como dicho control es un mecanismo atribuido por el derecho de la Unión, en este caso originario, al encontrase previsto en los Tratados. Es pues, una prerrogativa del ordenamiento de la Unión. No obstante, el Estatuto se muestra flexible y abierto a utilizar cualesquiera mecanismos a este propósito previsto por el propio Estado, entendiéndose que, de darse tal circunstancia, sería en conformidad con el derecho de la Unión.

El Estatuto garantiza explícitamente la potestad prevista por la Unión y lo formula en consonancia con lo establecido por aquella. Otras cuestiones por abordar, serían su grado de ejecución y las singularidades que esta conlleva.

La implementación del llamado sistema de alerta temprana está previsto en el reglamento de las Cortes Valencianas. Concretamente, art. 185, se establece que:

> *"(2) Cuando, en el marco de la aplicación de los Principios de subsidiariedad y proporcionalidad, las Cortes Valencianas sean consultadas en relación con alguna propuesta legislativa de la Unión Europea, la Mesa, oída la junta de Síndicos, ordenará su publicación en el BOCV y su remisión a la comisión competente en razón de la materia para su tramitación... (3) dispondrán de un plazo de 15 días desde la publicación para formular observaciones por escrito. (4) Acabado el plazo, la Comisión... elaborará, en el plazo de 15 días, el correspondiente dictamen. (5) En función de su importancia y de la materia, la Mesa... determinará si el procedimiento debe finalizar en la propia Comisión, o si, por el contrario, deberá ser el Pleno, el que se pronuncie sobre el dictamen..."*

En definitiva, toda propuesta o iniciativa de la Comisión Europea que sea remitida por las Cortes Generales, Comisión Mixta Congreso Senado, cuenta con unos plazos determinados para que el legislativo autonómico se pronuncie al respecto del cumplimiento del principio de subsidiariedad. Estos plazos originan un primer obstáculo, pues consideramos que no son lo suficientemente flexibles para permitir en tiempo real una respuesta adecuada a la iniciativa en cuestión. Los medios logísticos y humanos tampoco son los necesarios, lo que desencadena una prácticamente nula aplicación del mecanismo hasta la actualidad.

De otra parte, concurren dos circunstancias añadidas, la comisión que resuelve el dictamen y la intervención del ejecutivo. Sobre la primera, interpretamos que la comisión que emitiera el dictamen de respuesta habría de ser la idónea en función de la materia a abordar. Actualmente, la comisión parlamentaria a la que se adscribe la remisión de la iniciativa es la catalogada como de asuntos europeos. Consideramos, que por ejemplo, las comisiones de transporte o agricultura a priori están mejor cualificadas por encontrase entre sus miembros los profesionales más experimentados en esas materias. Este giro legitimaría la no intervención del pleno de las cortes salvo en circunstancias excepcionales.

De otra parte, abogamos por una consulta sin carácter preceptivo ni vinculante al ejecutivo autonómico. La razón estriba en el propósito normativo que, no es otro, que facultar a los legislativos regionales a participar en la formación de la norma de la Unión. Los ejecutivos regionales y centrales tienen arbitrados otros instrumentos de participación, previstos tanto en el derecho de la UE como en la legislación del estado.

El reglamento de las Cortes se ha visto modificado[10] a efectos de agilizar los mecanismos internos y provocar con ello una mayor utili-

---

10 Resolución de presidencia de carácter general 10/X, sobre el procedimiento para el control del principio de subsidiariedad. BOCV nº222 de 04-02-2022. Los cambios aportados por la resolución inciden en la flexibilización de los plazos y en el cambio de sujeto o comisión protagonista, desde la comisión en razón de la materia a la comisión de Asuntos Europeos. De hecho, la propia resolución, justifica su aprobación en los siguientes términos:

zación del mecanismo de control. Estas modificaciones, nos indican que el funcionamiento previo a la reforma era deficiente, a lo que aportamos la evidencia[11] que, a pesar de la reforma, el instrumento sigue sin ser prácticamente operativo.

En segundo término, una vez considerado el marco regulatorio local por el propio estatuto y el reglamento cameral, observamos circunstancias determinantes en el diseño del propio sistema de Alerta Temprana en la legislación de la UE.

El citado sistema prevé insuficientes incentivos para que los parlamentos regionales prioricen el control del principio de subsidiariedad entre sus claves parlamentarias. Concretamente, nos estamos refiriendo a que, solo muy excepcionalmente dadas los requerimientos necesarios, el dictamen regional tendrá al menos un acceso directo al promotor de la iniciativa legislativa, la CE. La obligatoriedad de acumular criterio con otros parlamentos, o el carácter selectivo de las propias Cortes Generales, impiden en la práctica una influencia activa de los dictámenes regionales en la institución de la UE que incoa la propuesta normativa

Así pues, las dificultades de tipo logístico y el diseño de un sistema del que resulta la practica inaccesibilidad del criterio legislativo regional al legislador de la Unión, han propiciado un nulo resultado del objetivo previsto.

---

"El procedimiento… prevé la intervención de múltiples sujetos de la estructura parlamentaria, lo que es difícil conciliar con los breves plazos marcados por la Ley 8/1994, de 19 de mayo, por la que se regula la Comisión Mixta de la Unión Europea para las Cortes Generales.
Al objeto de resolver las posibles lagunas… y, especialmente para establecer un procedimiento que simplifique la elaboración de los posibles dictámenes… permitiendo una participación efectiva de la cámara".
A esos efectos, la resolución otorga preferencia a la tramitación de estos dictámenes, elimina la previa tramitación por la Mesa, el plazo para la presentación de propuestas de dictamen motivado se declara de urgencia, etc. En definitiva, medidas que provoques la agilización y aprobación de los dictámenes correspondientes.

[11] Trabajo de campo; Entrevista letrados de las Cortes Valencianas, noviembre de 2023.

Consideramos necesario en primer término, la reformulación del propio sistema de alerta temprana, flexibilizando los criterios acumulativos y propiciando que los dictámenes contrarios accedan al legislador. En segundo lugar, adaptando el reglamento de las Cortes Valencianas a las cuestiones de orden logístico anteriormente enumeradas.

Concluimos aportando la evidencia de que el sistema no ha tenido resultados positivos en ningún estado miembro. Desde el CDR, se viene reclamando una subsidiariedad activa, e incluso una doble intervención en el procedimiento legislativo, no solo en su fase inicial sino al término de este. Este último extremo, consideramos que puede resultar improcedente pues podría ralentizar en su caso la aprobación de la norma de la Unión.

En este sentido, en noviembre de 2022 tuvo lugar en Valencia la Décima Conferencia[12] sobre la Subsidiaridad del CDR. Durante la misma, convocada la RED HUB 2.O, se reclamó una subsidiariedad activa, excluyendo la de carácter defensivo o limitada a la defensa de competencias. De otra parte, se observó la falta de operatividad del sistema de Alerta Temprana, requiriéndose que el mismo, se reincorpore al proceso previamente a su finalización, en función de las modificaciones que la norma inicial haya experimentado. Se propuso incluso la oficialización de una "*Tarjeta Verde*" a modo de opción inclusiva para la participación del CDR incluso en áreas ajenas a sus competencias.

No obstante, se ha de añadir en este ámbito el nulo interés de las Comunidades Autónomas en cuestionar, y en su caso modificar, el referido sistema de alerta temprana. De hecho, la ley por la que se crea la Comisión Mixta[13] Congreso Senado para la UE, prevé en su artículo decimo la capacidad de las autonomías de comparecer ante dicha comisión para cuestionar este u otro tema sujeto al citado texto legal. A fecha de septiembre de 2024, solo han comparecido las Ciudades

---

12 10ª Conferencia sobre la Subsidiariedad. El futuro de Europa: Atreverse con más democracia en la UE-Crear valor añadido en la UE (11-11-2022) Valencia, España.

13 Ley 8/1994, de 19 de mayo, por la que se regula la Comisión Mixta para la Unión Europea.

Autónomas de Ceuta y Melilla a propósito de su estatus especial en el transcurso de la IX legislatura, marzo de 2011[14].

### *61.3b. Participación en los mecanismos previstos por el estado*

En este ámbito, la Conferencia Autonómica de Asuntos relacionaos con la UE (CARUE)[15], es el instrumento previsto por el estado a efectos de canalizar otras fórmulas de participación autonómica en la integración de la UE.

Para dar cumplimiento a este objetivo participativo, el Estatuto indica que:

> *"Tiene derecho a participaren todos los procesos que establezca el Estado para configurar la posición española en el marco de las instituciones europeas..."*

La CV resulta activa en los procedimientos previstos desde sus inicios por la CARUE (antes CARCE), tanto en el ámbito de las comisiones de trabajo técnico en coordinación con la Comisión europea, conocidas como comitología, como en las Formaciones del Consejo, asumiendo en estas última sus titularidades rotatorias, y el trabajo de seguimiento.

### *61.3c. Comité de las regiones de la UE (CDR)*

En este apartado se hace referencia al Comité de las Regiones[16] y en particular a la condición del Presidente de la Generalitat como representante de la CV en el mismo.

---

14 Disponible en: https://www.congreso.es
Congreso de los diputados-Iniciativas parlamentarias Todas Legislaturas. Registro números: 165842 y 165843 de 16 de marzo de 2011, calificados el 22 de marzo de 2011.

15 Disponible en: https://www.mpft.gob.es/portal/política-territorial/ue/ccaa-eell-ue/CARUE.html

16 Ver al respecto Resolución del Comité de las Regiones sobre "las prioridades del Comité Europeo de las Regiones para 2020-2050-Acercar Europa a sus ciudadanos a través de sus pueblos, sus ciudades y regiones" C32/8 01-10-2020.

El Comité de las Regiones[17], es el organismo que no institución, creado en el ámbito de la integración europea para dar cabida a las aportaciones de los gobiernos subestatales, tanto en la formación, como en la aplicación de la norma. Los estados federales básicamente República Federal de Alemania, Austria y Bélgica, así como regiones singulares de otros estados miembros, propiciaron la creación de este organismo en los noventa.

Consideramos que, en sí mismo el CDR aporta un sentido inequívoco a la integración europea. La UE está conformada por países con singulares territoriales, desde estados federales propiamente dichos, a otros descentralizados políticamente, con regiones con estatus especiales o bien, estados que permanecen en un centralismo político cuasi absoluto. Así pues, esta variopinta distribución del poder público no estaba reflejada en ninguna de las instituciones preexistente a la creación del CDR en los tratados anteriores a los de Ámsterdam y Maastrich. La voluntad del Consejo fue dar voz directa a regiones y municipios con un doble objetivo. De una parte, legitimar el proceso democrático dotándolo del criterio de los gobiernos más cercanos al ciudadano, dando cumplimiento con ello al principio de subsidiariedad que consta en el derecho originario de la UE. De otra parte, otorgando un plus de efectividad a la norma europea, en la verosímil hipótesis de que la participación previa de los gobiernos locales en la construcción de la norma, otorga mayores garantías del cumplimiento de esta.

En este sentido, hemos de reseñar que, en todos los estados descentralizados políticamente, gran parte de la legislación de la UE es aplicada por las regiones, al ser estas las detentadoras de las competencias en cuestión[18].

El Reino de España adoptó la decisión de efectuar un reparto de escaños 21 en el Comité de las Regiones en base a sus autonomías y gobiernos municipales. En concreto, otorgándosele diecisiete representantes titulares, y sus correspondientes miembros suplentes o

---

17 Tratado de la Unión Europea (TUE) art. 305, 6 y 7

18 Véase al respecto, 224ª Reunión de la mesa del Comité Europeo de las Regiones —30 de enero de 2024—, (ITEM 9 A) Impacto de los dictámenes COR: Resumen Ejecutivo.

alternativos a las comunidades autónomas. El resto de las representaciones son seleccionadas vía Federación Española de Municipios y Provincias (FEMP), entre ocho municipios, titulares y alternativos, seleccionados entre distinto signo político y criterio poblacional.

La Comunidad Valenciana detenta pues la condición de miembro del Comité de las Regiones, en tanto que parte del estado español, que es quien propone al Consejo los miembros del citado Comité, y su sistemática renovación cada cuatro años, coincidiendo con la convocatoria electoral de los gobiernos subestatales en el Reino de España.

En ningún caso, ni a nivel de la UE, ni del estado español, la región miembro ha de otorgar la representación de titularidad o suplencia al presidente regional, esta es una vez más una singularidad del estatuto de la CV. No obstante, el reglamento interno del CDR[19], si requiere que cualquier miembro del organismo tenga la condición de poder responder ante un organismo elegido democráticamente. Establecida esta premisa, y contrastado los contenidos al respecto de otros textos estatutarios y de regiones o lander alemanes o austriacos, consideramos que caben fórmulas que permitirían una mayor operatividad.

Abogamos por una reformulación del texto estatutario en línea a proclamar la condición de miembros del CDR sin explicitar la condición de quien haya de detentar la representatividad. Esta fórmula más flexible permitiría, respetando la norma vigente, inclinarse por otorgar la titularidad al órgano ejecutivo de rango político que operativamente ejerza las funciones de cogobernanza que requiere el CDR. Apostamos igualmente, para que el miembro alternativo sea el alto cargo entre cuyas competencias figure la de asuntos relacionados con la UE dentro de su Reglamento de Organización y funciones (ROF). De esta manera, compatibilizamos la función transversal y política con la ejecutiva y operativa diaria. Consideramos que la figura del presidente autonómico, previa reformulación del reglamento interno del CDR, debe tener la garantía de poder intervenir cuando

---

[19] Véase al respecto, Diario Oficial de la Unión Europea L 65/41, Reglamento interno y de procedimiento del Comité de las Regiones. Capítulo 2, artículo 2 sobre "Estatus de los miembros y suplentes". 5 de marzo de 2014.

se considere oportuno en los debates y dictámenes de índole más política, circunscribiéndose la labor diaria a los órganos antes descritos.

Con respecto a la actual dinámica de funcionamiento entre la CV y el Comité de las Regiones, dos son los aspectos a tener en cuenta para evaluarlo. De una parte, la propia naturaleza del organismo de carácter meramente consultivo, de otra la estructuración interna a nivel autonómico a efectos de replantear el CDR como instrumento que aporte mayor valor añadido.

En referencia al segundo aspecto, el funcionamiento es satisfactorio, si bien adolece de algunas carencias que ponemos a continuación de relieve. Consideramos que la capilaridad entre el mecanismo CDR, las consellerías, los representantes autonómicos en el CDR y la propia delegación en Bruselas podrían aportar mayor sincronización. Resulta complejo implicar las estructuras intermedias, tipo jefaturas de servicio, para el estudio y posible presentación de enmiendas a los distintos dictámenes elaborados por el CDR. La labor intermedia de la delegación hacia los miembros titular y suplentes, y de estos a los correspondientes órganos políticos de otras consellerías, requiere de un nuevo impulso permanente. Consideramos igualmente, que habría que implicar sistemáticamente a las Cortes Valencianas en el seguimiento de la normativa europea, y en particular en la labor del CDR, lo que de ora parte facilitaría el complejo trabajo de control del principio de subsidiariedad que se ha abordado anteriormente.

Con respecto al primero de los aspectos, la condición de órgano consultivo que ostenta el CDR, reseñar que se evidencia la necesidad de un mayor calado e influencia de los dictámenes del CDR hasta ahora, preceptivos, pero no vinculante. Esta condición consultiva resta incentivo a los gobiernos regionales para maximizar su rol en el seno del propio organismo. Sin embargo, dando continuidad a esta línea argumental, consideramos que el requerimiento ocasional desde el propio CDR de aspirar a una condición o estatus de institución actualmente carece de recorrido. Los estados centralizados, que son la mayoría entre los 27 no lo consideran adecuado. Por su parte, los estados federales y, los descentralizados políticamente, pugnan por un CDR donde dada la actual heterogeneidad subestatal, se incentive el rol interno de las llamadas regiones legislativas.

En este marco se celebró en Bilbao, marzo de 2023, con asistencia de la Comunidad Valenciana, una sesión de las llamadas regiones con autonomía política o legislativas, llegándose a rubricar la Declaración Política RLEG (Regiones Legislativas)[20]. Este documento, que en modo alguno puede considerarse un texto oficial del CDR, contiene consideraciones como las siguientes:

> – *"...cuando se transfieren competencias a nivel europeo, se hace en ámbitos políticos en las regiones RLEG tienen competencias específicas".*
> – *"...existe un potencial real para reforzar la legitimidad democrática de la UE mediante la inclusión del papel de las Regiones con competencias legislativas en el proceso de diseño y de aplicación de políticas europeas..."*
> – *"...estamos asistiendo a una tendencia creciente y preocupante de centralización en la UE...es claramente un error. Conduce a soluciones de talla única que no se ajustan a los objetivos, creando desconfianza sobre el terreno hacia las políticas de la UE".*
> – *"Inspirándose en el concepto lanzado por el antiguo eurodiputado Alain Lamassoure, durante la Convención, sobre el papel de las Regiones con poderes legislativos, los gobiernos firmantes solicitan el establecimiento de un Foro interinstitucional en el que las regiones con competencias legislativas puedan compartir asesoramiento y experiencia regularmente con las instituciones de la UE..."*

En todo caso, cabria, dada la heterogeneidad paralizante del CDR, articular en el seno del citado organismo, un intergrupo ad hoc con las regiones legislativas. De una parte, están especialmente legitimadas para ostentar un rol proactivo en un organismo como el CDR, sustentado todo ello en las bases del principio de subsidiariedad. Sin embargo, este estatus de región se circunscribe a los estados federales y a los de amplia descentralización política o con competencias legislativas, es decir cuantitativamente una minoría aplastante. De hecho, entre los suscriptores de la referida Declaración de Bilbao solo constan regiones austriacas, españolas belgas e italianas, así como las que gozan de un estatus de insularidad. Nótese, como en todo caso,

---

[20] Declaración Política, iniciativa RLEG. Bilbao, España, del 22 de marzo de 2023, suscrita por las siguientes regiones: Islas Aland, Azores, Islas Baleares, Carintia, Cataluña, Córcega, País Vasco, Flandes, Baja Austria, Madeira, Piamonte, Salzburgo, Cerdeña, Tirol, Alta Austria, Comunidad Valenciana y Vorarlberg.

no suscribieron la citada Declaración todas las regiones austriacas, y ninguna de las que conforman la República Federal de Alemania.

Así pues, no cabe que se potencia la ya de por si intensa heterogeneidad del organismo, pero si canalizar la particular singularidad de esos gobiernos subestatles mediante un procedimiento complementario con la Comisión Europea, sin carácter alternativo ni de privilegio.

## *61,3d. Competencias exclusivas para ejecutar el derecho de la UE*

Esta prerrogativa está incluida previamente al propio art. 61 en el propio Estatuto, en concreto, forma parte del elenco de competencias exclusivas previsto en su art. 49, que por su importancia reproducimos a continuación:

> *"También es competencia exclusiva de la Generalitat el desarrollo y ejecución de la legislación de la Unión Europea en la Comunidad Valenciana, en aquellas materias que sean de su competencia".*

Como se ha mencionado, el proceso de integración europea ha llevado consigo una paulatina cesión de soberanía del estado a las instituciones europeas. Este proceso ha resultado paralelo a la transferencia de competencias entre el propio estado y las comunidades autónomas. Es más, este escenario ha provocado un vacío de poder según algunas comunidades autónomas o Lander alemanes. Estos últimos. requirieron de la Federación una reforma de la Ley Fundamental de Bonn a efectos de reequilibrar el poder territorial en el seno de la República Federal. Su principal argumento podemos concluir, fue rechazar convertirse en meros "aplicadores" de la normativa de la UE. No obstante, este escenario ocasiona que sean las comunidades autónomas las que en un porcentaje significativo traspongan o apliquen el ordenamiento de la Unión. La mera referencia comparada[21] entre las competencias de la Unión y las autonómicas valencianas confirma sin atisbo de duda la anterior afirmación.

---

21 Véase al respecto, Tratado de Funcionamiento de la Unión Europea (artículos 2-6) y Estatuto Autonómico de la Comunidad Valenciana (artículos 49-58)

En este sentido, lo previsto tanto en el art. 49 como en el 61, validan lo que constitucionalmente está previsto, es decir la cesión de soberanía a organismos internacionales o supranacionales, art. 93 CE, o bien, las transferencias de competencias, Título VIII de la Constitución.

Consideramos, no obstante, que el Estatuto de la CV y el resto, deberían incluir en este mismo recepto el reverso de dicha competencia. Es decir, la responsabilidad y pautas para asumirla en caso de incumplimiento del ordenamiento jurídico de la UE.

### *61,3e.Asociación euromediterránea*

Este apartado prevé la participación en el marco de la asociación euro mediterránea. Consideramos que habría que definir con mayor exactitud el concepto euro mediterráneo. No resulta evidente cual es el criterio adoptado por el legislador. Con ese término cabe referirse a programas concretos de la CE en el marco mediterráneo, pero resulta ser también un concepto cultural y geográfico. El Estado español gestiona desde la perspectiva de su acción exterior, la Casa del Mediterráneo (https://casa-mediterraneo.es) ubicada en la Comunidad Valenciana.

En todo caso, podría reubicarse como escenario preferente, en el ámbito de la acción exterior que abordaremos a continuación, pero consideramos que su encaje en el título de relaciones con la UE no es la ubicación adecuada.

### *61.4. Organizaciones supranacionales de carácter regional*

La participación de la CV en estructuras supranacionales de ámbito regional es otra de las cuestiones abordadas en el título de relaciones con la UE. Consideramos igualmente, que no se trata de una ubicación adecuada por trascender en todo caso al ámbito de relaciones institucionales de la UE, al no conformar ningún de estas estructuras supranacionales parte del entramado institucional de la UE. En todo caso, cabría una reubicación en el título de acción exterior. Reseñamos que con posterioridad a la aprobación de este precepto en el año 2006, entraron en vigor (ver página 422 de este trabajo, pie de página número 28) las leyes sobre Acción y Servicio Exterior del Estado y de Tratados y otros Acuerdos Internacionales, a la que en todo caso habría de circunscribirse.

### *61.5. Comité valenciano de asuntos europeos*

Este apartado aborda la creación mediante ley del Comité Valenciano para Asuntos Europeos, órgano de carácter consultivo. Efectivamente, dicho órgano fue creado en su día[22] y contrastados otros contenidos estatutarios, puede afirmarse que se trata de una peculiaridad del contenido europeo del Estatuto de la CV.

De una parte, consideramos que dicho órgano tendría una relevancia suficiente dadas las características de la CV, tanto de orden estratégico momo institucional. Sin embargo, la operatividad de dicho órgano dependerá del modelo de estructura que se adopte. Valoramos que, siguiendo la pauta de la Fundación Comunidad Valenciana Región Europea, el Comité en cuestión tendría que adoptar un formato que, en el seno del derecho público, le permitiera cumplir con el objetivo asignado en el estatuto. Objetivo que prescribe el Comité como órgano asesor para desarrollar" estudios *y propuestas*" en el ámbito de la UE e incluso plantear " *acciones estratégicas* ". Consideramos que esas acciones, han de ser propuestas desde la sociedad civil que aporta una perspectiva habilitada para seleccionar y priorizar aquellas acciones preferentes, que especialmente a futuro, pueden termi-

---

[22] Véase al respecto, Ley 10/2009 del 20 de noviembre de la Generalitat Valenciana, por la que se crea Comité Valenciano para los Asuntos Europeos (DOCV núm. 6152 del 25 del 11 de 2009).
Véase al respecto, Antonio Bar Cendón, (2013)," Título VI Relaciones con la Unión Europea; artículo 61 Marco jurídico y antecedentes del precepto", en Vicente Garrido Mayol, Comentarios al Estatuto de Autonomía a de la Comunidad Valenciana" Tirant lo Blanch p. 2073/2095. Véase al respecto José Ángel Camisón Yague y José Manuel Martínez Sierra (2020),"La regulación estatutaria de la participación de la Comunitat valenciana en los asuntos de la Unión Europea: algunas particularidades y singularidades" en "Molina del Pozo Martin, Pablo y Molina del Pozo Carlos, "Derecho de la Unión Europea e integración regional. Liber amicorum al profesor Doctor Carlos Francisco Molina Del Pozo" ed. Tirant Lo Blanch.

nar siendo relevantes para la Comunidad Valenciana. La dificultad de asesorarse así mismo o de plantear acciones supra institucionales, se antoja más compleja para un órgano publico dotado exclusivamente del punto de vista endógeno de la misma administración a la que pretende asesorar.

En todo caso, la estructura actual de dicho órgano es la de un órgano público, cuyas estructuras de gestión interna están detentadas por altos cargos del gobierno al que representa. Como hecho fehaciente constatamos la actual inoperatividad del órgano en cuestión, que incluso no ha sido convocado durante años.

A modo de propuesta, proponemos, en una futura reformulación del Estatuto, una reconsideración del órgano que analizamos, dotándolo de un composición y operatividad publico privada, con participación de profesionales del área académica, científica, empresarial o tercer sector, ajenos a la estructura gubernamental autonómica.

## III. DE LA ACCIÓN EXTERIOR AUTONÓMICA

El art. 62 constituye el contenido del Título VII dedicado a la acción exterior que a continuación analizamos mediante varios elementos, tales como jurisprudencia, marco regulatorio y dictámenes del Consejo de Estado al respecto. Abordaremos estos elementos a efectos de cotejar su encaje en el citado art. 62.

Consideramos que el Consejo de Estado selecciona con criterio los elementos sustanciales del concepto de acción exterior autonómica, límites y capacidades en referencia directa a la propia jurisprudencia del Tribunal Constitucional (TC), en particular extraemos los siguientes considerandos:

> – *"… una proyección exterior debe entenderse limitada a aquellas q siendo necesarias, o al menos convenientes, para el ejercicio de sus competencias, no impliquen el ejercicio de un ius contrahendi, no originen obligaciones inmediatas y actuales frente a poderes públicos extranjeros, no incidan en la política exterior del estado y no generen responsabilidad de este frente a estados extranjeros u organizaciones inter o supranacionales, pues los entes territoriales dotados de autonomía en el seno de un único estado soberano no son sujetos de Derecho internacional… excluye igualmente que dichos entes puedan estable-*

*cer órganos permanentes de representación ante esos sujetos, dotados de un estudio internacional... dentro de esta competencia exclusiva estatal se sitúa la posibilidad de establecer medidas que regulen y coordinen las actividades con proyección externa de las Comunidades Autónomas, para evitar o remediar eventuales perjuicios sobre la dirección y puesta en ejecución de la política exterior que, en exclusiva, corresponde a las autoridades estatales (SSTC 31/2010, de 28 de junio de 2010, y 80/2012, de 18 de abril de 2012)".*

La jurisprudencia del Alto Tribunal desde 1994 hasta el 2020 interpreta de forma continuada que las capacidades de las comunidades autónomas en relación con el seguimiento del ordenamiento jurídico de la UE derivan de la consideración del ordenamiento de la UE como parte del ordenamiento estatal.

Sumamos a estos elementos definitorios de la acción exterior, varios fallos del TC por conflicto de competencias frente a las comunidades autónomas del País vasco y Galicia en ámbitos como la radiodifusión o la educación.

En el primero de los casos, el TC[23] esgrime entre otros, el siguiente argumentario:

*"... La reiterada referencia a los acuerdos internacionales se debe a que, por la misma naturaleza de la radiodifusión, esta no puede funcionar debidamente sin convenios ente los estados de distribución de frecuencia...es obvio que esta dimensión internacional de la cuestión es factor primordial para la atribución al estado de la competencia sobre asignación de frecuencias y potencias".*

En el conflicto, de índole educativo con la comunidad autónoma gallega, el TC[24] reitera su línea argumental aquí citada, reseñamos que la competencia de educación es generalmente un área de atribución exclusiva de las comunidades autónomas. No obstante, el alto Tribunal esgrime que:

*"... si se tratase de centros colaboradores o habilitados fuera de España, su creación o habilitación, requeriría una relación ente la comuni-*

---

23 Sentencia Tribunal Constitucional de 8 de julio 4471982 (BOE núm. 185, de 4 de agosto de 1982).

24 Sentencia Tribunal Constitucional de 12 de noviembre 154/1985 (BOE núm. 283, de 26 de noviembre de 1985).

> *dad gallega y un poder público extranjero, lo que vulneraria de manera abierta la competencia exclusiva del estado en materia de relaciones internacionales, reconocida en el art. 149.1.3 de la Constitución".*

Sin embargo, apenas tres años después de estas dos últimas sentencias, el TC con ocasión de otro conflicto de competencias con la Comunidad Autónoma de Cataluña[25] en el ámbito de la cinematografía, emite otra sentencia con rasgos distintivos. Consideramos que en dicho fallo se contienen los siguientes fundamentos de interés:

> *"No hay nada en la orden cuestionada que permita, en efecto considerar que su contenido tenga relación, ni siquiera lejana con lo que comúnmente se integra en aquel concepto o materia de relaciones internacionales (tratados de paz y guerra, reconocimientos de Estados, representación exterior, responsabilidad internacional, etc.), ni tampoco, por otra parte podría llegar a admitirse que cualquier relación, por lejana que sea con temas en los que este involucrados otros países o ciudadanos extranjeros, implique por sí solo o necesariamente que la competencia resulte atribuido a la regla "relaciones internacionales"".*

Observamos, a raíz de esta jurisprudencia, en parte asumida por el Consejo de Estado, que el TC delimita de forma concluyente la asignación que la acción exterior como competencia única del estado tal cual se prestablece en el texto constitucional. De este concepto, se desprende el de acción exterior única compete exclusivamente al Estado. El TC explicita al gobierno como único competente para comprometer al estado, ius contrahendi, ante organismos internacionales, intergubernamentales o supranacionales como la UE.

El TC[26] se pronunciaría nuevamente en el 2017 a raíz de un conflicto de competencias con la Generalitat de Cataluña. En concreto por entender que el termino o nomenclatura otorgada a un área de su gobierno como de *"asuntos exteriores"* no resultaba compatible con la legalidad referida. No obstante el TC estimó que, si cabe el ejercicio de labores de promoción exterior en la medida que:

---

25 Sentencia Tribunal Constitucional de 5 de octubre 153/1989 (BOE núm. 2757 de 7 de noviembre de 1989).

26 Sentencia del Tribunal Constitucional de 21 de junio 77/2017 (BOE núm. 171, de19 de julio de 2017).

> *"...aquellas respeten la competencia que la Constitución atribuye de forma exclusiva al estado en materia de relaciones exteriores"*

A raíz de este fallo la profesora Freixes[27] manifestara que:

> *"El TC mantiene una jurisprudencia al respecto. Son constitucionales las representaciones autonómicas en el extranjero siempre que no invadan las competencias estatales sobre relaciones internacionales. De ahí que haya que denominarlas" representación autonómica" o "delegaciones autonómicas", nunca embajada"*

No obstante, el TC valida la compatibilidad de estos razonamientos con una flexibilización del ámbito del referido concepto de acción exterior. De hecho, en el criterio referido del Consejo de Estado se reseña la capacidad del estado incluso de regular las actividades con proyección externa de las CCAA para neutralizar acciones que se solapen con la acción exterior única del estado. Ergo, si resulta de todo ello, un ámbito de acción exterior autonómico compatible con la competencia del estado en el amplio concepto de relaciones exteriores. Así, acciones de promoción exterior autonómica en el ámbito de sus competencias, no tendrán la consideración de acción exterior única del estado y serán compatibles con dicha competencia estatal.

A nuestro criterio, subyace en esta alta jurisprudencia el concepto de una acción exterior como ámbito de actuación más amplio que el circunscrito a las relaciones internacionales, este si, de competencia exclusiva del estado.

En cuanto al marco regulatorio obviamente resulta encabezado por la propia Constitución del Reino de España que, en su artículo art. 149.1 establece la competencia exclusiva del estado en lo referente a las relaciones internacionales.

Como desarrollo de esta competencia estatal, seleccionamos dos textos de significada importancia en el ámbito que compete a este trabajo. Reseñamos que se trata de textos legales posteriores básica-

---

27 Ver al respecto, Freixes Teresa (2018).2 La acción exterior de la Generalitat...", elCatalán.es, de 16 de junio de 2018, disponible en: https://www.el catalán.es/la-accion-exterior-de-la-generalitat-son-delegacones-autonomicas-no embajadas-por-teresa-freixes

mente, tanto a la jurisprudencia referida del TC, a los citados dictámenes del Consejo de Estado y, sobre todo, a la entrada en vigor de los estatutos de segunda generación, datándose en el caso valenciano en el año 2006. En concreto, ocho años más tarde,2014, entran en vigor la Ley de la Acción y del Servicio exterior del Estado y la de Tratados y otros Acuerdos Internacionales[28]. Se da así, cobertura a este ámbito desregulado hasta su entrada en vigor, abordándose en ambos textos el rol autonómico. Señalamos algunas de las consideraciones más significativas en referencia al estatus autonómico.

La ley de acción Exterior en su art. 12 requiere la colaboración sistemática de las CCAA en su proyección exterior, caso de que la hubiese. De hecho, por parte del Estado se ofrece la posibilidad de actuación conjunta con las embajadas del estado en el exterior. A sensu contrario, requiere la información previa de acciones autonómicas en el exterior, que se acomodarán al concepto citado de acción exterior única y al informe preceptivo del ministerio de hacienda en conformidad con el uso de fondos públicos.

De otra parte, en este mismo texto legal, art. 11.4, se explicita el citado margen de proyección exterior autonómica. En particular, se faculta a las comunidades a autónomas a ultimar, sobre la base de tratados internacionales previos, acuerdos de carácter administrativos de carácter ejecutivo, o bien a realizar acuerdos no normativos en el estricto ámbito de sus competencias estatutarias.

En definitiva, la ley indica en el referido art. 11.4 lo que sería el corolario del orden competencial:

> *"Corresponde en cualquier caso al gobierno establecer las mediada y directrices que regulen y coordinen las actividades en el exterior de las Comunidades Autónomas y Ciudades autónomas con el objeto de garantizar el cumplimiento de lo dispuesto en esta ley"*

En relación con el segundo de los textos legales mencionados, Tratados y otros Acuerdos internacionales, este dedica su Título V

---

[28] Ley 2/2014, de 25 de marzo, de la Acción y del Servicio Exterior del Estado. BOE núm. 74, 26 de marzo de 2014.
Ley 25/2014, de 27 de noviembre, de Tratados y otros Acuerdos Internacionales. BOE núm. 288,28 de noviembre de 2014.

a las comunidades autónomas. Resulta de este articulado un elenco de opciones y margen de actuación. Como iniciativa de parte autonómica, cabe solicitar del estado la *"apertura de negociaciones"*[29] para la consecución de tratados internacionales, así como, requerir del estado, dar cumplida y razonada respuesta a dicho requerimiento. El Estado, art. 50, asume la obligación de leal colaboración con los entes autonómicos, informándoles de aquellas materias objeto de un Tratado que pueden afectarles a sus competencias y de recepcionar la petición autonómica de integrarse en delegaciones estatales que negocien los referidos tratados.

La Ley[30] en su art. 52 sobre celebración de acuerdos internacionales administrativos, posibilita *"celebrar, en ejecución y concreción de un tratado internacional, como ya explicitaba la Ley de acción Exterior... o incluso la rúbrica de acuerdos de carácter no normativo"*.

En referencia a estos conceptos en buena medida indeterminados, reseñamos que el Decreto autonómico gallego[31], por el que se regula la acción exterior de esa comunidad autónoma que entró en vigor a posteriori,2015, tampoco concreta estas fórmulas indefinidas. En todo caso, en los referidos tres textos legales se abunda y aboga por la acción exterior única del estado en su dimensión acotada por el tribunal constitucional en su reiterada jurisprudencia a tal efecto.

A efectos de derecho comparado, reseñamos que el Estatuto catalán hacen mención explícita de estas competencias. En concreto su art. 196 adopta una fórmula ortodoxa con la citada legalidad vigente, del modo siguiente.

> *"La Generalidad debe adoptar las medidas necesarias para ejecutar las obligaciones derivadas de los Tratados y los convenios internacionales ratificados por España"*

Cronológicamente observamos un extenso paréntesis regulatorio entre la propia constitución 78, los distintos fallos del TC y el marco

---

29 Art. 49, Capítulo I, Título V, de la participación de las Comunidades Autónomas en la celebración de Tratados Internacionales.

30 Ley citada de Tratados y Acuerdos Internacionales, art. 52.

31 Decreto 178/2015, de 26 de noviembre por el que se regula la acción exterior de la Comunidad Autónoma de Galicia

legal citado de 2014. En este extenso intervalo se sitúan las aprobaciones de los estatutos de primera y segunda generación. Actualmente, todos los estatutos autonómicos cuentan con un articulado sobre acción exterior prácticamente equiparable y validado por el TC. Esta perspectiva jurídica puede permitirnos analizar algunas desconexiones del propio artículo 62, Estatuto de la Comunidad Valenciana, que abordamos a continuación.

Con carácter general el Estatuto es absolutamente respetuoso con el marco legal y jurisprudencial descrito hasta el momento. No obstante, el artículo 62 cuenta con cinco puntos que nos merecen las siguientes apreciaciones.

El punto primero explicita que el Consell, podría participar en la acción exterior del Estado, siempre que esta incida en su elenco de competencias. Otros aspectos de este ámbito de acción circunscrito a la acción exterior del estado serán los de instar al gobierno de España a celebrar tratados, participar en las delegaciones españolas para la rúbrica de tratados en el ámbito de sus competencias, en los que deberá ser oída o informada, o finalmente ejecutar en su territorio lo acordado por el estado en dichos tratados.

En su punto segundo, asume el mencionado límite de la acción exterior autonómica ergo que *"no comprometa jurídicamente al estado en relaciones internacionales, ni suponga una injerencia en los ámbitos materiales de las competencias reservadas al Estado…"*

Su punto tercero, contiene una declaración de principios abogando por la paz, solidaridad, tolerancia y respeto a los derechos humanos en consonancia con lo previsto en el preámbulo del Estatuto y tanto en su territorio como en el exterior, lo que podría considerarse una reiteración innecesaria.

El punto cuarto expresa la facultad de suscribir convenios de colaboración para la prestación de servicios, lo cual ha sido una práctica habitual dentro del contexto estatutario y por ende de la legalidad vigente.

Finalmente, el punto quinto, igualmente en justa adecuación a los textos de acción exterior y Ley de Tratados ya citados, faculta a la Generalitat a signar acuerdos no normativos de colaboración con otros estados en los límites materiales referidos.

En cualquier caso, observamos algunos conceptos indeterminados. Así, el punto 1c, se refiere a participar en representaciones del Estado sin definir su supuesta diferencia con la de delegaciones españolas del punto 1ª. De otra parte, tampoco queda definida la dualidad entre convenios de colaboración, previstos en el punto 4, y acuerdos no normativos explicitados en el punto 5, más allá de celebrase con otras regiones o estados.

Finalmente, entendemos que el punto segundo debería encabezar el artículo en la medida que prescribe la capacidad y límites de la acción exterior autonómica, para a continuación pormenorizar en el resto de los puntos los ámbitos de dicha competencia.

## CONCLUSIONES

Al respecto del grado de cumplimiento del ECV en su articulado sobre UE y acción exterior, cabría aportar varias consideraciones a modo de conclusiones.

De una parte, el contenido de los citados preceptos guarda una escrupulosa ortodoxia tanto con el marco regulatorio vigente, como con la jurisprudencia de referencia. El ordenamiento vigente, tanto el de la UE como el del Reino de España, están cumplimentados en el orden regulatorio autonómico, es decir, en su Estatuto. Esta norma autonómica traslada a su articulado las diferentes capacidades que, tanto en el orden ascendente como en el descendente o de aplicación, les otorgan el ordenamiento de la UE y el estatal.

En el ámbito de la jurisprudencia tanto la emanada por el TC como del TJUE, los distintos fallos habidos al respecto guardan consonancia con lo previsto en el Estatuto, y tanto en orden a lo previsto de relaciones con la UE, léase por ejemplo lo referente al rol de las delegaciones regionales en Bruselas, como en el ámbito de la acción exterior, que ha merecido varias sentencias del TC y una legislación de ámbito estatal ad hoc.

Otra cuestión para valorar es el grado de uso y concreción de las citadas capacidades contempladas en el Estatuto. En este sentido, cabría diferenciar entre las capacidades reales de los mecanismos previstos, es decir el umbral que realmente depende de la gestión autonómica, y las limitaciones que mecanismos, sistemas y organismos tienen en sí mismos.

Respecto a la delegación en Bruselas su umbral autonómico es satisfactorio, si bien, puede progresar dentro incluso del margen previsto.

En lo referente al control del principio de subsidiariedad, lo que podríamos conceptuar como grado de cumplimiento, es insatisfactorio. De una parte, la base nuclear, por las limitaciones del sistema a escala UE, de otra, porque los cambios efectuados a escala autonómica no han provocado una activación de dicho control en modo alguno. Si hacemos referencia a los mecanismos previstos por el estado, tipo formaciones en el Consejo o Comitología, el grado es satisfactorio en grado creciente, pues se cumplimentan todas esas funciones con alto rigor técnico y eficiencia.

En lo concerniente al CDR, de una parte, salvadas las limitaciones del órgano consultivo, puede decirse que es viable un grado superior de operatividad, presentación de enmiendas y liderazgo de dictámenes.

La competencia prevista en el Estatuto de la Comunidad Valenciana sobre la aplicación del derecho de la UE observa a alto grado de cumplimiento, en la mediad que esté articulado el sistema en el Reino de España. Ahora bien, en este punto consideramos necesario tanto en este Estatuto como en el resto, la explicitación de la responsabilidad por el incumplimiento del derecho de la UE.

En referencia al previsto Comité valenciano de asuntos europeos, concluir que, a su actual inoperancia efectiva, se suma una composición meramente gubernamental incompatible con sus objetivos de base.

Ámbitos como la asociación mediterránea o la red de oficinas de negocio, consideramos, que, de una parte, habrían de reubicarse ajenas al articulado sobre la UE, y en el caso de la citada red de negocios, quedaría muy desfasada respecto de la operatividad actual en el ámbito de las relaciones comerciales, basadas en las sinergias entre sujetos en el mercado, y no en unidades logísticas autónomas.

En lo concerniente a la acción exterior, puede afirmarse igualmente la ortodoxia que observa el Estatuto valenciano a pesar de que, textos como los citados de acción exterior y tratados internacionales que entraron en vigor el 2014, son sensiblemente posteriores a la última reforma del Estatuto fechada en el 2006. Semejante observación cabe extender a la jurisprudencia del TC, que, si bien es sustancialmente previa a la citada reforma de 2006, contiene fallos muy posteriores con los que el Estatuto valenciano mantiene su conformidad.

No obstante, observamos conceptos difusos, reubicaciones necesarias y en definitiva un orden conceptual y una positivación más rigurosa.

Por último, y dentro del común denominador de la ortodoxia citada, el Estatuto aporta aspectos propios y singulares como las citadas referencias a la participación del presidente autonómico en el CDR, la competencia exclusiva en el desarrollo de la normativa de la UE, Comité valenciano de asuntos europeos, o la auto calificación como región europea.

## BIBLIOGRAFÍA CONSULTADA

Aranda Álvarez, Elviro (2013): "La alerta temprana en el procedimiento legislativo de la Unión Europea. Una reflexión sobre su utilidad desde la reciente experiencia española" Revista de Derecho Comunitario europeo, núm. 44. Madrid.

Bar Cendón, Antonio y Pérez i Seguí Zulima (2020): "Las relaciones intergubernamentales: estado, comunidades autónomas y Unión Europea" en, Martin Cubas, Joaquín, Garrido Mayol, Vicente y Roig Berenguer, Rosa, "Política y gobierno en la Comunidad Valenciana" en, Tirant lo Blanch, Valencia.

Garrido Mayol, Vicente y Beltrán Vidal, José María (2023)," Reflexiones y propuestas sobre el modelo de estatuto autonómico, Ed. Fundación Conexus/Fundación profesor Manuel Broseta. Disponible en: https://fundacion conexus.es/wp-content/uploads/2023/09/documento-reflexiones-y-propuestas-sobre-el-modelo-de-estado-autonomico_17.01.23.pdf

López-Verada Pérez, Carlos (2019) "The regios role in the European Unión after the Treaty of Lisbon a comparison os Spanish and German models, ed Unión Europea Aranzadi, núm 4.

Mangas Martin, Araceli (2021), "Diplomacias paralelas y malversación", El Mundo,24 de junio de 2002, disponible en: https://www.elmundo.es/opinion/2021/06/24/60d30583fdddfffb208b45ae.html

Molina del Pozo, Carlos (2022)," El impulso de las regiones en la Unión europea como elemento federalizante", en Molina del Pozo, Saldaña Ortega, Virginia," Hacia la construcción de un verdadero proyecto federal para la Unión Europea", ed. Colex/Universidad de Alcalá de Henares.

Molina del Pozo, Carlos (2024)," La política regional y la política de cohesión en el ámbito del derecho de la Unión Europea", Ed. Colex Reader/ eBook en WWW. Colex.es

Molina del Pozo, Carlos (2023)," los municipios y las regiones en la Unión Europea", ed. Jurua Editorial.

Ortiz García, Mercedes (2021)," Las políticas públicas y sus gobernanzas del bien común" en "Políticas públicas para fomentar una economía y sostenibilidad participativa" ed. Tirant lo Blanch.

Roldan Barbero, Javier (2019)," El desafío soberanista en Cataluña y el derecho de la Unión Europea", ed. Revista de derecho comunitario europeo, núm. 63

Ripoll Navarro, Rafael y Muñoz Pérez David (2019)," Aspectos del modelo autonómico de integración europea", revista actualidad Administrativa, la Ley, núm. 2.

Ripoll Navarro, Rafael (2021)," El rol de las regiones en la Unión Europea: evolución y perspectivas" en Tamarit, Cecilio, Open Europe, ed. Universidad de Valencia/Centro de excelencia Jean Monnet, disponible en; https://www.openeuropeuv.es/el-rl-de-las-regiones-en-la-unión-europea-evolución-y-perspectivas

Sevilla Duro, Miguel Ángel (2021)," La participación ascendente de Lander y comunidades autónomas en la Unión Europea". Revista jurídica, Universidad Autónoma de Madrid, num. 43.

Van Boxstael, Jean-Louis (1994), "La participación de las Comunidades y las Regiones belgas en la elaboración y ejecución de decisiones de la Unión Europea", en Aldecoa Luzarraga, Francisco y Mariño Menéndez, Fernando M. La acción exterior y comunitaria de los Lander, regiones, cantones y comunidades autónomas, ed Instituto Vasco de Administración Pública.

Vivancos Comes, Mariano (2020) "Efecto Lampedusa y estado autonómico. La reforma racionalizadora que no llega" en Álvarez Conde, Enrique y Souto Galván, Clara, El estado autonómico en la perspectiva de 2020, ed.Instituto de Derecho Público y Universidad Rey Juan Carlos.

Zelaia Garagarza, Maite (2019), "Algunas claves del encaje del modelo autonómico en el escenario de la Unión Europea", en Iura vasconiae: revista de derecho histórico y autonómico de Vasconia, núm. 16.